ASSETS MANAGEMENT AND
WEALTH SUCCESSION

资产管理与财富传承

蔡概还 著

中国金融出版社

责任编辑：李　融
责任校对：李俊英
责任印制：丁淮宾

图书在版编目（CIP）数据

资产管理与财富传承/蔡概还著 . —北京：中国金融出版社，2023.3
ISBN 978 - 7 - 5220 - 1908 - 6

Ⅰ.①资…　Ⅱ.①蔡…　Ⅲ.①资产管理—中国　Ⅳ.①F832

中国国家版本馆 CIP 数据核字（2023）第 035880 号

资产管理与财富传承
ZICHAN GUANLI YU CAIFU CHUANCHENG
出版 中国金融出版社
发行
社址　北京市丰台区益泽路 2 号
市场开发部　（010）66024766，63805472，63439533（传真）
网 上 书 店　www.cfph.cn
　　　　　　（010）66024766，63372837（传真）
读者服务部　（010）66070833，62568380
邮编　100071
经销　新华书店
印刷　河北松源印刷有限公司
尺寸　169 毫米 ×239 毫米
印张　26.5
字数　350 千
版次　2023 年 3 月第 1 版
印次　2023 年 6 月第 2 次印刷
定价　118.00 元
ISBN 978 - 7 - 5220 - 1908 - 6
如出现印装错误本社负责调换　联系电话（010）63263947

自序

记得黄侃①有个规矩，即五十岁前绝不著书。他是为了严谨治学，而在我则成为偷懒的借口。眼看五十已过，没有了借口，才逼迫自己开始动笔。

拿起笔来，发现五十岁以后动笔也有好处：

首先，纸上得来终觉浅，绝知此事要躬行。说实话，我的人生轨迹是出乎我自己意料的。我成长过程中有三个没想到：一没想到会考上大学，主要是生在偏远农村不敢想，也从没有想过；二没想到会留在北京工作，那时听说在南方工作挣钱比较多，临毕业一门心思想着回去；三没想到会和信托基金结缘。记得1994年8月我刚上班没几天，一次在人民大会堂开完会时被王连洲主任叫住了："小蔡，你认识江平②老师吗？"我回答说："我认识他，他不认识我。"他又问我："那你知道什么是信托吗？"我如

① 黄侃（1886—1935），中国近代著名语言文字学家、音韵训诂学家、国学大师。
② 江平（1930—），中国著名法学家，中国政法大学终身教授。作为成就之一，他负责组织起草了《中华人民共和国信托法（初稿）》。

实回答不知道。他笑了："没关系，以后我们一起起草《中华人民共和国信托法》。"非常有幸，我随后成为《中华人民共和国信托法》《中华人民共和国证券投资基金法》的起草组成员，并全程参与了这两部法律的起草工作。除了起草这两部法律，我还是《中华人民共和国证券法》修订工作组成员（2003年），参与了《中华人民共和国中国人民银行法》《中华人民共和国银行业监督管理法》《中华人民共和国商业银行法》《中华人民共和国合伙企业法》等法律的起草或修订工作。

十年的立法生涯，我最深的感受，一是立法讲民主。别的立法我不清楚，但我参与的信托、基金两部法律，可以说非常民主，不管是谁的意见，只要正确都予以考虑和采纳，并无偏颇。二是工作苦亦甜，刚开始没有电脑，对起草资料的整理及法律草案的修改，我几乎都用手工抄写。起草组隔三差五开会改稿，加班熬夜是常事。起草过程中，大家同悲共喜，每当制度设计进入死胡同时，不禁黯然神伤；而每当工作有收获、进展时，又往往喜不自禁。三是工作如进修。我感觉这十年不是在工作而是在最高立法机构这个学府中不断学习和深造，每天都要接触新的词语、学习新的知识、创造新的词汇。但这些从书本上、会议上得来的知识，并没有深入的理解。其后我又参加了具体的监管和实践，才有了更深的理解和体会。

其次，古人学问无遗力，少壮功夫老始成。我工作以来，一直选择在信托、基金等资产管理领域就业。我不是一个喜欢频繁换工作的人，第一个工作单位全国人大财政经济委员会就挺适合我，只是为了丰富自己在不同岗位上的阅历，我前后换了三次工作，但每次更换都不离老本行，让自己历经了资管业特别是信托业的立法、监管、自律与实践。随着阅历的丰富、年纪的渐长，自身有了一定积累，对一些问题的看法也在不断丰富完善，写出来的东西更经得起推敲。对于资产管理，我经常发现现实中存在一些不合常理的做法，或者对一些问题的错误理解和扭曲，我觉得很有必要把我自己了解到的东西写出来与大家分享。其实，这也是对我自己的一种勉励，希望自己写出来的东西能有点用。

我写本书的本意，其一，是希望大家在富起来后能够树立正确的财富观，管好财富，用好财富。最近，我回到南方风景优美空气清新的农村老家，居然发现大部分农民都得了"三高"，就是说高血糖、高血脂或者高血压的现象非常普遍。我琢磨，这是因为人们生活好了，不懂得生活改善以后如何饮食才健康，还是按照过去吃了上顿没下顿的生活习惯，吃的过多过好的结果。这不禁让我联想到，我们过去一穷二白，手中没有多余的钱财。而随着社会和个人财富的不断积累，如果人们富了以后还是遵循过去的思路去管理，财富同样会得"病"。故，我写成本书供大家参考，以期未来的资产管理与财富传承，能够与时俱进，尽量让财富不得"病"，让财富发挥它的最佳效能。

其二，是希望家族财富能得到较好的传承，包括物质传承和精神传承。家族财富来之不易，需要一代甚至几代人的努力和付出。而比创富更加艰难的是财富的守护和传承。《家族财富》一书中指出，"如果你希望拥有财富，并且实现财富的跨代传承，你就必须做一些非凡的事情。"① 个人的寿命是有限的，如何让家族财富历

---

① ［美］比尔·邦纳（Bonner, B.）．［美］威尔·邦纳（Bonner, W.）．家族财富［M］．穆瑞年，林凌，徐长征译．北京：机械工业出版社，2013：4.

经万千世事、承受时代变迁而仍能殷及家族后人，需要穿越时光的远见和智慧，更需要合理的规划、优选的制度和法治的保障。我希望本书的一些观点，能够给您带来有益的帮助。

其三，我上大学时曾经给自己定了三个目标：一是后继有人，二是出国深造，三是写本小说。前两个目标早就实现了，第三个没有看到希望，虽然上初中时上课不听讲写过两小本，为此初中还复读了一年，现在也经常想写点修仙玄幻之类的，奈何没有了灵感和动力。这次写成此书，算是对自己第三个目标的一个交待。任何时候，我都时刻提醒自己只是做了一点微不足道的事情。对自己来说，最努力的奋斗，给我的人生留下的是最深刻的印记以及最幸福的回忆！借此机会，向帮助过我的家人、朋友和同事，表示最由衷的感谢！

诚然，我最大的愿望是期盼本书的出版，能够为我国的资产管理与财富传承提供一点有益的帮助，尽量少走弯路，作合理安排和长效规划，更好地实现和保护财产所有者的合法利益，更好地促进我国经济的高质量发展，更好地服务人民的美好生活。

因个人能力所限，书中难免有不妥错漏之处，敬请大家批评指正。

是为序。

癸卯年春于北京寓所

目录

第一章 资产管理的概念与要件 ······················· 1

一、引言 ·· 1

二、资产管理的定义、特征与意义 ················· 4

三、资产管理的基本要件：资产隔离是核心要素 ······· 12

四、资产隔离的内容与实现途径 ····················· 16

第二章 资产隔离的法律工具 ······················· 28

一、资产隔离的法律工具之一：信托 ··············· 28

二、资产隔离的法律工具之二：特殊公司 ··········· 48

三、资产隔离的法律工具之三：有限合伙 ··········· 55

四、三种资产隔离工具的比较与融合 ··············· 60

第三章 资产隔离工具在投资基金中的应用 ··········· 65

一、信托型基金 ································· 65

二、公司型基金 ································· 71

三、有限合伙型基金 ····························· 78

四、本章小结 ··································· 84

第四章 资产隔离工具在资产证券化中的应用 …………… 90

一、资产证券化的概念、种类和特征 ………………… 90

二、资产证券化的特殊目的载体（SPV）：特殊目的信托（SPT）

与特殊目的公司（SPC） ………………………… 99

三、特殊目的公司存在重大制度缺陷 ……………… 105

四、我国对特殊目的载体的选择 …………………… 108

第五章 资产隔离工具在家族财富管理中的应用 116

一、信托适合于家族财富管理的制度安排 ………… 116

二、家族信托概念及其作用与价值 ………………… 127

三、家族信托的功能与应用 ………………………… 133

四、消除认识误区，促进我国家族信托健康发展 ……… 160

第六章 我国的信托法律制度 ………………………… 166

一、我国的信托立法与主要争议回顾 ……………… 166

二、我国《信托法》的主要内容及评价 …………… 171

三、有关信托的比较与分析 ………………………… 191

四、关于信托的分类与应用 ………………………… 199

第七章 我国的投资基金法律制度 …………………… 229

一、我国的投资基金立法与主要争议回顾 ………… 229

二、我国《基金法》两次修订的内容变化 ………… 242

三、我国的契约型基金实质为信托型基金 ………… 248

四、对发展公司型基金、有限合伙型基金等问题的思考 ……… 262

第八章 资产管理与信义义务 ………………………… 274

一、境外关于信义义务的一般原则 ………………… 274

二、我国关于信义义务的原则性规定 ……………… 289

三、对私募资管业务信义义务的细化建议 ·················· 305

四、对资产管理人履行信义义务的建议 ·················· 312

第九章　资管业务的风险管理 ·························· 320

一、风险概念与种类 ································· 320

二、资管机构层面的风险管理 ························· 333

三、资管产品层面的风险管理 ························· 339

第十章　资产管理与社会公益 ·························· 363

一、公益/慈善信托的基本原理 ······················· 363

二、慈善信托的功能与应用 ·························· 385

三、发展公益/慈善信托，助力共同富裕 ················ 398

参考文献 ··· 406

第一章　资产管理的
概念与要件

资产管理与财产相生相息，自古即有。只不过随着时间的推移，资产管理的手段和工具在与时俱进，不同时代有不同的演绎。从古至今，不同的发展水平催生了不同的理财手段，不同的地域文化造就了不同的资管理念。

一、引言

俗话说："你不理财，财不理你。"而有了财产，笔者认为"不会理财，财会伤人"。《财富论》论及："金钱与财富带给人类的并非都是美满结局和幸福人生，在财富光环下，在纸醉金迷下，在鲜花美酒中，掩藏着无数荆棘陷阱，有的看不见，有的看得见，有的可以规避，有的绕不过去，穷富无恒定，转身只在瞬间。"① 人们采用何种途径和手段才能积攒财富，坐拥万金之后又如何才能发挥财富的正面效用？曾子《礼记·大学》曰："知止而后有定，定而后能静，静而后能安，安

---

① 刘钟海，韩冰. 财富论［M］. 北京：经济管理出版社，2017：185.

而后能虑，虑而后能得。"其大意是：一个人知道自己的目标和境界，才能够志向坚定；只有志向坚定，才能够镇静不躁；而只有镇静不躁，也才能够心安理得；一个人的心安定下来了，他就能够周详地思虑；只有思虑周详的人，才能够有所收获。对此，本书建议要采用正确的方法，实现资产的最佳管理和处分，而这也正是本书希望达成的目的。

资产管理简称资管，谓人们对资产进行管理处分之意。它有狭义和广义之分。从资产管理人的角色看，广义的资产管理包括所有管理处分资产之行为，既包括财产所有人自身管理资产的行为，也包括自身以外的第三人管理资产的行为，而狭义的资产管理仅指后者，即财产所有人将资产交予他人打理。

东方人喜欢自己管理自己的财产。假设财产所有人要自行对自己的财产进行管理，并欲达成较好的效果，笔者认为一般须具备以下条件：一是须具有专业的资产管理能力。至少要了解有哪些管理手段、有哪些投资工具可供选择等，这是任何资产管理均应当具备的基本条件，"打铁还须自身硬"，否则"德不称其任，其祸必酷；能不称其位，其殃必大"[1]。二是须具有完全民事行为能力[2]，能够通过自己的独立行为开展民事活动。因为从法律层面看，限制民事行为能力人只能独立实施纯获利益的民事法律行为或者与其年龄、智力相适应的民事法律行为，需要实施其他民事法律行为的，则需要由其法定代理人代理或者经其法定代理人同意、追认。三是需要有时间，不能无暇顾及。例如从事航空、海运等工作的人员，没有时间保障是不行的。即使有时间，也不宜一心两用，必须专心致志。四是需要有精力，体力要充

---

[1]　出自：汉·王符《潜夫论·忠贵》，意为"德行不足以适应所承担的重任，遇到的祸患必定是严酷的；能力不足以胜任所居的职位，遭受的灾殃必定是很大的"。

[2]　根据《中华人民共和国民法典》第十七条、第十八条的规定，十八周岁以上的自然人为成年人。不满十八周岁的自然人为未成年人。成年人为完全民事行为能力人，可以独立实施民事法律行为。十六周岁以上的未成年人，以自己的劳动收入为主要生活来源的，视为完全民事行为能力人。

沛，不能病骨支离。例如长期生病住院，自顾不暇，谈何资产管理？五是需要有兴趣，能够投入其中，能变成自己的爱好更好。六是没有比资产管理更适合自己的工作，例如科学家、文学家、艺术家等，他们有更好的事业和追求，肯定不能也不可能把精力放在资产管理上，等等。上述条件中，专业资产管理能力最为重要，这种能力，既包括自身的能力，如掌握的资产管理知识、技能等，还包括外部的资质，如特定业务的准入和许可等。通常，上述各项条件应当同时具备，现实中这样的人少之又少，故将自有财产交由他人管理成为一种趋势，并发展成为国际通行做法。

同时，从资产管理的目的来看，狭义的资产管理是为了实现资产的保值增值，而广义资产管理的目的，除了保值增值外，通常还包括财富传承、财产规划、风险隔离、子女教育、家族治理、公益慈善和实现特定目的等。"广义的资产管理是指中介机构所有形式的代客进行投资的行为或提供的资产管理服务。狭义的资产管理则专指金融机构接受客户的委托，利用组合投资等复杂专业技术，通过资本市场对客户的委托资产在授权范围内进行经营管理，以实现资产保值增值的金融业务。"[1] 本书主要论述财产所有人出于广义资产管理的目的，将资产交由他人打理（狭义）的各项资管活动。

本章从资产管理的概念出发，分析开展资管活动所必须具备的要件，得出"资产隔离是资管制度安排的核心要素"的结论；第二章介绍资产隔离的三种法律工具，即信托、特殊公司和有限合伙；第三、四、五章分别介绍资产隔离工具在投资基金、资产证券化、家族财富管理中的应用；第六章、第七章分别介绍我国的信托和投资基金法律制度；第八章介绍资产管理应当普遍遵循的信义义务；第九章介绍资产管理面临的风险类型，以及可以采取的风控三十六计；第十章介绍

---

① 吴伟明，冯玉明. 中外资产管理业务的比较与启示［J］. 证券市场导报，2004（8）.

资产管理与社会公益，申明公益慈善是资产管理追求的最高境界。

二、资产管理的定义、特征与意义

（一）资产管理的含义

我国古代就有"贝""货""财""资""理财"等词汇。《说文解字》的《说文·贝部》："资（資），货也。从贝，次声"①，作名词用时，意为钱财、财物。《国语·齐语》："无受其资"②；唐·韩愈《送惠师》："囊无一金资，翻谓富者贫。"③《战国策》楚策一："地方五千里，带甲百万，车千乘，骑万匹，粟支十年，此霸王之资也。"④ 其中，资为钱财、财物，包括资金、土地、士兵、战车、马匹、粮食等，可见资与财相通。《说文解字》的《说文·贝部》："财（財），人所宝也。从贝，才声"⑤，作名词用时，为物资和金钱的总称。

我国在汉代甚至更早，就已经出现了资产的用语。《后汉书·张让传》："让有监奴典任家事，交通货赂，威形喧赫。扶风人孟佗，资产饶赡，与奴朋结，倾谒馈问，无所遗爱。"⑥ 在《陆宣公奏议集》中有"唯以资产为宗，不以丁身为本，资产少者则其税少，资产多者则其税

---

① （汉）许慎. 说文解字 ［M］. 南京：江苏凤凰美术出版社，2017：319.
② 引申阅读上下文：桓公曰："吾欲从事于诸侯，其可乎？"管子对曰："未可。邻国未吾亲也。君欲从事于天下诸侯，则亲邻国。"桓公曰："若何？"管子对曰："审吾疆场，而反其侵地；正其封疆，无受其资；而重为之皮币，以骤聘眺于诸侯，以安四邻，则四邻之国亲我矣。为游士八十人，奉之以车马、衣裘，多其资币，使周游于四方，以号召天下之贤士。皮币玩好，使民鬻之四方，以监其上下之所好，择其淫乱者而先征之。"
③ 大意为：兜里没有任何钱物，反而是富有的人贫穷。
④ （汉）刘向. 战国策 ［M］. 南京：江苏凤凰美术出版社，2017：164.
⑤ （汉）许慎. 说文解字 ［M］. 南京：江苏凤凰美术出版社，2017：313.
⑥ 大意为：张让用监奴主管家务，勾结权贵，收受贿赂，威名很大。扶风人孟佗，家产富足，同张让的监奴结为朋友，竭自己所有送给监奴，没有剩下一点自己所爱的东西。

多"之语。通俗地说，资产亦即财富。《庄子·让王》："无财谓之贫"，在古代，有田谓之富，富字有田，故财富并称。进一步而言，资产管理，俗称"理财"。《易经·系辞》："理财正辞，禁民为非，曰义"。《礼记·大学》："生财有大道，生之者众，食之者寡，为之者疾，用之者舒，则财恒足矣"，元代金履祥谓："《大学》此四语，万世理财之大法。"宋·王安石《答司马谏议书》："为天下理财，不为徵利"。故有名联："洪范五福先言富，大学十章半理财"，意为：《尚书·洪范》中提到"五福"时先说"富"，《礼记·大学》中有一半的章节是讲理财的。

现今，资产管理在现实生活中已是司空见惯，但一直未形成严格意义上的法律概念，正如瑞士金融研究院所指出的，缺乏一个统一合法或从业人员广为接受的对资产管理的定义[1]。"与同样为金融业组成部分的银行、保险、证券等行业相比，资产管理业的理论研究和经验总结乏善可陈。这方面的一个例证就是，市场上关于商业银行管理、保险学、投资银行的教科书琳琅满目，想找到以资产管理命名的教科书或者理论著作却十分困难，仅有的几本也是有名无实或者名不副实，偏离了资产管理业务的主要内容。这从侧面说明资产管理业并无相对成熟的研究，也没有形成明确的共识。"[2]

在研究和实践中，从不同的角度，人们对资产管理有不同的诠释：对投资者而言，资产管理是一种投资工具或金融商品，通过资产管理可以使自己的财产实现保值增值等目的；对资产管理人而言，资产管理是一项业务，即资产管理人根据自身专业能力推出的资管业务或品种；对资本市场而言，资产管理是一种机构投资者，有更多的资管财产进入资本市场，有助于资本市场的稳健成长；对金融监管部门而言，资产管理是一项金融活动，它的行为必须规范化，信息披露必须全面、

---

[1]　Swiss Finance Institute. *Swiss Asset Management Study*，2016.

[2]　段国圣. 资产管理实务、方法与理论［M］. 北京：社会科学文献出版社，2018：1.

准确、及时；对国家而言，资产管理是启动民间投资，调整产业结构，促进产业升级，进而推动经济发展的一种有效途径和方式。对资产管理定义的上述诠释，都有其道理。但无论哪一方面都只是资产管理概念的部分描述，不宜拿上述某种性质特点来概括资产管理的概念，否则就可能产生分歧和困惑。

对此，人们不断尝试对资产管理进行定义。例如：

——资产管理由资产和管理两个词构成，前者是名词，后者是动词。可见，资产管理是对资产的管理，是一种商业活动。管理是指保管和处置。资产管理结合起来就是对任何类型的资产进行保管和处置的系统过程，包括对资产的分析、交易、借出、借入等。简言之，资产管理是指获取、分析、交易、借出、借入任何资产的系统过程，以实现资产所有者的投资目标。①

——资产管理，系指专业资产管理机构就客户委托的资产进行专业投资管理及/或提供相应服务，以实现资产增值或其他特定目标，并以此收取相应报酬的行为。②

——资产管理是管理人管理他人所有财产的行为，其范围十分广泛，不仅包括金融资产的委托管理，同时也包括实物资产、各种权益资产等非金融资产的委托管理，管理人可以是具有行为能力的任何自然人、法人，被管理财产可以是一切具有财产价值的有形财产和无形财产。其狭义是指委托人将现金、股票或国债等有价证券及其他金融衍生工具等具有良好流动性的金融资产，委托给法律许可的受托人，受托人按照委托人的意愿进行管理，以实现委托资产增值或其他特定目标的行为，资产增值部分主要由资产委托人获取，管理人收取管理

---

① 段国圣．资产管理实务、方法与理论［M］．北京：社会科学文献出版社，2018：2.
② 郭强．中国资产管理：法律和监管的路径［M］．北京：中国政法大学出版社，2015：5.

费和相应业绩报酬。[1]

——资产管理业务是指银行、信托、证券、基金、期货、保险资产管理机构、金融资产投资公司等金融机构接受投资者委托，对受托的投资者财产进行投资和管理的金融服务。金融机构为委托人利益履行诚实信用、勤勉尽责义务并收取相应的管理费用，委托人自担投资风险并获得收益。[2]

笔者认为，所谓资产管理，是指财产所有人将自有资产交付他人，由他人根据财产所有人的意愿，为受益对象的最佳利益，以自己的名义对该资产进行管理处分的行为。

（二）资产管理的特征

从本书对资产管理的定义来看，资产管理具有以下四个基本特征：

1. 财产所有人将资产交付他人管理

这是资产管理成立的必备要素，没有特定的资产，资产管理就无从谈起。通常认为，资产（Asset）是有用或者有价值的一种物体。《现代经济词典》定义的资产是"由企业或个人拥有，并具有价值的有形的财产或无形的权力。资产之所以对物主有用，是由于它是未来事业的源泉，或者是由于它可以取得未来的收益"[3]。在外在表现形态上，资产通常包括有形资产和无形资产、实物资产和金融资产等。有形资产指有特定物质形态的资产，包括动产（如设备、艺术品）、不动产

---

① 转引自中国证券业协会. 中国证券市场发展前沿问题研究（2001）下册 ［M］. 北京：中国金融出版社，2001：719 – 747.

② 转引自《关于规范金融机构资产管理业务的指导意见》（银发〔2018〕106 号），该指导意见由中国人民银行、中国银行保险监督管理委员会、中国证券监督管理委员会、国家外汇管理局于 2018 年 4 月 27 日发布并施行。

③ ［美］D. 格林沃尔德，《现代经济词典》翻译组译. 现代经济词典 ［M］. 北京：商务印书馆，1983.

（如房屋）等；无形资产是相对于有形资产而言的，它没有特定的物质形态，例如证券、专利等。实物资产类同于有形资产，是以实物形态存在的资产；金融资产又称虚拟资产，包括存款、股票、债券、基金、保险、期货等，它类同于无形资产，但并非所有无形资产都是金融资产。

原则上，财产所有人交付他人的资产，必须是符合法律、行政法规规定的财产或者财产权，包括可以用金钱计算价值的任何财产或者财产权，如物权、债权以及专利权、商标权、著作权等。同时，财产所有人将资产交付他人，是基于对他人的信任。需要注意的是，该要点下存在一个尖锐的问题，即财产所有人交付资产管理人的资产的所有权归属问题，在资产管理使用不同法律工具的情形下有不同的答案，甚至在使用同一种法律工具的情形下亦有纷争，本书后文将进一步论述。此外，上述定义中的"他人"，在资产管理采用不同法律工具时会有不同的表述，例如信托型资管中，这个"他人"为受托人；有限合伙型资管中，这个"他人"为普通合伙人等。有时，这个"他人"可能还不止一个人，例如我国的信托型基金中，这个"他人"包括基金管理人和基金托管人等。为了便于表述，本书后文需要称"他人"时，将其统称为资产管理人。

根据财产所有人参加同一资管的人数，或者说根据资管产品的推介方式，可以把资产管理分为单一资管和集合资管，其中集合资管又可分为私募资管和公募资管。单一资管的财产所有人只有一个，集合资管的投资人为两个或者两个以上；私募资管的投资人必须是合格投资者，公募资管的投资人是不特定社会公众且人数没有限制。

2. 资产管理人以自己的名义管理、处分资管资产

财产所有人将资产交付资产管理人后，对资管财产就失去了直接控制权，资管财产处于资产管理人的实际控制之下。资产管理人管理处分资管财产，以自己的名义进行，不需要借助财产所有人或受益对

象的名义，这是资产管理的一个重要特征。这也有别于通过"委托代理"让他人代管财产的情形，在委托代理关系下，代理人只能以委托人的名义采取行动。实务中，大量存在以"委托代理关系"开展的资产管理活动，笔者认为不可取，并将在后文进一步论述。当然，财产所有人将资产交付资产管理人后，资产管理人以自己的名义进行管理处分时，又将资管财产委托他人管理的，需另当别论。

根据民法原理，管理是指保存、改良、利用财产的行为，以取得收益、增加财产的价值或者维护财产。处分是指财产的变形、改造或者毁损，以及财产权的转移、限制或者消灭等，使财产的形态或者所有权发生变动。对于管理处分的具体内容，必须依法合规，一般通过资管文件的约定加以明确。

当前，我国资产管理人的类型多种多样，包括具有完全民事行为能力的自然人和法人。其中，法人主要为各种类型的资管机构，主要包含商业银行理财子公司、信托公司、证券公司、基金管理公司、期货公司、保险资产管理公司等，相对应地，我国的资管也分为银行理财、信托计划、公募基金、私募基金、券商期货资管、保险资管等。"目前各大类资管产品的法律基础、法律关系并不相同，有的依据国家法律，如《信托法》《证券投资基金法》等，相应的业务法律关系为信托法律关系；有的依据资管机构所在行业监管部门规章，法律关系为委托代理合同关系；还有的产品仅仅依据当事人之间的约定，法律基础、法律关系均不明晰。"[①] 对此，笔者认为应当形成统一的市场准入和业务经营规则，对不同的资管机构实行"功能监管"，统一监管标准和监管尺度，避免资产管理市场的混乱和恶性竞争，促进同质、同类的资产管理活动的健康规范发展。

---

① 杨征宇，卜祥瑞，郭香龙，等. 金融机构资管业务法律纠纷解析 [M]. 北京：法律出版社，2017：6.

3. 资产管理人管理处分资管财产是按照财产所有人的意愿

意愿即为目的，目的一词意为想要达到的结果或者境地，没有一定的目的，就无法确定未来的计划和目标。一般来说，人们做每一件事情，都伴有一定的目的和意图。同样，财产所有人的每一项资产管理，都有一定的目的附着，本书将这些目的统称为资管目的，它是构成资管的基本要件之一。

资管目的只要不违法、不违反公序良俗、不损害国家利益和社会公共利益即可。资产管理人对资管财产进行管理处分，均要紧紧围绕资管目的，并尽其所能去达成资管目的。当资管目的已经实现或者不能实现时，资产管理即告终止。

如前所述，本书资产管理的目的是广义的，既包括保值增值类的资管目的，也包括财富传承、财产规划、风险隔离、公益慈善等非保值增值类的资管目的。据此，本书将资产管理分为保值增值类资管和非保值增值类资管。其中，保值增值类资管由资产管理人对资管财产实施投资管理，包括但不限于尽职调查、财务分析、资产筛选、投资运作、风险管理等，目的是实现投资者的投资目标和利益最大化。非保值增值类资管，则是指资产管理人为了财产所有人除保值增值以外的其他资管目的而开展的资产管理活动。

4. 资产管理人管理处分资管财产，是为了达成受益对象的最佳利益

为受益对象的最佳利益行事，是对资产管理人的一个原则性要求。对此，本书第八章将对资产管理人的信义义务展开详细论述。所谓最佳利益，要求资产管理人须恪尽职守、尽心尽力地管好资管财产。根据资产管理人的素质和专业水平的不同，最佳利益也可能不同，一般以资产管理人所处的社会阶层和职业普遍应当达到的利益水平为基准。实务中，何为"最佳"，并没有统一的标准，至于资产管理人是否达到

了这项标准，如果资管当事人之间存在争议，可以诉诸法律途径解决。

资产管理人不能为了自己或者第三人的利益，从资管财产上获取任何私利，损害受益对象的合法权益。如果资产管理人的所作所为不利于达成受益对象的最佳利益，甚至给受益对象造成了损害或者损失，资产管理人应当以其固有财产承担相应的赔偿责任。

从受益对象的角度，视受益对象与原财产所有人是否一致，可以将资管分为自益资管和他益资管。自益资管由原财产所有人自己受益，他益资管由原财产所有人以外的其他人受益；视受益对象是否具有公益性质，还可以将资管分为私益资管和公益资管，私益资管为原财产所有人或其他特定的人的私人利益而设立，公益资管则为了社会公共利益而设立。

（三）规范发展资产管理的意义

"国之称富者，在乎丰民。"① 财富的创造和分配是各国都面临的重大问题。笔者认为，规范开展资产管理活动，具有以下重要意义：

1. 有利于满足居民的财富管理需求

过去人们日求温饱，手中没有多余的钱财，因此没有理财的需求。随着我国经济的快速增长，社会财富的不断积累，人们有了一定的财物，如何让手中的钱财保值增值或者实现特定目的，几乎成为每一个人都关注的问题。促进资产管理活动的规范开展，能够满足居民财富管理的迫切需求。

2. 有利于促进资管行业的规范发展

实践中，经常出现这种情况，某种资管在某些方面受到了法律法

_____

① 《刍荛论》。

规的限制，但另一种资管却没有类似的限制性要求；某种资管用血换来的经验教训，却在另一类资管上继续重演，等等。由于同类资管业务的监管规则和标准不一致，导致监管套利活动频繁，甚至出现恶性竞争。此外，一些打着资管旗号的违规私募、非法集资等现象，极大地损害了投资者的合法权益。

3. 有利于防范资管业务风险

一些资管产品多层嵌套，风险底数不清，资金池模式蕴含流动性风险，刚性兑付普遍，在正规金融体系之外形成监管不足的影子银行，一定程度上干扰了宏观调控，提高了社会融资成本，影响了金融服务实体经济的质效，加剧了风险的跨行业、跨市场传递。

4. 有利于支持经济高质量发展

北宋王安石在《度支副使厅壁题名记》中提到，"夫合天下之众者财，理天下之财者法，守天下之法者吏也。吏不良，则有法而莫守；法不善，则有财而莫理"①。明代学者邱濬提出，"善于富国者，必先理民之财，而为国理财者次之"。笔者认为，好的资产管理，能够为市场经济体系有效配置资源，提高整个社会经济的效率和生产服务水平，最终有利于一国经济的发展。

三、资产管理的基本要件：资产隔离是核心要素

任何一项资产管理都是在不同时间、不同地点、不同条件下的财产管理与处分，资管财产能否有安全保障，最终能否达成财产所有人

---

① 其大意是，能聚合天下之民众的是财富，治理天下经济的是法令，执行天下法令的是官吏。官吏不好，则虽有法令而不能贯彻；法令不当，则经济形势虽好也无从管理。在这里，王安石提出了两个值得人们深思的问题：其一，何以合理调配财力物力，进而使民众齐心推动国家发展；其二，何以科学制定理财之法，进而有效统理全国财力物力。虽然时空环境发生了巨大变化，王安石所处的时代与今天的情形显然不可同日而语，但其基本规律仍有相似之处。

的意愿，存在一定的不确定性，这种不确定性要求资产管理必须遵循一定的原则和规范。《楚辞·离骚》提到："固时俗之工巧兮，偭规矩而改错"，大意为：世间俗人本来就工于取巧，方圆、规矩都可随意抛弃。故《韩非子·诡练》："夫立法令者，以废私也，法令行而私道废"，意即：立法的目的在于废除私情，法律实行后私情自然而废。因此，要让财产所有人放心地将其资产交付他人管理处分，必须建立一套行之有效的资管制度，让相关参与方各行其是，让财产所有人安心、放心。

我国早期，重义轻利的儒家文化和农耕经济一直占据着社会的先导主流，资产管理的制度基础主要是传统的儒家文化。《论语·里仁》中提到："富与贵，是人之所欲也，不以其道得之，不处也。贫与贱，是人之所恶也，不以其道得之，不去也"，意为富裕和显贵是人人都想要得到的，但不用正当的方法得到它，是不能安享的；贫穷与低贱是人人都厌恶的，但不用正当的方法去摆脱，它终是无法摆脱的。同时，儒家文化强调以血缘关系为基础的家族、家庭，其一衣带水的血亲关系和价值理念可以为资产管理提供相对坚实的信用基础，并把资产管理的风险降到最低。

我国明清时期的晋商，饱受传统儒家思想的浸润，遵从诚信经营的商业伦理，坚持"先义后利，以利制利"的儒家思想内核。票号脱胎于晋商，其展业更是以诚信为基础。清朝从嘉庆、道光年以来，设局诈骗客户银两，闭门潜逃，日益严重，京城、天津、陕西等许多地方不断发生。"京城钱铺，时常关闭。无论钱铺在大街小巷，与门面大小、字号新旧，必须打听钱铺虚实。不然今晚换银，明日闭门逃走，所开钱帖尽成废纸。"[1] 对此，清政府为加强对钱庄的管理，维护商民利益，防止钱庄倒闭，钱票不能兑现，从嘉庆十五年（1810 年）起对

---

[1] 黄鉴晖. 中国钱庄史［M］. 太原：山西经济出版社，2005：61.

京城钱铺实施连环互保制度，但非法经营者仍屡查不止。道光三年（1823 年），出现了以经营会票为主的"山西票号"，其中日昇昌票号以"汇通天下"著称于世。日昇昌的成功秘诀，在于成立之初就确立"以利制义，诚信为本"的经营理念，一诺千金，童叟无欺。

但依儒家文化为基础建立起来的资管秩序，有一定的市场局限性和主观随意性，难以从软约束发展到硬约束，并形成一套行之有效的资管法律制度。为了资管业的健康长效发展，现代资产管理需要建立一系列的法律制度。为此，人们进行了无数的实践，并在实践的基础上归纳提炼出一些制度性规范。

笔者认为，在考量资产管理制度安排时，应当至少考虑以下四项因素，并进行合理的制度设计：一是资产管理人须值得信赖。财产所有人对资产管理人的信任，是资产管理成立的基础。通常，资产管理人是财产所有人信任的亲友、社会知名人士或某个组织，或者是具有专业理财经验的资管机构，委托人可以放心地让他们实现自己的资管目的或者某种愿望。二是资产管理人具有专业的资产管理能力，过往业绩良好。资产管理人须具备一定的资质和本领，特别是资管机构，"没有金刚钻揽不了瓷器活"。同时，过往业绩虽然不等于未来业绩，但往往是投资人判断资产管理人是否具有专业管理能力的一个重要依据。三是资产管理人必须履行信义义务，为受益对象的最佳利益行事。信义义务是资产管理的一个根本性要求，其内容比较泛化，本书第八章将进行专门论述。四是财产所有人交付资管的财产能够实现法律上的有效隔离，即资管财产要区别于资管当事人的固有财产。其中，第一至三项是针对资产管理人的，其目的是要求资产管理人管好财产所有人的资产。第四项则针对资管财产，即要求资管财产必须实现法律上的有效隔离，本书将其概括为"资产隔离"，这是资产管理人管好财产所有人资产的前置条件。之所以用"资产隔离"一词，而没有用常见的"破产隔离""破产保护"等，是因为"资产隔离"的内涵和外延比"破产隔离"要广，本书后文中将频繁使用和出现。

此外，资产管理制度设计还需要考虑以下因素，并视情形作出适当规范：一是资产管理人的实力，一般要求具有一定的注册资本。如果实力雄厚，有利于资产管理人的信用提升，便于资产管理人在未履行好信义义务时有能力以其固有财产承担赔偿责任，更易获得财产所有人的信任。但资产管理人固有财产过多，不利于其一心一意地为财产所有人服务，所以有轻资产运营的理念，即通常不要求从事资产管理业务的机构重资产经营。二是资产管理人市场化运作，建立科学的激励与约束机制。资产管理靠的是人，不能任人唯亲，需要通过市场化运作吸引人才、留住人才。三是关联交易。通常认为关联交易是把"双刃剑"，应当允许以公允的市场价值开展关联交易，但是，实务中这一公允原则很容易被滥用，宜禁止或者以征得财产所有人同意为前提。笔者认为，中国的市场足够大，没有必要非得搞关联交易，以免被别有用心的人利用。从我国已有实践看，大部分倒闭的资管机构，均与关联交易有千丝万缕的关系。四是信息科技系统，必须具有与资管业务开展相适应的系统支持。当前，以人工智能、大数据、云计算、物联网等信息技术为代表的金融科技与资管业务深度融合，资管行业应积极结合数字化转型趋势，持续深化金融科技投入，逐步实现在风险管理、产品设计、流程服务以及金融科技人才队伍等全方面的提升与创新，为资管业务发展提供源源不断的创新活力。五是接受金融监管。从广义角度来看，资产管理也广泛存在于民间，不宜都纳入金融监管。但对特定的资产管理，例如资管机构向投资人发行资管产品并以营利为目的开展资管业务时，应当纳入金融监管范畴。六是第三方托管，这是对资产管理人实施监督、有效保护资管财产安全的一项重要制度安排。对于托管，本书第七章将进行专门的介绍。

上述要件中，笔者认为资产隔离对资产管理的制度安排而言最为关键，是资产管理的核心要素。现实中，很多人只重视资产管理的过程和结果，而忽视了资产隔离的重要性。

所谓资产隔离（asset partitioning），实即"责任财产分隔"①。资产管理活动中，主要是指交由资产管理人管理的财产，要和财产所有人的固有财产、资产管理人的固有财产、受益对象的固有财产，均实现法律上的分离，并分别记账、分别管理。当资产管理人死亡或者依法解散、被依法撤销、被宣告破产而终止的，其受托管理的资产不属于其遗产或者清算财产，应依法移交给新的资产管理人继续管理。这一制度安排，有利于避免因资产管理人跑路而导致损害投资人合法权益情形的出现，依法保护财产所有人、受益对象的合法权益。

四、资产隔离的内容与实现途径

人们在开展资产管理活动的过程中，使用过合同契约、委托代理、实体公司、行纪、信托、有限合伙、特殊公司②等各种各样的制度。在无数经验教训中，人们通过不断归纳、不断总结发现，资产隔离对资管活动的健康规范发展至关重要：如果财产所有人将资产交付资产管理人管理，而该财产不能与资产管理人的固有财产相区别，将对财产所有人极为不利。

因为缺乏资产隔离工具，清末首富盛宣怀的遗嘱未能如愿实现。"盛怀宣去世之前立有遗嘱，将其遗产的一半拿出来建立愚斋义庄，救济盛氏贫苦人家和从事社会慈善事业。这项遗嘱的执行监督人，是李鸿章的长子李经方。在他的组织下，成立了盛氏财产清理处，负责清理盛氏名下的所有财产。1917 年 6 月 1 日召开了盛氏五房及亲族会议，成立愚斋义庄。盛氏财产清理处经过两年半的努力工作，认定盛氏财

---

① 李宇. 商业信托法［M］. 北京：法律出版社，2021：287.
② 出自《美国 1940 年特殊公司法》（*US Investment Company Legislation of* 1940），因为"投资公司"一词在我国已有专属含义，故本书没有直译 Investment Company，而将其译为"特殊公司"，本书第二章将进行进一步的解释。

产至 1920 年 1 月止，总额为银元一千三百四十九万三千八百六十八两八钱五分五厘，实际可以分的财产为一千一百六十万零六千零十四两三钱八分八厘。根据这个清理结果，1920 年由盛氏亲族会议决议，以五成作为五房分配资产，以五成捐入愚斋义庄，各得五百八十万零三千两。关于愚斋义庄的财产管理，动息不动本，其中四成作为慈善基金，四成作为盛氏公积金，两成作为盛氏家族公用。"[1] 由于愚斋义庄的财产不具有"资产隔离"安排，缺乏法律的独立性保护，不久便被盛家后人变卖和处理。笔者认为，没有资产隔离的传承，是走不远的传承。

故再次强调，前述资产管理的基本要件中，资产隔离是核心要素，所有的资产管理活动均应当严格遵循[2]。这一核心要素，也可理解为资管财产应具有法律上的独立性，即资管财产在资产管理有效运作期间，应区别于财产所有人、资产管理人、受益对象的固有财产。从法律功能上看，这一要素帮助资管财产与财产所有人、资产管理人、受益对象之间实现"破产隔离"。之所以说它重要，因为它既是保护投资者合法权益的有效手段，也是资产管理人独立、连续管理的前提。当前，资产隔离的重要性逐渐被世人认同，被广泛应用于投资基金、资产证券化、家族财富管理等资管活动中（详见本书第三、四、五章介绍），应用领域越来越广。比如，《多德—弗兰克华尔街改革与消费者保护法案》中提到，"在未清算的基于证券掉期交易中持有作为抵押的资产隔离。必须按照证券交易委员会可能颁布的规则或者规章，将资金或者其他财产保留在一个独立账户中，与基于证券掉期交易主要参与人的资产和其他利益隔离"[3]。

① 宋路霞. 盛宣怀家族 [M]. 上海：上海科学技术文献出版社，2009：209.
② 笔者查找各种资料，几乎没有发现类似的研究成果。大家都比较注重资产管理的手段和结果，而忽视了资产管理的重要前提——资产隔离。
③ 董裕平，全先银，汤柳，姚云等译. 多德—弗兰克华尔街改革与消费者保护法案 [M]. 北京：中国金融出版社，2010：364 - 365.

（一）资产隔离的主要内容

具体来说，资管财产必须实现资产隔离或者说应当具有法律上的独立性，主要体现在以下几个方面：

1. 财产所有人将财产交付资产管理人后，所形成的资管财产有别于财产所有人未交付资管的其他财产

资管有效成立后，资管财产不再属于原财产所有人的固有财产，与原财产所有人未交付资管的其他财产相区别：一是原财产所有人无权管理处分该资管财产，包括无权再将资管财产视为其固有财产并与他人进行交易，无权再以资管财产对其他人承担责任或债务，无权再将资管财产处分给他人。二是原财产所有人的债权人，不得再将资管财产视为原财产所有人的固有财产，并对资管财产直接主张权利。原则上，原财产所有人的债权人只能对自益资管的受益权主张相关权利，或者说对原财产所有人所享有的受益权主张权利，而对他益资管的受益权不能主张权利。三是当原财产所有人死亡或者依法解散、被依法撤销或者被宣告破产时，如果其不是唯一受益对象的，资管存续，资管财产不作为其遗产或者清算财产。能够作为其遗产或者清算财产的部分，仅仅是该资管项下所对应的受益份额。

作上述安排的目的，一方面，有利于资产管理人对资管财产进行持续稳定的管理处分，不受原财产所有人的左右和影响；另一方面，资管财产不受原财产所有人的债权人的追索，能够真正由资产管理人掌控。

2. 资管财产有别于资产管理人的固有财产

资管存续期间，资管财产虽然处于资产管理人的实际控制之下，但应当和资产管理人的固有财产相区别：一是资管财产不属于资产管理人的固有财产。资管财产虽然由资产管理人负责管理处分，并且处在资产管理人的掌控之下，甚至有时属于资产管理人名义所有，但资产管理人并不是资管财产的真正所有者，不能享有资管财产的实质利益。具体操作上，资产管理人必须将资管财产与其固有财产分别管理、分别记账。二是资产管理人不得挪用、占用资管财产，不得将资管财产转为其固有财产，不得将资管财产归入其固有财产或者成为其固有财产的一部分。如果资产管理人将资管财产转为其固有财产的，须恢复资管财产的原状，造成损失的应当承担赔偿责任。三是资产管理人不得利用资管财产为自己谋取私利。资产管理人接受资管，仅能依照约定收取佣金或者报酬。如果资产管理人违反规定为自己谋取私利的，所得利益归入资管财产，造成损失的应当承担赔偿责任。四是资产管理人管理处分资管财产，仅以资管财产为限向相关债权人承担有限责任，仅以资管财产为限向受益对象承担支付资管利益的义务。只有当资产管理人违背信义义务原则致使资管财产受到损失或对第三人产生债务的，资产管理人才需要以其固有财产承担赔偿责任。五是任何人都不能把资管财产看作资产管理人的固有财产，不能因其与资产管理人的经济往来或者债权债务关系而对资管财产主张权利。特别是资产管理人的债权人，不得将资管财产视为资产管理人的固有财产，并对资管财产主张权利。六是资产管理人因死亡或者依法解散、被依法撤销、被宣告破产等原因进行终止清算的，资管财产不属于其遗产或者清算财产。当资产管理人为自然人并死亡时，资管财产不属于其遗产，其继承人不能从资管财产中获得任何利益；当资产管理人是法人或者其他组织并依法解散、被依法撤销、被宣告破产时，资管财产不属于其清算财产或者破产财产，资产管理人的债权人亦不能从资管财产中获取任何利益。此时，资产管理人职责终止，其管理的资管财产应当依照法律法规规定或者资管协议约定移交新的资产管理人继续管理处分。

将资管财产与资产管理人的固有财产进行隔离和区分，是资产隔离要素的核心内容。实务中，资管财产与资产管理人的固有财产同在资产管理人名下，如果不加以严格区分，管理处分所产生的积极效果

（如盈利）和消极效果（如亏损），亦将难以准确厘清归属与结果归因。

3. 资管财产有别于资产管理人管理的其他资管财产

资管存续期间，资产管理人如果接受多个不同的资管，在此情形下，资产管理人应当将不同资管财产相区别，即每一项资管财产都具有法律上的独立性，相互之间不能混同。

具体操作上，要求资产管理人：一是必须将不同资管财产分别管理、分别记账。资产管理人对其管理的不同资管财产应当分别设置账户，确保不同资管财产的完整与独立。既不能用一项资管的财产履行另一项资管的债务，不同资管财产的债权债务也不能相互抵销。作为例外，如果合同约定资产管理人可以将不同资管财产集中管理处分的，仍然必须分别记账。二是必须公平对待不同的资管财产，不能厚此薄彼，更不能以损害某项资管财产的利益为另一项资管财产谋取利益。当资管协议文件另有约定或者经原财产所有人、受益对象同意，需要在不同资管财产之间进行相互交易的，应当以公允的市场价格进行。

4. 资管财产有别于受益对象的固有财产

尽管资管终止之后，资管财产归属于受益对象的可能性最大。但资管存续期间，资管财产与受益对象的固有财产相区别：一是资管财产不是受益对象的固有财产，受益对象无权管理处分该资管财产，包括无权将资管财产视为其固有财产并与他人进行交易，无权以资管财产对他人承担责任或债务，无权将资管财产处分给他人等。二是受益对象的债权人，不得将资管财产视为受益对象的固有财产，并对资管财产主张权利。原则上，受益对象的债权人只能对受益对象所享有的受益权主张权利，但有时这种权利亦有限制。三是当受益对象死亡或者依法解散、被依法撤销、被宣告破产时，资管存续，资管财产不作为其遗产或者清算财产。能够作为其遗产或者清算财产的部分，仅仅是受益对象所享有的该资管项下所对应的受益份额。

5. 非因特殊情形，不得对资管财产主张强制执行

强制执行是指法院或其他有权进行强制执行的行政机关，为执行已生效的法律文书或实施法律规定，主动地或依当事人提出的申请，针对被执行人强制采取相应的措施。各国法律都确立了强制执行制度和强制执行措施，通常包括查封、扣押、冻结、拍卖、变卖等执行措施。其中，查封是一种临时性的执行措施，是指对被执行人的财产进行清点，加贴法院的封条，不准任何人转移和处理。被查封的财产，执行员可以指定被执行人负责保管，被执行人拒绝保管或者保管不善造成损失，由其自行承担责任。如果被查封财产由其他单位或者个人保管，费用由被执行人负担。与查封一样，扣押也是一种临时性的执行措施，是把被执行人的财产运到另外场所，予以扣留，避免被执行人对该财产占有、使用和处分。被扣押的财产可以由法院保管，也可以由有关单位和个人保管，费用由被执行人负担。冻结是法院通知商业银行等有储蓄业务的机构，保证被执行人不能提取或者转移、处分其存款的一种执行措施。拍卖、变卖是对被执行人财产的强制出卖。拍卖、变卖往往在查封、扣押的基础上进行，即法院查封、扣押财产后，执行员应当责令被执行人在指定期间履行义务，如果被执行人逾期不履行义务，法院可以依照规定将被查封、扣押的财产交有关部门拍卖或者变卖。当然，法院也可以不经查封、扣押，直接对被执行人的财产进行拍卖、变卖。变卖是财产交有关商业部门代卖或者被有关商业部门收购，拍卖则是按照一定的程序公开叫卖，以最高价卖出的一种买卖方式。一般情况下，查封、扣押、冻结、拍卖、变卖被执行人的财产，是对当事人财产的直接处分，会给被执行人的生产、生活及其所抚养家属的生活带来重大影响，因此，查封、扣押、冻结、拍卖、变卖被执行人的财产时，应当保留被执行人及其所抚养家属的生活必需品，给予其生存的必要条件。

资管存续期间，因特殊情形，不得申请法院对资管财产强制执行。所谓特殊情形，主要包括：一是资管成立前已经存在于资管财产上的权利。债权人在资管成立前，已对该资管财产享有优先受偿的权利，例如已存在于资管财产上的抵押权、担保物权等，债权人依法在诉讼时效期间内主张权利的，可以申请法院对资管财产进行强制执行。二是资管财产本身承担的债务，债权人要求清偿该债务的。资产管理人因管理处分资管财产所支出的费用、对第三人所负的债务，属于资产管理本身的正当支出或者债务，理应由资管财产承担。当债权人要求资产管理人清偿债务遭到拒绝的，债权人可以申请法院对资管财产进行强制执行。三是资管财产本身担负的税款。根据税收法律法规的规定，对资管财产应承担的税赋，资产管理人或者受益对象未按规定缴纳的，税收征管机关有权对资管财产强制执行，或者申请法院强制执行。

为了保护资管当事人的合法权益，法律通常还授予资管当事人对强制执行的异议权。资管当事人认为对资管财产的强制执行侵犯或者可能侵犯其合法权益的，或者法院违反规定对资管财产实施强制执行的，资管当事人有权向法院提出异议。

6. 资管的债权与不属于资管的债务不得相互抵销，不同资管的债权债务不得相互抵销

抵销是指双方当事人相互负有同种类的给付，将两项债务相互冲抵，使相互债务等额消失。通常，采用抵销的方式消灭债务关系需要具备一定的条件：一是当事人双方应当相互享有债权，也就是相互负有债务。二是两项债权或者债务的性质应当是同一的。所谓债权或者债务的性质同一，是指受偿的权利或者给付的义务是同一种类，也就是用以履行债务或者行使债权的标的，在性质和种类上都是相同的。三是相互的债权或债务都到了履行期。四是抵销债权或者债务不违背债的目的，不违反法律规定或者双方的约定。由此可见，债权或

者债务不能随意抵销，只有在具备上述条件的情况下才可以采取抵销的方式。抵销因其产生的根据不同，可分为法定抵销和协议抵销。

抵销是民法上债的消灭原因之一，优点是便利双方当事人，节省交易成本。根据民法原理，双方当事人互负债务、互享债权，双方的债务给付为同一种类，属于可抵销债务且均届清偿期，即可依当事人一方的意思表示予以抵销，使双方的债权债务于抵销额内归于消灭，但法律法规或协议约定不能抵销的除外。

对于数项不同的资管财产，虽然处在同一资产管理人的实际控制之下，但其实际利益归属于不同的受益对象。如果允许资产管理人随意抵销，可能会损害受益对象的合法权益。因此，法律一般禁止资产管理人将资管的债权与不属于资管的债务相互抵销、将不同资管的债权债务相互抵销。

对上述资产隔离的内容，境外有人将其归纳为三大类。"各国现行法中的资产分隔，可分为三大类型：正向资产分隔、反向资产分隔、内部资产分隔。其中，正向资产分隔（affirmative asset partitioning）又称实体保护（entity shielding），意指一种保护组织财产免受组织成员的债权人追索的规则；反向资产分隔（defensive asset partitioning）又称所有者保护（owner shielding），意指一种保护组织成员财产免受组织债权人追索的规则。"[1] 内部资产分隔又称内部防护（internal shields），是系列信托中，"就每个系列的债务，仅可执行本系列的资产，不得执行本信托其他系列的资产或商业信托的一般资产，并且就其他系列的资产或商业信托的一般资产发生的债务，不得执行该系列的资产。某一系列的债务不是其他系列的债务，亦不是商业信托的整体债务。"[2] 本

---

[1] 李宇. 商业信托法［M］. 北京：法律出版社，2021：287－290.
[2] 李宇. 商业信托法［M］. 北京：法律出版社，2021：466.

书理解，资产管理活动中，正向资产分隔是指资管财产有别于资管当事人的固有财产，资管当事人的债权人通常不得对资管财产主张权利，其目的主要是保护资管财产免受资管当事人的债权人的追索；反向资产分隔是指资管财产不属于资产管理人的固有财产，因资管财产管理产生的债务，不得向资产管理人的固有财产进行追偿，其目的主要是保护资产管理人的固有财产免受资管财产的债权人追索；内部资产隔离，是指对每一笔资管财产都应当分别管理、分别记账，不同资管财产的债权债务不得混同，也不得相互抵销。

（二）资产隔离的实现途径

为达到上述资管财产"资产隔离"的法律效果，长期以来，世界各国都在研究并制定相关法律制度。目前，境外主要有三种法律工具可以达到这一效果，即信托、特殊公司和有限合伙。

信托是一种具有长期规划性质、富有弹性空间且能充分保障财产所有人利益的资产管理制度，依其法律原理形成的信托财产具有独立性，有别于委托人、受托人、受益人的固有财产。特殊公司是美国创设的一种资管制度，具有法人主体地位，其所形成的公司法人财产相对具有独立性，有别于特殊公司股东、资产管理人、受益对象的固有财产。有限合伙由普通合伙人和有限合伙人组成，其所形成的合伙财产相对具有独立性，有别于有限合伙人、普通合伙人（通常即是资产管理人）的固有财产。

对上述三种资产隔离工具，大部分国家和地区均通过立法予以确认，即允许人们在开展资产管理活动时选择使用。但有些国家和地区对这三种工具的使用有限制，或者说有的工具尚未通过立法予以确立。目前，我国已经通过立法确立了信托和有限合伙制度，为我国的资产管理奠定了法律理论基础，但我国迄今为止尚未开展类似美国的特殊公司立法。

需要注意的是，我国所开展的资产管理活动形式多样，仍然有很多没有以资产隔离作为前置条件，没有实现资管财产的独立性；或者要求并强调了资管财产的独立性，但实现其独立性的途径并非通过信托、特殊公司或者有限合伙，而只是在部门规章或者规范性文件中作出相关规定①，该做法认可了资管活动应当以"资产隔离"为前提的基本要求，值得赞许和肯定，但这种在缺乏相关法律理论支撑的前提下直接规定某项资管财产具有独立性的做法，另辟蹊径，法律层级低，其独立性效果存疑。试想简单通过法规直接规定资管财产具有独立性，而不是建立在某种法律制度之下，如果即可达成资产隔离的效果，何苦世人费尽千辛万苦才摸索出信托、特殊公司和有限合伙这三种制度呢？

当然，也不是说实现资产隔离的工具，未来仅限于信托、特殊公司和有限合伙，可能还会出现新的法律和组织创新，毕竟时代在不停进步。例如我国投资基金立法过程中，就曾经存在一种超前的想法，并一度体现于法律草案之中，即融合信托、特殊公司、有限合伙三者

---

① 例如，《商业银行理财业务监督管理办法》（中国银行保险监督管理委员会令2018年第6号）第四条规定，商业银行理财产品财产独立于管理人、托管机构的自有财产，因理财产品财产的管理、运用、处分或者其他情形而取得的财产，均归入银行理财产品财产。商业银行理财产品管理人、托管机构不得将银行理财产品财产归入其自有资产，因依法解散、被依法撤销或者被依法宣告破产等原因进行清算的，银行理财产品财产不属于其清算财产；第五条规定，商业银行理财产品管理人管理、运用和处分理财产品财产所产生的债权，不得与管理人、托管机构因自有资产所产生的债务相抵销；管理人管理、运用和处分不同理财产品财产所产生的债权债务，不得相互抵销。再如，《证券期货经营机构私募资产管理业务管理办法》（证监会令第151号）第六条规定，资产管理计划财产的债务由资产管理计划财产本身承担，投资者以其出资为限对资产管理计划财产的债务承担责任。但资产管理合同依照《证券投资基金法》另有约定的，从其约定。资产管理计划财产独立于证券期货经营机构和托管人的固有财产，并独立于证券期货经营机构管理的和托管人托管的其他财产。证券期货经营机构、托管人不得将资产管理计划财产归入其固有财产。证券期货经营机构、托管人因资产管理计划财产的管理、运用或者其他情形而取得的财产和收益，归入资产管理计划财产。证券期货经营机构、托管人因依法解散、被依法撤销或者被依法宣告破产等原因进行清算的，资产管理计划财产不属于其清算财产。

的制度优势，创造出一种全新的资产管理方式（具体制度名称没有命名），其具体设想是：投资人中分有限投资人和普通投资人（相当于有限合伙企业中的有限合伙人和普通合伙人），所形成的基金财产属于信托财产并实现资产隔离（信托财产具有法律上的独立性），同时该信托财产享有法人主体地位（相当于特殊公司）。笔者认为，这是一种非常值得肯定的创新做法，但最终未被采纳。

为什么要作"资产隔离"的制度安排，笔者认为主要是财产所有者与资产管理人之间缺乏足够信任所致，不得已通过制度安排进行补足。笔者在学习和研究金融科技时，意识到随着现代信息科技的发展，或许会出现一些新的方式实现资产隔离，甚至替代现有的资产隔离工具。例如，区块链作为分布式账本技术，不需要第三方的信任，所有的记账不可能造假，不可能被篡改，而且可以被追溯。区块链是产生信任的机器，具有去信任化、不可篡改、加密安全性等特点。"区块链网络中的每个节点，都成了历史的见证者，从而避免了因缺乏信任而无法完成操作。"① 假如将区块链技术用于资产管理，将有利于优化流程、提高效率、增加资产的安全性。对此，《区块链：分布式商业与智数未来》一书中有这样一段精彩的话："信任是世界上任何价值物转移、交易、存储和支付的基础。只有建立信任，人类才能处理越来越多的价值转移和交换的需求；否则，人类将无法完成任何的价值交换。最初人们靠血缘和宗族来建立信任，接着靠宗教和道德来建立信任，后来靠法律和组织来建立信任。基于区块链技术，通过数学算法来建立交易双方的信任关系，使弱关系可以依靠算法建立强连接，这让以前几乎不可能完成的价值交换活动成为现实，从而实现了人类社会有史以来在价值交换领域的一个重大进步。"②

---

① 赵国栋，易欢欢，徐远重. 元宇宙［M］. 北京：中译出版社，2021：18.
② 肖风. 区块链：分布式商业与智数未来［M］. 北京：中信出版集团，2020：8－9.

　　总的来说，当前的资产管理活动中，主要运用信托、特殊公司、有限合伙达成资产隔离的法律效果。这三种制度各有优缺点，没有明显的好坏或优劣之分，许多国家和地区通常同时并存，并在资产管理活动中供市场自由选择使用。本书将在第二章对这三种制度作进一步的论述。

第二章　资产隔离的法律工具

"求木之长者，必固其根本；欲流之远者，必浚其泉源。"[1] 资产管理要行稳致远，必须作顶层制度设计，而资产隔离是关键安排和核心要素。从境外实践看，资产管理中用来达成资产隔离的法律工具，主要包括信托、特殊公司和有限合伙。

一、资产隔离的法律工具之一：信托

根据《海牙信托公约》[2]，信托一词意味着由委托人在生前或者死亡时创设的一种法律关系。在创设这一法律关系时，委托人为了受益人的利益或特定目的，将信托财产置于受托人的控制之下。《欧洲示范民法典草案》将信托定义为："信托，是指受托人根据调整其法律关系的条款，为受益人利益或为促进公共利益，管理或处分一个或者多个

---

[1] 引自唐·魏徵《谏太宗十思疏》，意为：大树要长得好，最重要的是根要扎牢；河流要源远流长，最重要的是疏通它的源头。

[2] 1984 年 10 月第 15 届海牙国际私法会议上，32 国代表正式通过《关于信托的法律适用及其承认的公约》，简称《海牙信托公约》。

财产（信托资金）的法律关系。"① 美国的《信托法第三次重述》规定，信托是一种与财产有关的信义关系，因意图设立该种关系的明确意思表示而产生，并要求持有该财产所有权者有义务为一人或多人的利益或为公益目的管理该财产。日本《信托法》（2013 年修订版）第 2 条规定，本法所称信托，指以契约、遗嘱或者宣言等方法，特定人基于一定目的（专为该特定人之利益为目的者除外），为财产管理、处分或其他以达成该目的所必要之行为者。《中华人民共和国信托法》（以下简称《信托法》）第二条规定，本法所称信托，是指委托人基于对受托人的信任，将其财产权委托给受托人，由受托人按委托人的意愿以自己的名义，为受益人的利益或者特定目的，进行管理或者处分的行为。

（一）信托的起源与发展

信托制度源于英美法系国家，但它的影响，又及于大陆法系国家和地区，特别是日本、韩国和我国。

1. 境外信托的历史沿革

早在罗马法时期，就出现了信托的雏形——信托遗赠，即被继承人要求继承人在其死后，将所取得的财产转移给特定的第三人。真正意义上的信托，产生于 11 世纪的英国。当时英国出现了一种"用益权"，即根据当事人约定，一方将财产转移给另一方管理处分，收益归他方所有。因为这种"用益权"一度被人们用来规避向封建地主交纳租金，并使宗教组织能获得其不能直接享有的土地收益，损害了封建贵族与国王的利益。为此，英国议会于 1535 年制定了《用益权法》（*Statute of uses*），但它没有否定用益权制度本身，而是明确了用益权人

---

① 欧洲民法典研究组，欧盟现行私法研究组编著. 欧洲示范民法典草案：欧洲私法的原则、定义和示范规则［M］. 高圣平译，北京：中国人民大学出版社，2012，10 - 1：201，396.

为财产的实际所有者，从而使用益权人交纳土地税赋。通过这个法令确立的双重用益权，构成了现代信托法论的基础，被后人称为信托，并逐渐发展成为一项极为重要的财产管理制度，在经济生活中发挥着重要的作用。

信托在起源之初，主要用于民事领域，如管理小额信托财产、执行遗嘱和管理遗产、保管证券及重要文件等，受托人一般为委托人信任的亲朋好友，且不收取任何酬劳，因此这一时期的信托通常被称为传统的无偿信托。有偿的现代信托，一般认为以英国 1863 年成立的国际财政公司为标志，它的成立适应了英国第一次工业革命后资本输出的需求，代财产所有人实现了海外投资获取高额利润的梦想。其后，英国出现了各种各样的信托机构和银行信托部，特别是在其殖民扩张过程中，营业信托得到了快速的发展。据不完全统计，英国在 20 世纪初，其全国财产有 1/20 成为信托财产。英国殖民主义的扩张，也使越来越多的国家和地区承认并建立了信托制度。

所有引进信托制度的国家和地区，都继受了信托的本质和基本原理，如信托财产的独立性、受托人的信义义务等。但并非都是拿来主义，有的进行了创新发展，有的将某些内容作了移植，有的结合本国传统作了变动。在美国，信托被赋予了更多的商业功能，完成了个人信托向法人信托的过渡、民事信托向金融信托的转变。在日本，信托业务和经营方式得到了丰富和发展。因此，世界各国的信托原理虽然相通，但国家与国家之间对信托的相互引进、借鉴，在具体规则上并没有统一的理解、划一的模式，在某一具体信托品种的设计上，可能还存在相互矛盾的地方。我国的《信托法》，也是结合我国国情和成文法特点对信托制度的又一次借鉴和发展。

2. 我国信托的产生与发展

我国早就有信托的萌芽，三国时期发生过六次托孤事件，《刘禅祭奠诸葛亮诏书》提到："惟君体资文武，明睿笃诚，受遗托孤，匡辅朕躬……"故有"临遗托孤，为中外之古制，实为信托的起源"之说。北宋仁宗庆历八年（1048 年），开封府出现了专门受托保管遗孤财产的机构——检校库。可惜的是，这些现象并未被提炼为抽象的理论并上升为法律制度。"在古代埃及、希腊、中国均出现了此类原始的自发信托行为，其委托物可以是人或事物，范围极其广泛，关系人之间不涉及经济利益，也没有发展成为有目的、被法律认可的经济活动。"①

信托法律制度在英美法系国家流行之后，传至我国可溯及至清末的上海租界。当时在租界内拥有房地产的国人，将房产及房契委托给外国商人，并从外国商人处换取一种受益凭证——权柄单，证明该租地实为华人财产，以便转让、出租和出售。我国早期的信托业，通常认为始于 1919 年聚兴诚银行上海分行设立信托部从事的信托业务。1921 年 8 月，我国第一家信托公司——中国通商信托公司在上海成立。其后，中易、中国、中央、大中华、商业、通易、上海、神州、中外、华盛等信托公司纷纷成立，主要从事股票的质押与买卖。但这些信托机构投机性强、组织不健全、缺乏足够的资金来源，伴随证券交易所的倒闭，除中央、通易两家信托公司外，其余均相继破产。1928 年中国信托公司设立后，局面有所好转，各大银行也纷纷开设信托部，1935 年成立的"中央信托局"是当时信托业达到鼎盛的标志。但这一时期信托机构所从事的业务，主要为代理买卖有价证券、代购代销房屋、代收房地租、代理保险、代客保管财物及保管箱出租等，与真正的金融信托相去甚远，同时因战争原因，都没有得到很好的发展。

新中国信托业的恢复和发展，源于 1979 年 10 月中国国际信托投资公司的成立。其后伴随改革开放的春风得到迅猛的发展，但由于这些信托机构名不副实，存在内部管理混乱、经营不规范、违规运用资金

---

① 何旭艳 . 上海信托业研究（1921—1949 年）［M］. 上海：上海世纪出版集团，2007：
　　1.

等问题，受到了五次清理整顿。也正因为清理整顿，加快了信托立法，用法律手段规范我国信托业发展的呼声才日益高涨。以 2001 年《中华人民共和国信托法》出台为分水岭，我国的信托行业发生第一次质变，由主营中间业务、辅以自营业务，转变为主营固有业务①、辅以信托业务，信托公司开始尝试开展信托业务。2010 年底，信托公司的信托业务收入首次超过固有业务收入，我国的信托业发生了第二次质变，由主营固有业务、辅以信托业务，转变为主营信托业务、辅以固有业务。2011 年至今，我国信托公司管理的信托财产规模快速增长，但发生的都是量变，没有再次发生质变。大概率判断，未来我国的信托业还将发生第三次质变，因为当前信托公司主营的信托业务类型为融资类信托业务，而该类业务将随着低利率甚至负利率时代的到来而消亡。简言之，信托公司第三次质变后，仍然是主营信托业务、辅以固有业务，这一定位无须再变，但其主营的信托业务类型，将由主营融资类信托业务，转变为主营非融资类信托业务；信托公司所面临的风险，也将由信用风险引发的刚性兑付风险、声誉风险，转变为受托管理责任风险。

此外，我国《信托法》施行后，其所确立的信托制度还在以下领域得到应用：一是信托型基金，包括证券投资基金、保险资金投资计划和基础设施信托投资基金等。二是年金信托，包括企业年金、职业年金。三是信贷资产证券化。四是公益信托、慈善信托。五是遗嘱信托、民事信托，等等。

（二）信托制度的资产隔离功能

通俗地说，信托财产就是委托人交由受托人管理处分的财产，它还包括受托人因管理运用、处分或者其他情形而取得的财产。信托财

---

① 即自营业务，2001 年我国出台的《信托法》将受托人的自有财产称为固有财产，业内亦将信托公司的自营业务称为固有业务。

产在英美法国家又称为信托标的物，是构成信托的基本要素之一，它关于信托财产独立性的制度设计，是信托制度的精髓所在，并由此产生了积极的法律效果。可以说，当前对信托财产所有权的归属众说纷纭，但对信托财产具有独立性的安排，世界各国是基本一致的。

对信托财产法律地位作独立性的制度设计，其主要意义在于：一是信托财产的管理可以不受委托人或者受托人财务状况的恶化甚至破产的影响，委托人、受托人或者受益人的债权人一般也无权对信托财产主张权利，信托财产的安全有保障。二是能够使信托财产脱离委托人的控制，让具有资管经验的受托人对其进行有效的管理处分，从而实现受益人的最佳利益。

对此，各国信托法都明确了信托财产具有法律上的独立性，并作出了以下主要规定：

1. 信托财产与委托人未设立信托的其他财产相区别

"信托实务中，最受关注的就是信托财产'脱离委托人的独立性'。信托一经设定，信托财产就从委托人的责任财产中脱离，委托人个人的债权人不能再直接干涉到信托财产。换言之，从委托人的角度来看，信托具有破产隔离功能（从委托人的破产风险中保护信托财产的功能）。"①

信托财产有别于委托人的固有财产，具体体现在：一是信托财产与委托人未设立信托的其他财产相区别。信托设立后，信托财产即从委托人的固有财产中分离出来，具有一定的独立性。就委托人自身来说，不得对信托财产进行管理运用、处分或者与第三人进行交易，也不得将信托财产视为委托人整体财产的一部分对外承担责任；就委托

---

① 新井诚. 信托法（第4版）[M]. 刘华译. 北京：中国政法大学出版社，2017：283 - 284.

人以外的其他人来说，不应把信托财产完全看作委托人的固有财产，在信托存续期间，不能因其与委托人的关系对信托财产主张权利。二是信托财产独立于委托人的存亡。通常情况下，信托设立后，委托人死亡或者依法解散、被依法撤销、被宣告破产时，信托存续，信托财产不作为其遗产或者清算财产。只有在特殊情形下，信托受益权或者信托财产才能作为其遗产或者清算财产。第一种情形，当委托人是唯一受益人时，信托终止，信托财产作为其遗产或者清算财产。受益人是构成信托的基本要件之一，没有受益人或者受益人范围不能确定，信托就不能成立。在委托人是唯一受益人的自益信托中，委托人即是受益人，委托人死亡或者依法解散、被依法撤销、被宣告破产，即是受益人死亡或者依法解散、被依法撤销、被宣告破产。在此情形下，受益人不复存在，信托失去了存在的必要性，信托自应终止，并将信托财产作为委托人的遗产或者清算财产。第二种情形，当委托人是受益人之一时，信托不因委托人死亡或者依法解散、被依法撤销、被宣告破产而终止，信托财产也不作为其遗产或者清算财产，只是委托人的信托受益权需要作为其遗产或者清算财产。这种情形存在于有多个受益人的同一信托中，当委托人死亡或者依法解散、被依法撤销、被宣告破产时，为保护其他受益人的利益，也为了全部实现信托目的，信托存续。在此情况下，由于委托人对信托仍享有部分受益权，因此可能出现委托人一方面破产，无法清偿债务，一方面又自信托获取收益的情形，这对于委托人的债权人显然不公平。因此，委托人死亡或者依法解散、被依法撤销、被宣告破产时，其所享有的信托受益权通常作为其遗产或者清算财产。

对此，我国《信托法》第十五条规定，信托财产与委托人未设立信托的其他财产相区别。设立信托后，委托人死亡或者依法解散、被依法撤销、被宣告破产时，委托人是唯一受益人的，信托终止，信托财产作为其遗产或者清算财产；委托人不是唯一受益人的，信托存续，信托财产不作为其遗产或者清算财产；但作为共同受益人的委托人死亡或者依法解散、被依法撤销、被宣告破产时，其信托受益权作为其遗产或者清算财产。也就是说，当委托人死亡或者依法解散、被依法撤销、被宣告破产时，信托财产分以下三种情形进行处置：一是委托人不是受益人的情形中，信托存续，信托财产不属于委托人的遗产或者清算财产。二是委托人是共同受益人之一时，信托存续，信托财产不属于委托人的遗产或者清算财产，但其信托受益权属于其遗产或者清算财产。三是委托人自己作为唯一受益人的情形，信托终止，信托财产属于其遗产或者清算财产。

2. 信托财产与受托人的固有财产相区别

"信托中，信托财产不仅具有前述的脱离委托人的独立性，与因信托设定而取得了名义和完全权的受托人也保持独立性。"①

信托财产有别于受托人的固有财产，是信托财产独立性的核心内容，具体体现在：一是信托财产与受托人的固有财产相区别。信托设立后，信托财产处于一种特殊的独立地位，受托人取得了管理运用和处分信托财产的权利，甚至取得了信托财产的所有权，但是，信托财产并非就是受托人的固有财产。就受托人自身来说，必须将信托财产与其固有财产严格分开，分别管理，分别记账，不得将信托财产转为其固有财产，也不得将信托财产视为其固有财产的一部分对外承担责任。就受托人以外的其他人来说，不应把信托财产看作受托人的固有财产，在信托存续期间，不能因其与受托人的关系对信托财产主张权利。二是信托财产不属于受托人的遗产或清算财产。受托人死亡的，信托财产不属于其遗产，其继承人不得对信托财产提出请求；受托人依法解散、被依法撤销、被宣告破产而终止的，信托财产不属于其清算财产，受托人的债权人不得对信托财产提出请求。这是保护受益人利益的一项重要原则。在此情形下，受托人职责终止，信托并未终止，

① 新井诚. 信托法（第4版）[M]. 刘华译. 北京：中国政法大学出版社，2017：287.

只需依照法律法规规定或者信托文件约定选任新的受托人，并将信托财产转移给新受托人继续管理处分即可。这是信托制度连续性、稳定性的体现，目的是实现委托人的信托意图，保证信托财产的连续有效管理。同时，更重要的是，有利于保护信托财产的安全。

对此，我国《信托法》第十六条规定，信托财产与属于受托人所有的财产相区别，不得归入受托人的固有财产或者成为固有财产的一部分。受托人死亡或者依法解散、被依法撤销、被宣告破产而终止，信托财产不属于其遗产或者清算财产。为达成这一目的，我国《信托法》进一步要求受托人必须将信托财产与其固有财产分别管理、分别记账，一般不得将其固有财产与信托财产进行相互交易等。

3. 非特殊情形，任何人不得对信托财产强制执行

根据《中华人民共和国民事诉讼法》（以下简称《民事诉讼法》）第二十一章关于"执行措施"的有关规定，人民法院为了执行生效的法律文书所确定的内容，可以根据当事人的申请，依照法律规定的程序，对相对人采取相应的执行措施。这些强制执行措施主要包括：（1）查询、扣押、冻结、划拨、变价被执行人的财产，包括存款、债券、股票、基金份额等财产；（2）扣留、提取被执行人应当履行义务部分的收入；（3）查封、扣押、冻结、拍卖、变卖被执行人应当履行义务部分的财产；（4）指定交付财物或者票证；（5）强制迁出房屋或者强制退出土地等。其中，第（2）、（3）种情形下，应当保留被执行人及其所扶养家属的生活必需费用或者生活必需品。

在信托中，信托财产是独立的，它既不属于委托人的固有财产，也不属于受托人的固有财产，因此，为了保证信托财产的安全和完整，不论是委托人、受托人还是受益人的债权人，除特殊情形，均不得申请人民法院对信托财产强制执行。其中，特殊情形主要包括：一是设立信托前享有的优先受偿权。设立信托前债权人已对该信托财产享有

优先受偿的权利，并依法行使该权利的，在这种情况下，委托人的债权人可以对该信托财产申请人民法院强制执行。在信托设立前，债权人已对信托财产享有优先受偿的权利（如委托人设于信托财产上的抵押权或者担保物权），并且依法行使该项权利，信托成立后，自应允许债权人继续行使其权利，防止委托人以设立信托为借口损害债权人的利益。所谓依法行使该权利，是指债权人在有效的诉讼时效内向人民法院主张权利。二是受托人处理信托事务所产生债务。受托人处理信托事务过程中所产生的债务，债权人要求清偿而受托人不予清偿时，债权人可以对该信托财产申请人民法院强制执行。我国《信托法》第三十七条第一款规定，受托人因处理信托事务所支出的费用、对第三人所负债务，以信托财产承担。一般来说，受托人应当以信托财产清偿处理信托事务产生的债务，否则，债权人有权请求人民法院强制执行。但是，受托人违背管理职责或者处理信托事务不当对第三人所负的债务，按照我国《信托法》第三十七条第二款的规定，由受托人以固有财产承担，因此，如果债权人对信托财产申请人民法院强制执行后，受托人应当用固有财产弥补信托财产遭受的损失。三是信托财产本身应担负的税款。依照我国《税法》的有关规定，需要对信托财产本身征收税款的，有关机关可以依法直接对信托财产强制执行，或者申请人民法院强制执行。

对于违反规定而强制执行信托财产的，委托人、受托人或者受益人有权向人民法院提出异议，即委托人、受托人或者受益人认为强制执行即将侵犯或者已经侵犯其合法权益的，可以提出不同意见，甚至申请人民法院撤销强制执行程序，恢复信托财产的原状。我国《民事诉讼法》第二百三十四条规定，执行过程中，案外人对执行标的提出书面异议的，人民法院应当自收到书面异议之日起十五日内审查，理由成立的，裁定中止对该标的的执行；理由不成立的，裁定驳回。案外人、当事人对裁定不服，认为原判决、裁定错误的，依照审判监督程序办理；与原判决、裁定无关的，可以自裁定送达之日起十五日内向人民法院提起诉讼。

对此，我国《信托法》第十七条规定，除因下列情形之一外，对信托财产不得强制执行：（1）设立信托前债权人已对该信托财产享有优先受偿的权利，并依法行使该权利的；（2）受托人处理信托事务所产生债务，债权人要求清偿该债务的；（3）信托财产本身应担负的税款；（4）法律规定的其他情形。对于违反前款规定而强制执行信托财产，委托人、受托人或者受益人有权向人民法院提出异议。

4. 信托财产的抵销限制

抵销属于民法上债的消失的一种方法，它是指当事人就互相负有给付种类相同的债务，按对等数额使其相互消灭的意思表示。抵销的效力，可以促使当事人之间对等数额的债权消失，当事人双方债权的数额不符的，对尚未抵销的部分，债权人仍享有受偿的权利。

按照我国有关法律的规定，在双方当事人相互存在债权且届清偿期，抵销的债务又属于同种类给付的，即可进行抵销。但由于信托财产的独立性，抵销在信托中受到了严格限制，它体现在以下两个方面：一是受托人管理运用、处分信托财产所产生的债权，不得与其固有财产产生的债务相抵销。其目的是避免受托人以信托财产清偿自己的债务，从而保护信托财产的安全和维护受益人的合法权益。二是受托人管理运用、处分不同委托人的信托财产所产生的债权债务，不得相互抵销。这一般发生在多个委托人将财产委托给同一受托人进行管理处分的情形。

对此，我国《信托法》第十八条规定，受托人管理运用、处分信托财产所产生的债权，不得与其固有财产产生的债务相抵销。受托人管理运用、处分不同委托人的信托财产所产生的债权债务，不得相互抵销。

（三）实现信托财产独立性的配套制度

上述关于信托财产具有独立性的法律规定，相对原则。为了实现信托财产的这一独立特性，境外除了通过法律规范外，还通常配套以专户管理、信托登记等制度。例如，日本《信托法》（2013 年修订版）第 34 条规定，权利之得失或变更应经登记或注册始得对抗第三人之财产，必须进行信托登记或者注册；权利之得失或变更无须经登记或注册之财产，动产采取外形上得区别信托财产、固有财产及其他信托之信托财产之状态为保管财产之方法，金钱或动产以外之其他财产，采取能使其会计计算明确清楚之方法。

1. 当信托财产为资金时，应当开设信托专用账户

信托开户制度，是指信托财产为资金时，为了将信托资金与受托人的固有资金相区别，受托人必须为信托资金开立专用银行账户以及证券、期货和金融衍生品等交易专用账户，以真正实现信托财产独立性的安排。当委托人、受托人或者受益人的债权人拟对信托资金主张权利时，不能对信托专用账户进行查封、扣押，从而实现信托资金的有效风险隔离。

目前，我国只有信托公司建立了这方面的配套制度，根据这些规定，信托公司应当为信托资金开设信托专用账户，信托专用账户名称通常由"信托公司全称加信托产品名称"组成。具体包括：

（1）信托专用资金账户。根据《关于信托投资公司人民币银行结算账户开立和使用有关事项的通知》（银发〔2003〕232 号），信托公司的固有财产应与信托财产分别管理，其业务人员、资金账户均应分开，不得混合操作。信托公司办理固有财产业务，按照《人民币银行结算账户管理办法》的有关规定设置银行结算账户。信托公司对受托的信托财产，应在商业银行设置专用存款账户。委托人约定信托公司

单独管理、运用和处分信托财产时，信托公司应在商业银行按一个信托文件设置一个账户的原则为该项信托财产开立信托财产专户；委托人约定信托公司可以按某一特定计划管理、运用和处分信托财产时，信托公司应在商业银行按一个计划设置一个账户的原则为该项计划开立信托财产专户。

（2）信托专用证券账户。根据《关于信托投资公司开设信托专用证券账户和信托专用资金账户有关问题的通知》（银监发〔2004〕61号），信托公司运用信托资金进行证券投资时，应该使用单独开设的信托专用证券账户和信托专用资金账户。信托公司应当按照相关法规要求，以信托公司的名义申请在中国证券登记结算有限责任公司上海、深圳分公司开设信托专用证券账户，证券账户名称由"信托公司全称加信托产品名称"组成。同时，信托公司应当根据相关法规和信托文件的约定，申请在中国证券监督管理委员会批准的证券公司开设信托专用资金账户，资金账户名称由"信托公司全称加信托产品名称"组成。信托终止时，信托公司应当及时将信托专用证券账户中的证券资产予以变现，并及时到中国证券登记结算公司和有关证券公司办理信托专用证券账户和信托专用资金账户的注销手续，并妥善保存账户的全部会计资料。

（3）信托专用债券账户。根据《信托公司在全国银行间债券市场开立信托专用债券账户有关事项的公告》（中国人民银行公告〔2008〕第22号），信托公司运用信托财产在全国银行间债券市场进行债券交易，应为其设立的每个单一信托和集合信托计划等开立单独的信托专用债券账户。账户名称由信托公司全称加信托产品名称组成。同时要求，同一信托公司管理的各信托专用债券账户之间，以及信托公司自营债券账户与信托专用债券账户之间不得相互进行债券交易。信托公司应对各信托专用债券账户进行单独管理，不得挪用其管理的信托专用债券账户的债券或以信托专用债券账户的债券提供担保。

实务中，很多人对信托专用账户的开立和作用，还没有完整、准确的理解。例如《慈善信托管理办法》（银监发〔2017〕37号）第十八条规定：慈善信托的受托人向民政部门申请备案时，应当提交"开立慈善信托专用资金账户证明"。这条规定明确要求要开立信托专用账户，但现实中存在受托人随意找一家银行随便开设一个所谓的"专户"，即视为信托专用账户的情形。

2. 当信托财产为非资金时，一般要进行信托登记

信托登记是信托设立时对信托财产进行登记并加以识别的一种法律行为。信托登记的主要作用，一是实现信托财产的独立性，使其与委托人、受托人、受益人的固有财产相区别；二是依法对抗第三人。信托登记具有信托公示的效力，除信托法有特别规定外，其他人不得主张对该信托财产的权利；三是保护第三人的权益，使其与委托人开展商务活动时，能了解该委托人的实际财务状况。

我国落实《信托法》关于信托登记的规定，还具有以下现实意义：一是有利于帮助实现信托财产的资产隔离安排，保障信托财产的安全和独立，使投资者放心将财产交付给受托人管理，同时受托人管理信托财产时不受外界干扰。二是有利于对受托人的监督管理，防止受托人挪用、占用信托财产。当受托人解散、破产、被撤销时，信托财产将不受影响，其受托管理的信托财产便于移交新受托人继续管理。三是有效保护投资者的合法权益。过去曾经出现因缺乏信托登记而损害投资者的情形，例如信托机构破产时因无法有效识别固有财产和信托财产，从而将信托财产纳入了信托机构的破产清算财产，或者被第三人查封、冻结等。

对此，我国《信托法》第十条规定："设立信托，对于信托财产，有关法律、行政法规规定应当办理登记手续的，应当依法办理信托登记。未依照前款规定办理信托登记的，应当补办登记手续；不补

办的，该信托不产生效力。"笔者认为，信托登记非常有必要，但仅在设立信托时要求信托登记仍然不够，建议信托存续期间，受托人管理处分信托财产导致信托财产的形态发生变化，且变化后的财产形态根据有关法律、行政法规规定应当办理登记手续的，也应当依法办理信托登记。

需要注意的是，当前我国信托登记又称为信托财产登记，以与信托产品登记、信托受益权登记相区别。因为《信托登记管理办法》（银监发〔2017〕47号）第二条规定，该办法所称信托登记是指中国信托登记有限责任公司对信托机构的信托产品及其受益权信息、国务院银行业监督管理机构规定的其他信息及其变动情况予以记录的行为。笔者认为，该办法对信托登记作扩大解释，实有不妥。

此外，为体现信托财产的独立性，还需要建立专门的信托业务会计核算制度。为规范和加强信托业务的会计核算，保护信托财产安全，维护委托人、受托人、受益人的合法权益，财政部于2005年1月5日发布了《信托业务会计核算办法》（财会〔2005〕1号）。该办法自发布之日起，在涉及信托业务的所有相关单位（包括委托人、受托人、受益人）及信托项目施行。该办法包括五个方面的内容：一是信托项目的会计处理；二是委托人信托业务的会计处理；三是受托人信托业务的会计处理；四是受益人信托业务的会计处理；五是信托项目会计科目和财务报告。根据该办法的规定，信托项目应作为独立的会计核算主体，以持续经营为前提，独立核算信托财产的管理运用和处分情况。各信托项目应单独记账，单独核算，单独编制财务报告。不同信托项目在账户设置、资金划拨、账簿记录等方面应相互独立。信托财产是受托人承诺信托而取得的财产；受托人因信托财产的管理运用、处分或者其他情形而取得的财产，也归入信托财产。信托财产应与属于受托人的固有财产相区别，不得归入受托人的固有财产或者成为固有财产的一部分。信托财产应与委托人未设立信托的其他财产相区别。

可惜的是，2015 年 2 月 16 日，财政部发布《关于公布若干废止和失效的会计准则制度类规范性文件目录的通知》（财会〔2015〕3 号），废止了该办法。

（四）关于信托财产独立性登记的建议

1. 我国信托登记无法落地的困惑

我国《信托法》第十条关于信托登记的规定相对原则，实践中缺乏可操作性，有学者谓之"有法可依、无法操作"。究其原因，主要和我国《信托法》关于信托定义的表述变化有关。

我国《信托法》起草过程中，草案历稿均在信托的定义中明确，委托人要"将其财产权转移给受托人"，而第十条的规定则和信托的定义紧密相联，即信托登记建立在信托财产转移给受托人基础之上。根据我国现有法律、行政法规的规定，土地使用权、房屋所有权、民用航空器、船舶、车辆、商标权、专利权等发生所有权变更，必须办理相应的登记手续。也就是说，以这些特定财产设立信托，必须办理信托登记。相应地，这些特定财产所有权变更的登记部门，也是信托登记的主管机关。需要注意的是，根据我国现有法律、行政法规的规定，所有权发生变更不需要办理相应登记手续的财产，如资金和大部分动产等，则不需要办理信托登记。

但我国《信托法》三审时，修改了信托定义并获得了审议通过，即由"将其财产权转移给受托人"改为"将其财产权委托给受托人"，对是否发生所有权转移作了模糊处理。但仍未对《信托法》第十条作相应修改。这样一来，修改定义而未修改第十条信托登记的内容，《信托法》第十条关于信托登记的内容就成了无根之木、无源之水，其主管登记机关、登记内容就变得不明确，继而使我国的信托登记制度陷入了一种尴尬境地。

2. 境外关于信托登记的经验借鉴

境外的信托制度，是建立在信托财产所有权转移基础上的。如英国信托法认为，一旦信托财产转移给受托人，则应当推定受托人取得了所有权。美国信托法认为，在信托关系存续期间，受托人对信托财产享有所有权，并且该权利不受委托人权利保留和有关投资限制的影响。日本、韩国等的信托法，也均明确了有关信托财产所有权移转的内容。这就意味着，财产所有者设立信托，就要将财产所有权转移给受托人，这中间存在一种所有权变更的法律关系，理所当然要办理所有权变更登记手续。在英美法系国家中，因为信托制度的存在先于财产登记制度，且有关法律法规已经对所有权变更登记作了详尽规定，因此信托法中没有再对"信托登记"作专门规定。可以这样理解，英美法系国家的信托登记和所有权登记是重叠的，两者合二为一。《信托法原理研究》（第二版）中这样解释，"信托登记是大陆法系国家特有的制度，英美法系国家大都没有专门的信托登记制度，信托法著作通常也不涉及信托登记问题，这主要是因为信托制度发展初期还不存在现代登记制度，衡平法发展了善意购买人和知情原则，来解决购买信托财产的第三人与受益人之间可能产生的权益争议，随后在现代财产登记制度发展过程中，信托需要解决的登记问题都纳入统一的登记制度，没有必要确立单独的信托登记制度"①。

英美法系国家对信托登记的上述做法，在信托制度被引入大陆法系国家以后发生了改变。一方面，大陆法系国家引入信托制度时已建立比较完善的财产权登记制度和登记体系，未能事先考虑信托财产的特殊性和需要登记的问题。同时，大陆法系国家重"一物一权"原则，引入信托时有去信托"双重所有权"化，明确信托财产虽转移至受托

---

① 何宝玉. 信托法原理研究（第 2 版）[M]. 北京：中国法制出版社，2015：134 – 135.

人名下，但受托人不能像处分自己的财产那样随心所欲，需要把受托人接受的信托财产与其固有财产严加区别。为此，大陆法系国家创设了"信托登记"这一专门词汇，以反映信托财产的特殊性，解决引入信托制度所带来的新问题。有学者认为，信托登记是大陆法系信托法创设的一项重要制度。

当前，日本、韩国等的信托法，均专门规定了信托登记制度。依我国台湾学者解释，我国台湾地区的信托登记，是指财产权转移或注册之外专就信托事项进行的登记，系一般财产权变动等一般公示之外，再规定一套足以表明其为信托的特别公示①。这表明，大陆法系国家和地区的信托登记是分两步走的，第一步是信托财产移转的所有权变更登记，第二步是标明其为信托财产的登记。这比英美法系国家多了一个步骤，目的是明确受托人虽登记为信托财产的权利人，但与其作为固有财产的权利人有所不同。"按照日本和我国台湾地区的'信托登记办法'，以依法需要登记的财产（如不动产）设立信托时，需要办理信托财产的权属转移登记以及信托事项的登记，虽然实际操作时两种登记是同时办理的，但是概念上存在两种登记，前一种是权属转移登记，后一种信托事项登记被视为信托登记。"② 例如，根据《日本不动产登记法》，以不动产设立信托的，需要同时办理两种登记：（1）不动产权益转移登记，即用于设立信托的不动产产生转移或进行其他处分而进行的权益转移登记；（2）信托登记，即对信托财产的公示，产生对抗第三人的效力。

3. 解决我国信托登记难题的创新途径

多年来，我国在不断探讨解决信托登记的问题，主要理论基础都是建立在信托财产所有权发生转移的基础上的。当信托财产归受托人

① 赖源河，王志诚. 现代信托法论［M］. 北京：中国政法大学出版社，2002（3）：71.
② 何宝玉. 信托法原理研究（第2版）［M］. 北京：中国法制出版社，2015：135.

名义所有后，办理所有权变更时，需要在该财产变更登记证明中注明为"信托财产"，以区别于受托人的固有财产。这种解决途径类同于大陆法系国家和地区的通行做法，问题是我国《信托法》未直接明确信托财产所有权发生转移。

对信托财产所有权是否转移的命题，本书第六章将进行进一步探讨。但若思路纠缠于此，我国信托登记的难题将很难在短时间内得到解决。对此，寻求信托登记的有效解决途径，必须重新审视我国法律环境下的信托登记制度，并进行必要的制度创新。

如前所述，大陆法系国家的信托财产的登记是分两步走的，第一步是信托财产转移的所有权变更登记，第二步是标明其为信托财产的信托事项登记。既然我国《信托法》没有直接、明确规定信托财产的所有权发生转移，大家对此问题也是仁者见仁、智者见智，我们不妨先把第一步的登记置之一边，仅开展第二步的登记，即非权属转移的信托事项登记，本书称为信托财产的独立性登记。

信托财产的独立性登记，是一种制度上的创新。所谓独立性登记，即是证明信托财产具有独立性的登记，其目的是实现信托财产区别于委托人、受托人、受益人的固有财产。简单地说，就是给委托人设立信托的财产烙上"信托"标识，不管信托财产所有权是否发生转移，均需要对委托人设立信托的特定财产进行独立性登记并标识为"信托财产"。需要注意的是，它不涉及对信托财产所有权登记的内容，所有权权属登记按照我国的现行法律法规依法进行，由现有的相关权属部门负责。信托财产的所有权变更登记和独立性登记同时共存，两者互不冲突，又互为补充。为了方便当事人的查询，应权属登记部门的要求，信托财产的独立性登记部门应将独立性登记的情况与相关权属登记部门共享。

实施信托财产的独立性登记，不仅可以摆脱信托财产是否转移的难题，而且既可以由原权属登记部门分散登记，也可以交由专门的信托登记机构来统一办理，避免需要众多权属登记部门出台信托登记细则的难题。"我国权属登记部门种类繁多，登记规则地域差异性较大，且分属不同的主管部门，这种分散状况使得通过各个部委出台规章来建立统一的信托登记规则成本极高。同时，信托登记信息分散在各个不同权属登记部门，实现信息共享和数据传输难度很大，不利于信托登记的办理和对信托当事人的权益保护。实行统一登记，信托监管机构和信托当事人可以从一个登记平台得到信托计划及相关信托财产状况的完整信息。"①

（五）我国信托制度的应用

我国《信托法》是民事特别法，未包含对信托业的规范内容。对于受托人采取信托机构形式从事的信托活动，我国《信托法》第四条规定：其组织和管理由国务院制定具体办法。对此，《关于〈中华人民共和国信托法〉公布执行后有关问题的通知》规定，未经人民银行、证监会批准，任何法人机构一律不得以各种形式从事营业性信托活动，任何自然人一律不得以任何名义从事各种形式的营业性信托活动。因此，营业信托纳入了金融监管范畴，其受托人仅限于信托公司、基金管理公司以及法律法规规定的其他依法可以担任营业信托的法人受托机构。这导致一些资产管理活动无法使用信托制度来安排资产隔离，如前所述不得已而另辟蹊径。笔者认为，应当允许各类资产管理活动使用信托制度作资产隔离安排，但前提是纳入统一监管，最理想的状态是实施功能监管，避免产生同一制度安排下的资产管理适用不同监管标准和业务规范的情形，并因此产生不正当竞争。

实务中，我们经常听到信托业要回归本源，但对信托本源业务到

---

① 何宝玉. 信托登记：现实困境与理想选择［M］//中国资本市场法治评论　第二卷，法律出版社，2009.

底是什么，大家莫衷一是。如果对中外信托实践进行对比，不难发现，境外的受托人通常不承担投资管理职能，即主要提供资产隔离服务。笔者认为，为资产管理提供资产隔离服务，如果溯本逐源，应当就是信托的本源业务。例如境外的证券投资信托业务，其受托人通常不承担投资管理职能，主要提供资产隔离服务，在此基础上，受托人将投资管理的职能，交由第三方资产管理机构承担。我国从境外借鉴引进的企业年金、信贷资产证券化等，沿袭了境外的惯常做法，其受托人与投资管理人、贷款服务机构分设。相比较而言，我国的受托人与投资管理人经常合二为一，对此，笔者认为宜分为两部分业务看待比较合适，即受托人利用信托制度为委托人提供资产隔离服务，属于信托业务；在此基础上，受托人进一步对信托财产进行管理处分，此时受托人角色转换为投资管理人，这一部分业务不应再视为信托业务，而应看作受托人开展信托业务所衍生的投资管理业务。反复思量，笔者也觉察到受托人与投资管理人有融合趋势，你中有我、我中有你，其主要目的是增强投资管理人的信义义务。

二、资产隔离的法律工具之二：特殊公司

特殊公司是美国创造的一个法律概念，并广泛应用于投资基金和资产证券化中，成为近现代一项重要的法律制度。

（一）特殊公司的渊源

特殊公司是一项年轻的制度，从产生至今不足百年的时间，不像信托制度那样源远流长。美国19世纪从英国引进信托制度后，认识到了信托制度的优越性，并积极在金融领域推广，由此实现了传统民事信托向现代金融信托的转变，产生了按信托原理构建的资管业务。但由于美国联邦和州都享有立法权，未能在全国范围内建立起统一的信托制度，有些州甚至反对推行信托制度。"信托法在美国主要属于州法的范畴，由于在联邦制下美国联邦与各州之间的立法权和司法权相互

独立，在美国基本上并不存在一套统一适用于全国的信托法体系。"①
在此情形下，美国无法采用信托制度来统一规范全美范围内的资产管理活动。而随着美国资管业的快速发展，出现了一系列的问题，由于缺少统一的法律规范，导致损害投资者的情况日益严重。20 世纪 30 年代，美国经济出现大萧条，资管行业遭受重创，广大投资者的信心严重受挫。美国证券交易委员会（United States Securities and Exchange Commission，SEC）深入调查后，得出如下结论："无规范的证券投资信托事业带给投资人悲惨的结果，而且证券投资信托事业及投资公司的发起人或内部人，将该事业当作个人的附属物，用来获取个人利益，却给股东造成损害。大量的事实证明，发起人、经理人及内部人士完全忽略了其对投资人基本的信托责任。"② 对此，美国反思资管行业的制度安排，认为应当就资产管理进行全国统一立法。由此，美国出台了 *US Investment Company Legislation of* 1940，确立了 "Investment Company" 制度。

对 "Investment Company" 制度，我国至今没有准确的中文译称。当前一般直译为 "投资公司"。但美国 *US Investment Company Legislation of* 1940 中的 "Company"，与《中华人民共和国公司法》（以下简称《公司法》）中的 "公司" 具有完全不同的含义。美国 *US Investment Company Legislation of* 1940 中的 "Company"，泛指任何不同于个人的商事 "组织"，既包括开放公司（Public Corporation），也包括封闭公司（Closely - Held Corporation）、各种合伙（Parternship）组织，乃至集合信托等；而我国《公司法》下的 "公司" 一般仅指具有法人资格的有限责任公司和股份有限公司，较为准确的翻译是 "Business Corporation"。故本书没有将 "Investment Company" 直译为 "投资公司"，而将其译为 "特殊公司"，以避免与我国《公司法》下的实体公司产生混

---

① 姚朝兵. 美国信托法中的谨慎投资人规则研究［M］. 北京：法律出版社，2016：27.
② 刘军稳，鄢圣鹏编译. 1940 年美国投资公司立法［M］. 北京：新华出版社，2007：7.

淆，希望更能为读者所理解。

据此，本书亦将 *US Investment Company Legislation of* 1940，译为《美国 1940 年特殊公司法》。

（二）特殊公司的概念与特征

为了更好地理解美国法下特殊公司的涵义，首先想要说明的是，我国的证券是狭义的，原来主要是指股票和公司债券，近年修改后的《证券法》增加了存托凭证和国务院依法认定的其他证券等，但仍不包括银行理财、信托计划等资管产品。而美国的证券定义相较于我国，属于广义的范畴。根据《美国 1933 年证券法》的规定，"证券"指任何票据、股票、库存股票、证券期货、债券、公司（信用）债券、债务凭证、利润分享协议项下之权益或参与证书、担保信托证书、公司设立前之证书或认购权、可转让股份、投资契约、有表决权之信托证书、证券存托凭证、石油、天然气或其他矿产权之小额未分割权益，与证券、证券存托凭证、一组证券或证券指数有关的任何卖出权、买入权、买卖权、期权或优先权（包括其中或以其价值为基础的任何权益），或全国性证券交易所中与外币有关的任何卖出权、买入权、买卖权、期权或优先权，或被普遍视为"证券"的任何权益或工具，或与上述任何一项相关的权益或参与证书、暂时或临时证书、凭证、担保证书、认购、购买证或认购、购买权。[①] 也就是说，大部分资管产品在美国属于证券的范畴，也包括特殊公司在内。是故，谈及特殊公司时，很多地方会和证券联系起来。

根据《美国 1940 年特殊公司法》第 3 条（a）的规定，特殊公司系指有下列行为的任何发行人：（A）是或声称主要从事或拟主要从事投资、再投资或交易证券的业务；（B）从事或拟从事发行分期型的面

---

① 张路译. 美国 1933 年证券法［M］. 北京：法律出版社，2006：3.

额投资证券业务，或已经从事该等业务且有任何该等已发行的证券；或（C）从事拟从事投资、再投资、拥有、持有或交易证券的业务，且拥有或拟收购投资证券，其价值超过该等发行人未合并财务报表前总资产（政府证券和现金票据除外）价值的40%。同时，该法第4条规定了特殊公司的种类，包括面额证券发行公司、单位投资信托和管理公司，其中管理公司又分为开放式和封闭式公司、多元化和非多元化公司等。面额证券发行公司（Face – amount certificate company）是指从事或拟从事发行分期付款型面额证券业务的，或已经从事该等业务，以及任何已发行的该等证券业务的特殊公司。单位投资信托（Unit investment trust）是指根据信托契约、委托或代理合同或类似的契约组建的，不设董事会，以及只发行可赎回证券且每只证券代表特定证券单位的不可分利益的特殊公司，但有投票权的信托除外。管理公司（Management company）是指除了面额证券发行公司、单位投资信托以外的其他特殊公司。开放式公司，是指以其为发行人，进行公开发售或已发行任何可赎回证券的管理公司。封闭式公司，是指除了开放式公司以外的管理公司。多元化公司，是指符合以下要求的管理公司：至少其总资产价值的75%由现金和现金项目（包括应收账款）、政府债券、其他特殊公司证券以及其他证券构成。非多元化公司，则是指除了多元化公司以外的其他管理公司。

上述定义并不是很好把握，本书希望通过对其特征的分析，帮助大家进一步理解。本书之所以把"Investment Company"译为特殊公司，主要在于它有别于我国《公司法》下的有限责任公司、股份有限公司等实体公司，并具有以下特征：

一是特殊公司属于法人，但无须实施企业工商登记。《美国1940年特殊公司法》第8条规定了"特殊公司的注册"：根据美国联邦的或美国某州的法律组建或以其他方式创立的任何特殊公司，可以以证券交易委员会通过条例和规则规定的，并对公共利益或投资者的保护是必需的或恰当的形式向证券交易委员会报备注册通知来注册。一旦收到由证券交易委员会发出的该等注册通知，特殊公司应被视为已注册。

二是特殊公司没有注册资本的要求。《美国 1940 年特殊公司法》仅在第 14 条规定了"特殊公司的规模"，例如，当特殊公司的净值至少为 10 万美元，或者特殊公司先前已公开发行证券，且在该销售发生时公司净值至少为 10 万美元时，在该法生效之日后注册的特殊公司及其主承销商可以公开发行该公司发行之证券。此外，当认为特殊公司规模任何实质性的进一步增加会产生涉及投资者保护或公共利益的问题时，证券交易委员会有权就规模对特殊公司的投资政策和证券市场、财富和行业控制的集中度以及特殊公司感兴趣的公司之影响进行研究和调查，并随时向美国国会报告调查研究的结果和相应的建议。

三是特殊公司没有员工，也没有高级管理层，没有监事会，内部主要设董事会。《美国 1940 年特殊公司法》第 16 条专门就"董事会"作出了规定，除非由该公司已发行的有投票权证券之持有人在年会或为该目的召集的特别会议上被选为董事，任何人不应担任注册特殊公司的董事。此外，该等会议之间出现的职位空缺可以任何其他合法方式来填补，如果在填补该空缺后，至少 2/3 的在职董事已由该公司已发行的有投票权证券之持有人在该年会或特别会议上选举生产并就任。如果任何时候不到一半的在职董事是由该公司已发行的有投票权证券之持有人按此方式选举产生的，董事会或该公司合适的高级管理人员应立即促成该持有人尽可能迅速地并必须在 60 日内主持会议选举董事来填补空缺，除非证券交易委员会通过命令延长该期限。此外，根据《美国 1940 年特殊公司法》第 10 条的规定，已注册的特殊公司的董事会成员不得有超过 60% 的成员是该已注册公司的利害关系人。特殊公司董事会的职责，主要是负责建立和执行特殊公司的投资策略，选择投资管理人与资产保管人并监督其投资管理方向与董事会制定的投资策略相一致。

此外，特殊公司的股东人数不受限，且允许随时变动；没有营业场所、安全防范设施等要求。特殊公司依法注册后，须将形成的资产100%交由他人管理、处分。同时享有税收豁免权，包括营业税和所得税等。

（三）特殊公司的资产隔离功能

可以这样理解，特殊公司是一种"空壳公司"。美国是在无法于全国范围内推行信托制度统一规范资管行业的背景下，不得已通过制定《美国1940年特殊公司法》，创新了"特殊公司"这一全新的法律制度，并以之取代信托制度在资产管理中的应用，后逐渐发展成为美国资产管理的主要法律组织形式，并广为其他国家所效仿。

《美国1940年特殊公司法》的最大新意在于，它效仿信托原理创新了特殊公司制度，具体表现在：

一是在当事人方面。信托的委托人、受益人，对应特殊公司的股东。信托的受托人，对应特殊公司的董事会，也就是说，特殊公司的董事会相当于信托制度中的受托人，由其履行受托人的职责，负责选择并监督外部投资管理人和资产保管人，特别是批准与投资管理人签订的投资管理协议等。

二是财产独立性方面。具有独立性的信托财产，对应特殊公司的法人财产，该法人财产明显与特殊公司股东未投入该特殊公司的其他固有财产相区别。前面提到，特殊公司依法注册后，须将形成的资产100%交由投资管理人管理处分，因此，特殊公司的法人财产与投资管理人、资产保管人的固有财产相区别。除以下特殊情形，通常不得对特殊公司的法人财产进行强制执行：一是债权人要求清偿因投资管理人管理处分特殊公司财产所产生的债务；二是特殊公司本身应担负的税款等。《美国1940年特殊公司法》第37条规定，任何人窃取、非法占有、非法转为自用或挪作他用特殊公司的任何资金、基金、证券、信用、不动产等资产的行为应被视为犯罪，且一经被判有罪，应按照《美国法典》第49条的规定予以处罚。

上述这些特点，使得特殊公司能与信托一样，实现资管财产的独立性和第三方的连续管理。

（四）我国尚未进行特殊公司立法

我国投资基金立法过程中，曾经一度考虑引入特殊公司制度，并曾就特殊公司与《公司法》的关系问题有过激烈的争论。当时大家对特殊公司是否适用我国的《公司法》，存在两种截然不同的看法，而且自始至终没有得到妥协：一是认为特殊公司就是一般意义上的公司，要适用我国《公司法》的规定；二是认为特殊公司不过是采取公司组织形式的一种财产形态，不宜适用我国《公司法》的规定。前一种观点，忽视了我国《公司法》并未将特殊公司纳入调整范围的问题，即我国的《公司法》不是广义的公司法，在此背景下，特殊公司在我国就无从谈及是否适用《公司法》的问题。

我国至今未引入特殊公司制度。主要原因是我国已经建立了信托制度，并用信托制度构建了我国的契约型基金。同时，特殊公司与《公司法》下的投资公司名称有重叠，容易引起理解上的混乱。但时至今日，笔者认为在我国建立特殊公司制度有了一定的价值和意义，一方面有利于开展资产管理活动时有更多的资产隔离工具可供选择，同时便于未来在境内即可设立类似于BVI公司①一样的离岸公司。

---

① BVI公司又称英属维尔京群岛公司，是在英属维尔京群岛（The British Virgin Islands, B. V. I）注册的公司。

三、资产隔离的法律工具之三：有限合伙

合伙作为一种传统的组织形式，已有一百多年的历史。其基本特点是合伙人共同出资、共同经营、共享收益、共担风险，合伙人对合伙债务负无限连带责任。

（一）合伙制度的渊源

合伙有古老的渊源。根据罗马法的传统，在很长一段时期内，合伙仅被作为契约关系而存在。罗马法认为，合伙是两人以上共同出资、共同经营并共担损益的双务契约，并将合伙作为债法的一部分来处理。受这一传统的影响，产生于自由资本主义时代的《法国民法典》也将合伙看作是一种契约关系，没有给予其独立的法律地位。《法国民法典》规定，合伙为 2 人或者数人同意将若干财产共集一处，而以分配其经营所得利益为目的的契约。进入 20 世纪以后，随着公司法人制度的成功，一些国家开始尝试赋予合伙组织相对独立的法律地位，例如英美等国的合伙法除确认合伙是一种契约关系外，还将合伙作为一种具有相对独立法律地位的经营性组织来对待，并逐渐得到许多国家的认可。

对于有限合伙，"始于中世纪地中海沿岸的一种新型经贸方式——康曼达（Commenda）契约。随后，有限合伙企业在 1673 年《法国商事条例》中得到确认。"① 德国、法国等大陆法系国家，通常将其作为两合公司统一规定在公司法中；英国、美国等英美法系国家是在合伙法的基础上，制定专门的有限合伙法；加拿大等国则是将普通合伙与有限合伙统一规定在一部合伙法中。从境外实践看，一些发达国家特别是美国将有限合伙广泛应用于私募资产管理活动中，其采用有限合伙的形式将资本和技术结合起来，由具有良好投资意识和资本运作经

---

① 张钧，韦凤巧. 有限合伙制 PE 治理 ［M］. 武汉：武汉大学出版社，2012：1－2.

验的管理机构和个人作为普通合伙人，承担无限连带责任，承担合伙事务执行权，负责有限合伙企业的经营管理；作为资金投入者的有限合伙人则依据合伙协议获取合伙收益，对企业债务仅承担有限责任，不对外代表合伙，也不直接参与企业经营管理。

我国早期的合伙也主要以契约形式出现，《中华人民共和国民法通则》① 第五节规定了个人合伙，其中第三十条规定："个人合伙是指两个以上公民按照协议，各自提供资金、实物、技术等，合伙经营、共同劳动"，第三十一条规定："合伙人应当对出资数额、盈余分配、债务承担、入伙、退伙、合伙终止等事项，订立书面协议"。随着我国实行改革开放，合伙企业因具有资金筹措快捷、出资形式灵活、内部结构简单、管理方式便利等特点，得到市场和广大投资者欢迎，获得了快速的发展。为了规范合伙企业的行为，保护合伙企业及其合伙人、债权人的合法权益，1997 年 2 月 23 日，八届全国人大常委会第二十四次会议审议通过了《中华人民共和国合伙企业法》（以下简称《合伙企业法》），该法的颁布，对于确立合伙企业的地位，促进合伙企业的发展，完善我国社会主义市场经济体制，具有重要的意义。2006 年 8 月 27 日，十届全国人大常委会第二十三次会议修订通过了《合伙企业法》，其中一项重要的修订内容是增加了有限合伙制度，并被应用到包括私募证券投资基金、私募股权投资基金等在内的资产管理活动之中。

（二）有限合伙企业的定义和相关规定

合伙是两个或者两个以上的自然人或法人，为了一定的目的组织起来，共同从事某种经营活动并分享经营所得。有限合伙则是从普通合伙发展而来的一种合伙形式，根据我国《合伙企业法》的规定，有

---

① 1986 年 4 月 12 日由第六届全国人民代表大会第四次会议审议通过，1987 年 1 月 1 日起施行。2020 年 5 月 28 日，十三届全国人大三次会议表决通过了《中华人民共和国民法典》，自 2021 年 1 月 1 日起施行。《中华人民共和国民法通则》同时废止。

限合伙企业由普通合伙人（General partner，GP）和有限合伙人（Limited partners，LP）组成，普通合伙人对合伙企业债务承担无限连带责任，有限合伙人以其认缴的出资额为限对合伙企业债务承担责任。

有限合伙融合了普通合伙和有限公司的优点。与普通合伙相比，有限合伙允许投资人以承担有限责任的方式参加合伙成为有限合伙人，解除了投资人承担无限责任的后顾之忧，有利于吸引投资。与有限公司相比，普通合伙人直接从事合伙的经营管理，使合伙的组织结构简单，节省管理费用和成本；普通合伙人对合伙要承担无限责任，可以促使其对合伙的管理尽职尽责。同时，对有限合伙本身不征所得税，直接对合伙人征收所得税，避免了企业的双重税负。

我国《合伙企业法》第三章对"有限合伙企业"作了专章规定，主要内容包括：

1. 关于有限合伙企业的合伙人人数

除法律另有规定外，有限合伙企业由二个以上五十个以下合伙人设立，且至少应当有一个普通合伙人。对合伙人数设定上限，主要是考虑有限合伙人仅以出资额为限对合伙企业承担有限责任，类似于公司的股东。如果"有限合伙企业吸纳大量的投资者成为有限合伙人，向公众投资者募集资金，实际上就类似于证券的公开发行，如果不加以控制就可能产生非法集资的现象。"[①]

2. 关于有限合伙企业的合伙协议

一方面，合伙协议要符合《合伙企业法》第十八条的规定，即合伙协议应当载明下列事项：（1）合伙企业的名称和主要经营场所的地点；（2）合伙目的和合伙经营范围；（3）合伙人的姓名或者名称、住

---

① 李飞. 中华人民共和国合伙企业法释义 [M]. 北京：法律出版社，2006：100.

所；（4）合伙人的出资方式、数额和缴付期限；（5）利润分配、亏损分担方式；（6）合伙事务的执行；（7）入伙与退伙；（8）争议解决办法；（9）合伙企业的解散与清算；（10）违约责任。同时，合伙协议还应当根据《合伙企业法》第六十三条的规定，载明下列事项：（1）普通合伙人和有限合伙人的姓名或者名称、住所；（2）执行事务合伙人应具备的条件和选择程序；（3）执行事务合伙人权限与违约处理办法；（4）执行事务合伙人的除名条件和更换程序；（5）有限合伙人入伙、退伙的条件、程序以及相关责任；（6）有限合伙人和普通合伙人相互转变程序。

3. 关于有限合伙人的出资

通常，有限合伙人可以用货币、实物、知识产权、土地使用权等作价出资，但不得以劳务出资。我国《合伙企业法》第六十四条规定，有限合伙人可以用货币、实物、知识产权、土地使用权或者其他财产权利作价出资。有限合伙人不得以劳务出资。同时，有限合伙人应当按照合伙协议的约定按期足额缴纳出资；未按期足额缴纳的，应当承担补缴义务，并对其他合伙人承担违约责任。

4. 关于有限合伙企业的事务执行

我国《合伙企业法》第六十七条规定，有限合伙企业由普通合伙人执行合伙事务。执行事务合伙人可以要求在合伙协议中确定执行事务的报酬及报酬提取方式。同时，第六十八条规定，有限合伙人不执行合伙事务，不得对外代表有限合伙企业。但有限合伙人的下列行为，不视为执行合伙事务：（1）参与决定普通合伙人入伙、退伙；（2）对企业的经营管理提出建议；（3）参与选择承办有限合伙企业审计业务的会计师事务所；（4）获取经审计的有限合伙企业财务会计报告；（5）对涉及自身利益的情况，查阅有限合伙企业财务会计账簿等财务资料；（6）在有限合伙企业中的利益受到侵害时，向有责任的合伙人主张权利或者提起诉讼；（7）执行事务合伙人怠于行使权利时，督促其行使权利或者为了该企业的利益以自己的名义提起诉讼；（8）依法为该企业提供担保。

5. 关于有限合伙企业的利润分配

我国《合伙企业法》第六十九条规定，有限合伙企业不得将全部利润分配给部分合伙人；但是，合伙协议另有约定的除外。因此，原则上不允许有限合伙企业将全部利润分配给部分合伙人，但如果全体合伙人协商一致并在合伙协议中约定将全部利润分配给部分合伙人的，则按照合伙协议的约定执行。实务中，有限合伙型资管在风险分担上，往往约定由普通合伙人承担更多的风险同时享有更多的收益（劣后），有限合伙人承担更低风险并只能享有相对固定的收益（优先）。

（三）有限合伙的资产隔离功能

合伙企业的财产，既包括合伙人投入到合伙企业的财产，也包括所有以合伙企业名义取得的收益和依法取得的其他财产。美国《统一合伙法》第八条规定合伙财产包括：一是所有作为合伙出资带进合伙的，或以后通过购买或其他方式获得的记入合伙账户上的财产；二是用合伙资金获得的财产。我国香港地区的《合伙条例》规定，合伙经营成立时，所有购买存入商号账内或以其他方式收购商号或为合伙经营而收购之财产、产权及权益，均为合伙财产。

对合伙企业财产的归属，一般认为归合伙企业所有。美国统一合伙法明确规定，合伙是合伙财产的所有者。根据我国《合伙企业法》的规定，有限合伙财产归有限合伙企业所有，并具有相对的独立性：一是有限合伙企业的财产与普通合伙人、有限合伙人未投入合伙的其他固有财产相区别；二是除《合伙企业法》另有规定外，合伙人在有限合伙企业清算前，不得请求分割有限合伙企业的财产；三是有限合伙人的固有财产不足清偿其与合伙企业无关的债务的，该合伙人只能以其从有限合伙企业中分取的收益用于清偿，而不能用有限合伙企业的财产进行清偿。

当前，正因为有限合伙具有的资产隔离功能，使其发展成为资产管理的一种常用组织形式，特别是有限合伙在至少有一名合伙人承担无限责任的基础上，允许更多的合伙人承担有限责任，能够将具有资产管理经验的人和具有资金实力的人结合起来，在私募资管中应用尤广。

（四）我国有限合伙企业制度的应用

我国《合伙企业法》第三章专章规定了"有限合伙企业"，这一制度在使用上并无太多限制，也就是说大家基本上都可以用，都可以依法注册有限合伙企业。

根据《合伙企业法》第九条、第十条的规定，设立合伙企业，需要向企业登记机关提交登记申请。予以登记的，发给营业执照。同时，根据该法第六十六条的规定，有限合伙企业登记事项中应当载明有限合伙人的姓名或者名称及认缴的出资数额。这意味着，在我国拟通过有限合伙来开展资产管理活动，需要先注册一家有限合伙企业。实务中，经常分不清这是有限合伙企业、还是有限合伙型的资管。本书建议区分"经营性有限合伙企业"与"作为资管组织形式的有限合伙"，并分别进行登记，前者在企业登记机构，而后者可以由资产管理的监管机构或者行业协会进行注册或者备案。

四、三种资产隔离工具的比较与融合

信托、特殊公司和有限合伙，都可以用于资管财产的资产隔离安排，并成为资产管理的法律组织形式。也就是说，按照法律组织形式的不同，资管可以分为信托型资管、公司型资管和有限合伙型资管。有人说"资管都是信托"，或者"资管都要遵循信托法律关系"，明显是不够准确的，因为资管除了信托型，还有公司型或有限合伙型。还有人说基金法是资管的上位法，也是错误的，基金只是上述三种资产隔离工具在投资基金中的应用，详见本书第三章的介绍。

（一）信托、特殊公司与有限合伙的比较

通常认为，信托、特殊公司和有限合伙这三种制度没有明显的好坏或优劣之分，许多国家通常同时并存，并在资产管理活动中供市场自由选择使用。但三者还是有一些优势和劣势的：

1. 信托既可运用于公募资管，也可用于私募资管

公募的信托型资管，其委托人的人数不受限制；私募的信托型资管，其委托人的数量有上限，且必须为合格投资者。特殊公司按理来说，也可用于公募和私募，但实务中主要用于公募，其股东人数不受限制，例如美国的共同基金。有限合伙则只能用于私募资管，因为其合伙人数有一定限制。如英国规定有限合伙企业全体合伙人的人数不得超过20人，我国规定是2人以上50人以下。美国虽然没有在法律里明确限制有限合伙企业的合伙人人数，但规定合伙人人数超过一定数额就要适用证券法关于证券公开发行的规定。从这个侧面也可以看出，美国实际上已经把有限合伙型资管视为证券的一个类型。

2. 信托既可用于自益资管，也可用于他益资管

按受益对象是否为设立资管的财产所有人本身，可以将资管分为自益资管和他益资管。自益资管中，财产所有人即为受益对象，两者为同一人。他益资管中，由财产所有人以外的其他人作为受益对象，受益对象与财产所有人不是同一人。对特殊公司、有限合伙而言，则只能用于自益资管，特殊公司的股东、有限合伙企业的合伙人即为受益对象。

3. 信托既可用于私益目的，也可用于公益目的

也就是说，信托可以实现财产所有人的私益目的，也可以用于实现"救济贫困，救助灾民，扶助残疾人，发展教育、科技、文化、艺

术、体育事业，发展医疗卫生事业，发展环境保护事业，维护生态环境"等社会公共利益目的。信托制度用于后者时即为公益/慈善信托，本书最后一章将进行专门介绍。对特殊公司、有限合伙而言，则只能用于私益目的范畴。

4. 信托既可用于生前资管，也可用于身后资管

身后的资产管理，是指财产所有人通过遗嘱等方式设立的资管，用于其死后的遗产管理和处分，例如《中华人民共和国民法典》（以下简称《民法典》）第一千一百三十三条规定的遗嘱信托。对特殊公司、有限合伙而言，则只能用于财产所有者生前的资产管理。

5. 特殊公司、有限合伙企业都具有独立的法律主体地位

特殊公司自不待言，对于有限合伙企业，我国《民法典》第一百零二条第二款规定，非法人组织包括个人独资企业、合伙企业、不具有法人资格的专业服务机构等。因此，特殊公司、有限合伙企业能够依法以自己的名义从事民事活动，对外独立承担相关的法律责任。例如公司型资管、有限合伙型资管发生巨额赎回时，特殊公司、有限合伙企业能够独立对外借款。而信托本身通常不具有法律主体地位，其对外主张权利或者承担义务，只能通过受托人实施。

6. 有限合伙中，资产管理人（合伙事务执行人）为普通合伙人，需要对合伙企业债务承担无限连带责任，这增强了有限合伙型资管投资人的信心

但实务中，普通合伙人经常由有限责任公司担任，从而大大削弱了有限合伙的这一制度优势。对信托、特殊公司而言，则无此安排。近年来，信托的委托人作优先、劣后或者一般、次级等安排，起到了类似的增信作用。

（二）信托、特殊公司与有限合伙的融合

1. 信托与特殊公司的结合

如前所述，根据《美国 1940 年特殊公司法》第 4 条的规定，投资公司包括三种类型：一是面额证券发行公司；二是单位投资信托；三是管理公司。其中，单位投资信托是根据信托合同组建的特殊公司，根据该条规定，"单位投资信托：是指特殊公司（A）根据信托契约、委托或代理合同或类似的契约组建，（B）不设董事会，及（C）只发行可赎回证券，每只证券代表特定证券单位的不可分利益；但是不包括有投票权的信托"①。

信托与特殊公司结合的典型例证，当属美国马萨诸塞州的公司型基金，本书第三章再作介绍。

2. 信托与有限合伙的结合

境外信托经常和有限合伙相结合。例如，"海外信托可以由家族有限合伙公司或有限公司，加上设立于国外的信托所构成。您可以成立一家 S 公司，由自己掌控，然后设立一间家族有限合伙公司，与 S 公司建立有限合伙关系，由 S 公司担任普通合伙人。通过控制 S 公司这个普通合伙人，您就能保有很大的操控权。之后到国外成立信托，将有限合伙的收益转给该海外信托的受托人。或者，您也可以把有限合伙的收益出售给该海外信托，以换取分期偿付债券（installment notes）或年金（private annuity）。如此一来，资产的大部分价值将会以有限合伙收益的形式存在，并为海外信托所拥有。"②

---

① 刘军稳，鄢圣鹏编译. 1940 年美国投资公司立法［M］. 北京：新华出版社，2007：89.

② 马丁·山克曼（Martin M. Shenkman）. 信托实务最佳指引［M］. 柯柏成译. 台北：台湾金融研训院，322.

近年来，我国也出现了信托合伙制，即信托机构通过发行信托型资管募集资金后，将该资金作为有限合伙人加入有限合伙企业，并由该有限合伙型企业的普通合伙人管理的组织形式。也就是说，有限合伙型资管的有限合伙人由信托担任。对此，信托的受托人如何尽职？笔者认为，如果该有限合伙企业实际上由受托人发起设立并实际控制，此时有限合伙企业应当看作是该资管产品的一个内部结构，当普通合伙人因投资决策失误等导致有限合伙型资管发生损失时，受托人应当承担相应的赔偿责任。如果该有限合伙企业并非受托人发起设立，受托人也没有参与有限合伙企业的任何管理，此时应该看作是一个资管产品（信托型资管）投资了另一个资管产品（有限合伙型资管），当普通合伙人管理的有限合伙型资管发生损失时，受托人自身不面临赔偿责任，但有限合伙型资管的资产管理人未尽职时，例如因投资决策失误等导致有限合伙型资管发生损失的，受托人应当代表信托投资者向普通合伙人进行追偿。

第三章 资产隔离工具
在投资基金中的应用

投资基金的构建，首先必须运用相关法律工具进行"资产隔离"，亦即说投资基金必须采用一定的法律组织形式。"基金，作为对集合财产的管理和运用，必须依附于一定法律形式和结构。"[①] 从境外实践经验看，投资基金的法律组织形式主要有三种，即信托、特殊公司和有限合伙。相对应地，投资基金也分为信托型基金、公司型基金和有限合伙型基金。

一、信托型基金

信托型基金依据信托制度构建，基金份额持有人、受托人、基金管理人和基金保管人等当事人的权利、义务，依法由信托文件（基金合同）约定。信托型基金的特点是必须有人履行受托职责，对基金投资人负责。

[①] 转引自中国人民大学信托与基金研究所. 中国基金业发展报告（1991—2003）［M］. 北京：中国经济出版社，2004：65.

（一）信托型基金是对信托原理的延伸和拓展

信托型基金是以信任为基础，以信托合同为前提，由受托人对信托财产进行证券运作的一种活动。[①] 它基于一定的信托文件而成立，基金当事人之间的关系体现为一种信托法律关系。简言之，信托型基金就是按照信托原理成立的投资基金。在境外，信托型基金在其名称中一般带有"信托"字样，如日本、韩国和我国台湾地区称为证券投资信托，英国和我国香港地区称为单位信托等。目前，除美国外，大部分国家和地区的投资基金都采用信托型。"信托型基金是世界上历史最为悠久、最受投资者推崇，因而也是最为流行的一种基金。"[②] 我国的基金也主要采用了信托型。虽如此，但由于目前美国的投资基金绝大部分采用了非信托型，同时美国的投资基金在全球基金规模上又占据绝对比重，因此信托型基金的全球规模并不大，形成了"用多（采用的国家多）量少（基金财产规模总额少）"的局面。

从字面理解，信托型基金要遵循信托原理是天经地义、不容置疑的。但我国投资基金立法起草过程中却有人认为，信托型基金虽然冠之以"信托"字样，但与信托原理并没有太多的直接关系。有的甚至认为，信托型基金和信托原理是两码事，两者没有任何联系。这种观点是站不住脚的，它让投资基金舍弃信托的"根"，不依附信托而形成单独的投资基金法律关系，与国际通行做法相悖。事实上，信托型基金在具体运作中都必须遵循信托原理，它"是基于一定的信托契约（Trust Deed）、利用信托原理而成立的基金。"[③] 例如日本的证券投资信托，其本身就属于信托业务的一种。再如我国香港地区，规定"根据信托成立的计划必须委任受托人，受托人将按照信托法的一般原则履

---

① 参见宁晨新，刘俊海. 规范的证券市场——证券的法律分析 [M]. 贵阳：贵州人民出版社，1995：132.
② 转引自朱少平. 证券投资基金法解读 [M]. 北京：中国金融出版社，2004：46.
③ 转引自李安民. 房地产投资基金 [M]. 北京：中国经济出版社，2005：6.

行其职责。"①

　　进一步而言，信托型基金的运作虽不能脱离信托原理，但它对信托原理却不只是单纯的遵循，同时更是一种具体的运用和延伸。也就是说，信托型基金作为一种现代投资工具，其制度设计是在商事领域对信托原理的遵循、运用和扩展。因为信托原理属于信托的基本法律规范，它对信托的定义、信托的设立、信托财产以及信托当事人各方权利义务等的规范，属于一般性的规定，适用于所有的信托活动。而投资基金属于集合型信托业务，面向的投资者众多，特别是公募基金面向的是社会公众，因此要求信托型基金只遵守信托原理是不够的，它必须在遵循信托原理的基础上，作出更加严格的一些特殊规定，进一步规定和细化基金当事人的权利、义务和职责等，才能有效保证基金的安全有效运作，切实保护基金份额持有人的合法权益。如信托原理中规定的受托人条件和要求较低，适用于包括民事、营业和公益信托在内的所有受托人，具有普遍性和一般性。对信托型基金的受托人，则除了要符合一般受托人的条件外，还要有更多的条件限制，要遵守严格的市场准入。信托型基金的这些特别规定，具体到立法活动中，就是商事信托立法。"投资基金按信托原理进行架构时，信托法和投资基金法发生重合，但两者发挥不同的功能，信托法界定信托当事人各自的权利义务，而投资基金法是规定管理机构对该信托进行监管的要求"，对此，"英国法传统采取的方法是：有一些信托原理适用于所有的信托，而一些需要对投资者提供额外保护的信托则进一步受管理领域的约束，如信托型基金。"②

（二）境外对信托型基金当事人的不同设置

　　当前，世界各国关于信托型基金的规定是基本一致的，它们在制

---

①　参见我国香港地区《单位信托及互惠基金守则》第四章"委托人/代管人"。
②　参见朱少平，葛毅．中国信托法——起草资料汇编［M］．北京：中国检察出版社，2002：100 - 101.

度设计上也相互呼应，只是各国信托型基金在具体当事人的设置上各有各的特点。但无论如何设置，同一个国家都注意了信托型基金对信托原理的遵循，在立法上也互为配套。"在信托型基金中，虽然叫法不一，当事人之间的关系设置也不尽相同，但反映的关系却是一样的，只是在结构、组织形态以及有关当事人所扮演的角色上有所不同。"①

按当事人法律关系的不同，境外信托型基金可以分为以下几种模式：

1. 日本模式

日本的信托型基金又称为证券投资信托，属于一种信托业务。按照日本《证券投资信托法》的规定，证券投资信托的委托人为"委托公司"，即指以作为证券投资信托的委托人为业的公司，负责签订信托契约，监督受托人运用基金财产等；受托人为信托公司或经营信托业务的银行，主要职能是按照委托人的意愿，计算和管理基金资产；受益人为投资者，依照信托契约的约定享有基金收益。

2. 中国香港模式

我国香港地区的信托当事人包括委托人、受托人、管理人和保管人。相应地，其信托型基金当事人也包括这四种人，其中受托人主要起到资产隔离的作用；基金管理人作为受托人的投资代理人，基金保管人作为受托人的保管代理人，都要按照受托人的指示管理或保管基金财产。这种模式应用较广，我国的证券投资基金亦主要借鉴了这一模式。

3. 中国台湾模式

我国台湾地区在未出台相关规定前，其信托型基金当事人之间的

---

① 参见李康，顾宇萍，恽铭庆. 中国产业投资基金理论与实务［M］. 北京：经济科学出版社，1999：89.

关系，通过合同订立，类似于"合同型基金"。1996年通过所谓"信托法"后，我国台湾地区将投资基金的性质定为信托关系，但具体而言，大家对当事人的法律关系并没有一个统一的说法，一般认为基金管理人为委托人，托管银行为受托人，投资者为受益人。

4. 澳大利亚模式

澳大利亚的模式与我国香港地区差不多，只是将受托人和基金管理人进行了合并，目的是体现基金管理人在基金管理中的核心地位。同时，为加强对基金管理人的监督，基金管理机构董事会中必须设独立董事，当独立董事不足50%时，还要设立一个专门的监察委员会，委员会成员必须半数以上为独立委员。监察委员会是受托人和基金管理人合并的产物，为基金管理人的内部机构，其委员由董事会聘任，负责监察董事会，发现问题时向监管机构报告。

5. 英国模式

按照英国1986年金融服务法的规定，传统信托法上的受托人职责由信托型基金中的基金管理人与基金保管人分担，基金管理人是信托型基金的管理受托人，基金保管人是信托型基金的保管受托人，同时基金管理人和基金保管人为共同受托人。"按照英美信托法，共同受托人采取共同共有（joint tenancy）的形式，为受益人的利益拥有信托财产"，"共同受托人之一的失职行为造成信托财产损失的，其他受托人应承担连带责任。为保护无过错的受托人，英国信托法进一步规定，无过错的共同受托人承担责任后，有权要求有过错的共同受托人予以赔偿。"[①]

（三）信托型基金财产的独立性与所有权归属

"信托财产在法律关系上，归属于受托人，名义上亦为受托人所

---

① 何宝玉. 信托法原理研究（第2版）[M]. 北京：中国法制出版社，2015：280-284.

有，但信托财产应受信托目的拘束，并为信托目的而独立存在。换言之，信托财产具有与各信托当事人相互独立的地位，实际上自应与受托人的固有财产分别管理，使其个别独立以实现信托目的。学者亦称此信托财产的特性为'独立性'，以彰显其特殊性。"① 由于信托型基金的信托属性，决定了信托型基金财产属于信托财产，并享有信托法上关于信托财产独立性的属性。"在信托型基金项下，基金性质上为信托财产。"② "信托型基金一般由基金管理人、基金保管人和投资者三方通过信托投资契约而建立，其资金属性体现为信托财产。"③

我国《信托法》规定信托财产具有独立性。对此，《中华人民共和国证券投资基金法》（以下简称《基金法》）中有进一步的类似表述：一是除基金合同依照该法另有约定外，基金财产的债务由基金财产本身承担，基金份额持有人以其出资为限对基金财产的债务承担责任。二是基金财产独立于基金管理人、基金托管人的固有财产。基金管理人、基金托管人不得将基金财产归入其固有财产。三是基金管理人、基金托管人因基金财产的管理、运用或者其他情形而取得的财产和收益，归入基金财产。基金管理人、基金托管人因依法解散、被依法撤销或者被依法宣告破产等原因进行清算的，基金财产不属于其清算财产。四是基金财产的债权，不得与基金管理人、基金托管人固有财产的债务相抵销；不同基金财产的债权债务，不得相互抵销。五是非因基金财产本身承担的债务，不得对基金财产强制执行。

我国《信托法》在明确信托财产具有独立性的基础上，对信托财产的所有权归属没有直接明确的规定，一般按"附条件的所有权说"进行理解，详见本书第六章的介绍。

---

① 转引自赖源河，王志诚. 现代信托法论 [M]. 台北：五南图书出版股份有限公司，62.
② 转引自中国人民大学信托与基金研究所. 中国基金业发展报告（1991—2003）[M]. 北京：中国经济出版社，2004：66.
③ 参见李安民. 房地产投资基金 [M]. 北京：中国经济出版社，2005：6 - 7.

（四）信托型基金的创新探索

我国现行《基金法》主要规范信托型基金，该类型基金运作机制灵活、决策效率高，但也有观点认为，基金份额持有人大会作为非常设机构，难以对基金管理人进行有效的监督和制约，投资者权益保护力度不足。

对此，2012 年前后对《基金法》进行修订时，有人建议比照公司型基金，在基金组织形式上进行创新，增加理事会型、无限责任型两种新的基金组织形式。即原有的契约型基金为普通信托型，在此基础上，新增"理事会信托型"和"无限责任信托型"。"这两类基金在契约型基金的基础上，通过增加理事会这种常设机构，增加基金管理人或与其有控制关系的机构承担无限连带责任的方式，强化对基金管理人的监督，完善基金的激励与约束机制。"[①]

该项创新探索并没有被法律采纳。"全国人民代表大会法律委员会关于《中华人民共和国证券投资基金法（修订草案）》修改情况的汇报"中提到，"理事会型和无限责任型基金仍属于契约型基金，只是在基金份额持有人大会内部机构的设置和管理人承担的责任形式上有所不同，可以不单独作为法定的基金组织形式。"[②]

二、公司型基金

公司型基金依据特殊公司制度构建，基金份额持有人、特殊公司董事会的权利、义务，依法由特殊公司章程约定。特殊公司董事会代表基金份额持有人委任基金管理人和基金保管人，并依法由委托合同确定各方权利、义务。公司型基金的董事会，相当于信托型基金中履

---

① 李飞. 中华人民共和国证券投资基金法释义［M］. 北京：法律出版社，2013：323.
② 李飞. 中华人民共和国证券投资基金法释义［M］. 北京：法律出版社，2013：326.

行受托职能的受托人，对基金投资人负责，并负责监督基金管理人和基金保管人。

（一）公司型基金的渊源

如前所述，公司型基金源于《美国 1940 年特殊公司法》，该法的适用对象主要是共同基金（mutual fund），即公司型基金，它从社会上募集资金，主要从事投资、再投资和证券交易。《美国 1940 年特殊公司法》的制定，禁止了基金管理人从自己管理的基金中获益，确保基金财产的安全，保证信息披露的准确公平，减少了投资基金运作中可能产生的利益冲突，并为此要求投资基金在美国证券交易委员会注册，在首次发行和运营中依法持续向投资者披露其组织结构、财务状况和投资策略等。同时，《美国 1940 年特殊公司法》不允许美国证券交易委员会直接监督投资基金的投资决策或行为，或者判断其投资价值。

当前，美国的公募证券投资基金以公司型为主。很多推行信托型基金的国家，因为美国以公司型基金为主的缘故，纷纷在信托型基金的基础上，并行公司型基金制度。在日本，原来也只存在信托型的证券投资基金，1998 年 12 月的金融体制改革中，通过修改《证券投资信托法》引入了公司型证券投资基金制度（证券投资法人制度）。"为了避免因公司型必须原封不动地适用公司法的规定而产生某些不妥当之处，将公司型基金定位为社团法人，在条文上达到 162 条之多。"① 我国香港地区《证券及期货条例》（2016 年修订版），就"开放式基金型公司"（Open－ended Fund Company，OFC）提供法律框架，也将 OFC 的新基金形式引入了香港。

（二）公司型基金与有限责任公司、股份有限公司的区别

对于公司型基金的概念，由于没有这方面的实践，国内还没有形

---

① 参见中国人民大学信托与基金研究所．中国基金业发展报告（1991—2003）［M］．北京：中国经济出版社，2004：243.

成这方面的统一表述。结合美国公司型基金的特点，可以这样理解为：公司型基金是由基金管理人发起设立的一种特殊公司，它由公司董事会选择基金管理人负责基金财产的投资运作，选择基金保管人负责基金财产的保管，并由公司股东享有基金财产及其收益的一种基金形态。

以往人们一谈到公司型基金，自然会将其与普通公司相联系。投资基金法起草过程中，有人认为公司型基金就是一般意义上的公司，即公司型基金与有限责任公司、股份有限公司没有区别，以至主张对公司型基金直接适用我国《公司法》的有关规定，即可以依托有限责任公司或股份有限公司构建公司型基金。有学者指出，"一个公司型基金是一个有限责任公司或者是一个信托基金，其组成与一般有限责任公司的组成大致相当"①；"公司型基金相对于信托型基金，它不是按照一定的信托文件而是按照公司组成的以营利为目的的股份有限公司进行运营"②；"在公司型基金中，以有限责任或股份有限组织起来的公司型基金是委托人。"③ 事实上，公司型基金与有限责任公司、股份有限公司比较起来，虽有相同之处，但区别很大。两者的共同之处在于：都属于法人，可以对外独立主张权利、承担责任；都设有董事会；都可以投资于证券或未上市企业股权等，在经营方式上和一般公司有相似之处。但两者存在根本的区别：

1. 设立方式和程序不同

有限责任公司、股份有限公司必须依法办理公司登记，成为有独立的法人财产、享有法人财产权的企业法人。我国《公司法》第六条第一款规定，"设立公司，应当依法向公司登记机关申请设立登记"；

---

① 参见李森. 共同基金 ［M］. 上海：复旦大学出版社，2003：2.
② 曹建元. 信托投资学 ［M］. 上海：上海财经大学出版社，2004：94.
③ 转引自朱少平，葛毅. 中国信托法——起草资料汇编 ［M］. 北京：中国检察出版社，2002：36.

同时，第七条规定"依法设立的公司，由公司登记机关发给公司营业执照。公司营业执照签发日期为公司成立日期。公司营业执照应当载明公司的名称、住所、注册资本、经营范围、法定代表人姓名等事项"。美国《商业公司法》第1.20条也规定，"本法要求，必须在州务卿办事处对文件进行注册申报"①。而公司型基金则无须办理公司登记，即使登记也只是在证券监管部门办理备案性登记。《美国1940年特殊公司法》第8条规定，根据美国联邦或州的法律组建或以任何其他方式创立的特殊公司，可以向证券交易管理委员会报备注册通知来注册。一旦收到由证券交易管理委员会发出的该等注册通知，特殊公司应被视为已注册。

2. 对营业场所等要求不同

有限责任公司或股份有限公司通常必须有固定的营业场所。我国《公司法》第十条规定，公司以其主要办事机构所在地为住所。而公司型基金没有这种要求，它只是一堆钱的集合（资金池）。

3. 内部治理结构不同

有限责任公司或股份有限公司必须依法设立"三会一层"，即股东（大）会、董事会、监事会、高级管理层这样的一些公司治理架构。而公司型基金虽然也设有董事会，基金份额持有人大会类似于股东（大）会，但由于它不进行实体经营而不需要设立高级管理层、监事会等组织部门。同时，有限责任公司或股份有限公司不要求设立独立董事。在我国，要求设独立董事的公司类型主要是上市公司和部分金融机构。但公司型基金必须设立独立董事，且独立董事人数超过普通董事人数，所占比例呈越来越高的趋势，以保护基金份额持有人的利益。《美国1940年特殊公司法》第10条（a）规定，已注册特殊公司的董事会成

---

① 参见虞政平. 美国公司法规精选［M］. 北京：商务印书馆，2004：11.

员不得有超过 60% 的成员是该已注册公司的利害关系人。《2003 年共同基金诚信与费用透明法》进一步要求董事会成员的 2/3 多数须由独立董事构成。

4. 法人财产的管理处分方式不同

有限责任公司或股份有限公司成立后，股东投入公司的资本便成为公司的法人财产，由公司自己经营管理。我国《公司法》第四十九条规定，"有限责任公司可以设经理，由董事会决定聘任或者解聘。经理对董事会负责，有权主持公司的生产经营管理工作，组织实施董事会决议；组织实施公司年度经营计划和投资方案"等；第一百一十三条规定，"股份有限公司设经理，由董事会决定聘任或者解聘。本法第四十九条关于有限责任公司经理职权的规定，适用于股份有限公司经理"。而公司型基金所形成的基金财产，必须由特殊公司董事会将全部基金财产委托他人管理和保管。此外，有限责任公司或股份有限公司一般从事具体的生产经营活动，而公司型基金主要投资于证券类资产和其他流通性强的金融产品。

5. 财会和税务要求不同

依据《公司法》和有关管理规则，有限责任公司或股份有限公司有一套专门的财会和税务制度，而这种制度并不适用于公司型基金。通常情况下，公司型基金有专门的不同于有限责任公司、股份有限公司的税收规定，享有税收豁免权。

因此，公司型基金与有限责任公司、股份有限公司具有本质上的区别。例如我国香港地区的开放式基金型公司（OFC），"是以公司形式设立的开放式集合投资计划。因此 OFC 是以董事会形式（而不是受托人）负责自身的管治。有别于传统的公司，OFC 可弹性增设和注销其股份，以处理股东申购和赎回的要求，而目前根据《公司条例》注册的传统公司则未能处理这些要求"①。

(三) 公司型基金与信托制度的融合发展

境外存在需要遵循信托原理的公司型基金。美国马萨诸塞州的公司型基金正是按照信托原理进行设计的，并要遵守美国特殊公司方面的相关法律，其具体构架是：公司型基金设立前，先确定公司型基金中董事会成员人选，由他们组成一个独立受托人，又称受托董事会。公司型基金设立后，为了保护投资者的利益，董事会作为受托人须将其管理和保管职能委托给他人行使：一是基金管理人，负责销售、管理基金；二是基金保管人，负责保管基金财产。此外，公司型基金董事会作为受托人，每个月要召开一次会议，商议有关事项，履行以下职责：一是制定估价政策，对未上市基金进行定期估价；二是依照《美国 1940 年特殊公司法》和投资顾问法监管关联交易；三是审查基金管理从业人员的职业操守；四是对基金管理人不满意时，可在事先通知的基础上更换基金管理人；五是聘请独立会计师；六是提名新董事人选，等等。

这种公司型基金中局部运用了信托原理。"在基金内部关系中，特殊公司董事职能类似于基金受托人。香港互惠基金与美国特殊公司在组织结构上有一点重要区别：申请互惠基金必须委任监察委员会接纳的代管人，与单位信托的受托人相比，互惠基金的代管人除了对基金财产没有衡平法上的所有权外，在职能和法律约束方面与前者并无二致，因此，香港互惠基金的受托人为代管人。与美国特殊公司相比，香港互惠基金董事则扮演一个消极得多的角色。"②

---

① 引自 2017 年 10 月香港信托人公会所：《香港信托行业报告：提升香港竞争优势》，第 16 页。

② 王连洲，董春华. 证券投资基金法条文释义与法理精析 [M]. 北京：中国方正出版社，2004：404.

（四）我国没有真正意义上的公司型基金

当前，公司型基金是以美国为代表的公募基金的重要模式之一。我国由于《公司法》未包含对特殊公司的规范，现有规定如公司治理结构、公司股东人数限制等较难匹配投资基金的特性和需要，并且基金按照《公司法》采用公司型将不可避免地产生税收等问题，故直至今天，公司型基金在我国仍极为少见。

我国当前的体制和法律架构，也限制了公司型基金的产生：一是我国现有信托型基金运作良好，且基金管理人的投资主动权比较大，基金的投资决策基本由基金管理人说了算，而在公司型基金中有些重要问题却要由基金董事会来决定。二是在公司型基金中，基金管理人与基金董事会的关系较信托型基金更为复杂，基金管理人没有设计公司型基金的动力。三是没有成型的法律框架，缺乏公司型基金及其操作层面的具体规定。

笔者认为，公司型基金与普通公司有着根本性的区别，不能直接适用我国《公司法》的现有规定。要想推动公司型基金在我国的发展，必须开展专门的特殊公司立法。主要途径：一是通篇修改我国的《公司法》，使之适用于公司型基金。对此，本书持不赞成态度，理由是我国的《公司法》是主要规范普通公司的法律，没有必要因为公司型基金而本末倒置，使人产生削足适履的感觉。二是在《公司法》中增加一章关于"特殊公司"的特别规定，对此，本书也不甚赞同，因为公司型基金与普通公司格格不入，很难在同一部法律中同时作出规范。二是进行专门的"特殊公司"立法，以法律或者法规的形式，对公司型基金作出专门规定，笔者认为这是最可行的办法。"一国如采用公司型基金，必须大修其公司法，或者另行制定投资公司特别法，使之适合于投资基金，始可收效，否则无异于画饼。但为投资基金而特修公司法，又可能导致公司法不适于基金以外行业采用，得不偿失。"①

三、有限合伙型基金

有限合伙型基金依据有限合伙制度构建，相关当事人之间的权利义务关系由合伙协议约定。有限合伙型基金成立后，通常交由合伙事务执行人（普通合伙人）管理，它的优点是普通合伙人必须对有限合伙企业的债务承担无限连带责任。

（一）有限合伙型基金的运作特征

从责任承担上看，有限合伙型基金是在一个或一个以上的普通合伙人承担无限责任的基础上，允许更多的有限合伙人承担有限责任的投资基金类型。其运作模式是，通过设立一个有限合伙企业，但这个企业仅是资金的集合体，并没有具体的执行机构，通常由合伙人决定将其交给普通合伙人进行管理。其中，有限合伙企业的合伙人成为基金份额持有人，合伙财产成为基金财产。由于这种基金中有人承担无限责任，使得基金份额持有人更加放心投资，但普通合伙人逐渐发展成为由有限责任公司担任，使得有限合伙的无限责任大打折扣。

有限合伙型基金的特征，一是人数有一定限制。"如英国和我国香港地区规定，有限合伙人数不得超过 20 人。有的国家如美国，虽然没有在法律中明确有限合伙人数，但规定合伙人人数超过一定数额就要适用证券法关于证券公开发行的规定，履行信息披露等义务，实际上也是对有限合伙人数的限制。"② 二是普通合伙人作为基金管理人必须出资，一般情况下，基金财产因管理不当产生损失时，应首先由普通合伙人承担损失，直至无限责任。但有些国家规定，普通合伙人也可以劳务出资。如在美国，如果一个普通合伙人声誉特别高、信誉特别

---

① 李宇．商业信托法［M］．北京：法律出版社，2021：145.
② 参见李飞．中华人民共和国合伙企业法释义［M］．北京：法律出版社，2006：100.

好，有丰富的基金管理经验，就可以不出资而通过劳务成为基金份额持有人。三是基金财产的管理，通常由承担无限责任的普通合伙人执行，包括对内承担管理与经营事务，对外代表有限合伙型基金。有限合伙型基金通过有限合伙组织形成独立的合伙财产，并由第三方实施独立管理，从而实现了有限合伙型基金财产的独立性。

有限合伙型基金具有以下优点：一是设立简便。有限合伙是一种设立简便、出资灵活、组织结构相对简单、经营管理较为方便的企业组织形式，在发展经济、扩大就业、方便人民生活、满足社会需要等方面具有其他企业组织形式不可替代的作用。二是便于基金的外部管理。基金管理人以普通合伙人的身份对基金进行管理，能充分发挥其专家技能，提高管理效率。三是有效激励与约束。基金实现高收益时，基金管理人可以取得高额报酬；但投资失败时，作为普通合伙人则要对合伙企业债务承担无限连带责任。四是有便捷的退出渠道。有限合伙人转让其合伙份额较之普通合伙更为便利，合伙份额的转让也不会影响有限合伙的继续存在，其退出通道较之公司股份发行上市更为便捷。我国《合伙企业法》第七十三条规定，"有限合伙人可以按照合伙协议的约定向合伙人以外的人转让其在有限合伙企业中的财产份额，但应当提前三十日通知其他合伙人"。五是享有一定的政策优惠，在税收方面有一些特殊的规定。有限合伙型基金可以避免双重征税问题，一般直接征收投资人的个人所得税，而不征收有限合伙本身的所得税。即有限合伙型基金本身不征税，仅对从有限合伙型基金中取得收益的基金份额持有人征收个人所得税。根据有关法规的规定，我国的合伙企业以每一个合伙人为纳税义务人。这与我国《基金法》第八条规定的精神是一致的，即基金财产的相关税收，由基金份额持有人承担。

（二）有限合伙型基金的私募定位

私募基金是相对于向公众募集的基金而言的，其投资者的人数有一定限制，且投资者要符合一定条件。在我国香港地区，私募基金又被称为未被认可基金。私募基金通常具有以下几方面特点：一是不得向社会公众发售。出于保护投资者利益的考虑，政府不允许一般投资者加入到私募基金行列中去。二是私募基金的投资者通常限于合格投资者。例如美国称私募基金是富人的冒险乐园，其投资者要求必须是银行、保险、公司等机构及富有的个人。三是一般采用封闭式的运作方式，特别是股权投资基金、风险投资基金和创业投资基金等。四是往往具有高风险、高收益的特点。私募基金的投资者一般要求比较专业，风险承受能力较强，愿冒高风险追求高回报。五是基金管理人常常以固有资金跟投私募基金，进行捆绑式投资。

反观有限合伙的制度设计，可以发现有限合伙型基金非常适合私募：一是有限合伙的合伙人数通常有一定限制，基本上都少于 200 人，符合私募基金不得向不特定对象募集资金的特性。"在英国，目前对私人股权和收购股权基金管理中最常用的组织形式是有限合伙制。根据 1907 年的有限合伙制法，有限合伙型基金必须在英格兰注册，合伙人数量限额为 20 人。"① 我国《合伙企业法》第六十一条规定，除法律另有规定外，有限合伙企业由 2 个以上 50 个以下合伙人设立。二是有限合伙中有人对合伙企业债务承担无限连带责任，信用高——能吸引投资者的参与，融资快——能够在不向第三方举债的情形下获得充足的资金来源。三是合伙企业的设立手续简便，不像有限责任公司或者股份有限公司一样繁琐复杂，同时在发起设立和机构设置等方面要求也比较低。四是在税收上享有一定的优惠，不用缴纳法人所得税。同时，在个人所得税方面，合伙人的合伙收入可与其个人的其他收入相冲抵后再行纳税。五是有限合伙人可以依据合伙协议，实行分段投资、分段注资。因此，"有限合伙中一般合伙人和有限合伙人的权利、义务配

---

① 安虎森等. 欧洲风险投资运作规程通览 ［M］. 太原：山西人民出版社，2001：15.

置及其内在的平衡机制，非常适于私募基金的运作"①。

"从目前情况看，有限合伙已经成为国际上风险投资机构普遍采取的组织形式，主要原因是：1. 风险投资本身要求具备专业知识和能力的人从事投资项目的管理，而有限合伙的特征是，普通合伙人从事合伙企业的经营管理，有限合伙人作为出资人，不参与合伙企业的经营管理。使所有权和经营权分离，能够确保专家经营。2. 与公司股东相比，有限合伙企业的合伙人在出资方面更具灵活性，使风险投资企业的资金可以按照项目投资进度逐笔到位。这样能够较好地缓解投资人一次性出资的现金压力，也能有效地缓解风险投资企业的盈利压力。3. 在所得税的缴纳上，有限合伙企业本身不是纳税主体，由各投资方分别申报缴纳所得税，避免了公司制的双重税收，对投资者很有吸引力。4. 有限合伙企业分配比较灵活，可以加快投资人投资本金的收回，降低投资人的投资风险，这对于投资人而言是极其重要的。"②

当前，有限合伙型基金是境内外 PE 基金、VC 基金和对冲基金的主流模式。据了解，目前美国大部分私募基金都采用了有限合伙的法律组织形式。"有限合伙制作为创业投资基金的一种组织形式，最初诞生于美国，是美国创业投资组织创新和制度创新的产物，已成为美国创业投资基金的主流模式，也反映了美国创业投资业日趋组织化、机构化和专业化，并成为美国创业投资产业高度发达的主要标志。"③

（三）法人能否作为普通合伙人管理有限合伙型基金

由于普通合伙人对合伙企业的债务承担无限连带责任，所以对法人能否作为普通合伙人，以其全部财产对合伙债务承担责任的问题有

---

① 中国人民大学信托与基金研究所. 中国基金业发展报告（1991—2003）［M］. 北京：中国经济出版社，2004：252.
② 李飞. 中华人民共和国合伙企业法释义［M］. 北京：法律出版社，2006：279.
③ 参见巴曙松，张利国. 私募创投：有限合伙制促进美国创投基金发展［N］. 国际金融报，2004－11－29.

不同观点，一些国家和地区对此也有不同规定。对法人能否作为合伙企业的普通合伙人，主要有三种立法模式：一是明确规定法人可以作为普通合伙人。比如，依据美国《统一合伙法》第 1 条、第 2 条的规定，个人、公司、合伙以及其他组织可以作为合伙企业的普通合伙人。同时，美国《标准公司法》第 4 条规定，公司可以作为任何合伙、合营企业、信托或者其他企业的发起人、合伙人、成员、合作者或者经理。德国《商法典》规定，普通商事合伙的合伙人包括自然人、股份有限公司、有限责任公司、普通商事合伙及有限合伙。法国《商法典》规定，通过注册取得商人身份的自然人、合伙、法人都可以成为合伙人。二是明确规定禁止法人作为普通合伙人。比如，瑞士《债务法》第 552 条和第 553 条规定，法人不得成为合伙企业的合伙人。我国台湾地区有关规定中明确，公司不得成为其他公司的无限责任股东或者合伙事业的合伙人；同时，无限公司和两合公司的股东非经其他股东的同意，不得成为合伙事业的合伙人。三是法律没有明确法人能否作为普通合伙人，规定由法人章程等重要文件对此作出规定。比如，英国《合伙法》规定，如果章程允许，有限公司可以成为合伙人。[①]

我国《合伙企业法》允许法人合伙，根据该法第二条的规定，自然人、法人和其他组织可以成为合伙人。"随着全球经济的迅速发展，扩大法人的资本运作形式，促进企业资产重组，优化资产结构，提高企业资本的运用效率和企业的创新力，给法人以多种资本运用方式的选择是必要的，允许法人在做好风险控制的基础上投资于合伙，作为普通合伙人是有益的。特别是在使用有限合伙形式的风险投资中，普通合伙人通常是以专业技术或资本运作人士组成的公司担任，这也是实践发展的需要。"[②] 同时，我国《合伙企业法》第三条对法人成为普

---

① 李飞. 中华人民共和国合伙企业法释义［M］. 北京：法律出版社，2006：276 – 278.
② 李飞. 中华人民共和国合伙企业法释义［M］. 北京：法律出版社，2006：3 – 5.

通合伙人作出了限制性规定，即"国有独资公司、国有企业、上市公司以及公益性的事业单位、社会团体不得成为普通合伙人"。

笔者认为，有限合伙型基金的优势是，其基金管理人由普通合伙人担任，普通合伙人对合伙企业债务承担无限连带责任；同时，当普通合伙人有过错未能履行好信义义务时，需要以其固有财产赔偿有限合伙人的损失。但实务中，有限合伙型基金的普通合伙人如果由有限责任公司担任，以有限责任公司的有限责任承担普通合伙人的无限责任，从而大大削弱了有限合伙的这一制度优势。

（四）有限合伙人能否参与有限合伙型基金的管理

如前所述，境外很多私募基金都采用了有限合伙的组织形式。实践中，有限合伙人不得参与有限合伙企业经营的界限也在突破。例如在以有限责任公司作为普通合伙人的情形中，有限合伙人中的自然人尝试通过成为该有限责任公司的股东间接参与有限合伙企业经营。甚至存在这种情形，即由同一个有限责任公司担任普通合伙人组成数个有限合伙型基金，且该有限责任公司和有限合伙企业的管理层是几乎一致的。

如果有限合伙人实际参与了合伙的经营管理，从理论上说就不应再享有有限责任的保护，即应当与普通合伙人一样承担无限连带责任。多数国家和地区对于这一问题的看法基本一致，只是在具体规定上有所不同：美国《统一有限合伙法》第三条第三款规定，有限合伙人不得参与对合伙的控制，否则就不受有限责任的保护。同时该款还规定，即使有限合伙人参与对合伙的控制，也不是对合伙的所有债务都承担无限责任，而仅对与有限合伙进行交易、并基于有限合伙人的行为而有合理理由相信该有限合伙人是普通合伙人的交易对方负责。法国《商事公司法》第二十八条规定，两合公司的有限责任股东不得从事任何对外经营活动，否则就要和全体无限责任股东一起，对公司债务和义务负连带责任。我国香港地区《有限合伙条例》规定，如有限合伙人参与管理合伙业务，其必须对参与管理期内所招致的一切债务及义务负法律责任，犹如他是普通合伙人一样。①

实务中，有些有限合伙型基金实际由有限合伙人发起设立，而普通合伙人仅仅是有限合伙人为了基金架构而成立的一个主体，有限合伙型基金的管理实际由有限合伙人执行。对此，笔者认为，有限合伙型基金应科学架构和审慎操作，尽量避免让有限合伙人陷入承担无限责任的境地。

四、本章小结

（一）三种类型基金的比较分析

信托型基金、公司型基金与有限合伙型基金既有共同点，又存在区别。三者的共同点在于，都可以实现基金财产的安全与独立，在基金财产与投资者、基金管理人、基金托（保）管人之间实现"资产隔离"，并通过第三方的独立管理开展投资运作。

信托型基金与公司型基金比较，存在以下方面区别：一是法律依据不同。信托型基金依照信托文件组建，信托法是信托型基金设立的依据；公司型基金则依照专门的特殊公司法组建。二是主体资格不同。信托型基金不具有法人资格，由受托人代为对外实施法律行为、承担法律责任；而公司型基金本身具有法人资格。三是投资人地位不同。虽然两者都是基金份额持有人，但信托型基金的投资者成为信托文件中规定的受益人；公司型基金的投资人则是特殊公司的股东。四是融资渠道不同。公司型基金具有法人资格，可以向银行借款，如遇到巨额赎回时；而信托型基金本身不具有法人资格，只能通过受托人向银

① 李飞. 中华人民共和国合伙企业法释义［M］. 北京：法律出版社，2006：271－272.

行借款。从以上分析可以看出，信托型基金的不足之处，主要是不具有法律主体资格，不能对外独立主张权利、承担义务。公司型基金也有缺陷，主要在于：一是公司型基金第一届董事会选任不合理，往往由基金管理人委派，难以代表基金份额持有人的利益；二是基金管理人出现不当管理时，投资者只能向公司型基金董事会（没有偿债能力）追偿，不能直接要求基金管理人承担赔偿责任（因为基金管理人只是公司型基金的代理人）等。但"从投资者的角度看，这两种组织形式孰优孰劣很难断定，因为它们各有长处。公司型基金的优点是具有永久性，不会面临解散压力，有利于长期发展；信托型基金的优点是比较灵活，可以根据不同的投资偏好设立不同的投资政策，投资者还可以免除所得税负担。目前许多国家和地区都采用两种形态并存的办法，力求把两者的优点都利用起来。"①

有限合伙型基金与信托型基金、公司型基金比较起来，其区别主要是有限合伙型基金只能私募，而信托型基金、公司型基金既可以私募，也可以公募。同时，"对于有限合伙型基金而言，它与公司型基金的最大区别在于基金资产中有一部分为管理人的投入，它投入这部分资产是要以这部分资产承担无限责任。"② 这也是有限合伙型基金与信托型基金、公司型基金的不同之处，即信托型基金、公司型基金管理人承担的是有限责任，而有限合伙型基金管理人要承担无限责任。此外，有限合伙型基金在当事人之间权利义务配置上更加灵活，"由于有限合伙协议是有限合伙存在的基础，这就使有限合伙具有相当的灵活性，更适于投资者对于合伙中权利和义务的不同需求，可以更多体现出任意性的特点"③。

---

① 参见闵绥艳. 信托与租赁 [M]. 北京：科学出版社，2005：112.
② 转引自朱少平. 证券投资基金法解读 [M]. 北京：中国金融出版社，2004：337.
③ 转引自中国人民大学信托与基金研究所. 中国基金业发展报告（1991—2003）[M]. 北京：中国经济出版社，2004：252 – 253.

"三种基金形式虽然从基金这一特性上讲是共同的，但从运作上来说三者具有较大的差别，属于不同的基金组织形式，其主要区别有以下几点：一是从组织机构来看，公司型基金属于虚拟性公司，要设立董事会，负责管理人、保管人以及律师和会计师的选择，也可以考虑由董事会决定一些投资风格等重大问题；信托型基金则不能设立这样的组织，基金投资中的有关重大问题由管理人和托管人负责决定；对于有限合伙型基金而言，其基金资产中有一部分为管理人的投入，它投入这部分资产是要以这部分资产承担无限责任，因此取得基金资产的控制权。二是从基金性质上看，公司型基金与有限合伙型基金都具有法律主体资格，而信托型基金则只是一种契约或合同关系。三是从法律文件看，规范基金各方法律地位和权利义务的法律文件在公司型基金中是基金章程；在有限合伙中是有限合伙协议；在信托型基金中则是基金契约。四是从对基金的管理运作来看，公司型基金的管理人、保管人等选择，基金投资风格与监督由基金董事会负责，在有限合伙中完全由管理人负责，在信托型基金中则分别由管理人和托管人共同负责。五是从投资者对基金投资盈亏承担责任的程度来看，公司型基金与信托型基金的投资者都只以自己投入基金的财产承担有限责任，而有限合伙的管理人则要以自己的全部财产承担无限责任，只有一般合伙人才承担有限责任"。①

虽然信托型基金、公司型基金和有限合伙型基金区别明显，但"若站在投资者的立场上，买卖信托型、公司型或有限合伙型基金则没有多大的区别。它们的投资方式都是把投资者投入的资金集中起来，按照基金设立时所规定的投资目标和策略，将基金资产分散投资在众多的金融品种上。因此，对投资者来说，这三种基金的功能与运作没

① 朱少平. 证券投资基金法解读［M］. 北京：中国金融出版社，2004：336－337.

有什么本质上的区别。"①

此外，实务中还存在契约型基金、合同型基金、委托代理型基金等基金种类。从字面理解，契约和合同是近义词，但我国的契约型基金实质上是信托型基金，该基金建立在信托法律关系之上，基金财产属于信托财产并具有独立性，这在本书第七章将进一步展开介绍。而合同型基金、委托代理型基金均不属于信托型基金，前者建立在合同法律关系之上，后者建立在委托代理法律关系之上，且通常为全权代理，即代理型基金的管理人可以在代理范围内，代理完成任何基金管理事务。

（二）合同型基金、委托代理型基金不可取

当前境内外有一些基金没有使用信托、特殊公司、有限合伙等制度，例如合同型、委托代理型等，这是不可取的。例如，德国没有完全承认信托制度，其契约型基金是建立在合同基础上的，准确地说，应当称为合同型基金，以有别于以信托法律关系为基础的契约型基金。

在我国，依据《信托法》设立信托型基金，是没有法律障碍的。但信托型基金属于营业信托业务，其设立需经特定许可，审批手续比较繁杂。根据《国务院办公厅关于〈中华人民共和国信托法〉公布执行后有关问题的通知》的规定，人民银行、证监会分别负责对信托投资公司、证券投资基金管理公司等机构从事营业性信托活动的监督管理。未经人民银行、证监会批准，任何法人机构一律不得以各种形式从事营业性信托活动，任何自然人一律不得以任何名义从事各种形式的营业性信托活动。为了逃避监管，个别机构和个人绕开信托型，转而采用合同、委托代理等法律工具设立"基金"。这种做法存在严重缺陷和法律瑕疵，主要是：

① 参见李康，顾宇萍，恽铭庆等. 中国产业投资基金理论与实务［M］. 北京：经济科学出版社，1999：89.

一是采用订立合同、委托代理等方式设立"基金"，无法帮助基金财产实现"资产隔离"，即其所形成的基金财产不具有法律上的独立性，不利于保护基金投资人的合法权益。特别是当基金管理人、基金托（保）管人破产时，基金财产易被纳入破产人的清算财产。境外在实践中也存在过此类基金，均由于缺乏财产独立和破产隔离机制，已日渐式微。"基金契约在性质上属于一般的民事合同，合同法上的无名合同。基金契约作为安排交易的工具，无法理顺基金法上的一些基本问题。首先，基金资产作为依基金契约由投资人交付给托管人保管、管理人管理的财产，法律地位很不明确。基金资产与投资人的其他财产、管理人和托管人的财产是什么关系？投资人投资后享有的是什么权利？其次，在基金当事人法律关系方面，当事人法律关系不明确。投资人与基金管理人、基金托管人之间是什么法律关系？基金管理人与基金托管人之间是什么关系？"[1] 在合同型基金、委托代理型基金中，这些问题都难有一个合理的解释。

二是订立合同属于合同双方当事人的约定行为，由合同双方处理合同事务。表面上，投资人和基金管理人可以通过签订合同形式实现基金投资管理，但从实际考虑，要募集集合投资所需的"资金池"，基金管理人需要与多个投资人分别签订多份合同，要所有投资人分别同意不同投资人资金的集中账户管理，操作难度很大。并且由于合同形式本身具有的不稳定性，使得以此方式建立的投资基金缺乏独立性、持续性和稳定性。我国的基金实践中，经常存在这样的情况，即同一个基金之中，不同投资人与基金管理人一一订立基金合同，且其合同条款经常并不一致，笔者认为实为不妥。

三是委托代理是我国的民事法律制度，信托制度与其在成立条件、权限、责任、期限等方面存在根本区别。特别是，如果委托代理的事

---

① 转引自中国人民大学信托与基金研究所. 中国基金业发展报告（1991—2003）[M].
北京：中国经济出版社，2004：65.

项是让他人进行财产管理或者处分，那么该财产属于被代理人的固有财产，被代理人的债权人可以对该财产主张权利，没有实现"资产隔离"的法律安排。而信托中，信托财产是具有独立性的，它和委托人、受托人和受益人的固有财产相区别，委托人、受托人或者受益人的债权人一般不得对信托财产主张权利。因此，以委托代理方式设立基金，无法达到按信托方式设立基金的资产隔离效果，委托代理制度既无法帮助基金管理人实现以自己名义对代理财产实施管理，也无法让投资者仅以代理财产为限承担有限责任。

实务中，我国目前仍有基金采用"合同型"或者"委托代理型"，这是不可取的。本书建议，投资者在认购基金化资管产品时，首先要辨识该基金是否具有"资产隔离"的法律安排，以防止缺失"资产隔离"而招致自身合法权益受到损害。

第四章　资产隔离工具
在资产证券化中的应用

实施资产证券化，必须"真实出售"（True sale）和"破产隔离"（Bankruptcy – remote）。为达到这一目的，资产证券化必须构建特殊目的载体（Special Purpose Vehicle，SPV）[①]。当前境外构建特殊目的载体的法律工具，主要是信托和特殊公司。当采用信托构建特殊目的载体时，为特殊目的信托（Special Purpose Trust，SPT）；当采用特殊公司构建特殊目的载体时，为特殊目的公司（Special Purpose Company，SPC）。

一、资产证券化的概念、种类和特征

（一）资产证券化的渊源

资产证券化是一项年轻的金融创新，源于 20 世纪 70 年代的美国。

[①] 关于特殊目的载体的名称，美国财务会计准则和国际会计标准的用语是"Special Purpose Entity"（SPE）。

"1970 年，美国新成立的政府国民按揭协会（Ginnie Mae）开始公开交易'传递'（pass‑through）证券，标志着结构性融资的诞生。在传递证券的交易中，投资者购买了未加分割的按揭贷款池的一个份额，获得了分享按揭贷款池产生的利息收入和本金收入的权利。按揭贷款人按照质量、期限和利率等相关标准发放贷款，组成贷款池，而后，把贷款池转让给信托，再通过政府机构或者私人发行载体（conduit）或直接发行等方式把所有权凭证出售给投资者。最后，按揭贷款池产生的收入被传递给投资者。"①

从起因看来，大部分国家开始开展资产证券化都是以提高住房抵押贷款的流动性和扩大住房借贷资金的来源为目的的。美国是因为当时住房金融机构发放的住房抵押贷款占到了贷款总量的近一半，资金大量长期性的占用使得期限不匹配的问题突出出来，大大降低了住房金融机构的流动性，开展资产证券化可以缓解住房金融机构的流动性危机。20 世纪 80 年代初期，英国房地产业的发展掀起高潮，房地产金融也随之扩展，商业银行、住房贷款公司和抵押融资公司等开始扩展它们的住房抵押贷款业务，这些机构为了增强其筹措资金的能力，仿照美国的证券化模式发行住房抵押证券。日本的住房抵押贷款证券化起步较晚，1988 年底才开始住房抵押贷款证券化的运作，目的也是通过证券化手段促进住房抵押债权的流动，扩大住房金融的资金来源。在我国，2005 年 4 月 20 日，为规范信贷资产证券化试点工作，保护投资人及相关当事人的合法权益，提高信贷资产流动性，丰富证券品种，出台了《信贷资产证券化试点管理办法》（中国人民银行、中国银行业监督管理委员会公告〔2005〕第 7 号）②。同年，我国出现首单信贷资产支持证券——开元 2005 年第一期信贷资产支持证券，并在全国银行

---

① ［美］斯蒂文·L. 西瓦兹. 结构金融——资产证券化原理指南［M］. 李传全，龚磊，杨明秋译. 北京：清华大学出版社，2003：6.
② 笔者参与了《信贷资产证券化试点管理办法》及相关法规的起草工作。

间债券市场发行。

资产证券化基于其解决发起人流动性不足、联结金融市场投资者与筹资者、提高社会资源配置效率等方面的有效功能，迅速为西方发达国家广泛采用，近年来又在众多新兴市场国家得以推行，成为国际资本市场上发展最快、最具活力的一种金融产品。

境外实践证明，开展资产证券化具有重要的价值和意义。对发起人而言，可能通过证券化进行结构化融资，将未来现金流收入在当期实现，集中零散资金办大事。从这一点可以说，证券化是发行人进行资产管理的高级形式。一方面，可以缓解发起人的流动性风险，满足其快速增长的资金需求。另一方面，改善发起人的资产负债表状况，降低资产负债率；降低发起人营运中的资产与突发事件风险，取得资产和负债的结构性匹配。对国家而言，发展资产证券化有助于发展资本市场，给投资者提供更多的金融投资品。从某种意义上说，当国家经济发展困难时，资产证券化还可以作为一种调控工具，提前变现未来收益，帮助渡过当下难关。因此，"资产证券化是 20 世纪 30 年代以来金融市场上最重要、最具有生命力的创新之一"（Leon T. Kendall）[1]。

随着美国 2007 年发生次贷危机，有人对开展资产证券化产生质疑。"其实，就资产证券化本身而言，它是中性的，关键看怎么运用它。次贷危机的出现，并不是资产证券化的必然结果，而是一些贷款机构错误地运用了资产证券化这一金融工具。"[2]

笔者认为，资产证券化是一种非常好的金融创新工具，用好它关键在于选择好特殊目的载体，即不宜选择特殊目的公司作为特别目的载体，这在本章后文将详细分析。同时，要防止同一资产反复进行多

① 转引自［美］斯蒂文·L. 西瓦兹. 结构金融——资产证券化原理指南［M］. 李传全，龚磊，杨明秋译. 北京：清华大学出版社，2003.
② 沈炳熙. 资产证券化：中国的实践［M］. 北京：北京大学出版社，2008：288.

次证券化，搞泡沫化金融创新。"银行把自己有限的资金盘活了，同时利润也被急剧放大：比如以前要拿出 10 亿元资本金来发放一批个人贷款，必须要等上 30 年才能再次收回来；而有了这个机制之后，即便打九折出售，现在就可以收回 9 亿元，拿出去继续放贷，并且这 9 亿元的贷款还可以再卖出去，再换回 8.1 亿元……这样循环下去。通过等比数列的知识，我们可以知道，有了这个机制，这 10 亿元的资本金就可以发放 100 亿元的贷款，这样银行就可以把利息收入放大 10 倍，在资产规模不变的条件下，盈利水平会急剧上升。而实际上，金融工具越是创新，这个折扣就越小，这个机制能够放大的越大。"① 这段话中提到的"机制"，指的就是资产证券化，笔者认为，资产证券化不能消灭风险而只是转嫁风险，反复证券化的结果是金融风险跨市场跨产品的交叉传染。"以往封闭在一家银行的坏账，现在充斥了整个市场，而其风险却随着金融衍生工具产品的广泛零售而加速放大。"② 反复证券化的结果，必然导致金融危机的积聚和暴发。

（二）资产证券化的定义

资产证券化（Securitization）是指将资产从发起人转让至破产隔离主体并由此创设资产支持证券的过程。美国证券交易委员会在其 2005 年 1 月颁布的《AB 条例》（*Regulation AB*）中对资产支持证券（Asset – Backed Securities）给出如下定义："资产支持证券指主要由一个特定的应收账款池或其他金融资产池来支持的证券。该等应收账款或金融资产可以是固定期限的，也可以是循环周转的；根据其条款，该等应收账款或金融资产在特定的时期内可以产生现金流、权利或其他资产，从而保证按期向证券持有人分配收益或进行相应安排。"③

---

① 郎咸平. 郎咸平说谁都逃不掉的金融危机［M］. 北京：东方出版社，2008：4 – 5.
② 郎咸平. 郎咸平说谁都逃不掉的金融危机［M］. 北京：东方出版社，2008：9.
③ 郭强. 中国资产管理：法律和监管的路径［M］. 北京：中国政法大学出版社，2015：237 – 238.

通常认为，资产证券化是指以缺乏流动性但具有稳定未来现金流的资产作为信用交易基础，通过结构重组和信用增级，发行资产支持证券的结构化融资方式。通俗地说，资产证券化就是发起人将能够产生稳定现金流的特定资产，通过特殊目的载体打包建立一个资产池，并以该资产池将来产生的现金收益为偿付基础发行资产支持证券。

一般而言，能产生未来收益的资产皆可证券化。也就是说，具有稳定未来现金流的资产，都可以作为资产证券化的基础资产，主要包括：一是贷款类资产，如信贷资产、商业抵押贷款，汽车消费贷款、项目融资贷款、信用卡应收款、企业贷款、个人消费贷款、学生贷款等；二是应收款类资产，如信用卡应收款、贸易应收款、医疗应收款、设备租赁费，以及各类应收账款等；三是收费类资产，如不动产（未来租金收入），飞机、汽车等设备（未来运营收入），航空、港口和铁路（未来运费收入），收费公路及其他公用设施收费收入、公园门票收入、相关赛事收入等；四是其他资产，如信托受益权、资产收益权、项目收益权、股权收益权等。据此，资产证券化可以分为不同的类型。我国台湾地区根据基础资产的不同，将资产证券化分为金融资产证券化和不动产证券化，并分别制定了"金融资产证券化条例"和"不动产证券化条例"，笔者认为此分类方法比较科学。

金融资产证券化（Financial Asset Securitization）是指金融机构将其缺乏流动性但具有可预期的稳定未来现金流量的金融资产转移给特殊目的载体，由特殊目的载体发行资产支持证券，以该金融资产所产生的现金流支付资产支持证券收益的结构性融资活动。信贷资产证券化是金融资产证券化的一个类型。按被证券化的金融资产本身有无抵押品，可分为抵押贷款证券（Mortgage-Backed Securities，MBS）和资产支持证券（Asset-Backed Securities，ABS）。其中，MBS的种类又可分为过手证券（Pass-through）、担保抵押债券（Collateral Mortgage Obligations，CMOs）和转付债券（Pay-through）三类。

不动产证券化（Real Estate Securitization）是指将流动性差的不动产转化为资产支持证券的证券化模式。我国台湾地区"不动产证券化条例"规定，不动产证券化是指受托机构依本条例之规定成立不动产投资信托或不动产资产信托，向不特定人募集发行或向特定人私募交付受益证券，以获取资金之行为。目前，我国大陆地区尚未开展不动产证券化的立法和实践。有人将房地产信托投资基金（Real Estate Investment Trusts，REITs）视为不动产证券化的一个种类，其错误在于混同了资产证券化与投资基金。实务中，发行投资基金无需不动产作为基础资产，但投资基金发行前，有时已经确定了拟投资的不动产，使得不动产投资基金与不动产证券化从表面上看极为相似。但从法律结构来看，资产证券化与投资基金遵循的法律关系迥然不同，两者具有完全不同的法律框架和产品结构，绝不能混为一谈。通俗地说，投资基金是先募集资金，再投向不动产；而资产证券化是先有不动产，再以其作为基础资产发行资产支持证券。

对于房地产信托投资基金（REITs），本书在此拟多说几句。从美国 1960 年的《房地产投资信托法案》、我国香港地区 2005 年发布的《房地产投资信托基金守则》等规定看来，房地产信托投资基金通常具有以下特征：一是基金投资对象主要为能产生稳定现金流的房地产或其相关权利，例如公寓、购物中心、写字楼、旅馆和仓储中心等，美国的 REITs 至少 75% 须投资在房地产业；香港《房地产投资信托基金守则》规定，寻求监管部门认可的房地产信托投资基金必须专注投资于可产生定期租金收入的房地产项目；二是投资收益大部分来源于租金收入，如美国要求至少 75% 的利润来自房地产租金收入，我国香港要求 90%，新加坡和韩国要求低一些，为 70% 等；三是要求进行组合投资，可选择不同地域、不同行业房地产进行组合，分散投资风险，禁止将资金用于单个房地产或其相关权利。此外，购买的房地产持有的期限不能低于一定年限，禁止频繁买卖，如我国香港地区规定不得少于两年。此外，房地产信托投资基金在税收、不动产登记、房地产过户与买卖等方面享有政策优惠。《信托法》出台以来，我国一直在研究推动房地产信托投资基金的创新试点。2020 年 4 月 24 日，中国证监会、国家发展改革委下发《关于推进基础设施领域不动产投资信托基金（REITs）试点相关工作的通知》（证监发〔2020〕40 号），开展基础设施领域不动产投资信托基金（简称基础设施 REITs）的试点。该通知指出，基础设施 REITs 是国际通行的配置资产，具有流动性较高、收益相对稳定、安全性较强等特点，能有效盘活存量资产，填补当前金融产品空白，拓宽社会资本投资渠道，提升直接融资比重，增强资本市场服务实体经济质效。短期看有利于广泛筹集项目资本金，降低债务风险，是稳投资、补短板的有效政策工具；长期看有利于完善储蓄转化投资机制，降低实体经济杠杆，推动基础设施投融资市场化、规范化健康发展。从试点情况来看，我国的基础设施 REITs 的试点架构与信托基本上不沾边，实质上是不动产证券化与证券投资基金的结合体，即一边开展不动产证券化发行资产支持证券，一边发行公募证券投资基金用于投资该资产支持证券。对此，笔者认为，我国的基础设施 REITs 兼具资产证券化与投资基金的制度安排，将其称为"不动产投资信托基金"实为不妥，更宜谓之"不动产证券化"。

基于上述分析，本书并未把基础设施 REITs 作为我国资产证券化的一个种类。当前，我国资产证券化实践包括信贷资产证券化、企业资产证券化、非金融企业资产支持票据等。其中，信贷资产证券化是指在中国境内，银行业金融机构作为发起机构，将信贷资产信托给受托机构，由受托机构以资产支持证券的形式向投资机构发行受益证券，以该财产所产生的现金支付资产支持证券收益的结构性融资活动。[1] 企业资产证券化是证券公司以专项资产管理计划为特殊目的载体，以计划管理人身份面向投资者发行资产支持受益凭证，按照约定用受托资

---

[1] 参见《信贷资产证券化试点管理办法》（中国人民银行、中国银行业监督管理委员会公告〔2005〕第 7 号）第二条的规定。

金购买原始权益人能够产生稳定现金流的基础资产，将该基础资产的收益分配给受益凭证持有人的专项资产管理业务。[①] 资产支持票据是指非金融企业为实现融资目的，采用结构化方式，通过发行载体发行的，由基础资产所产生的现金流作为收益支持的，按约定以还本付息等方式支付收益的证券化融资工具。[②] 这里需要注意的是，不宜据此作为证券化的分类结果，并得出资产证券化主要分为信贷资产证券化和企业资产证券化的类似结论。

（三）资产证券化的特征

资产证券化是一项非常好的金融创新工具，它具有以下一些重要的特征，需要在开展资产证券化时予以考量：

一是发起人有资产证券化的需求，急需变现缺乏流动性的资产进行结构化融资，防范或者缓解流动性风险。这是资产证券化开展的前提。例如境外许多国家特别是美国的商业银行存款少，要发放贷款就需要通过信贷资产证券化进行筹资，导致该类证券化无论是发展速度还是规模占比均位居前列。而我国的商业银行存款较多，通常不缺乏流动性，因此信贷资产证券化发展缓慢，反而是不良资产证券化需求大。也就是说，开展什么类型的证券化，取决于发起人的现实需求。

二是拟证券化资产通常缺乏流动性，但能在未来产生可预期的现

---

① 沈炳熙：《资产证券化：中国的实践》（北京大学出版社 2008 年版，第 211 页）作了更加广义的解释，即企业资产证券化就是把企业所拥有的金融资产以外的资产证券化。这些资产是能够产生现金流的资产，而不是简单的一堆固定资产。在我国，企业资产证券化的范围并不局限于真正意义上的企业。因为除了真正意义上的企业以外，还有一些以企业的形式存在、但实际承担着政府或公共部门职能的机构，也可以开展资产证券化业务。

② 参见中国银行间市场交易商协会《非金融企业资产支持票据指引》（2012 年 7 月 6 日第三届常务理事会第二次会议审议通过，2017 年 8 月 29 日第五届常务理事会第三次会议修订）第二条的规定。

金流。"证券最终要还本付息，可预见的稳定的现金流一方面要足够满足在利息支付年度里的利息支付需要，还要有足够的累积以满足证券到期时的还本需要。"① 可以这样理解，资产证券化就是通过发行资产支持证券盘活"沉淀资产"，"化死资产以流动，变未来风险为可控"，从而搞活企业、搞活经济。

三是要组建特殊目的载体，由证券化发起人将基础资产转移或让与至特殊目的载体。其目的，一方面，实现证券化基础资产与资产原始权益人的破产隔离，使其不受发起人破产等影响，不被发起人的债权人追索。"破产隔离安排的结果是证券化资产不属于原始权益人，而是属于 SPV"②。未来一旦发起人发生经营困难或财务危机等，将不影响资产支持证券持有人的合法权益。同时，实现特殊目的载体的经营范围仅限于从事与证券化交易有关的活动，防止特殊目的载体在证券化期间被清算、兼并重组或者破产。

四是引入信用评级和信用增级等。由于风险隔离的特性，一个信用评等较低的发起人，如果具有品质优良的基础资产，可经由资产证券化的导管机制，发行信用评等较高的资产支持证券，不仅增加筹资管道，降低资金成本，也有益于资产负债管理的灵活运用。同时，"信用增级可以采取很多形式，比如担保债券、银行信用证、不可撤销信用额度或（间接地）第三方购买特别载体的某档级证券。这些措施的目的是让信用可靠的一方来保证特别载体的全部或部分证券的偿付。"③

---

① 姜建清. 商业银行资产证券化——从货币市场走向资本市场［M］. 北京：中国金融出版社，2004：16.

② ［美］斯蒂文·L. 西瓦兹. 结构金融——资产证券化原理指南［M］. 李佳全，龚磊，杨明秋译. 北京：清华大学出版社，2003：3.

③ ［美］斯蒂文·L. 西瓦兹. 结构金融——资产证券化原理指南［M］. 李佳全，龚磊，杨明秋译. 北京：清华大学出版社，2003：24.

二、资产证券化的特殊目的载体（SPV）：特殊目的信托（SPT）与特殊目的的公司（SPC）

如前所述，资产证券化能否成功运作的关键在于证券化基础资产的"真实销售"和"破产隔离"，为达到这一目的，必须组建特殊目的载体。"在法律形式上，出于破产、税收、会计和证券法等方面的考虑，SPV 常常采取公司、合伙或信托等形式。"① 境外实践中，特殊目的载体主要是特殊目的信托和特殊目的公司。"SPT 和 SPC 是资产证券化 SPV 的主要形式，《美国 1940 年投资公司法》、日本 2000 年《资产流动化法》和韩国 1998 年《资产证券化法案》等，都对 SPV 作出了专门和特别的规定。"②

特殊目的载体虽然"形同虚设"，但它是资产证券化功能实现的灵魂，在资产证券化过程中处于核心地位，起到了实质性作用，主要包括以下三个方面：一是作为拟证券化资产的承载体，并实现该基础资产的破产隔离。发起人为了证券化，必须把基础资产装入特殊目的载体，该特殊目的载体成为新的基础资产所有人。从而，通过特殊目的载体实现证券化基础资产与发起人和资产支持证券持有人固有财产之间的破产隔离，确保无论发起人出现任何状况和问题，都不会殃及证券化基础资产、特殊目的载体或者资产支持证券持有人。"在一宗典型的结构性融资中，拟融资的公司将某项资产转让给特殊目的的载体或信托，该载体的组织宗旨就是要使自身破产的可能性变为最小。"③ 二是代表资产支持证券持有人拥有基础资产，并作为资产支持证券的发行

---

① 林华. 中国资产证券化操作手册（上）[M]. 北京：中信出版社，2015：7-8.
② 转引自"关于资产证券化 SPV 的理论及法律适用探悉"一文，作者覃天云、李公科。该文为四川省社会科学院 2003 年重大课题《推进四川跨越式发展中的资产证券化法律问题研究》阶段性研究成果。
③ ［美］斯蒂文·L. 西瓦兹. 结构金融——资产证券化原理指南［M］. 李佳全，龚磊，杨明秋译. 北京：清华大学出版社，2003：2.

主体。发起人将拟证券化资产从资产负债表中转出后，"真实出售"给特殊目的载体。由此，特殊目的载体实际上承接并拥有了这些基础资产，并在此基础上发行资产支持证券。三是争取合理的会计与税赋待遇。由于特殊目的载体的存在仅仅是为了开展资产证券化，即某笔证券化业务是其唯一业务，基础资产的现金流收入均以证券利息的方式支付出去，所以特殊目的载体几乎不用纳税。同时，境外对资产证券化的税赋，一般有专门的安排和税收优惠。例如美国通过特殊目的公司从事证券化无须缴纳公司法人所得税，可以避免重复征税等。

（一）特殊目的信托（SPT）

特殊目的信托是以信托法律制度为基础构建的一种特殊目的载体，指发起人通过将拟证券化资产设立信托，由特定目的信托受托机构以该信托财产作为基础资产发行资产支持证券。"历史上第一个特殊目的载体的设计，就是由布朗伍德律师事务所的律师约翰·森伯利利用联邦税收准则中关于授予人信托的规定完成的。信托是一种'导管实体'（Conduit），免课征公司法人所得税。"[①] 特殊目的信托通过信托财产具有独立性的安排，实现证券化基础资产与发起人（委托人）、受托人和资产支持证券持有人（受益人）固有财产之间的破产隔离。

特殊目的信托具有以下几个特点：一是受托人不负责具体的投资管理和资金保管，将这些职责交给证券化代理服务机构代办，受托人主要起监督管理作用；二是信托受益凭证体现为资产支持证券，由发行人以信托财产为基础公开发行资产支持证券，募集广大投资者的资金置换发起人的基础资产；三是资产支持证券的收益与资产池构建、尽职调查、信用增级、证券化服务机构、信息披露等安排密切相关，

---

① 刘向东. 证券化的信托模式研究［M］. 北京：中国财政经济出版社，2007：68－69. 授予人信托是根据1988年美国《国内税收法》第671条和第679条设立的，主要适用于过手证券架构，其特点是以过手证券的形式发行单一种类的不可分割的信托受益凭证。

而与受托人管理处分信托财产（基础资产）没有直接的关系。

特殊目的信托的安排大致如下：发起人确定可以进行资产证券化的基础资产，构建特殊目的信托，并将该基础资产真实出售给特殊目的信托，该基础资产由此变成具有独立性的信托财产，并处在受托人的实际控制之下。随后，受托人以该信托财产为基础发行资产支持证券，所得资金向发起人进行支付，而资产支持证券的持有人则取得了基础资产及其现金流的收益权。

当前，特殊目的信托应用非常普遍，实践中没有出现明显的制度缺陷和问题。可以说，信托形式是比较适合证券化 SPV 的一种形式。从世界各国实践来看，信托模式已经成为实现资产证券化 SPV 的主要选择之一。"信托制度具有独特的风险隔离功能和权利重构功能，信托的本质使信托成为国际上实现资产证券化应用最广泛的典型模式。"①我国信贷资产证券化的特殊目的载体，亦采用了特殊目的信托的模式。

（二）特殊目的公司（SPC）

特殊目的公司是以特殊公司法律制度构建的一种特殊目的载体，指发起人将拟证券化基础资产出售给特殊公司，并由其发行资产支持证券。"特殊目的载体 SPV 采取公司形式，是指发起人将证券化基础资产转让给一家专门从事证券化运作的特殊目的公司，由其发行资产支持证券。"② 它通过特殊公司法人财产具有资产隔离功能的安排，实现证券化基础资产与发起人、资产支持证券持有人固有财产之间的破产隔离。"特殊目的公司天然具有'有限责任'的特征，即公司的资产与发起公司的个人或机构的资产相互独立。因此，SPC 与管理人之间也具有较好的破产隔离效力。"③

---

① 刘向东. 证券化的信托模式研究［M］. 北京：中国财政经济出版社，2007：92.
② 刘向东. 证券化的信托模式研究［M］. 北京：中国财政经济出版社，2007：71.
③ 林华. 中国资产证券化操作手册（上）［M］. 北京：中信出版社，2015：218.

特殊目的公司具有以下几个特点：一是特殊目的公司由发起人设立，为了有效实现破产隔离，每开展一笔证券化就要相对应地注册设立一个特殊公司。"按照《美国1940年特殊公司法》，任何主要从事拥有或持有'证券'的主体，除了某些豁免情况，都必须在 SEC 登记为特殊公司。履行该法案通常成本较高、负担较大，搭建交易结构的目标应该是，如何能够根据该法案使得 SPC 能够豁免登记。"① 对此，"1992年，SEC 根据《美国1940年特殊公司法》颁布了一条新规则，即 3a-7 规则。该规则使得大多数结构融资免于'特殊公司'的认定。"② 二是特殊公司不负责具体的投资管理和资金保管，将这些职责交给证券化服务机构代办，特殊公司董事会主要起监督作用。三是资产证券化一旦结束，特殊目的公司也就完成使命并终止。为了防止与证券化发行无关的业务导致 SPC 破产的风险，SPC 的经营活动通常受到一定限制，只能从事与证券化交易有关的业务活动，例如日本《资产流动化法》、我国台湾地区"金融资产证券化条例"都规定：SPV 只能从事特定的资产证券化交易和相应业务，不得与其他实体合并或者兼并，不可提出破产清算申请等。

特殊目的公司的安排大致如下：发起人确定可以进行资产证券化的基础资产，构建特殊目的公司，并将该基础资产"真实出售"给特殊目的公司，该基础资产由此变成特殊公司的法人财产。随后，特殊公司以该财产为基础资产发行资产支持证券，所得资金向发起人支付，而资产支持证券的持有人则取得了基础资产及其现金流的收益权。

当前，采用特殊目的公司的国家日益增多。因为美国资产证券化业务较为发达，又主要采用特殊目的公司的模式，使特殊目的公司方

---

① ［美］斯蒂文·L. 西瓦兹. 结构金融——资产证券化原理指南［M］. 李佳全，龚磊，杨明秋译. 北京：清华大学出版社，2003：115-116.

② ［美］斯蒂文·L. 西瓦兹. 结构金融——资产证券化原理指南［M］. 李佳全，龚磊，杨明秋译. 北京：清华大学出版社，2003：120.

式在全球此类业务中占有更大比例。

此外，资产证券化的特殊目的载体还可以采用有限合伙的组织形式，以前较常见于不动产证券化中。为了实现破产隔离，有限合伙型SPV通常有一些特别要求，例如，要求合伙人必须是公司或者其他实体，以免SPV因自然人合伙人的死亡而解散等。有限合伙型SPV的重要特点是合伙由其成员所有并为其服务，"有限合伙型SPV通常向其成员即合伙人购买基础资产，主要为其成员提供证券化融资服务，这是它区别于SPC和SPT的重要不同点。"① 但由于合伙人数的限制，有限合伙在私募基金中应用广泛，但在以公募为主的证券化实践中并未得到广泛应用。

总之，"特殊目的载体SPV的法律形式主要有以下三种，即特殊目的信托、特殊目的公司、有限合伙制等。"② 除此之外，人们还尝试创新一些新型SPV，例如"不动产抵押贷款投资载体（Real - Estate Mortgage Investment Conduit，REMIC）、金融资产证券化投资信托（Financial Assets Securitization Investment Trust，FASIT）"等。其中，"REMIC是美国创建的一种适用于不动产抵押贷款证券化的新的载体，和REMIC不同，FA-SIT可以为各类资产的证券化充当SPV，且可以在任何时间获得合格资产，可以是循环资产组合。"③ 此外，人们还尝试采用双SPV的模式，例如第一个SPV接收基础资产并实现与原始权益人的破产隔离；第二个SPV发行资产支持证券等。在美国，"信用卡债权属于循环形债权，其现金流量的波动幅度很大。统合信托是适应信用卡债权证券化的特殊需要而发展出来的信托架构。信用卡债权证券化先使用单一信托，出售人将债权移转到一个信托里，并由该信托发行证券出售。如果出售人有新的

---

① 赵宇霆. 资产证券化SPV设立的法律思考［J］. 当代法学，2004（5）.
② 刘向东. 证券化的信托模式研究［M］. 北京：中国财政经济出版社，2007：116.
③ 刘向东. 证券化的信托模式研究［M］. 北京：中国财政经济出版社，2007：68 - 76.

债权要出售，必须另行架构一个新的单一信托。"① 在我国，"双 SPV 的
交易结构中，通常包括信托计划和资产支持专项计划（或专项资产管理
计划），原始权益人先将基础资产设立自益信托计划，获得信托受益权，
并以该受益权作为新的基础资产，设立资产支持专项计划，通过证券公
司或者基金管理公司子公司的渠道发行。"② 我国采用双 SPV 的原因之
一，主要是"资产支持专项计划风险隔离的法律基础较弱，通过先将基
础资产出让给信托计划的方式，可以进行更彻底的风险隔离。"③

（三）特殊目的信托和特殊目的公司的应用

资产证券化选择何种模式，与各国的金融环境和法律体系有着密
切关系。"模式的选择必须适应经济、金融发展的内在需求，并依赖于
各国特有的制度变迁路径安排。从制度经济学的解释逻辑来看，追逐
交易成本最小化的效率规则决定了对不同形式和行为的选择。在不同
的 SPV 制度安排之间进行选择时，需要比较不同 SPV 制度安排带来的
收益和相应的成本，从而选择净收益最高的 SPV 制度安排，实现资产
证券化的效率机制。"④

在境外，SPT 和 SPC 都很常用。大部分国家和地区同时规定了这两
种载体，并允许发起人自由选择其中一种载体开展证券化。例如，我国
台湾地区将资产证券化描述为：创始机构依本条例之规定，将资产信
托与受托机构或让与特殊目的公司，由受托机构或特殊目的公司以该
资产为基础，发行受益证券或资产基础证券，以获取资金之行为。⑤ 依
据我国台湾地区的"金融资产证券化条例"，其金融资产证券化的特殊

① 陈文达，李阿乙，廖咸兴. 资产证券化——理论与实务［M］. 北京：中国人民大学出版社，2004：331－332.
② 林华. 中国资产证券化操作手册（上）［M］. 北京：中信出版社，2015：264.
③ 林华. 中国资产证券化操作手册（上）［M］. 北京：中信出版社，2015：264.
④ 刘向东. 证券化的信托模式研究［M］. 北京：中国财政经济出版社，2007：85－86.
⑤ 参见我国台湾地区"金融资产证券化条例"第三条的规定。

目的载体，包括特殊目的的信托与特殊目的公司，其皆是以经营资产证券化业务为目的，惟组织形式之差异，特殊目的信托可由信托机构来从事资产证券化之信托关系；特殊目的的公司则由发起人组织设立特殊公司，专责进行资产证券化业务，特殊目的的公司在专案结束后即行解散。

三、特殊目的公司存在重大制度缺陷

2007 年，美国发生次贷危机，即源于信贷资产证券化而引发的一场金融危机。危机过后，人们不断总结次贷危机的经验教训，主要认为是信用评级机构约束过于宽松、金融工具过度创新、金融监管力度不够、投资者利益保护不足等原因造成的。2010 年美国制定的《多德—弗兰克华尔街改革与消费者保护法案》（*Dodd - Frank Wall Street Reform and Consumer Protection Act*）的主要内容，也主要是加强证券化监管和投资者利益保护。"美国保护消费者的法案堪称汗牛充栋。但是，危机的进程显示，这些法案或者已经过时，难以在新的金融环境中对消费者提供有效保护；或者失之分散，在执行中常常相互推诿，以至于消费者得不到保护的情况时有发生。针对这一状况，新监管法案进行了如下调整：（1）成立消费者金融保护局。（2）改善抵押贷款的运作与监管。（3）加强对信用评级机构的监管。（4）发起人承担证券化产品的部分风险。"[①] 显然，对次贷危机发生原因及制度反思的分析中，鲜有针对资产证券化制度本身的。

笔者首次提出，美国将特殊公司制度运用在公司型基金（共同基金）上非常成功，但运用于资产证券化即作为特殊目的的公司时，却存在致命的制度缺陷，并成为美国发生次贷危机的根源。

本书作如下分析：所谓信贷资产证券化，通俗地说就是通过证券

---

① 董裕平，全先银，汤柳，姚云等译. 多德—弗兰克华尔街改革与消费者保护法案 [M]. 北京：中国金融出版社，2010：3.

化的方式，把信贷资产打包后从发起人手中转卖给资产支持证券的投资者。因此，信贷资产的质量与证券化交易文件描述的是否一致，与投资者的利益密切相关，如果基础资产以次充好、以劣充优，投资者的合法权益就会受到损害。资产证券化交易结构中，谁负责对入池资产进行把关呢？答案就是特殊目的载体，一方面需要根据基础资产的不同类型来判断该类资产的过往历史表现、信用水平、违约预期率、早偿率、预期损失率等影响未来现金流的重要因素，优化入池资产的合格标准条件的设定；同时，需要严格审核入池资产是否符合证券化交易文件约定的数量、条件和标准等。美国采用的特殊目的载体是特殊目的公司，开展一单证券化业务就要成立一个特殊目的公司，其致命缺陷在于：特殊目的公司由证券化发起机构设立，形同"空壳公司"，无法也无能力对发起机构实施有效监督，发起机构将信贷资产装入特殊目的公司，特殊目的公司不是"睁一眼闭一眼"而是"两眼紧闭"，无法站在资产支持证券的投资者一边，真正把好证券化入池资产的质量关。即对发起机构来说，特殊目的公司是"自己人"，形同虚设，发起机构想把什么样的资产装入资产池，特殊目的公司都是"哑巴"，是不会挑刺的。这样的一种制度安排，就使证券化缺乏有效的监督，就让证券化发起机构有空可钻。既然法律允许，证券化发起机构可不会客气，结果是大量运用特殊目的公司来出售自己有问题的信贷资产。由于基础资产质量不过关，最终资产支持证券投资者的利益受损，久而久之必然酿成系统性风险。也就是说，"资产证券化以及信用评级的错误将低质量的抵押贷款转化成危害深远的金融资产。投资银行降低了被证券化的抵押贷款的质量，而评级机构错误地将这些抵押贷款支持证券及其衍生产品评定为安全资产，购买者没有能够看出评级的错误从而做出自己的判断。这些因素共同造成更多的低质量抵押贷款的产生。"[1] 其结果是，"经纪商操纵贷款，贷款公司向不合格的借

① 刘鹤. 两次全球大危机的比较研究［M］. 北京：中国经济出版社，2013：241-242.

款人提供贷款，投资银行打包高风险抵押贷款，评级机构为这些证券化产品成为投资级产品盖章放行，所有这些行为加在一起引发了'完美风暴'。"①

归纳一下，证券化的发起人通过特殊目的公司，可以把信贷资产转售给资产支持证券的投资者。反过来，银行向借款人发放贷款时，不是考察借款人的信用，而是考察该笔信贷资产能否纳入证券化资产池，只要能够纳入，就发放贷款。借款人"信用状况一塌糊涂，收入微薄，工作时有时无，没有租房史，也没有储蓄可以维持生活"，但"我们的贷款审批人批准了这笔贷款，然后，我们对这笔交易提供融资，投资机构从我们这里购买贷款，因为这些贷款符合他们的指导要求。"② 这样就形成了恶性循环，"如果说次级贷款行业有什么艺术性可言的话，那就是'无中生有'。当在 RFC 作为贷款投资方从事贷款业务的时候，我们的重点是购买那些申请资料符合贷款指引的已闭合贷款。而当贷款审批人看到这些贷款文件的时候，它们已经经过了揉、挤、推、拉的工序，被修剪成现有的模样。直到我直接和经纪商接触和往来，我才了解到创新金融是怎样一回事。我的销售经理罗伯·雷格将此过程称之为'用鸡屎做鸡肉沙拉'。虽然无甚诗意，不过概括了这个行业的'真谛'。"③

本来证券化基础资产质量有问题，资产支持证券的投资者是可以起诉特殊目的公司要求赔偿的。但资产证券化与特殊目的公司是"同命鸳鸯"，当资产证券化终止时，特殊目的公司也就随之解散，投资者是哭诉无门。当前，类似特殊目的公司这样的特殊公司，在美国有千

① ［美］理查德·比特纳. 贪婪、欺诈和无知——美国次贷危机真相［M］. 覃扬眉，丁颖颖译. 北京：中信出版社，2008：127.
② ［美］理查德·比特纳. 贪婪、欺诈和无知——美国次贷危机真相［M］. 覃扬眉，丁颖颖译. 北京：中信出版社，2008：11.
③ ［美］理查德·比特纳. 贪婪、欺诈和无知——美国次贷危机真相［M］. 覃扬眉，丁颖颖译. 北京：中信出版社，2008：75–76.

千万。"这些首先被谴责的人其实不过是替罪羊。它也不过是为了这个特别目的而临时开设的公司，事情结束之后就关门了，人也跑了，这样的机构有千千万。"①

笔者认为，特殊目的公司是造成美国"次贷危机"的制度根源。如果证券化采用特殊目的公司的这个缺陷不加以改良，预计未来还会爆发新的金融危机。但从另外一个角度看，美国并不是次贷危机的最大受害者，由于美国证券化产品的持有人是世界各地的投资者，实际是大家帮助美国分散了次贷危机的风险。"那些大量发放不符合优质抵押贷款条件房贷的贷款机构，通过把这些贷款证券化，把贷款发生拖欠、抵押品不足抵押造成的损失转嫁给广大投资者。"②

相比特殊目的公司，特殊目的信托更适合于证券化 SPV 的安排。因为在特殊目的信托中，有特定目的信托受托机构对发起机构进行监督，受托机构的职责至少包括：一是确定入池资产筛选标准，保证入池资产符合筛选标准。二是充分熟悉证券化的交易结构、交易安排。三是通过尽职调查等方式深入了解基础资产状况，尽职履行相应的受托管理职责等。如果受托机构对入池资产不认真把关，其结果可能会招致投资者的诉讼，当受托机构有过错时，就要以其固有财产承担赔偿责任。

四、我国对特殊目的载体的选择

（一）我国证券化 SPV 无法采用特殊目的公司模式

特殊目的公司是以"特殊公司"形式建立的特殊目的载体，为一笔基础资产的证券化就要组建一个这样的公司，并随着该笔证券化业务的完成而终止。

---

① 郎咸平. 郎咸平说谁都逃不掉的金融危机［M］. 北京：东方出版社，2008：11.
② 沈炳熙. 资产证券化：中国的实践［M］. 北京：北京大学出版社，2008：287.

在我国现行法律框架下，我国开展资产证券化无法采用特殊目的公司的模式。因为我国未专门就特殊公司进行立法，同时我国的《公司法》是狭义的，其调整对象主要是有限责任公司和股份有限公司，未包括对"特殊公司"的规范。假设运用我国现行《公司法》的规定构建特殊目的公司，如前所述，将会碰到一系列难以逾越的制度障碍：一是设立有限责任公司或者股份有限公司，应当依法向公司登记机关申请设立登记（《公司法》第六条），且依法设立的公司由公司登记机关发给公司营业执照（《公司法》第七条）；二是设立有限责任公司或者股份有限公司，有注册资本的要求（《公司法》第二十六条、第八十条）；三是设立有限责任公司或者股份有限公司，以其主要办事机构所在地为住所（《公司法》第十条）；四是有限责任公司或者股份有限公司要有法定代表人（《公司法》第十三条），应当建立股东（大）会、董事会、监事会、高级管理层等法人治理结构（《公司法》第三十六条至第五十六条、第九十八条至第一百一十九条），并成立党组织（《公司法》第十九条）和工会（《公司法》第十八条）等；四是有限责任公司或者股份有限公司的股权转让有相对复杂的要求（《公司法》第七十一条至第七十五条，第一百三十七至第一百四十五条），例如有限责任公司向股东以外的人转让，应当经其他股东过半数同意。再如，股份有限公司股东转让其股份，应当在依法设立的证券交易所进行或者按照国务院规定的其他方式进行等；五是关于有限责任公司、股份有限公司的财务、会计，例如法定公积金与任意公积金（《公司法》第一百六十六条）、股份有限公司的资本公积金（《公司法》第一百六十七条），其中，公积金用于弥补公司的亏损、扩大公司生产经营或者转为增加公司资本（《公司法》第一百六十八条）。此外，有限责任公司和股份有限公司的合并、分立、增资、减资、解散、清算等规定，例如公司增加或者减少注册资本，应当依法向公司登记机关办理变更登记（《公司法》第一百七十九条第二款）。上述这些规定，都无法适用于特殊目的公司。即使上述障碍得以消除，而有限责任公司和股份有限公司属于实体公司，始终无法实现其固有财产与证券化基础资产的破产隔离。"实际上，在我国现行法律体系下，采取 SPC 作为载体发行证券，存在多种障碍。目前《公司法》中有关注册资本、发行证券的资格和规模、治理结构和信息披露等方面的规定，都是建立在传统公司运营理念之上的，而对于仅设立用于购买基础资产、收入仅来自基础资产现金流的载体型公司（SPC）则不适用。"①

对此，除非修改我国《公司法》，增加"特殊公司"一个章节，或者像美国一样制定一部专门的"特殊公司法"，否则，特殊目的公司在我国将无法具体落地。就前文对特殊目的公司的分析来看，其存在重大制度缺陷，我国似乎也没必要费心去为证券化构建这样的一种制度安排。

（二）特殊目的信托是我国现行法律框架下唯一且最优的特殊目的载体选择

当前，特殊目的信托和特殊目的公司均是资产证券化 SPV 的可行性选择。但在我国目前的法律框架下，特殊目的信托是特殊目的载体的唯一选择。"自我国 2001 年《信托法》出台以来，学者们以及从事相关工作的实务界人士大多以为可以用信托方式来解决我国资产证券化中 SPV 的设立难题。"② "从中国的现有法律环境来看，以信托公司作为载体的资产证券化方案遇到的法律障碍会相对小些。2001 年 4 月颁布并于同年 10 月施行的《信托法》，确定了信托的法律地位，与证券化相关的破产隔离等法律问题也得到了相应的缓解。根据《信托法》第 15、16、17 条的规定，信托资产具有独立于委托人、受托人的特点，不受二者破产的影响。"③

---

① 林华. 中国资产证券化操作手册（上）[M]. 北京：中信出版社，2015：220.
② 赵宇霆. 资产证券化 SPV 设立的法律思考 [J]. 当代法学，2004（5）.
③ 周明、陈柳钦. 信托模式——我国资产证券化发展模式的现实选择 [J]. 新金融，2004（10）.

　　"为什么要用信托关系规范信贷资产证券化的主要法律关系？这是因为，证券化的本质，是要把信贷资产以证券的形式销售出去，但是这种资产又不像一个普通的商品，把它卖了，办个手续，如无特殊情况就不再与卖者有任何关系。相反，这种资产在变更所有者之后，它所体现的借款人和贷款人之间的关系依然存在，在通常情况下，银行还会作为贷款管理人负责回收贷款。同时，投资人在购买了资产支持证券后，它只拥有资产池的一个份额，并不直接对某一笔具体的贷款拥有所有权，而这个资产池由受托机构管理，不受发起机构控制。要使证券化发起机构不再拥有支配出售资产的所有权，不再享有和承担这些资产的损益，使投资人真正拥有资产池的所有权，享有并承担池内资产的损益，必须用一种明确的法律关系加以规范。目前，在我国，唯一能够规范这种关系的只有信托关系。"①

　　进一步而言，资产证券化采用特殊目的信托，必须选任受托人。从境外情况来看，资产证券化的受托人既可以是专业性的信托机构，也可以是取得经营信托业务许可的商业银行或者其他资产管理机构。但在现阶段，我国实行分业经营的监管体制，经营信托业务有专属性，只有信托公司和基金管理公司经批准方可开展营业信托活动。因此，我国资产证券化特定目的信托受托人的选择，要遵守相关法律法规的对营业信托受托人的要求和限制，遵守银行业、证券业、保险业、信托业分业经营、分业管理的法律规定②。

（三）我国信贷资产证券化采用的是 SPT 模式

　　我国《信贷资产证券化试点管理办法》（中国人民银行、中国银行

① 沈炳熙.资产证券化：中国的实践［M］.北京：北京大学出版社，2008：37.
② 《中华人民共和国证券法》第六条规定，证券业和银行业、信托业、保险业实行分业经营、分业管理，证券公司与银行、信托、保险业务机构分别设立。国家另有规定的除外。《中华人民共和国保险法》第八条规定，保险业和银行业、证券业、信托业实行分业经营、分业管理，保险公司与银行、证券、信托业务机构分别设立。国家另有规定的除外。

业监督管理委员会公告〔2005〕第 7 号）第二条的定义，明确信贷资产证券化采用特殊目的信托模式，并在第三章专章规定了"特定目的信托受托机构"，其主要内容包括：一是特定目的信托受托机构是因承诺信托而负责管理特定目的信托财产并发行资产支持证券的机构。二是受托机构依照信托合同约定履行下列职责：（1）发行资产支持证券；（2）管理信托财产；（3）持续披露信托财产和资产支持证券信息；（4）依照信托合同约定分配信托利益；（5）信托合同约定的其他职责。三是受托机构必须委托商业银行或其他专业机构担任信托财产资金保管机构，依照信托合同约定分别委托其他有业务资格的机构履行贷款服务、交易管理等其他受托职责。

根据《信贷资产证券化试点管理办法》的有关规定，信贷资产证券化的特殊目的载体采用特殊目的信托的模式，起到了以下破产隔离效果：一是受托机构因承诺信托而取得的信贷资产是信托财产，独立于发起机构、受托机构、贷款服务机构、资金保管机构、证券登记托管机构及其他为证券化交易提供服务的机构的固有财产。二是受托机构、贷款服务机构、资金保管机构及其他为证券化交易提供服务的机构因特定目的信托财产的管理、运用或其他情形而取得的财产和收益，归入信托财产。三是发起机构、受托机构、贷款服务机构、资金保管机构、证券登记托管机构及其他为证券化交易提供服务的机构因依法解散、被依法撤销或者被依法宣告破产等原因进行清算的，信托财产不属于其清算财产。四是受托机构管理运用、处分信托财产所产生的债权，不得与发起机构、受托机构、贷款服务机构、资金保管机构、证券登记托管机构及其他为证券化交易提供服务机构的固有财产产生的债务相抵销；受托机构管理运用、处分不同信托财产所产生的债权债务，不得相互抵销。

如前所述，发起机构必须将证券化基础资产"真实出售"给特殊目的信托，并由受托人名义拥有和实际控制。"基础资产转让是指发起人将资产完全出售给SPV，出售后发起人可将原资产从资产负债表中剔除，转让到资产负债表外。资产出售一般有三种方式：第一，债务更新，即通过 SPV 与债务人重新签订合同，将发起人与债务人的债权债务关系转为 SPV 与债务人的债权债务关系；第二，转让，即将债权转让给 SPV，书面通知债务人；第三，从属参与，即 SPV 先行发行资产证券，取得资金，再转贷给发起人，转贷金额等同于资产组合金额。"①笔者认为，信贷资产证券化的基础资产是成百上千甚至数万笔贷款，如何转到受托人名下是一个难题。对此，建议采用前述第二种方式，即发起人将债权转让给特殊目的信托受托机构，鉴于书面通知债务人也比较麻烦，可采取公告的方式，对外公示信贷资产的具体构成。信贷资产进入证券化资产池后，交由贷款服务机构进行管理。如果贷款服务机构由发起人担任，此时发起人身份发生变化，由信贷资产的债权人转变为贷款服务机构。

在我国的信贷资产证券化实践中，信托公司作为特定目的信托受托机构，与发起机构签订信托合同，这就要求信托公司应合理审慎地行使信托合同所授予的各项权利，为受益人的最佳利益处理信托事务。由于资产证券化基础资产涉及量大，建议信托机构不能消极被动，应综合考虑被证券化资产的各项指标，建立完整的资产服务数据库，对资产池进行充分信息披露，加强对资产池的合规性审查和持续监管。

笔者认为，我国信贷资产证券化 SPV 采用特殊目的信托的模式，是非常正确的选择。然而，我国的企业资产证券化 SPV 既没有采用特殊目的信托的模式，也没有采用特殊目的公司的模式。《证券公司及基金管理公司子公司资产证券化业务管理规定》（中国证券监督管理委员会公告〔2014〕49 号）第二条明确，该规定所称资产证券化业务，是指以基础资产所产生的现金流为偿付支持，通过结构化等方式进行信用增级，在此基础上发行资产支持证券的业务活动。同时，第四条规

---

① 林华. 中国资产证券化操作手册（上）[M]. 北京：中信出版社，2015：319.

定："证券公司、基金管理公司子公司通过设立特殊目的载体开展资产证券化业务适用本规定。前款所称特殊目的载体，是指证券公司、基金管理公司子公司为开展资产证券化业务专门设立的资产支持专项计划或者中国证监会认可的其他特殊目的载体。"为了实现破产隔离，该管理规定进一步明确：一是因专项计划资产的管理、运用、处分或者其他情形而取得的财产，归入专项计划资产。因处理专项计划事务所支出的费用、对第三人所负债务，以专项计划资产承担。专项计划资产独立于原始权益人、管理人、托管人及其他业务参与人的固有财产。原始权益人、管理人、托管人及其他业务参与人因依法解散、被依法撤销或者宣告破产等原因进行清算的，专项计划资产不属于其清算财产。二是原始权益人是指按照本规定及约定向专项计划转移其合法拥有的基础资产以获得资金的主体。管理人是指为资产支持证券持有人之利益，对专项计划进行管理及履行其他法定及约定职责的证券公司、基金管理公司子公司。托管人是指为资产支持证券持有人之利益，按照规定或约定对专项计划相关资产进行保管，并监督专项计划运作的商业银行或其他机构。三是管理人管理、运用和处分专项计划资产所产生的债权，不得与原始权益人、管理人、托管人、资产支持证券投资者及其他业务参与人的固有财产产生的债务相抵销。管理人管理、运用和处分不同专项计划资产所产生的债权债务，不得相互抵销。对企业资产证券化采用的特殊目的载体，笔者认为值得商榷。"相比此前公布的《证券公司资产证券化业务管理规定（征求意见稿）》，《证券公司及基金管理公司子公司资产证券化业务管理规定》删去了关于专项计划资产为信托财产的表述，以'证券公司及基金管理公司子公司为开展资产证券化业务专门设立的资产支持专项计划或者中国证监会认可的其他特殊目的载体'作为 SPV。资产支持专项计划并非公司制 SPV 或信托制 SPV，其法律地位和属性并不明确。"①

---

① 郭强.中国资产管理：法律和监管的路径［M］.北京：中国政法大学出版社，2015：257.

对此，沈炳熙指出，"为了保证资产真正成为支持证券融资的基础，资产必须从原所有者中分离出来。这需要有法律法规加以明确。在我国，《信托法》可以作为明确这种法律关系的上位法，有关资产证券化的法规以及部门规章里要把这种法律关系具体化。现在，《信贷资产证券化试点管理办法》已经明确证券化信贷资产和受托机构之间的这种法律关系，企业资产证券化的有关规章也应明确这一点。""就企业资产证券化而言，由于证券公司是项目的主要运作者，它们难以获得参与信托业务的资格，因此，它们也不想在交易结构中明确自己与企业证券化资产之间的信托关系"。①

此外，非金融企业资产支持票据不仅没有采用特殊目的信托和特殊目的公司，而且也没有基础资产的独立性安排。对此，"《银行间债券市场非金融企业资产支持票据指引》既没有对基础资产的独立性作出规定，也没有对资产支持票据的交易结构中是否需要进行严格的风险隔离安排作出具体的要求，只是概括性地规定'企业发行资产支持票据应设置合理的交易结构，不得损害股东、债权人的利益'。因此，也有观点认为，资产支持票据不能算作资产证券化产品，性质上与应收账款质押的一般信用债更加接近。"② 笔者深以为然。

① 沈炳熙. 资产证券化：中国的实践［M］. 北京：北京大学出版社，2008：217-218.
② 郭强. 中国资产管理：法律和监管的路径［M］. 北京：中国政法大学出版社，2015：259.

第五章 资产隔离工具在家族财富管理中的应用

中国有句古语，"富不过三代"。老子《道德经》第九章提到：金玉满堂，莫之能守；富贵而骄，自遗其咎。① 从境外经验看，家族财富在管理和传承中面临各种各样的风险，要想富过三代，须对家族财富进行"资产隔离"并作"他益安排"。本书前面所述的资产隔离工具中，特殊公司、有限合伙均属于自益制度，无法实现他益安排。只有信托制度既可用于自益安排，也可用于他益安排。因此，家族财富管理中只能运用信托制度作"资产隔离"和"他益安排"，即需要设立家族信托（Family trust），并在此基础上实现各种家族愿景。

一、信托适合于家族财富管理的制度安排

家族财富管理的工具很多，包括继承、保险、信托、家族办公室、家族控股公司、资产代持、遗赠与赠与，以及各类特定组织（如财团法人、基金会）、各种资管产品等。境外实践经验证明，信托能够"资

---

① 大意是财富再多，也难以守住；富足了就骄傲，必然招致祸患。

产隔离"并作"他益安排"，是家族财富管理的最佳工具选择。"家族
信托是最出色的财富传承工具。国际顶尖企业当中，家族企业占到
50%以上，它们中的大多数通过设立家族信托基金控制家族企业的传
承。"① "在信托职业圈子里，大家都知道，家族传到第三代时，90%的
家族财富很可能被放在了信托里。基本上对所有王朝式的家族而言，
信托代表着对家族财富的绝大部分所有权。"②

　　信托之所以能够成为家族财富管理的最佳选择，是因为信托具有
以下制度安排，使其非常适合用于家族财富管理：

（一）信托具有"资产隔离"功能，能够实现家族信托财产的安全与独立

　　信托财产具有法律上的独立性，是信托制度适合用于家族财富管
理的关键所在。概括为一句话，即信托财产有别于委托人、受托人、
受益人的固有财产，这在本书第二章已经进行了详细介绍，本章不再
赘述。

　　可以这样认为，家族财富管理拟达成的功能和目的，大都建立在
资产隔离功能之上，与资产隔离安排密不可分。离开了资产隔离安排，
家族财富管理就会成为无源之水、无本之木，其众多功能设计就会落
空。"根据信托制度原理，委托资产的所有权将交于受托人即家族信托
的管理者或机构，将独立于委托人与受益人，从而保证委托资产可以
实现有效的隔离和独立，委托人和受益人的变故不会导致资产流失。"③
通俗地说，家族信托成立后，家族财富成为一个资产池，其作为一个
整体在受托人的控制之下得以长久存续：不受委托人、受托人生死存

① 金李，袁慰.中国式财富管理［M］.北京：中信出版集团，2018：133.
② 小詹姆斯·E.休斯.家族信托——面向受益人、受托人、保护人及创立人的信托指南
　［M］.武良坤译.上海：上海财经大学出版社，2020：2.
③ 金李，袁慰.中国式财富管理［M］.北京：中信出版集团，2018：133.

亡的影响，也不受受益人悲欢离合的影响，更不受受益人人数多寡的影响。无关家族受益人的恩怨情仇、贫穷富贵，家族信托都在默默地守护着他们。

需要注意的是，家族信托财产虽具有法律上的独立性，但设计不当可能会削弱其资产隔离的效果，甚至其"资产隔离"安排可能被击穿。"并非所有的信托都能够实现债务隔离。对于可撤销信托（在我国，指委托人保留解除权的信托）和自益信托（指委托人同时是唯一受益人的信托），信托财产依然会被视为委托人的责任财产，可以用来偿债。"① 为方便大家把握，本书将家族信托"资产隔离"安排可能被击穿的情形罗列如下：

1. 家族信托无效或者可撤销的情形

此时，信托不复存在，其资产隔离安排当然是皮之不存毛将焉附。（1）家族信托无效。根据我国《信托法》第十一条的规定，有下列情形之一的，信托无效：信托目的违反法律、行政法规或者损害社会公共利益；信托财产不能确定；委托人以非法财产或者本法规定不得设立信托的财产设立信托；专以诉讼或者讨债为目的设立信托；受益人或者受益人范围不能确定；法律、行政法规规定的其他情形。所谓的其他情形，主要包括：一是不符合本书第六章关于一般信托的设立条件，例如设立信托的财产不是委托人合法所有的财产、设立信托未采用书面形式等。鲁南制药股权纷争的核心问题在于，"赵志全是否以自己的名义购买了公司四分之一股权"②，这决定着境外所设信托的财产来源是否合法，如果赵志全未购买，则所设立的信托无效。"虽然股权

---

① 金李，袁慰. 中国式财富管理［M］. 北京：中信出版集团，2018：141.
② 陈凌，郑敬普. 鲁南制药与赵志全：非血缘传承［M］. 杭州：浙江大学出版社，2022：232.

归属最终需待境内外法院做出最终判决"①，但"无论从所有权、经营权还是跨代传承意图来看，鲁南制药都不属于家族企业"②。二是不符合家族信托的设立条件，例如委托人与受益人实质为同一人即自益信托等。（2）信托可撤销。根据我国《信托法》第十二条的规定，委托人设立信托损害其债权人利益的，债权人有权申请人民法院撤销该信托。人民法院依照前款规定撤销信托的，不影响善意受益人已经取得的信托利益。本条第一款规定的申请权，自债权人知道或者应当知道撤销原因之日起一年内不行使的，归于消灭。"家族信托的种种优势，其前提是信托的成立不存在瑕疵。那什么是瑕疵呢？比如，存放于信托中的财产是不合法的，再比如信托的设立损害了债权人的利益等。"③

2. 家族信托有效或部分有效的情形

此时，家族信托虽然有效或者部分有效，但在以下情形中，家族信托资产隔离仍存在被击穿的风险：（1）设立家族信托前，家族信托财产已经存在权利负担，而相关债权人对该家族信托财产行使优先受偿权的。（2）设立家族信托时，委托人保留权利过多。主要包括：一是委托人保留一定年限或者随时可撤销信托的权利；二是委托人有权更换受益人或者变更受益份额比例；三是委托人有权修改家族信托文件的重要条款等。实务中，委托人自己没有保留权利，但家族信托保护人有上述权利，且家族信托保护人由委托人担任或者不由委托人担任但受委托人控制，此时家族信托也有被击穿的风险。（3）有足够证据证明信托财产及其收益最终回流至委托人手中，信托受益人只是名义上的受益人，委托人成为实质受益人，等等。"设计信托时，寻求权

① 陈凌，郑敬普. 鲁南制药与赵志全：非血缘传承［M］. 杭州：浙江大学出版社，2022：234.
② 陈凌，郑敬普. 鲁南制药与赵志全：非血缘传承［M］. 杭州：浙江大学出版社，2022：216.
③ 王昊. 家族财富保护攻略［M］. 北京：中信出版社，2019：150.

利制衡是重中之重，因为不加约束的权力，可能导致整个信托在设立之初就被视为一个虚假信托，或存在容易被攻破的漏洞。利用信托进行财富传承，需要委托人向受托人'放权'，不能过分强调自己对信托财产的实际控制权，否则一旦出现债权人挑战信托合法性的情况，上述事实就会成为债权人挑战信托的理由。"①

本书需要强调的是，如果因为上述原因导致家族信托的资产隔离安排被击穿，不能据此认为我国《信托法》关于信托财产的独立性得不到法律保护，甚至认为我国《信托法》关于信托财产具有独立性的法律安排形同虚设。

归纳一下：信托一经生效，不管是自益还是他益，其存续期间即具有资产隔离的效果。进一步而言，当信托终止或者提前终止时，在他益信托的情形，信托财产不再归属于委托人所有，委托人的债权人不可以对该财产主张权利；但在自益信托的情形，信托财产归属于委托人自身，重新成为委托人固有财产的一部分，和委托人未设立信托的其他财产并无区别，委托人的债权人可以对该财产主张权利。实务中，很多有效设立并作他益安排的家族信托，为什么信托财产最终回归于委托人并被委托人的债权人追索呢？笔者认为，很多情形下，家族信托的资产隔离安排被击穿，被击穿的并不是信托财产的独立性，实际上是家族信托的"他益"安排，例如家族信托的委托人既想利用信托制度隔离债务，又害怕失去对信托财产的控制权，给自己保留了过多权利，使自己实质上成为受益人，导致"他益"变"自益"，其结果是两手空空。笔者建议，不要低估债权人想尽千方百计、穷尽一切手段追偿债务的决心，设立家族信托时既要考虑"有效"，更要考虑彻底"他益"，不宜"鱼和熊掌兼得"。

---

① 王昊. 家族财富保护攻略［M］. 北京：中信出版社，2019：155.

（二）信托可以作"他益安排"，即受益人与委托人不是同一人

如前所述，运用特殊公司、有限合伙等开展资产管理业务，其投资人和受益人须为同一人，即属于自益资管。笔者认为，资管产品，惟委托人与受益人为同一人，始得为之。也就是说，资管产品的投资人即是受益人，两者必须是同一人，这是由资管合同的标准化、资管份额的申购与赎回、资管受益权的流通等需要所决定的。但是，要实现家族财富的保护与传承，必须作"他益安排"。对此，信托既允许自益，亦允许他益，满足了家族财富管理与传承的客观需求。

"依据委托人和受益人是否为同一人、信托的利益是否归属于委托人本人，可以将信托划分为自益信托和他益信托。自益信托是委托人以自己为唯一受益人而设立的信托，这种情况下，委托人和受益人是同一人。他益信托是指委托人不以自己为唯一受益人，而以其他人或与其他人一起作为受益人而设立的信托，在这种情况下，委托人与受益人并不完全重合。"① 笔者认为，家族信托必须是他益信托，其受益人一般为家族全部或者部分成员。《关于加强规范资产管理业务过渡期内信托监管的通知》（信托函〔2018〕37 号）中规定，家庭信托的受益人应包括委托人在内的家庭成员，但委托人不得为唯一受益人。

他益的情形，即允许委托人以外的人作为受益人享受信托利益。具体包括以下两种情形：一是单一受益人的家族信托中，委托人自己不得为受益人，只能以委托人以外的其他家族成员作为受益人；二是共同受益人的家族信托中，委托人是受益人之一；三是共同受益人的家族信托中，委托人不是受益人。如前所述，为降低家族信托被击穿的风险，本书不赞成委托人将自己设定为受益人之一，从而保证家族

① 韩良. 家族信托法理与案例精析［M］. 北京：中国法制出版社，2015：39.

信托财产不回流至委托人手中，彻底斩断家族信托财产与委托人未设立家族信托的其他财产的关联。笔者认为，家族信托实际上是财富的一种"赠与"，委托人要把家族信托当作爱的馈赠。

这里需要注意几个问题：一是非家族成员能否成为受益人？笔者认为，单一受益人的家族信托中，非家族成员不能成为受益人。共同受益人的家族信托中，非家族成员可以成为受益人之一，只要家族信托文件规定清楚条件即可。但不能共同受益人中一个家族成员都没有，一个都没有就纯是他益信托而没有必要称为家族信托了。二是胎儿能否成为家族信托的受益人？答案是可以，本书第六章将进行论述。进一步而言，未出生的人能否作为家族信托的受益人，笔者认为也可以，家族信托文件可以将未出生的家族成员纳入受益人范围，待其出生后，其受益人身份可以根据家族信托文件再予以确认。"应当指出的是，受益人的确定性要求，并不需要在信托设立的当时受益人就应存在，只需要在信托存续期间能够加以确定即可。"① 三是家族信托的受益对象能否不是"人"？英国信托法强调受益人原则，即任何信托都必须有一个确定的或者可以确定的受益人。但有些情况属于受益人原则的例外，"有学者进行了归纳和总结，将这类信托分为下面四种情况：1. 建立或维护纪念碑或墓碑的信托；2. 目的是作弥撒的信托；3. 为特定动物利益的信托；4. 为未注册团体利益的信托。"② 笔者认为，我国设立家族信托也可以包含实现特定目的，但其前提通常是必须依附于特定的受益人，即通过名义上的受益人实现特定目的。"从我国《信托法》的规定来看，受益人确定性要件也不是绝对的，并不适用于为特定目的而设立的信托，包括目的信托和公益信托，在目的信托和公益信托中，不需要有特定的受益人存在。"③ 对此，本书后文还将进一步介绍。

---

① 中国信托业协会. 信托法务（第2版）[M]. 北京：中国金融出版社，2021：183.
② 何宝玉. 信托法原理与判例 [M]. 北京：中国法制出版社，2013：58 – 60.
③ 中国信托业协会. 信托法务（第2版）[M]. 北京：中国金融出版社，2021：183.

（三）信托适合于家族财富管理的其他制度安排

1. 受托人应当履行信义义务，即受托人应当为家族受益人最佳利益服务

何为信义义务，本书第八章将进行详细介绍，这里不再赘述。在信义义务核心精神的基础上，《家族信托——面向受益人、受托人、保护人及创立人的信托指南》① 一书中勾勒出了家族信托受托人的五大基本原则：一是不伤害他人。这是受托人这份高尚职业的第一条原则，也是《希波克拉底誓言》② 中的誓词内容。这条原则提醒受托人，任何时候都要保持警觉，不能伤害任何人特别是家族受益人。二是忠诚可信。这是家族信托受托人的核心品质，不仅要维护信托创立人的立场，还要聆听受益人的想法，巩固受益人的生活质量。三是承担"摄政"工作。家族信托受托人经常会"摄政"，其目的是等待受益人长大成人且独立自主，将信托资产转化成精彩人生的一道风景。四是有洞察力。家族信托受托人应该是具备"稳健判断"，浑身充满着"深谋远虑、审慎决断和智慧"的人。五是有勇气。做家族信托的受托人需要勇气，准备好与一个家族风雨同舟多年。

笔者认为，受托人一旦接受家族信托，即意味着"嫁"给了家族信托，家族受益人就是受托人和家族信托的孩子，受托人必须无私地为家族受益人的利益服务和贡献。

如果受托人未能为家族受益人的最佳利益服务，通俗一点说，即

---

① 小詹姆斯·E. 休斯. 家族信托——面向受益人、受托人、保护人及创立人的信托指南 [M]. 武良坤译. 上海：上海财经大学出版社，2020：2-11.
② 《希波克拉底誓言》是人类历史上影响最大的一个文件之一，医生、律师、券商、会计师、审计师、评估师、推销员等，都将《希波克拉底誓言》作为职业道德标准。该誓言用简短而洗炼的誓词，向世人公示了四条戒律：一是对知识传授者心存感激；二是为服务对象谋利益，做自己有能力做的事；三是绝不利用职业便利做缺德乃至违法的事情；四是严格保守秘密，即尊重个人隐私、谨护商业秘密。

受托人未能像管理自己的财产一样管理家族信托财产，导致家族信托财产发生损失的，受托人应当以其固有财产承担赔偿责任。这一规定，让受托人不敢掉以轻心，让委托人、受益人相对放心。笔者认为，受托人的责任非常重大，特别是家族信托的期限都比较长，受托人在这么长的一段时间内很难做到滴水不漏，境外大量出现家族受益人起诉受托人的情形，因此建议家族信托文件中要尽量把受托人的责权利约定清楚，宜细不宜粗。本书建议，自然人轻易不要担任家族信托的受托人，因为在几年甚至几十年的漫长时间里，人们很难会预测发生什么并在家族信托文件事先作出具体约定。

2. 受托人可以不对家族财富进行投资管理，而仅作资产隔离安排

资管产品中，保值增值是投资人的主要目的，需要资产管理人对资管财产进行投资管理。而家族信托中，受托人可以依据信托法律关系、接受委托人托付并根据其需求仅为其提供纯粹的"资产隔离"服务，帮助委托人将家族财富转变为具有独立性的信托财产，从而实现定制托管、风险隔离、风险处置、财富规划和代际传承等家族信托目的。这种纯粹的资产隔离安排，存在两种情形：一种是任何时候均不需要受托人对信托财产进行管理处分，例如作为信托财产的房屋仍然由委托人居住，再如作为信托财产的上市公司（股权）仍然由委托人负责经营管理等。另一种情形，受托人虽然不需要对信托财产进行管理处分，但信托财产的管理处分另有安排，例如法律法规规定或者信托文件约定由第三人负责管理处分。需要注意的是，信托成立后，受托人将其投资管理职责委托给他人处理的，当不属于此种情形。

笔者认为，以是否要对信托财产进行投资管理，可以将信托分为两类，即受托资产管理信托与受托事务管理信托。受托资产管理信托需要受托人对信托财产进行投资管理。与之相反，受托事务管理信托不需要受托人对信托财产进行投资管理。受托事务管理信托，主要是指委托人交付资金或财产给受托人，指令受托人为完成信托目的，从事

事务性管理的信托活动。该类业务主要是利用信托权益重构、名实分离、风险隔离、信托财产独立性等制度优势，为法人和个人委托人提供的除资产管理以外的事务性信托服务。境外的受托人，主要提供受托事务管理信托服务，而我国的信托公司，主要提供受托资产管理信托服务，这是中外信托的区别之一。随着我国商业银行、证券公司、家族办公室、律师事务所等涉足家族信托业务，估计信托机构未来在开展家族信托业务中亦将主要提供受托事务管理信托服务。

3. 设立信托的财产可以是资金，也可以是非资金资产

在资管产品中，投资人都是以手中的资金进行投资，即通常以现金购买资管产品。而信托中，委托人设立信托的财产既可以是现金类资产，也可以是非现金资产。非现金资产是指除了现金、银行存款、其他货币资金等以外的其他资产，包括各类动产、不动产、股权、有价证券等。进一步而言，委托人用于设立家族信托的财产，既可以包括现金，也可以包括非现金，还可以同时包含现金和非现金资产。

从境外家族信托财产的种类来看，非现金资产的规模占比要大于现金类资产。我国目前由于缺乏信托登记等配套制度，以非现金资产设立家族信托存在法律瑕疵，导致家族信托财产以现金类资产为主。但从长远看，家族财富将以非现金资产为主，未来我国家族信托财产估计亦将以不动产、股权等非现金资产为主。

4. 信托允许设立遗嘱信托，对身后财产作出安排

几乎所有的资管产品，投资者都必须生前进行购买，死后无法为之。而信托中，允许委托人生前或者死亡时设立遗嘱信托，以遗嘱信托方式对身后财产作出安排。对此，我国《信托法》《民法典》均有相关规定。我国《信托法》第十三条规定，"设立遗嘱信托，应当遵守继承法关于遗嘱的规定。遗嘱指定的人拒绝或者无能力担任受托人的，由受益人另行选任受托人；受益人为无民事行为能力人或者限制民事

行为能力人的，依法由其监护人代行选任。遗嘱对选任受托人另有规定的，从其规定"。我国《民法典》在"继承编"第一千一百三十三条第四款规定，"自然人可以依法设立遗嘱信托"，正式将遗嘱信托与法定继承、遗嘱继承、遗赠并列作为财产传承方式。

但是当前，我国还极少遗嘱信托存在。主要原因，一是了解遗嘱信托的人少之又少，大家还是习惯于法定继承、遗嘱继承等传统继承方式。二是境外遗嘱信托（或遗产信托）非常普遍，主要是遗嘱信托与遗产税挂钩所致，即设立遗嘱信托后遗产税可以缓缴并递延至遗嘱信托终止。对此，境外家族信托一般都有年限限制，禁止永续或者无期限存续，以防止遗产税无限期递延。目前，我国还没有开征遗产税，是否会和遗嘱信托挂钩更不可知。

5. 信托可以帮助委托人实现"特定目的"

资管业务都是为"人"服务的，其服务对象包括自然人、法人和其他组织。家族信托的受益人，也主要指向自然人、法人和其他组织。但有的家族信托的最终目的，并不指向自然人、法人和其他组织，而是指向"特定目的"，实质上的最终受益对象超出了"人"的范畴。私益信托中，"实质的领受人是没有权利能力的人的情况，可列出如下几种：（1）旨在饲养自己喜爱的特定动物（宠物）的信托；（2）旨在令人在自己死后像纪念馆一样管理自己的住所的信托；（3）旨在为自己死后为已故的人及其亲人管理墓地、施法会、悼念的信托。"[1] 公益/慈善信托中，"随着保护大自然和生态环境的呼声日益强烈，目前各国已经普遍承认，信托目的如系保护某一类动物或某些动物（例如不珍稀动物、野生动物），有利于生态平衡和环境保护，属于公益目的，可以构成公益信托。"[2]

---

[1] 新井诚. 信托法（第4版）[M]. 刘华译. 北京：中国政法大学出版社，2017：355.
[2] 何宝玉. 信托法原理研究（第2版）[M]. 北京：中国法制出版社，2015：220–221.

我国《信托法》在第二条定义中，就提到委托人设立信托，是为了受益人的利益或者特定目的。所谓"特定目的"，例如饲养宠物（宠物信托）、看护陵园（陵园信托），再如保护环境（公益/慈善信托）等。对此，本章后文在家族信托的功能与应用中将进一步介绍。

6. 信托目的既可以是私益，也可以是公益

所有的资管产品都是私益性质的，即投资者以其自己作为受益人。而信托中，信托目的既可以是私益，也可以是公益，或者同时包含私益和公益目的。也就是说，委托人除了可以设立私益信托，也可以设立公益/慈善信托，或者兼顾私益和公益目的。

家族财富传承中，通常既包括物质财富的传承，也包括精神财富的传承，而公益/慈善就是精神财富的传承，是家族财富传承的最高境界。从境外情况看，家族信托在实现私益目的的同时兼顾公益目的，已日益普遍。本书判断，我国未来家族信托也将与公益/慈善信托融合发展，不仅满足家族成员的生活需要，同时还满足更多的人对美好生活的向往。对于公益/慈善信托，本书第十章将进行专门介绍。

二、家族信托概念及其作用与价值

境外家族信托非常常见，甚至成为家庭或者家族必不可少的标配。在我国，家族信托过去很少见，是因为社会财富积累不够，人们手中基本上没有多余的财物。随着我国经济的高质量发展，社会财富不断积累，居民财富稳定增长，承载财产管理与传承功能的家族信托才开始受到越来越多的关注并日渐兴起。

（一）家族信托的含义

家族信托是以实现委托人的家族财富管理、保护与传承等为目的，

由受托人打理或处置个人或家族财富，并由受益人享有信托利益的一种信托活动。通俗地说，家族信托是一份爱的馈赠，它的存在，就是要提高家族受益人的生活质量；家族信托也是一份爱的传承，它的目的，就是要让家族受益人得到福报和福泽。

《关于加强规范资产管理业务过渡期内信托监管的通知》（信托函〔2018〕37号）在我国首次提出了家族信托的定义，即是指信托公司接受单一个人或者家庭的委托，以家族财富的保护、传承和管理为主要信托目的，提供财产规划、风险隔离、资产配置、子女教育、家族治理、公益（慈善）事业等定制化事务管理和金融服务的信托业务。该定义是在营业信托前提下作出的，具有以下几个特征：一是以家族财富的保护、传承和管理为主要信托目的；二是必须是他益信托，委托人不得为唯一受益人，受益人应当包括委托人在内的家庭成员；三是信托财产金额或者价值不低于1000万元。

准确理解和把握家族信托概念，除了要结合前述关于信托适合于家族财富管理的制度性安排外，还需要把握好以下几个问题：

1. 委托人最主要的信托目的不是家族财富的保值增值，而是家族财富的保护与传承

当前存在一个认识和发展误区，即通过"家族信托"的外衣，行"资管产品"之实，实则为个人和家族提供家族财富的保值增值服务。现实中，能够帮助家族财富保值增值的工具很多，完全没有必要冠之以"家族信托"的名义，通过"家族信托"为之。真正意义上的家族信托，以实现家族财富的保护与传承等为主要目的，而非家族财富的保值增值。《关于加强规范资产管理业务过渡期内信托监管的通知》亦明确规定：单纯以追求信托财产保值增值为主要信托目的，具有专户理财性质和资产管理属性的信托业务不属于家族信托。当然，家族信托在存续过程中，为了更好地实现家族信托目的，一般会派生或者衍

生投资管理与保值增值需求，严格说这不是家族信托目的，而是服务于家族信托目的的手段和途径。

2. 受托人可以是法人，也可以是具有完全民事行为能力的自然人

或者说，家族信托可以是民事信托，也可以是营业信托。区别一个家族信托是否为民事信托抑或营业信托，关键看家族信托的受托人是否以营利为目的并以此为业，即须同时满足两个条件：一是受托人开展家族信托活动收取信托报酬，二是受托人将家族信托作为一项业务进行经营。传统意义上的民事信托是不收取报酬的，但信托发展到今天，受托人接受民事信托收取一定报酬也是合理的。但千万注意，民事信托的受托人不能进一步以此为业，即不得以营利为目的并构成营业。通俗地说，就是民事信托的受托人不能去招揽或承揽家族信托业务，不能反复、多次地开展家族信托经营活动。一旦民事信托的受托人以营业和收取报酬为目的开展家族信托活动，就构成营业信托，而成为营业信托，其受托人通常需要具备更高的资质和准入要求，例如在我国必须持有金融牌照等。这一点非常重要，如果受托人失格，不仅受托人要被追究相应的法律责任，而且将导致该家族信托的无效，使委托人的家族信托目的落空。在我国，对家族信托受托人的选择，笔者认为应当结合委托人的意愿确定，不同的信托目的，其选择结果可能会有所不同。总的来说还是选择金融信托机构为好，因为家族财富管理选择信托工具，最看重的是信托制度的资产隔离功能，而我国目前只有信托机构才能开具信托财产专户等，比自然人受托人更有利于实现信托关于资产隔离的功能安排。

此外，家族是以血缘关系为纽带而组成的一个社会群体，通常包括同一血统的几辈人甚至几十代人。我国实行一夫一妻制且过去较长一段时期实行独生子女政策，导致家族的观念越来越淡化，而家庭的理念深入人心。据此，有人认为家族信托在我国宜称为家庭信托。对此，本书视家庭与家族为近义词，即使一家三口，亦视作家族对待，

即不管人多人少，为家庭成员设立的信托均为家族信托。

（二）开展家族信托的价值和意义

"中国历史上根本没有家族财富传承的成功案例可以借鉴。有的只是一个个富有家族不断衰败、受难的悲剧故事和传说。"① 当前，家族财富管理与传承是我国现阶段个人和家庭的痛点之一。我国家族财富形成的时间较短，没有像其他发达国家和地区一样历经了数代传承。完成从一代到二代甚至数代的代际交接，实现家族财富的有序传承，进而在一定程度上促进我国经济的稳步增长和繁荣昌盛，具有重要的现实意义。

1. 有利于实现委托人的愿景，帮助委托人解除后顾之忧

根据信托原理，信托目的非常广泛，只要是合法的信托目的，委托人都可以通过设立信托达成。"信托的目的具有多样性，是信托具有高度灵活性和广泛适用性的基础。当事人运用信托可以实现各种各样的目的，对此，美国信托法权威学者斯科特（Scott）早就指出：创设信托所要实现的目的，与法学家们的想象力一样是无限的。"② 笔者长期从事信托的研究和实践，尚未遇到过无法通过信托达成之目的。实务中，个人或者家族通过家族信托的方式，把家族财富装入信托，指定家族成员为受益人，可以为家族成员以及后代的生活进行安排和照顾。

需要注意的是，委托人的愿景，是不会一成不变的。不同时期、不同地域，人们的信托目的会有所不同。笔者认为，东方人的信托目的与西方不完全一样，故我国的家族信托也会结合我国国情进行创新，并催生出有中国特色的家族信托。

---

① ［美］比尔·邦纳（Bonner, B.），［美］威尔·邦纳（Bonner, W.）. 家族财富［M］. 林凌，徐长征译. 北京：机械工业出版社，2013：3.
② 何宝玉. 信托法原理研究（第2版）［M］. 北京：中国法制出版社，2015：102.

2. 有利于家族财富的安全与传承，实现富过三代

我国历史上出现过富过三代的权臣——晏婴，这里的"三代"是指他先后服侍过齐灵公、刘庄公、齐景公 3 位君主。司马迁对晏婴的记载不多，只突出强调了他一生行事低调，以节约简朴又能勉力办事而受到齐国上下的敬重。晏婴打破"富不过三代"的诅咒，靠的是他节俭、正直和谨慎的品格，这种品格并不是常人都有的，"富过三代"还得依靠制度和机制。

从境外实践看，基于信托财产独立性的资产隔离安排，使得家族信托具有破产隔离、专业管理、私密保护、安全保障、税务筹划及家族传承等功能，广受个人和家族青睐。目前境内家族在实现财富积累的同时，也开始考虑财富的安全和传承问题。由于信托财产具有独立性的安排，家族信托一旦有效设立，通常不会受到委托人状况的影响，也不会受到委托人的债权人的追索。无论是委托人还是受托人发生债权债务上的纠纷或者其他变故，都不会影响到已经合法放入信托的财产的安全，从而使家族财富可以通过信托的方式达到隔离保护的目的，并通过他益的制度安排实现有序传承。

3. 有利于稳定家族企业股权结构，实现持续稳定经营

家族企业股权是家族企业传承的核心。如果家族企业由子辈、孙辈等继承，将会导致家族企业股权分散，股东之间很大可能因为争夺家族企业控制权而严重影响企业经营。如何做到公平而不分散家族的掌控力，不因为家大业大而导致股权在传承过程中过度分散而影响长远发展，是每一个家族企业都需要认真研究的问题。

股权结构稳定是企业稳健运行与持续发展的保障，但是股东家庭状况、婚姻状况的变化可能对公司股权造成重大影响。通过设立家族信托，股权作为信托财产锁定在家族信托中，股权的原所有人和其家族成员作为受益人享有受益权。这样家族信托作为家族企业股权持有

人，可以有效集中股权、维护公司股权稳定，股权不会因婚姻、继承关系变化而受到影响。同时，在实现家族企业股权不分散的前提下，家族信托可以实现家族成员作为受益人享有信托收益的效果，或者灵活地进行受益权安排，平衡各方受益人的利益。

4. 有利于家族优秀理念的薪火相传

家族治理理念是家族传承的重中之重。从家族治理的角度看，财富传承与家族治理是相互影响、相互促进的，良好的家族治理是家族财富传承的保障和基础，家族财富的长久传承也有利于家族治理的不断完善。一些家族制定的家族共同协议、家族宪章等实质上就是家族治理传承的一种有益尝试。

一个企业的成长，需要企业家的心血付出。创业的富一代，往往有其独到的见解和思想。如果家族企业被继承，父辈的想法往往被抛弃。如果把优秀的企业经营理念写进家族信托文件，则良好的家族理念将代代相传，并影响到其后人。实践中，通常根据家族企业的具体需求，在设立家族信托时灵活设计相关条款，把执行家族理念作为信托文件的重要内容之一。例如，为受益人获得信托利益设置限制性条款和激励性条款等，还可以引入信托保护人、家族成员理事会等机制，辅助进行家族治理，同时宣贯家族文化和家族理念。

5. 有利于家族企业实现家族传承的最高境界

家族传承包括两个方面：一是物质财富的传承；二是家族精神的传承。家族传承不仅是金钱物质财富的传承，还有价值观、文化观、道德观和精神的传承。高净值人群在家族传承的过程中加入慈善元素，不仅可以体现家族企业的社会责任，也是企业家回馈社会，实现个人心愿，发挥影响力的过程。慈善精神传承是家族财富传承的最高境界，它是一种创业精神的传承，是一种人生观、价值观的延续，对于家族事业的开展和传承具有重要意义。

目前，家族慈善的主要方式有两种，一是家族慈善基金会，二是家族慈善信托，二者各有优势，可以结合家族企业需求选择适用，也可以二者结合使用。相对而言，家族慈善信托设立简单、更加灵活，通过家族慈善信托不但可以构建和谐的家族关系，而且可以塑造积极的家族文化，为家族企业传承奠定基础。

6. 有利于做大"蛋糕"、做优"蛋糕"，助力共同富裕

家族信托可以通过全面灵活的定制化设计，通过专业机构科学的受托管理机制，有效贯彻执行家族财富的管理与传承，促进家族基业长青。可以通过对家族资产、家族企业等的统筹安排保障家族发展，通过整合多方面资源满足发展过程中的特定需求，从而为家族财富世代传承保驾护航。

发展家族信托，让我国的家族财富在境内就能获得和境外一样甚至更好的家族信托服务，才能留住财富，留住人心，使家族企业将经营重心放在境内，使民营经济得到更好的发展，从而做大做优"蛋糕"。在此基础上，大力发展家族慈善信托，分好"蛋糕"，从而推动第三次分配，助力共同富裕。

三、家族信托的功能与应用

人生的每一个阶段，都可以有信托相伴。法国著名律师皮埃尔·莱勃勒（Pierre Lepaulle）有一段著名的名言："从最庞大的战争赔款到最简单的遗产继承，从华尔街上最具创新的金融计划到对子子孙孙的关爱，都可以看到信托的身影。信托在整个人类为了自我生存所付出的各种努力中，无处不在：梦想和平、开创商业帝国、扼杀竞争或升入天堂、埋下仇恨的种子或乐善好施、热爱家庭或争夺遗产。人类在进行所有这些活动时，有的衣着华丽，有的衣衫褴褛，有的头戴神圣的皇冠，有的高兴得边走路边咧开嘴笑。信托是盎格鲁撒克逊人的守

护天使，冷漠地、无所不在地陪伴着他们，从摇篮到坟墓。"① 据此，本书拟按照人生的不同成长阶段，由年幼到年老，来介绍相应年龄段的家族信托功能和应用。

（一）繁衍子孙后继有人

现实生活中，由于工作、生活压力，或者为了享受生活，不结婚或者结婚了不想要孩子的人越来越多，让一些家庭或者家族面临后继无人的境况。特别是老一辈人思想比较传统，经常因为子女晚婚晚育而忧心忡忡。对此，建议父母可以设立隔代信托（generation - skipping trust），把大部分家族财富装入隔代信托中，不以子女作为受益人，而是以未出生的孙子女作为受益人，当没有孙子女时，规定该信托财产即用于社会公益事业。这样一来，子女想要得到家族财富，就必须通过孙子女来实现，由此敦促子女加紧生儿育女，从而通过隔代信托实现家族后继有人。

当然，隔代信托的作用远不止此，其可以灵活设计，长远考虑子孙的福泽。在英美等国家，家族委托人可以通过设立隔代信托，将信托财产的部分利益授予其父母和妻儿子女，而将信托财产的主体利益授予给孙辈及后人，例如约定在委托人去世后，信托收益由其配偶享有；其配偶死亡时，信托收益平均分配给子女，其子女死亡时，由其孙辈取得信托本金，这可使信托不仅在委托人去世后还能照顾配偶子女的生活，更可使财产代代相传。更进一步，委托人可以要求受托人只将信托收益的一定比例分配给受益人，其余则归入本金，由此信托财产将不断积累，传至其孙辈时可形成较大的经济资源。据了解，当前我国为子孙后代作这种长远打算的人并不多，儿孙自有儿孙福，一般都只考虑眼前仅为子女着想。

---

① ［英］D. J. 海顿. 信托法［M］. 周翼，王昊译. 北京：法律出版社，2004：2.

本书不赞成子孙后代通过家族信托不劳而获，让其失去拼搏之志，也就是说，不培育"信托巨婴"①，但建议让子孙通过家族信托获得基本的生活保障和接受良好的教育。如果让子孙沉迷在享乐之中，会助长家族成员的惰性和劣习并招致恶果。例如，明朝朱元璋称帝后，为了让家族后代充分享受生活，他设计了一个失败的"家族信托"：规定皇族不必从事任何职业。每一个皇族后代，所有消费需求均由国家承担。10 岁起开始领工资享受俸禄，结婚时国家发放房屋、冠服、婚礼费用，死后还有一笔丰厚的丧葬费。皇子封为亲王后，年俸万石。这导致其后代人数众多，但均碌碌无为，明末面对农民起义军纷纷主动投降，下跪求生而不得。

（二）抚养无人照看的孤幼

人都有生老病死，就怕孩子尚小失去亲人照顾。我国北宋仁宗庆历八年（1048 年），开封府出现了专门受托保管遗孤财产的机构——检校库。据《名公书判清明集》中记载："官为检校财物，度所须给之孤幼，责付亲戚可托者抚养，候年及格，官尽给还。"其大意是：根据宋代的法律法规，只要是失去双亲的孤儿幼儿，官府有责任将属于他们的财产进行核查、记录，并放入检校库中代为管理，并为孩子选择一位合适的监护人，而孩子在成长过程中所需的各项费用都由检校库负责，等到孩子长大之后，检校库再将剩余的财产归还给他们。20 世纪 20 年代，日本学者加藤繁先生在《论宋代检校库》一文中指出：检校库是中国 10 世纪乃至 13 世纪左右所实行的一种官营信托。

现实生活中，存在因台风、地震、水灾等自然灾害，或者因疾病、火灾、交通事故等事件导致孩子失去亲人的风险，建议可以设立子女

---

① 小詹姆斯·E. 休斯. 家族信托——面向受益人、受托人、保护人及创立人的信托指南[M]. 武良坤译. 上海：上海财经大学出版社，2020. 该书引言中提到：这些所谓的"信托基金婴儿"（trust fund babies），指的是那些没有工作或者生活目标，完全依赖信托基金派发的收益生活的信托受益人。

信托或子女保障信托，把部分家庭财富装入信托中，将未成年子女作为受益人，分期定量地为子女支付生活、教育、医疗或者创业等费用，使其成长和教育有着落。

（三）保障未成年人获得财产

根据我国《民法典》第一编第二十七条的规定，未成年人的父母已经死亡或者没有监护能力的，由下列有监护能力的人按顺序担任监护人：一是祖父母、外祖父母；二是兄、姐；三是其他愿意担任监护人的个人或者组织，但是须经未成年人住所地的居民委员会、村民委员会或者民政部门同意。同时，第三十四条进一步规定，"监护人的职责是代理被监护人实施民事法律行为，保护被监护人的人身权利、财产权利以及其他合法权益等"。事实上，被监护子女继承的家产，实际上暂时处在监护人的实际控制之下。对此，存在监护人的道德风险、被监护人最终无法获得全部家产的风险，建议可以设立递延给付信托利益的家族信托，把家庭财富装入信托中，以尚未成年的子女作为受益人，待子女成年时再直接向其支付部分或者全部信托利益。

保险金信托就是这方面的典型业务。例如，投保人与保险人订立保险合同的同时签订保险金信托协议，万一投保人发生意外死亡，保险人不直接向其未成年的保险受益人支付保险金，而是按照保险金信托协议，将保险金纳入信托管理，待受益人成年后再由受托人向其给付。投保人也可按照自己的意愿，设定子女在入学、创业、结婚等人生重要阶段，获得保险金信托财产。

（四）让子孙后代接受良好教育

古语云，"至要莫若教子"。南怀瑾说："亡德而富贵，谓之不幸"[1]，这句话非常重要，人若没有建立自己的品德行为，而得了富贵，

---

[1] 《汉书·景十三王传》。

是不幸的。笔者认为，家族信托最重要的目的，应该是把下一代教育好，让子孙后代能够接受良好的教育。但一个家族发展几代以后，有人贫有人富。经常听人说，亲情关系到了第三代、第四代就不那么亲了，到了第五代基本上就断了。

对此，建议可以设立家族教育信托基金，把部分家族财富装入信托，将子孙后代作为受益人，使子孙后代在接受教育时均能平等地从家族教育信托基金中获得资助。同时，为了奖励优秀鼓励上进，对成绩优异者还可以增加资助的金额，对考上名牌大学者可以给予特别奖励等。境内还出现过这样的家族信托，规定取得大学录取通知书者才能成为受益人。从境外实践看，设立家族教育信托基金，不仅能够让家族人才辈出，而且也能促进家族后人的亲情和纽带联系。

（五）帮助或者敦促子女成家立业

难为天下父母心，都想把最好的东西留给自己的子女，都盼望自己的孩子长大以后有出息。有的家族信托目的，是不想直接把财富放到子女手中，而给子女自由拼搏奋斗的空间；有的家族信托目的，是因为子女有自己的理想和抱负，不想接手家族企业；有的家族信托目的，是因为子女不着急成家，等等。

实务中，境内有这样的家族信托，子女受益人只有在遇到婚嫁、买房买车、创业、医疗等大事时，才能从家族信托中拿钱买单。但有时也有副作用，据说境外存在这样一个家族信托，规定儿子结婚即可从家族信托中领取一笔不菲的礼金，结果导致该人创造了一项吉尼斯世界纪录：和同一人多次结婚、离婚、又结婚。

（六）防范"债务风险"和"破产风险"

常在河边走，哪有不湿鞋。个人或者家族企业都有可能步入资不抵债的境地，特别是我国的家族企业在投融资过程中经常以实际控制人名义承担无限连带责任担保，一旦"城门失火"则"殃及池鱼"，影响家族成员的正常生活。境外普遍的做法是设立家族信托（如生活保障信托），通过信托工具隔离家族的部分财富，使其不受家族成员债权人或者家族企业债权人的追索，阻断债务和刑事追索等。此时，不宜理解为家族利用信托逃废债务，而应是委托人使用家族信托工具依法作出合理安排，防范家族"债务风险"和"破产风险"。

如前所述，实现防范"债务风险"和"破产风险"的前提是家族信托必须合法有效，凡是能够证明该家族信托无效或者可被撤销等情形，家族成员的债权人或者家族企业的债权人仍有可能追偿家族信托项下的财产。出于此点考虑，笔者认为，如果想要设立家族信托，越早设越好。理由很简单，越早设立，资产隔离的效果越强，被击穿的可能性越小。

（七）防离婚析产

当前离婚现象逐渐增多，特别是事业有成的成功人士，离婚更是司空见惯。好不容易成家立业，又将面临婚姻风险。结婚前，建议可以设立婚前财产信托，保护婚前财产的安全与独立，避免掉进以骗钱为目的的婚姻陷阱。结婚后，为避免离婚时的财产分割，特别是避免家族企业股权的分割，建议可以通过设立家族信托，将家族信托财产与夫妻共同财产隔离开来，而家族成员可以设计成家族信托的受益人，还可以区别不同的家族成员给予不同的受益份额。据说境外有的家族信托为了家庭和谐，在家族宪章中明确规定不管男方抑或女方，离婚后即失去受益人的资格。这样一来，家族财富或者家族企业，不会因为婚姻风险而被分割得七零八落。

对女儿特别是独生女儿而言，设立家族信托尤有必要。父母宜将家族财富装入信托，将女儿作为终生受益人，待女儿出嫁后不仅可以使其在夫家获得更高的地位，还可以让婚姻更加稳定。该信托在女儿还小的时候设立为最佳，待其出嫁时可以作为一份爱的嫁妆。

此外，离婚时如果涉及赡养费的问题，建议可以设立赡养费信托，一方面可以让自己避免万一遗忘耽误了赡养费的给付，及时从受托人处了解对方是否收到赡养费，尽量减少与前任配偶接触时的尴尬。同时，可以让对方无须担心时间到了收不到赡养费等问题。

（八）防意外

《魏书·韩麒麟传》："年丰多积，岁俭出赈。"意思是说，丰收之年多积蓄，歉收之年拿出来救济。天有不测风云，人有旦夕祸福。在人的一生中，可能都会或多或少地遇到一些意外情况，比如生病、投资失败、婚丧嫁娶等。所以应该未雨绸缪，在平常日子好过的时候积攒下一定的积蓄，以备不时之需。南怀瑾提到："凡事豫则立，不豫则废。[①]"对于可能发生的事，要有周详的准备，如此到了行事的时候，方能游刃有余，顺理成章。即使遭遇意外，也能心中有数，如此方能保持富贵的长久。正如《诗经·豳风·鸱鸮》中有这么一句诗句："迨天之未阴雨，彻彼桑土，绸缪牖户。"说的是有一种很会营巢的小鸟，风雨还没有来的时候，它们会事先把柔韧带有湿土的桑根皮衔来缠结、补葺，然后巢上通气和出入的孔道。正因为如此，它们在风雨中才能保住自己的巢穴。

曾国藩说过："盛时常作衰时想，上场当念下场时。富贵人家宜牢记此二语。"笔者认为，这是对为什么要设立家族信托的最好诠释。当家族已经积累起一定财富、生活富裕时，一定要想好力一落魄之后怎么办。特别是对危险系数较高的特殊职业者，更需要提前谋划。《朱子家训》云：宜未雨而绸缪，毋临渴而掘井。对此，建议可以设立附条件生效的家族信托，条件不成就时，该家族信托不会生效；而一旦条

---

① 《礼记·中庸》。

件成就，该家族信托即告成立，最大限度地避免因意外给家族带来的风险。《罗织经》告诉我们：春风得意时，布好局，四面楚歌时，有退路。

举个例子：1993 年，年仅 32 岁的戴安娜王妃就立下遗嘱，假设自己去世后，即将遗产交予信托管理，她的两个儿子则作为受益人。遗嘱还规定他们从 25 岁开始，可以自由支配一半的收益，30 岁开始可以自由支配一半的本金。1997 年，戴安娜王妃因车祸去世后，该信托基金即告成立，有报道这样评述：戴妃虽死犹生，以信托遗爱传祝福。

笔者认为，附条件生效的家族信托，可能永远不会生效。设立该信托的目的，可以让委托人生前高枕无忧、死后闭目九泉，不用担心突如其来的意外和变故。

（九）防挥霍

《增广贤文》言："求财恨不多，财多害人子。"子女继承巨额家族财富后，经常会肆意挥霍，甚至吃喝嫖赌，染上诸多恶习，面临败家子风险。"普遍认为审慎的富人应当对在孩子身上花钱进行克制，从而培养他们坚韧的品格，这样他们就能找到他们自己的生活方式或者自食其力。"[1] 这里讲个故事：乾隆时期代善的孙子罗科铎被封为克勤郡王，得到世袭罔替郡王的恩泽。这就意味着，只要不犯下重大罪过，他们家族将世袭王爷封号。到了晚清时期，被封为克勤郡王的王晏森过着奢华的贵族生活。清朝灭亡后，他靠变卖古玩字画、房产甚至祖坟地等维持生活，坐吃山空，一度沦落到了当人力车夫的境地。

对此，可以考虑设立浪费者信托[2]防止子孙挥霍，即规定作为受益

---

[1] ［美］比尔·邦纳（Bonner, B.），［美］威尔·邦纳（Bonner, W.）. 家族财富 [M]. 穆瑞年，林凌，徐长征译. 北京：机械工业出版社，2013：2.

[2] 浪费者信托，是为了避免财产被挥霍浪费而设立的信托。美国称为浪费者信托，英国称为保护信托。

人的子孙，每个月或者每年只能从家族信托中获取一小部分的信托利益。据媒体报道，我国香港富豪许世勋就通过信托基金方式，将其高达420亿港元的遗产装入了家族信托。根据许世勋的遗愿，许氏家族的每一位成员每月都可以从家族信托财产中领取一笔生活费。据说李嘉欣和许晋亨夫妇每月可以领到200万港元。这样安排的好处，可以让巨额遗产得到有效的隔离和保管，而不至于被其后人挥霍，以致家道中落。可以预见，该家族信托的设立，不仅可以实现许氏家族财富的延续，更有利于实现许氏家族后代的延续。

梅艳芳以遗嘱方式设立的家族信托，因为其母亲覃美金的诉讼而受到广泛关注，并多作为遗嘱信托、浪费者信托的典型案例。据报道，2003年12月初，梅艳芳立下遗嘱，除将自己两处物业赠予好友，并预留部分资金给4名外甥及侄女作教育经费外，将剩余遗产设立家族信托，受托人为汇丰国际信托有限公司，梅艳芳的母亲覃美金作为受益人，每月可从信托财产中获取7万港元作为生活费。同时规定，至覃美金去世，家族信托终止，将剩余信托财产捐给妙境佛学会（NewHorizon）。梅艳芳去世时留下价值约3000万至3500万港元的资产，随着香港房价上涨，其遗产2011年被认定升值到约1.7亿港元。该信托设立后，作为受益人的覃美金数次向法院提起诉讼，质疑该信托的有效性、希望提高每月生活费，甚至一次性给付高额生活费等，基本上以败诉告终，唯生活费得到适当调高。笔者认可香港法院的判决，只是设立家族信托时应充分考虑通货膨胀、受益人重病等因素。

（十）防恶习

中国有句古话：饱暖思淫欲。对生活无忧的家族成员来说，一般更易染上恶习。"酗酒、药物依赖、其他瘾癖以及严重的心理障碍，从统计学上讲，会出现在富裕家族中，而且概率预计至少为20%——通常还会更高些。这些不正常的行为会动摇完善的家族使命宗旨和继承计划，导致家族财富流失、凝聚力下降。"① 因此，如何帮助家族成员克服瘾癖和恶习，是一个家族能否一代旺过一代的关键因素之一。对此，建议在设立的家族信托中，通过对家族成员成为受益人的条件限制，达成帮助家族成员克服瘾癖和恶习的目的。例如，家族信托文件可以规定，染有恶习的家族成员将消减受益金额，屡教不改的甚至取消受益人资格等。

笔者遇见过几个境外家族信托的受益人，听他们提起每年在领取家族信托利益时要查尿验血，原来是家族信托文件中有规定，凡是吸食毒品者即取消受益人的资格，笔者非常认同这种做法。因此，建议在家族信托文件中，根据委托人的意愿，附加成为家族受益人的各种条件。

（十一）防腐败

一个家族发展大了，通常有人经商、有人从政。这就有可能滋生内外勾结、利益输送、利益交换以及利用影响力牟取非法利益等腐败行为，引发廉洁风险，影响家族公职人员的政治清明。

对此，当家族中的公职人员达到一定职位时，境外一般要求家族应当设立强制信托。强制信托又称盲目信托（Blind Trust），是指法律法规强制要求具有一定职务公职人员的家族中，涉及某些特殊类型的财产（例如家族企业的股权、不动产和股票等）的买卖、交易、持有或者管理处分，应当交付信托，交由第三人即受托人为之。通俗一点说，公职人员升迁到一定职位，就不能自己管理自己的财产了，需要交给受托人代为办理或者管理。这样的安排，可以把财产所有权人和资产管理人有效分开，可以避免财产所有权人（公职人员）利用自己的公权力来为自己的财产管理获取利益，避免以权谋私。日本《国务

---

① 小詹姆斯·E. 休斯. 家族信托——面向受益人、受托人、保护人及创立人的信托指南 [M]. 武良坤译. 上海：上海财经大学出版社，2020：122.

大臣、国务副大臣及大臣政务官规范》规定，"就任时所持有的股份、可转换公司债等有价证券（包括私募基金），向信托银行等进行信托，在任期间不得解除合同或者变更合同"。我国台湾地区的相关规定要求一定职务的公职人员名下的不动产、股票等，须交付信托管理。

当前，我国还没有强制信托的相关规定。笔者认为，境外关于强制信托的做法非常有意义，既有利于公职人员自有财产的有效管理，也有利于避免以权谋私，建议适时借鉴，加强制度反腐。

（十二）税务筹划

境外设立家族信托的一个重要考量，是要作合理的税务筹划，在合法合规的前提下少交税。也就是说，境外设立的家族信托，大多与税收的合理筹划有关。例如，许多国家对用于养老信托方面的收入提供税收优惠，个人可以通过这方面的税收优惠降低个人所得税税赋。"美国养老第三支柱 401k 计划鼓励居民在一定收入范围内储蓄财富，应对未来养老。根据该制度安排，个人可以将税后收入的部分纳入 401k 账户，直到提取投资收益时再缴纳所得税。"① 此外，离岸信托一般也和税收筹划密切相关，跨国公司通常选择在避税地成立一家控股公司，并将其装入信托，以跨国公司或其股东作为受益人。随后令全球的利益及收益均汇集于该地，这样就规避了其他高税负国家一定的税收。

我国目前关于信托税收方面的规定基本上还处于空白，所开展的信托活动极少考量税收问题。但目前也有个别委托人开始关注并利用信托作合理的税赋安排，例如有人注意到，我国《信托法》关于信托财产具有独立性的条文表述中，提到一句话，即设立信托后，委托人

---

① 袁吉伟．家业常青——信托制度在财富管理中的应用［M］．北京：中国金融出版社，2022：130 - 131．

死亡时，委托人不是唯一受益人的，信托存续，信托财产不作为其遗产。也就是说，委托人死亡时其已经设立他益信托的财产不属于其遗产，这意味着我国未来如果开征遗产税，在信托存续期间就可以暂缓缴纳遗产税。另外，也有人把尚未取得的股权分红、报酬等收入，由第三方直接设立他益信托，以自己为受益人并合理设计每年的受益金额，从而合理缴纳个人所得税等。

笔者赞同一个观点，即未来国与国之间的竞争，也是制度优势的竞争。如果制度科学、公平、合理、务实、好用，投资者合法利益保护到位，就会吸引到更多的投资人和财富。合理的税收安排，就是其中重要的一个方面，建议形成信托税优的政策洼地，使我国成为跨境财富的聚集地和全球资产管理中心。

（十三）隐私保护

这表现在两个方面：一个是信托本身的保密安排；另一个是利用信托制度作隐私保护。

首先，是信托本身的保密安排。无一例外，各国信托法都规定了严格的保密义务。对家族信托而言，保密尤为重要。"受托人往往与一份信托中的很多关系人都保持着亲密关系。我们可以接触到财务报表。如果情况允许，我们还可能会秘密地接触到极为私密的个人信息，如健康状况、服用药物或其他私人行为。倘若信托关系人没有做到'信托背后的信任'，那么这份信托关系就支离破碎了。"[1]

家族信托保密的内容，至少包括委托人的个人信息、信托财产信息、受益人个人信息、信托收益账户信息等。同时，受托人、律师、中介机构等在为委托人服务的过程中，会获悉很多的家族秘密甚至隐

---

[1] 小詹姆斯·E. 休斯. 家族信托——面向受益人、受托人、保护人及创立人的信托指南 [M]. 武良坤译. 上海：上海财经大学出版社，2020：3.

私，甚至有些信息其他家族成员都不知道。此时，受托人、律师、中介机构等必须为委托人保守秘密，不能利用了解的信息为自己谋取私利。对此，我国《信托法》第三十三条第三款规定，"受托人对委托人、受益人以及处理信托事务的情况和资料负有依法保密的义务"。《信托从业人员管理自律公约》① 第十八条第一款规定，"从业人员应依法保守委托人、受益人以及所在机构的商业秘密及个人金融信息在内的隐私信息"。本书建议，应当进一步细化这些原则性规定，提高违法成本，真正保守家族信托的秘密。

其次，是委托人通过家族信托的相关安排，达成家族隐私保护的目的。"家族信托下的受益份额及资产配置不会向社会公开，因此家族财富分配的隐私得到了严格保护。例如，企业上市之后需向公众披露股东信息，但若通过信托持股则能最大限度地保护股东的隐私。通常情况下，招股书或者公司财报上只会显示信托的成立人和受托人，除非信托受益人在董事会或者高管名单中，否则受益人的信息不会被披露。"② 此外，境外还存在一些不足为外人道的家族信托类型，例如前妻信托、非婚姻伴侣信托、非婚生子女信托等，也主要考虑家族隐私的保护问题。

（十四）服务特殊需要人群

现实生活中，总有这样的特殊需要人群，例如残疾人、失能失智老人、老年痴呆患者、缺乏认知能力或认知能力受损的人，患有自闭症或孤独症的孩童等，需要特别的关爱和照顾。这些人有一个显著特点，即属于限制民事行为能力人或无民事行为能力人，不能有效进行生活自理。对此，建议可以考虑设立特殊需要信托（Special Needs

---

① 2019 年 12 月 26 日，《信托从业人员管理自律公约》经中国信托业协会第四届会员大会第三次会议审议通过。
② 金李，袁懿. 中国式财富管理［M］. 北京：中信出版集团，2018：136.

Trust，SNT）或者高龄者及身心障碍者信托。

"特殊需要信托是以满足和服务特殊需要人群的生活需求为主要信托目的的一种特别的信托制度安排，具有长期性、特定性和复杂性等综合特征，是近年来源于欧美并逐步被亚洲及更广泛地区认可并推广的受托服务形式。"① 特殊需要信托以特殊需要人群为受益人，有利于帮助并减轻其监护人的压力，或者解决监护人缺位等问题。受益人获取的信托利益，通常不是钱财，而是受托人根据信托文件的约定为其提供的各种照顾和服务。受托人的职责，主要包括两方面的内容：一是利用其自身具备的专业管理能力，管理、处分和用好用于服务特殊需要人群的信托财产；二是与专业的医疗、护理、养老、家政、陪护等服务机构合作，为受益人挑选最佳的服务机构，并监督其对特殊需要人群进行精心的照料和护理。如果服务机构不称职或者受益人不满意的，受托人要及时进行更换。笔者认为，特殊需要信托服务于社会民生需求的痛点和难点，能够满足特殊需要人群及其家属对美好生活的向往，值得大力推广。

（十五）了却特殊目的或心愿

在境外，信托有"受益人存在原则"，即除公益信托外，信托的有效成立必须有受益人，而且这个受益人必须是真正意义上的"人"。当受益人不存在时，通常会认定为信托无效。随着时代的发展，信托的受益对象逐渐扩大，不再局限于"人"。从境外实践看，这些拓展的受益对象主要包括：一是动物，特别是人类饲养的宠物；二是具有纪念意义的不动产，例如祖屋、故居；三是人死后安葬的墓地，例如陵园、墓地、纪念碑等。例如在美国，很多州承认为照顾宠物而设定信托。美国统一州法委员会全国会议（National Conference on Commissioners for

① 转引自何锦璇，李颖芝主编. 特殊需要信托——财务规划比较研究［M］. 姚江涛，袁田译. 北京：法律出版社，2021.

Uniform State Laws，NCCUSL）于 1990 年修订了《统一遗产管理法典》（*Uniform Probate Code*），加入了旨在宠物信托的选择性条项。美国《统一信托法典》在其第 408 条（a）中规定，委托人可以为了照顾在其有生之年存活的动物而设定信托，该信托在该动物死亡时终止。如果是委托人为了照顾在其有生之年存活的多个动物而设定的信托，信托将会在最后一个动物死亡之时终止。

我国《信托法》第四十三条规定，受益人可以是自然人、法人或者依法成立的其他组织，并没有直接将上述"非人"的受益对象包含在内。实践中，往往需要先将信托财产分配给特定的受益人，再约定由受益人将所获得的信托财产用于特定的受益对象（最终受益人）。事实上，这种情形在我国的公益/慈善信托中普遍存在，最终受益对象往往是为了某一公益目的，如为了保护环境、维护生态平衡等。境外也有类似做法，例如美国的多丽丝·杜克①于 1993 年以遗嘱方式设立宠物信托，信托财产为 10 万美元，以宠物看护人作为受益人，但最终受益对象是她的宠物狗。笔者认为，我国《信托法》不反对以特定对象作为最终受益人，其第二条关于信托的定义中，明确设立信托是"为受益人的利益或者特定目的"，其中"特定目的"即指向特定的受益对象。

（十六）颐养天年

境外，信托制度广泛用于养老领域，包括年金（企业年金、职业年金）、养老金等，如我国香港地区的强积金、我国台湾地区的安养信托等。

步入老年后，老龄人口对医疗保健服务、提高生活质量的需求上升。有的老年人喜欢含饴弄孙，有的老年人喜欢旅游、度假，有的老

---

① 美国烟草大王"詹姆斯·杜克"的继承人，被称为"世界上最富有的女人之一"。

年人担心自己失去自理能力，有的老年人心有余而力不足，凡此种种，都需要提前做一些准备和安排，养老家族信托无疑是一种比较好的应对之法。养老家族信托以老年人和其他家族成员为受益人，信托收益优先用于老年人的老年生活，也可以用于提供日间照料、康复护理、助餐助行等服务。老年人去世后的剩余信托财产，归于其他家族受益人。美国"为了帮助个人将遗产更好地传承给继承人，同时又不失去享受医疗福利的权利，政府开始允许设立医疗保障信托（Medicaid Asset Protection Trust），其实质是一种不可撤销信托，主要是用于保障支付医疗费用的信托制度，强化老龄化社会老年人生活保护。"① 此外，日本于 2017 年创设了监护制度后援信托，除小额款项由监护人管理外，其他财产由受托人负责管理。

根据不同老人的不同需求，养老家族信托可以为老年人量身定制。笔者曾经替一老年朋友（A）设计了一款这样的养老家族信托，大家可以细品一下：A 与老伴生活富足，略有余财，退休后家里雇用了一个中年保姆。其子女定居国外，没有继承家产的愿望，只希望老人能安享晚年。A 以部分家产设立家族信托，将子女和保姆作为受益人。家族信托合同约定，当老人活到 70 岁时，保姆可以获得 10% 的受益权；当老人活到 80 岁时，保姆可以获得 30% 的受益权；当老人活到 90 岁时，保姆可以获得 60% 的受益权；当老人活到百岁以上时，全部受益权归保姆所有。

（十七）避免子女不愿子承父业

现实中存在不少这样的家族，父辈辛苦创业，努力打拼，缔造出庞大的家业，但其子女并不愿意子承父业。这种情况主要出现在子女较少的家庭，特别是独生子女家庭。

---

① 袁吉伟. 家业常青——信托制度在财富管理中的应用 [M]. 北京：中国金融出版社，2022：109.

不愿意接手家族生意的原因，不一而足：有的是能力不足，有的是想自立门户自行创业，有的是有自己的理想和追求，有的是贪图享乐不愿意承担太多俗务和责任，等等。"绝大多数子承父业的家族企业在传承过程中往往容易出现激烈的冲突。一方面，创始人的历史业绩和权威往往成为下一代不易走出的'阴影'，加之创始人对一手创办的企业有着强烈的情感，难以放松对企业的把控；另一方面，任何一个有雄心的儿子似乎天生就是父亲的竞争者，绝不甘心止步于父辈的成就，更愿意追求突破传统的观念、商业模式和组织架构，打造自己的功业。传统与创新之间的冲突往往导致父辈与子辈之间的冲突激烈，这也是很多家族企业第二代不愿意接手父辈的权杖，更愿意在外创业的原因。"① 面对这种情况，最好的解决办法就是成立家族信托，把家族生意交给信托打理，挑选职业经理人进行市场化运作，而家族后代成为该信托的受益人。

笔者认为，把家族生意交给信托打理，一定要选择好受托人，并精心设计好信托架构。同时，为了保障家族信托的平稳运行，家族信托可以考虑设置家族理事会、受益人办公室、信托利益分配委员会、信托顾问、信托保护人、信托监察人等。其中，信托保护人是家族信托的创立人为保证自己的意愿得以实现，在家族信托文件中指定的监督受托人实施信托的人。"信托创立人往往会找一些跟自己很像的人来做信托顾问或信托保护人——几乎就是'第二个自己'，监督机构或者职业受托人以及各受益人。"②

（十八）防诸子均分家族企业

家族企业所有权（股权）是家族企业传承的核心。股权结构稳定

---

① 李文. 中国家族财富管理发展报告（2020—2021）［M］. 北京：社会科学文献出版社，2021：39.
② 小詹姆斯·E. 休斯. 家族信托——面向受益人、受托人、保护人及创立人的信托指南［M］. 武良坤译. 上海：上海财经大学出版社，2020：69.

是企业稳健运行与持续发展的保障，但是股东家庭状况、婚姻状况的变化可能对公司股权造成重大影响。中国有句歇后语：大蒜老了——扯破衣衫分家。如果企业代际传承，子辈、孙辈等继承家族企业，可能会导致家族企业的股权四分五裂，股东之间因为争夺家族企业控制权而严重影响企业经营，即家族企业在交接过程中面临股权分散的风险。这种情况主要出现在子女较多的家族。

对此，建议可以设立股权家族信托，将家族企业股权作为信托财产锁定在信托中，股权的原所有人和其家族成员作为受益人享有信托受益权。这样家族信托作为家族企业股权的唯一持有人，可以有效集中股权、维护公司股权稳定，股权不会因家族成员的婚姻、继承关系变化而受到影响。在家族企业股权不分散的前提下，引入职业经理人管理企业，实现家族成员作为受益人享有信托收益的效果。

境外股权家族信托非常普遍。富豪们通常不直接将家庭财产分配给继承人，而是将家族资产装入家族信托，并由专业的机构来管理经营，从而使家族企业股东和运营者的角色分开，避免在财产继承的过程中影响家族企业的运营，同时继承人通过分配资产运营收益的方式实现生活无忧。洛克菲勒的后代虽不再是石油大王，梅隆的子孙也不再是钢铁巨子，但他们的家族通过股权家族信托控制着家族企业，没有因争夺财产而反目为仇。我国目前允许设立股权家族信托，只是缺乏股权信托登记及非交易过户等配套制度，实践中还在不断摸索和探索。

（十九）防家庭矛盾和疏远

在子女较多的家族中，经常会出现在继承家产过程中家庭关系恶化，甚至家庭成员之间大打出手、反目成仇的情况，面临着继承风险。这样的事例不胜枚举，天天在我们身边重演。"谈论最坏的打算，向来是中国人所忌讳的，然而在累积财富后，我们不得不理性、全面地看待财产问题。既然我们能预见财富分割时会有冲突，为何不在身体健康、神志清醒时预先对财富进行安排呢？"① 对此，建议可以成立家族信托，让家族成员成为家族受益人，使大家变成家族信托的利益共同体，一荣俱荣、一损俱损。

随着家族的发展壮大，家族信托的受益人越来越多，甚至可能遍布世界各地，可以组成家族理事会、家族大会、家族论坛等，即构建家族受益人的共同平台，为全体家族受益人提交相聚、交流、管理、决策、休闲娱乐等服务。如果聚集在一起有困难，也可以通过视频方式开展线上活动。家族会议的议题，一般包括重温和学习家族理念、缅怀先祖，选举家族理事会、家族监事会等家族治理机构成员，增减家族信托受益人，以及决定其他重要家族事项等。邦尼集团②在家族治理结构设计中，由一家控股公司负责所有家族企业的运营管理，董事会由 7 名家族普通成员、5 名家族代表成员、3 名荣誉家族成员组成；由一个家族信托基金负责家族事务的处理。在"控股公司和家族基金会之上还有家族代表大会。该大会由全部 73 名家族成员组成，每年举行一次，为期一整天，会前大家共进晚餐。'家族股东日'由家族股东（自行决定是否携带配偶）、非家族董事会成员和公司高管参加。"③

此外，家族信托还可以防止家族后人的疏远，延缓家族的瓦解。笔者曾亲见一个家族大会在某海滨城市召开，基本上包揽了整座酒店，来自世界各地的数千受益人齐聚一堂，共同商讨家族信托运行的有关事项，大家其乐融融，相谈甚欢。"家人之间，随岁月变迁，时常渐行渐远、杳无音信。不过，没有一个家族是存在自然寿命的。家族何时瓦解是它自己的选择。这个时刻不一定是今日，不一定是明朝，亦非

① 王昊. 家族财富保护攻略［M］. 北京：中信出版社，2019：216.
② 邦尼集团的前身是由格哈德·邦尼于 1804 年在哥本哈根开设的一家图书馆，之后在家族成员的不懈努力下发展成为今天的多元媒体集团。
③ ［德］乔基姆·施瓦茨（Joachim Schwass）. 全球杰出家族企业的成长智慧［M］. 高皓，马小然译. 北京：东方出版社，2012：167.

明年或十载之间。信托是家族稳定和兴旺的催化剂，而不是瓦解家族的溶剂。"①

（二十）传承家族财富

随着财富的增加，人们多多少少都会留下一些遗产。通常情况下，没有遗嘱的，按照法定继承办理；有遗嘱的，按照遗嘱处置遗产。其中，遗嘱处置要优先于法定继承，也就是说，有遗嘱的要先按遗嘱处置。遗嘱处置的方式，主要包括遗嘱继承、遗赠和遗嘱信托。遗嘱继承是指于继承开始后，继承人按照被继承人合法有效的遗嘱，继承被继承人遗产的继承方式。遗赠是指自然人可以立遗嘱将个人财产赠给国家、集体或者法定继承人以外的人，遗赠意味着其继承人丧失或者部分丧失继承被继承人遗产的权利。遗嘱信托，也叫身后信托，是指通过遗嘱而设立的信托，即遗嘱人（委托人）以立遗嘱的方式，把自己的遗产交付信托。设立遗嘱信托时，委托人应当预先以立遗嘱方式，将财产的规划内容，包括交付信托后遗产的管理、分配、运用及给付等，订立在书面遗嘱中。待遗嘱生效时，再将信托财产转移给受托人，由受托人依据信托文件（遗嘱）的内容，管理、处分信托财产（遗产）。

我国允许人们采用遗嘱继承、遗赠或者遗嘱信托的方式处置遗产。我国《民法典》第一千一百三十三条规定，"自然人可以依照本法规定立遗嘱处分个人财产，并可以指定遗嘱执行人。自然人可以立遗嘱将个人财产指定由法定继承人中的一人或者数人继承。自然人可以立遗嘱将个人财产赠与国家、集体或者法定继承人以外的组织、个人。自然人可以依法设立遗嘱信托"。

如果选择遗嘱处置遗产，进一步而言，是选择遗嘱继承、遗赠还

① 小詹姆斯·E. 休斯. 家族信托——面向受益人、受托人、保护人及创立人的信托指南[M]. 武良坤译. 上海：上海财经大学出版社，2020：10.

是遗嘱信托呢？笔者认为，以下情形宜选择遗嘱信托：一是遗产处置的时间比较长。如果遗产处置的时间跨度长，由于遗产缺乏独立性的资产隔离安排，有时难免与遗产管理人的固有财产相混淆。在英美法国家，遗产管理人也负有分别管理的义务，遗产管理人接受遗产后必须开设专门的账户，以表明该账户里的款项是遗产，而并非其固有财产。选择遗嘱信托，遗产成为信托财产，天然与受托人、遗产执行人、遗产管理人的固有财产实现"资产隔离"。二是遗产处置的安排比较复杂。通常情况下，遗产清点完毕即依照法律规定或者按遗嘱分割全部遗产，比较简单，选择遗嘱继承即可。除此之外，宜选择遗嘱信托，例如部分遗产并不被继承，而是拟留待家族成员共同享有等。三是遗产处置中包含慈善传承。例如本书前面提到的盛宣怀以遗嘱设立的"愚斋义庄"，该财产必须作"资产隔离"的安排，否则难免被其后人觊觎甚至侵吞。此外，在遗赠和遗嘱慈善信托之间作选择，主要视是否要动用遗产本身，如果不运用遗产本金而仅用遗产的收益去做社会公益，则应当选择遗嘱信托的方式。对此，本书总结一句话供大家参考：没有信托的家族财富传承，是走不远的传承。

（二十一）传承家族理念

一个家族之所以能够成功，往往具有其独特的家族理念，特别是家族企业的经营理念。这些家族理念，是家族传承的重中之重。"真正的财富传承不是金钱，而是后代的才华、知识、信仰、经验和修养"、"最好的财富传承还是人的精神和能力，而不是物质。"[①] 悬挂在醇亲王府的《治家格言》：财也大，产也大，后来子孙祸也大，若问此理是若何，子孙钱多胆也大，天样大事都不怕，不丧身家不肯罢；财也小，产也小，后来子孙祸也小，若问此理是若何，子孙钱少胆也小，些微产业知自保，俭使俭用也过了。"曾国藩教育孩子立足社会，秉承家

---

① ［美］比尔·邦纳（Bonner, B.），［美］威尔·邦纳（Bonner, W.）. 家族财富 [M]. 穆瑞年，林凌，徐长征译. 北京：机械工业出版社，2013.

风，关键在于'勤、俭'二字，他让孩子一生铭记十六个字：'家俭则兴，人勤则健，能勤能俭，永不贫贱'。曾家后裔恪遵先祖遗言，远离尔虞我诈的政界、军界，洁身自好，大隐于世，实现了曾氏'长盛不衰，代有人才'的遗愿。"①

从家族治理的角度看，家族财富传承与家族治理是相互影响、相互促进的，良好的家族治理是家族财富传承的保障和基础，家族财富的长久传承也有利于家族治理的不断完善。但是家族理念在传承的过程中，往往会被后人抛弃，有一些也可能确实滞后了。如果家族企业创始人想让自己的想法和理念传承下去的话，设立家族信托是一个不错的方法，即通过设立家族信托，将委托人的想法和理念写进家族宪章、家族协议等家族信托文件，同时约定，只有认可这些家族理念的后人才能成为家族信托的受益人，这样就能够让家族理念一直传承下去，并可能影响子孙后代。境外有人这样形容家族信托：先辈从棺材中伸出的一只手。

家族宪章是家族治理的纲领性文件，是家族成员对家族行为准则、家族事务决策、家族利益分配等内容达成的合意，需要全体家族成员共同遵守和执行。家族宪章的内容，通常包括家族渊源、家族发展、家族理念、家族使命、家族成员、行为规则、治理机制、共同愿景和争端解决机制等。"如果家族的规模较大、成员较多，有着较为庞大的家族事业，希望家族后代团结并且传承家族精神和事业的，是非常有必要制定家族宪章的。"② 例如李锦记的家族宪章就非常成功，它已经成为李锦记家族治理的基本规章，并成为所有家族成员必须遵守的行为准则，确保了家族关系的和谐与平衡、家族事业的健康发展，有效维护了家族成员的共同利益。

① 刘钟海，韩冰. 财富论［M］. 北京：经济管理出版社，2017：208.
② 韩良. 家族信托——治理与案例精析［M］. 北京：中国法制出版社，2015：137.

实践中，通常根据家族的具体需求，在设立家族信托时灵活设计相关条款，并把执行家族理念作为家族信托文件的重要内容之一。例如，蓓格家族①的家规条款包括："担任公司高管的家族成员必须大学毕业，并在其他公司拥有至少 5 年工作经验；姻亲不可担任公司执行董事；股东不可为个人利益将自己的股份抵押；在任何时候，有意离开公司的蓓格姓氏的家族成员都不能生产与公司有竞争关系的产品。另外，公司还要建立财务储备，以事先约定的价格回购他的股份。"② 再如，为受益人获得信托利益可以设置限制性条款和激励性条款，还可以引入信托保护人、家族成员理事会等机制，辅助进行家族治理，宣贯家族文化和家族理念等。目前，我国一些家族已经开始在制定家族共同协议、家族宪章等方面做积极的尝试。

（二十二）综合私益目的

本章前述介绍了家族信托 21 种出于私人目的的功能和应用，事实上远不止此。实践中，人们往往出于多种目的设立家族信托，也就是说，家族信托目的经常不是单一的，而是多样化的，以统筹防范和规避债务风险、破产风险、婚姻风险、败家子风险、意外事故风险、股权分散风险、继承风险等。

通常情况下，设立家族信托，在个人方面要考虑避免资产因身故或丧失行为能力而遭冻结、保护隐私、离婚与再婚、公益慈善等因素，在家庭方面要考虑未成年子女、残障子女、挥金如土的继承人、缺乏资产管理经验的配偶、年老的父母、复杂的家族关系等因素；在继承等其他方面要考虑家族资产面临的各类风险、家族企业的稳定经营等因素。

---

① 蓓格集团总部位于西班牙巴塞罗那，是香水和时尚界享誉全球的家族企业。

② ［德］乔基姆·施瓦茨（Joachim Schwass）. 全球杰出家族企业的成长智慧［M］. 高皓，马小然译. 北京：东方出版社，2012：114.

（二十三）公益慈善

家族财富传承如何安排是最合适的呢？"有三种方式可以处理剩余财富：第一种是留给家族后代，第二种是遗赠给公共事业，第三种是由财富所有人在有生之年妥善处理。其中，第一种方式最不明智。考察一下那些留下巨额家产的后果，善于思考的人立刻就会明白：留给儿子'万能的金元'无异于留给他一条祸根。"① 对此，林则徐说过一段发人深省的话："子孙若如我，留钱做什么，贤而多财，则损其志；子孙不如我，留钱做什么，愚而多财，益增其过。"从过往情况看，凡是把巨额财产留给后人的，大概率是害了后人，这样的例子不胜枚举。

"百万富翁只是穷人的受托人，暂时受托为社会创造更多的财富。处理勤勉而来的剩余财富的最佳方式，莫过于常年将之用于公益事业。"② 因此，境内外大部分家族在传承家族财富时，一般都会考虑公益因素。慈善精神传承是一种创业精神的传承，是一种人生观、价值观的延续，对于家族事业的开展和传承具有重要意义。同时，人们在家族传承的过程中加入慈善元素，不仅可以体现家族企业的社会责任，也是企业家回馈社会，实现个人心愿，发挥影响力的过程。当前，人们参与公益事业主要有两种途径，一种是慈善捐赠，二是公益/慈善信托。人们做好事时，可以选择慈善捐赠，也可以选择公益/慈善信托。无论是采用慈善捐赠还是公益/慈善信托，都可以达成同样的公益目的。

慈善信托的受益人是社会不特定公众，其核心要义是慈善信托财产的本金和收益要全部用于公益事业。这里要强调的是全部，而不是

---

① ［美］安德鲁·卡内基. 财富的福音［M］. 杨会军译. 北京：京华出版社，2006：8 - 9.

② ［美］安德鲁·卡内基. 财富的福音［M］. 杨会军译. 北京：京华出版社，2006：18.

部分。这意味着，人们将自己合法所有的财产拿出来设立慈善信托，就不能再将该财产拿回去，而必须全部用于公益慈善活动。假如慈善信托终止后有剩余财产的，则应当将剩余的慈善信托财产用于与原慈善目的相近似的目的，或者将其转移给具有近似目的的慈善组织或者其他慈善信托。当前，公益/慈善信托在我国获得了一定的发展。例如，2018 年 6 月 27 日，鲁伟鼎先生签署信托文件，以其持有的万向三农集团有限公司股权设立了"鲁冠球三农扶志基金"慈善信托[①]。该慈善信托永久存续，信托财产及其收益全部用于慈善目的。鲁伟鼎先生及其家族成员不享有信托利益。其慈善信托目的是："让农村发展、让农业现代化、让农民富裕，以影响力投资、以奋斗者为本、量力而行做实事。慈善信托目的是为实现宗旨，开展扶贫、济困、扶老、救孤、恤病、助残、优抚、救灾等慈善活动，促进教育、科技、文化、卫生、体育、环保等事业发展。"它秉承了鲁冠球先生"财散则人聚，财聚则人散，取之而有道，用之而快乐，利他共生，共创共享"的理念。

（二十四）私益目的和公益目的相结合

普遍认为，一个好的家族传承包括两个方面：一是物质财富的传承；二是家族精神的传承。家族传承不仅是金钱物质财富的传承、还有价值观、文化观，道德观和精神的传承，而慈善是最高境界的家族传承。为了同时实现私益目的和公益目的，家族信托通常和公益/慈善信托相结合，本书将其统称为家族慈善信托。

例如，贝希特家族慈善信托，由贝希特家族设立，成立于 2006 年10 月。贝希特家族慈善信托将家族信托与慈善信托的功能合二为一，既完成家族财富的传承，保障贝希特子孙后代的生活，同时将信托财产及收益用于受托人根据委托人意愿选择的世界任何地方的慈善项目，

---

① 据鲁冠球三农扶志基金官网 2021 年 2 月 22 日消息，经资产评估，以 2020 年 6 月末为基准日，鲁冠球三农扶志基金慈善信托全部资产价值达 141.79 亿元。

特别是用于支持改善自然环境、消除对自然环境的破坏，以及提供更好的教育等方面。其具体架构如图 5-1 所示：

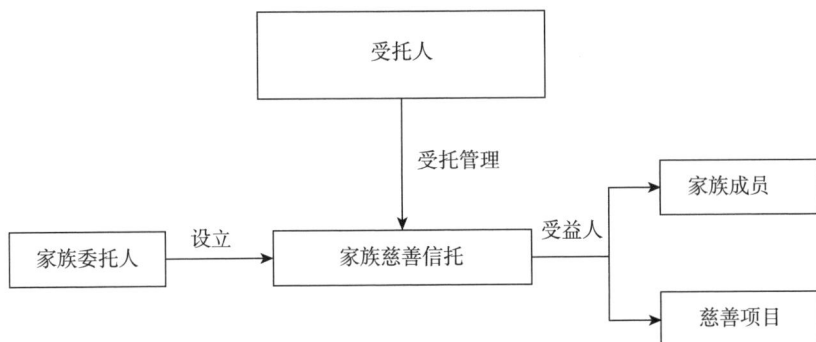

图 5-1 家族慈善信托架构

再如，我国香港地区的邵逸夫在世时亦选择了以一个信托基金同时承担家族信托和慈善信托两种功能的方式来传承财富，不仅保障了子孙后代的生活，也为推动中国慈善事业作出了积极贡献。其具体架构如图 5-2 所示：

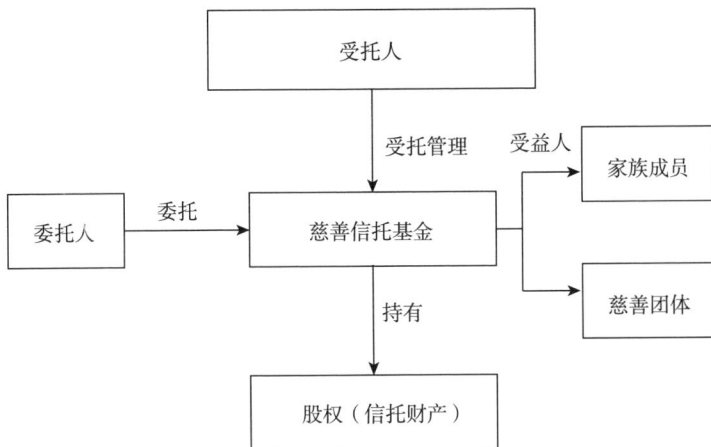

图 5-2 慈善信托基金架构

邵逸夫慈善信托基金是邵氏家族主要财产的最终持有者，受托人为注册于百慕大群岛的邵氏信托有限公司 ［Shaw Trustee （private） Limited］，受益人则是根据信托契约挑选的任何人或慈善组织以及邵逸夫的四个子女和妻子。邵氏控股有限公司（Shaw Holding Inc）则作为邵氏家族的持股平台。该慈善信托基金的部分收益传承给子孙后代，其余大部分用于社会公益事业。据不完全统计，邵氏信托基金捐赠慈善事业金额合计超过 100 多亿港元，其中向中国大陆捐赠近 50 亿港元，涉及内地 27 个省市自治区，共有以"逸夫"命名的教学楼、图书馆、科技馆、科研中心等捐建建筑 6000 多个。

在境外，为了让高净值人士在兼具家族信托与慈善信托的同时又享有税收优惠待遇，较为普遍的做法是采取慈善先行信托模式和慈善剩余信托模式。慈善先行信托是一种财富传承中结合了公益慈善与子女传承功能的信托架构。此类信托的结构为：由委托人设定特定的慈善公益机构作为受益人，然后在信托存续期间将信托本金及产生的投资收益陆续向这些选定的受益机构进行分配，到期之后若有剩余，剩余的部分归属于委托人指定的继承人。慈善剩余信托是指委托人生前通过设立一个不可撤销信托，在其有生之年每年获得较为固定的收益，然后在其去世之时，信托所剩余的财产则分配给委托人生前事先指定的慈善组织。这种家族传承的信托架构模式的好处在于，可以同时满足委托人的私益目的和慈善需求，实现财富增值、传承、慈善等多项目的。

任凭弱水三千，只取一瓢饮。笔者认为，将慈善信托与家族信托相结合，即设立家族慈善信托，让小部分信托利益用于私益目的由家族成员享有，而大部分信托利益用于公益目的由全社会共享，将成为未来家族财富传承的主要模式。该模式下，既可以满足家族成员的生活需要，同时还可以满足更多的人对美好生活的向往。

四、消除认识误区，促进我国家族信托健康发展

从境外经验看，信托是非常重要的家族财富管理和传承方式，众多知名的家族如洛克菲勒家族、肯尼迪家族等都通过信托方式来管理家族财产，避免子孙后代反目成仇，解决富不过三代的问题，切实保障家族财产代际传承和子孙后代的合法权益。我国也有一些高净值人士选择在英属维尔京群岛、开曼群岛、库克群岛等几乎零税率的离岸地设立信托，由注册在这些地方的受托人来管理家族或者个人财富，进而实现通过信托进行税务筹划的目的。在我国境内，本土家族信托也开始得到发展。但大家对家族信托依然存在一些认识误区。

（一）我国对家族信托的六大认识误区

误区一：家族信托是富人的事，与己无关。不少人认为，财富足够多了才需要设立家族信托，觉得家族信托离自己还很遥远。其实根据我国《信托法》的规定，设立家族信托的财产并没有最低规模的限制。境外家族信托走入了千家万户，例如在新西兰，基本上家家户户都设有家族信托。"经过世代相传之后，为什么有的家族依然富有，而有的家族仍然一贫如洗？秘密很简单：富裕的家族懂得从长计议"①。

家族信托可以分为两类：一类是营业信托，找信托公司等金融机构来担任受托人，这一类家族信托门槛较高，但保障性会强一些，因为信托配套制度会更加健全。另一类是民事信托，每一个成年人或者法人都能担任受托人，设立门槛较低，可以通过家庭成员之间订立信托合同的方式，解决家庭内部的矛盾纠纷和处理一些特定的财产问题。

---

① ［美］比尔·邦纳（Bonner, B.），［美］威尔·邦纳（Bonner, W.）. 家族财富［M］. 穆瑞年，林凌，徐长征译. 北京：机械工业出版社，2013.

误区二：家族信托的破产隔离功能形同虚设。很多人质疑境内信托制度关于资产隔离的相关安排，即不完全相信甚至不相信信托设立后信托财产会产生独立性的法律效果，并得到法律的有效保护。

导致这种情况的出现，主要是因为我国信托制度还没有得到广泛推广和普及。我国 2001 年出台的《信托法》，明文规定信托财产具有独立性。最高人民法院印发的《全国法院民商事审判工作会议纪要》（法〔2019〕254 号）第九十五条重申了信托法关于信托财产独立性的内容，明确信托财产在信托存续期间独立于委托人、受托人、受益人各自的固有财产。预计未来信托财产具有独立性的制度安排，将会得到越来越多人的了解和认同。笔者认为，家族信托的破产隔离功能不是形同虚设的，至少设立了家族信托比不设强。

误区三：家族信托的主要目的是保值增值。前面已经论述，家族信托的主要目的不是保值增值，纯粹以保值增值为目的信托不是家族信托。实务中，能够实现资产保值增值的工具很多，不一定非要通过"家族信托"为之，冠之以"家族信托"的名义。当前，我国存在一些"伪家族信托"，这些"伪家族信托"的设立，在投资管理过程中难免会出现亏损，特别是投资非标产品时的风险更大，不仅会误导社会对家族信托的正确认知，还会由此玷污家族信托的名誉。

笔者认为，信托是非常灵活的一种制度安排，可以与人类的想象力相媲美。未来家族信托应主要为家族客户提供资产隔离服务，满足家族委托人各种各样的信托目的。对受托人来说，就是要围绕这些信托目的，去设计和提供个性化的家族财富管理和传承服务。

误区四：家族信托能够逃废债务。首先，家族信托不能逃废债务，我国《信托法》第二十条规定，如果设立的信托是损害债权人利益的，债权人有权申请人民法院撤销该信托。也就是说，委托人设立家族信托损害其债权人利益的，该家族信托可被撤销。故此笔者再次强调，设立家族信托宜早不宜迟，要先于债权产生的时间。

其次，家族信托有效设立以后，委托人新产生的债权债务，不会影响之前已经设立的家族信托的有效性。这是家族信托的一种合法安排，其结果虽然导致委托人的债权人无法向家族信托财产进行追索，但并不属于恶意逃废债务。反过来说，委托人的债权人与委托人开展经贸活动时，应当事先了解委托人是否存在设立家族信托的情况，或者要求委托人作出书面声明等。例如银行发放贷款时，应履行尽职调查职责，把借款人是否设立家族信托的情况作为贷款调查的内容之一。

误区五：家族信托是偷税避税的工具。如前所述，税务筹划是设立家族信托的一个重要目的。在现有的法律法规框架之内，依法合规地通过家族信托作税务筹划，是合理纳税的技术性操作，不属于偷税避税。

根据相关法律法规的规定，偷税是明知不合法而故意采取的偷逃税款的行为，通常采取伪造、隐匿、擅自销毁账簿、记账凭证，或者多列支出，不列、少列收入，或者经税务机关通知申报而不申报，或者进行虚假的纳税申报以达到不缴或者少缴纳税款的目的。避税是指纳税人利用税法的漏洞，少缴税或者不缴纳税款的一种行为。而家族信托中的税务筹划，是在符合税法精神的前提下对税收政策的合理利用，不仅没有违反法律法规的规定，而且也不违背税收的立法精神。如果国家不希望家族通过信托方式作某项税收的筹划，可以通过立法加以限制，而不应直接认定为偷税避税。

误区六：家族信托能够让子孙世代无忧。有人错误地认为，一旦设立家族信托，后代就可以一劳永逸，过上富足优越的生活。实际上，家族信托是一种家族年金，能够在一定时期内让家族成员衣食无忧，但并不能够世代无忧。因为家族信托财产是有限的，终究会有耗尽的一天，它需要不断培养优秀的受益人，对家族信托财产进行不断充盈。

这就要求，设立家族信托不能让后代不劳而获，不能培育"家族信托巨婴"或者"信托基金婴儿"。因此，家族宪章、家族信托协议等条款内容的设置就非常重要，一定要考虑到如何激发子孙后代的创造力，就获取信托受益权要设定一些条件，最好只是给后代提供基本生活保障和创业的条件，更多更好的财富要靠他们自己创造，让子孙后代越来越优秀、越来越有出息。可以说，一个好的家族信托，不是让家族成员形成对信托收益的依赖，每个月或者每个季度都在眼巴巴地等待收到生活费，结果致使其丧失了理想和追求。"建立和维持一个团结和谐、人丁兴旺、身体健康、互相扶持、具有家族文化品位的大家庭是财富延续的基石"。①

（二）发展家族信托的建议与展望

我国《信托法》为家族信托的发展提供了基础性的制度保障。但家族信托在我国刚刚起步，发展中仍然面临着诸多问题和障碍。由于我国信用体系尚不完备，使高净值人士对于把家族财富交付信托心有余悸。同时，由于我国信托法律法规的配套制度尚不完善，阻碍了家族信托的健康规范发展。主要表现在：

1. 需要进一步明确信托财产的独立性，完善信托财产登记制度

前面介绍了资金类的信托财产需要开立信托财产专户，对非资金类的信托财产，则通常需要进行信托财产登记。即是说，非资金类信托财产的独立性，一般通过信托财产登记制度进行外化，通过登记在设立信托的财产上进行标识，使得信托财产得以被辨识，从而实现资产隔离的安排。

家族信托不仅涉及资金，还包括不动产、股权、艺术品等，由于

---

① ［美］比尔·邦纳（Bonner, B.），［美］威尔·邦纳（Bonner, W.）. 家族财富［M］. 穆瑞年，林凌，徐长征译. 北京：机械工业出版社，2013.

家族信托存续期限长、规模大等，其对信托财产独立性的要求更高，更需要专门的信托财产登记。信托财产登记的意义在于保障信托财产的独立性，公示信托关系，维护交易秩序。但由于我国目前缺乏信托财产登记制度，导致以非资金类资产设立家族信托，其财产独立性存在法律瑕疵。笔者建议，尽快出台信托财产登记的具体规定，落实家族信托财产具有独立性的法律安排。

2. 需要进一步规范和明确信托税收制度

我国现有的税收制度均是与"一物一权"的传统财产制度相适应，对信托活动而言难以直接适用。目前，我国法律法规尚未专门规定信托税收政策，现行税务实践对于信托财产的转移征税一般采取"视同交易"的态度，实践中存在信托财产转移环节重复征税、受益人获取信托利益环节税收流失等问题。

本书建议，借鉴相关国际经验，立足我国实际，对信托税收政策作出符合实际的制度安排，提升信托活动中税赋征收的科学性和规范性。主要包括三个方面：其一，是合理的税收安排，这种安排不是优惠，而是要避免双重征税等不合理的税务问题，例如家族信托财产转移至受托人名下时的非交易过户等，为家族信托发展寻求一个公平的政策环境。其二，是给予一些有利于家族信托发展的税收政策，这种政策严格来说仍然不是优惠，例如规定家族信托存续期间的税收递延政策等，这是境外家族信托繁荣发展的一个重要原因。其三，才是税收优惠政策，例如针对养老信托、公益/慈善信托等给予一定的税收优惠。

3. 要逐步培育家族信托文化，让信托取信于家族并走入寻常百姓家

信托"因信而托"，其本身就是以"信任"为基础的法律机制，"信任"和"托付"是其发展的根基。家族信托是以家族财富为信托财

产设立的信托，几乎相当于客户将身家性命托付给受托人进行管理处分，因此，更需要家族客户对受托人有充分的信任。对此，受托人应进一步培育专业服务能力，综合掌握法律、金融、资管、传承、税收、公益等方面的知识和技能，针对不同委托人的不同信托目的采取灵活多样的设计。同时，大力培育家族信托文化，通过信托知识宣传以及合理引导，让更多的人了解信托的制度安排和架构，使家族信托成为家族财富管理与传承的最优方式，深入人心。

笔者对家族信托进行了长期的研究和跟踪，在此分享三点看法作为本章小结：第一，家族信托不光是有钱人的事情，大家都需要，未来发展前景广阔。第二，设立家族信托，宜早不宜迟，设了比没设好。第三，设立家族信托的时候一定要考虑周全，制订家族信托协议的内容条款非常重要，要脚踏实地着眼未来。

第六章　我国的信托法律制度

《信托法》是为了调整信托关系，规范信托行为，保护信托当事人的合法权益，促进信托事业健康发展而制定的法律。2001 年 4 月 28 日，九届全国人大常委会第 21 次会议审议并通过了《信托法》，并于同年 10 月 1 日正式施行。

一、我国的信托立法与主要争议回顾

（一）《信托法》起草过程

基于规范我国信托业发展的考虑，同时出于以下原因，八届全国人大常委会将信托法列入了五年立法规划：一是适应建设有中国特色社会主义的需要，为市场经济提供灵活多样的法律工具。信托制度经过数百年的演进和发展，已证明在资产管理、资金融通、投资理财和社会公益等方面具有独特的功能，它对财产的移转及管理的巧妙设计，适用性极强，具有多样化的社会功能，迎合了经济发展的客观需求。二是基于江平、谢怀栻和魏家驹等几位法学界著名教授的提议。针对当时频繁的国有资产海外流失现象，魏家驹教授指出，国有资产在境外投资，多以个人名义注册登记，依该国法律个人即成为该财产的合法所有人，一旦发生该人卷逃国有资产的情况，国家难以追究其法律责任。引入信托制度，国家作为委托人把财产委托给个人管理，个人在境外以受托人的身份从事经营活动，国家享有信托受益权和信托财产的归属权，这样就可以防止发生个人侵吞国有资产的现象。

　　根据立法规划的安排，信托法由全国人民代表大会财政经济委员会（以下简称全国人大财经委）组织起草①。经过近三年的努力，起草组②搜集、翻译和整理了大量有关国家信托制度的资料，先后在北京、天津、上海、辽宁、山东、江苏、广西等地召开研讨会和座谈会，赴加拿大、美国、英国、荷兰、日本和我国香港等国家和地区进行了实地考察，广泛听取了有关部门、大专院校、银行系统、法院系统、信托机构以及有关专家学者的意见。在此基础上，起草组数易其稿，形成了《信托法（草案）》。该草案经全国人大财经委 1996 年第 17 次全体会议讨论通过后，进入了全国人大常委会的审议程序。1996 年 12 月 24 日，全国人大常委会第 23 次会议进行了初审；2000 年 7 月 3 日，九届全国人大常委会第 16 次会议进行了二审；2001 年 4 月 28 日，九届全国人大常委会第 21 次会议审议并通过了《信托法》，并于同年 10 月 1 日正式施行。

　　我国《信托法》共 7 章 74 条，包括总则、信托的设立、信托财产、信托当事人、信托的变更与终止、公益信托和附则，其中信托当事人一章分委托人、受托人和受益人 3 节。很明显，它只规范信托的基本法律关系，没有规定国务院信托监督管理部门，也没有规定法律责任，是一部民事特别法，属于民法范畴。它的制定，旨在确立一种民

---

① 《信托法》初稿由全国人大财经委委托中国政法大学教授江平老师组织起草。

② 《信托法》起草领导小组组长前期由张绪武担任，后期由张肖担任。起草工作组成员主要包括王连洲、何宝玉、曹守晔、孙书元、周小明和蔡概还。笔者作为《信托法》起草组主要成员，自 1994 年至 2001 年全程参与了《信托法》的起草工作。

事信托法律关系，填补我国信托立法方面的空白。信托的基本关系得以确立后，根据这种关系进行的各种信托活动才有法可依，继而进一步为制定信托业法和有关单行的法律法规奠定基础。基于此，我国《信托法》对信托的定义、信托的设立、信托财产及信托当事人各方权利义务等的规范，是一般性的规定，它适用于我国所有的信托活动。

《信托法》的出台，标志着我国从此确立了信托制度，信托活动的规范发展走上了法制化的轨道。同时，它也为我国营业信托的发展提供了理论基础和法律依据，对完善我国社会主义市场经济法律体系，具有非常重要的意义。"2001 年，中国颁布了自己的《信托法》，这部历经 8 年努力起草的法律，最终将源自普通法系的信托，引进了经济快速增长的中国。《信托法》的实施为运用信托提供了有力的制度保证，这将极大地促进信托的应用，使这一在普通法系国家深具社会功能的制度，在我国发挥应有的作用。"[①]

(二)《信托法》起草争议问题回顾

回顾信托法的起草，有争议的问题不多，主要包括：

1. 关于《信托法》的调整范围

这是信托立法过程中争议最大的问题，直到《信托法》三审时才得以明确。信托立法之初，采用"民商合一"的立法体例，拟同时调整信托的基本法律关系和信托公司的经营行为。起草组提交全国人大常委会一审、二审的《信托法（草案）》，都包含"信托公司"一章，对信托公司的设立、变更和终止，信托公司的经营规则，信托公司的监督管理等作出规范。对此，有关方面在认识上存在较大分歧。有的认为，信托公司问题很多，立法条件尚不成熟，赞成先出台信托关系

---

① 江平口述，陈夏红整理. 沉浮与枯荣：八十自述［M］. 北京：法律出版社，2010：417.

法，而对信托公司可以先由国务院以规范性文件予以调整和规范。有的认为，起草信托法的初衷之一就是为了规范信托公司的经营行为，缺少这部分内容，信托法的出台就失去了现实针对性，何况信托法草案已经进入全国人大常委会的审议程序，不宜再进行大的改动。2001年，全国人大法律委员会"关于《中华人民共和国信托法（草案）》审议结果的报告"中提到："将信托业的管理纳入本法的调整范围，客观条件还不够成熟。"

为了减少《信托法》出台的阻力，最终出台的《信托法》删除了对信托公司的规范内容，仅调整信托的基本法律关系。关于营业信托的规范问题，《信托法》仅在第四条规定："受托人采取信托机构形式从事信托活动，其组织和管理由国务院制定具体办法。"现在回想起来，如果当时不删掉，《信托法》可能就会错过出台的"窗口期"。起源于英美法系的信托法承认"双重所有权"，与我国的现有民法体系格格不入，如果当时不抓紧想办法尽快出台，或许我们今天就看不到《信托法》。但由此造成的一个负面后果是，当前针对信托公司的法规几乎全部是部门规章或规范性文件，法律效力低，急需更高层级的法律规范。

全国人大常委会一审时包含"信托公司"一章，其内容对未来我国营业信托的法律规范仍具有一定的参考价值，特抄录部分内容如下：（1）信托公司可以经营下列信托业务：资金信托；有价证券信托；动产信托；不动产信托；其他财产和财产权信托。（2）信托公司经营的资金信托业务，包括委托人确定用途的资金信托和委托人授权信托公司确定用途的资金信托。委托人确定用途的资金信托，信托公司对信托本金的损失及最低收益不提供保证。委托人授权信托公司确定用途的资金信托，信托期限不得少于一年，信托公司可以在信托文件中约定对信托本金的损失及最低收益提供保证。（3）信托公司经营资金信托，经信托监督管理部门批准，可以采取募集共同信托基金的形式设立，具体办法由信托监督管理部门制定。（4）信托公司吸收委托人授权确定用途的信托资金额，不得超过其自有资本总额的 25 倍。（5）委托人授权信托公司确定用途的信托资金的运用方式，限于下列各项：同业拆放；抵押或质押贷款；买入动产、不动产；投资于有价证券；经信托监督管理部门批准的其他运用方式。信托资金用于上述各项的比例限制，由信托监督管理部门另行规定。（6）信托公司对重大项目的投资额，超过该项目实收资本额 10% 以上的，应当报信托监督管理部门备案。（7）信托公司的财务会计制度，由财政部门会同信托监督管理部门制定。（8）信托业应当在平等的基础上成立信托业协会，实行自律管理。信托业协会开展活动，应当接受信托监督管理部门的指导和监督。信托监督管理部门认为必要时，可以授权信托业协会行使部分管理职能。

2. 关于信托当事人

主要争议点包括两个方面：一是委托人的权利。我国信托立法过程中，对是否需要就委托人特别是委托人的权利作出专门规定，存有一些不同看法。有人认为，从信托收益由受益人而非委托人享有的角度出发，委托人自信托设立之后，如果自己不是受益人之一，即从信托关系中脱离出来。严格意义上说，在信托生效后，如果信托文件中未保留权利方面的有关条款，委托人即对信托财产失去了任何权利。如果委托人要享受权利，则须在设立信托时成为受益人之一，而此时委托人的身份已经发生变化，在行使权利的时候，他是以受益人的身份出现的。也有人认为，信托毕竟是由委托人出于一定目的设立的，受托人替委托人管理和处分信托财产的行为，也正是为了实现委托人的信托目的，尤其是在大陆法系国家，单一所有权的概念根深蒂固，委托人将信托财产交付信托后即失去所有权利，让人难以接受。从这一点出发，有些国家承认委托人享有来自法律的极个别的权利，允许委托人在信托文件中为自己保留某些权利。征求意见过程中，大多数人认为委托人将自有财产交付信托后即失去有关权利，不符合东方人的习惯。因此，我国《信托法》第四章专门设了一节，对委托人的范围和相关权利作了专门规定。笔者认为，我国《信托法》关于委托人的权利规定过于宽泛，建议今后修订《信托法》时予以删减，通常情况下，委托人享有的权利，可以通过受益人的身份去实现。需要注意的是，如果信托型资管的受益权流通转让后，原委托人不再享有该信托项下的所有权利，新受益人成为新委托人。二是受托人的义务，包括谨慎管理义务、分别管理义务、亲自管理义务、接受检查义务等，当时的争议是究竟要规范到何种程度？最终《信托法》仅作了原则性规定。从实践来看，受托人履行好这些义务并"卖者尽责"，是实现"买者自负"并打破刚兑的前提。对这些原则性的规定，笔者认为今后可以作进一步的细化。

至于信托的定义、信托财产是否发生转移、信托财产的所有权归属、信托财产登记、信托税收安排等问题，信托立法过程中并无多大争议，这些问题是在《信托法》出台后才逐渐显现并被大家所关注的。

二、我国《信托法》的主要内容及评价

我国《信托法》承继了境外信托制度的精髓：一是信托财产具有独立性（见本书第二章介绍）；二是规定了受托人的信义义务（见本书第八章介绍）。此外，我国《信托法》还主要作了以下一些内容规范。

（一）关于信托的定义

根据我国《信托法》第二条的规定，信托是指委托人基于对受托人的信任，将其财产权委托给受托人，由受托人按委托人的意愿以自己的名义，为受益人的利益或者特定目的，进行管理或者处分的行为。

我国信托的概念，包含以下四方面的含义：一是委托人信任受托人。委托人对受托人的信任，是信托关系成立的基础。通常，受托人

是委托人信任的亲友、社会知名人士或某个组织，或者是具有专业理财经验的商业经营机构，委托人可以放心地让他们实现自己的某种目的或者愿望。正是因为受托人受到委托人的信任，一旦受托人接受信托，就应当忠诚、谨慎、尽职地管理处分信托财产和处理信托事务，即所谓的受人之托、忠人之事。二是委托人将财产权委托给受托人。信托是一种以财产为中心的法律关系，信托财产是成立信托的第一要素，没有特定的信托财产，信托就无法成立。所以，委托人设立信托，必须将其财产权委托给受托人。原则上，除身份权、名誉权、姓名权以外，其他任何权利或者可以用金钱计算价值的财产权，如物权、债权以及专利权、商标权、著作权等知识产权，都可以作为信托财产设立信托。三是受托人以自己的名义管理、处分信托财产。委托人将信托财产委托给受托人后，对信托财产失去直接控制权，受托人完全以自己的名义对信托财产进行管理或者处分，不需要借助于委托人、受益人的名义，这是信托的一个重要特征。四是受托人为受益人的最大利益服务。根据信托的定义，受托人以自己的名义管理、处分信托财产有两个基本前提：一是必须按照委托人的意愿进行管理或者处分，不得违背委托人的信托目的。二是管理或者处分信托财产的目的，必须是为了受益人的最大利益，受托人不能为了自己或者第三人的利益，从信托财产中谋取私利。

对信托的上述定义，在我国《信托法》颁布后引发广泛争议，焦点是"委托给"。因为境外的信托制度，是建立在信托财产所有权转移基础上的。我国信托立法过程中，草案历稿沿袭了境外关于信托涵义的界定，即在定义中明确委托人设立信托应当"转移"财产所有权。在2001年信托法提交全国人大常委会三审时，信托法草案进入最后定稿阶段，并将"转移给"改为了"委托给"。对此，全国人大法工委卞耀武主编的《中华人民共和国信托法释义》① 中有四段话可以帮助我们理解：

① 卞耀武. 中华人民共和国信托法释义［M］. 北京：法律出版社，2001.

第一段话是："从在中国议论制定信托法律开始，到在立法机关审议信托法律草案的过程中，都遇到法律上如何给信托定位的问题，实质上就是如何给信托作一个法律上的定义，明确它在中国信托法中的涵义。这个问题在理论上和实践中都有一定的复杂性，它的表现比如有：信托这个词，在经济生活中、社会来往中、金融业务中都在使用，在国内使用日益增多，在国外更是频繁，但还没有一个公认的、统一的定义。信托历史悠久，可以上溯到古埃及、古罗马，绵延数千年。近代信托发源于英国，后来传到美国，信托制度有了新的发展，然后又传到日本和其他发达国家，有些内容作了移植，有些内容则适应本国传统作了变动。国家之间，对信托的相互借鉴，并非是划一的理解、划一的规则。信托的发展是与社会经济的发展相联系的，生产力的发展，物质的丰富，财产管理的复杂化，专业化要求的提高，都会影响对信托的理解和运用，赋予信托以特定的含义。这些方面，还会受到经济的具体发展、文化背景、体制选择的影响。"

第二段话是："信托的理论阐述是丰富的，有不同的见解，如：债权论、物权论、管理权论、风险论或者债权物权结合论等，各有所持，各自阐述其所长，为信托作定义，也得研究这些有影响的理论。国内学者或者到国内来发议论的一些国外学者，由于研究背景的差异，所接触的法律传统也有所不同，阐述对信托的涵义，有相同处，也有不同处，仁者见仁，智者见智。比如，受托人取得的信托财产，是完全所有权，还是双重所有权，仅仅是排他性管理权，解释不一，各有所见。"

第三段话是："信托在国内是有一定实践的，有的是在探索中，有的取得了一定经验，有的则被认为是教训。在什么样的基础上研究国内的实践，总结已有的经验，将其与中国国情结合，反映于法律中，这也是应当关注的问题。正由于上述种种情况，当然还不仅仅是这些情况，这就使得明确信托在法律上的涵义有了相当的复杂性，而且在立法中要给信托作出定位的问题又是不容回避的，理应作出决断，让信托在法律中有明确的定位。这就是要在制定中国信托法时明确地界定什么是信托，具有什么法定的涵义。在立法过程中，经过广泛的征求意见，考虑多种相关因素，反复研究后，提出了供选择的方案，最后经最高立法机关依照法定程序作出决定，这就是信托法第二条所表述的内容。"

第四段话是："在一个国家确立信托法律制度，应当考虑本国的国情，也就是社会背景、经济背景、文化背景等，对于已具有的法律传统，也是需要考虑的重要因素。这样考虑，目的是便于接受和施行信托制度，更能发挥其作用。当然，信托法律制度也是与其他一些法律制度相联系的，需要考虑有利于其相互之间的衔接。比如，将信托定位为受人之托，代人理财，是委托人将财产委托管理和处分的行为，是一种财产管理制度，这样可能便于接受；如果将信托表述为，从委托人来说，委托人一旦将财产交付信托，即丧失其对该财产的所有权，不再属于其自有财产，这就会使一些人接受起来颇费思量。"

对此，江平老师有一段有趣的话：究竟信托财产是谁的，有不同的看法。结果就用了一个模糊的用语："委托人将其财产委托给受托人"。有人说，"委托给"只是指委托而不说明财产权转移；有人说，"委托给"既然有个"给"字，那就说明财产权转移，确是各取所需。我对日本和韩国信托法中信托财产属于受托人所有，一直相信无疑。可是2004年在长沙召开信托法研讨会时，韩国一位大法官做报告，称韩国最新的一个法院判决确认，委托人的债务可以由信托财产来偿还。我没有详细了解具体案情，但可以肯定，在特定情况下会这么判的。既然这么判，就说明信托财产并不是绝对的，在任何情况下都属于受托人的财产。所以，《信托法》最终通过时，这种模糊写法，没准儿会被历史证明是正确的。①

笔者认为，作"委托给"表述的原因，主要在于大陆法系国家重

---

① 江平口述，陈夏红整理.沉浮与枯荣：八十自述［M］.北京：法律出版社，2010：415.

"一物一权"原则,引入信托时有去信托"双重所有权"化的趋势,即信托财产虽处于受托人的实际控制之下,但受托人不能像处分自己的财产那样随心所欲,要把受托人接受的信托财产与其固有财产严加区别。例如信托公司以信托财产开设信托专用账户时,其使用的账户名称不是信托公司名称,而是"受托人全称+信托产品名称"。

笔者认为,未来完善信托定义并不一定非要明确"转移给"。如果把境外信托设立的过程放个慢动作,可以分为以下四个步骤:一是委托人将拟设立信托的财产从其固有财产中分离出来;二是委托人将财产交付信托,委托人将拟设立信托的财产转移出去;三是设立信托的财产成为信托财产,具有法律上的独立性;四是信托财产转移至受托人名下,受托人成为新的所有权人。我国的《信托法》实现了前三步,实现了信托财产的独立性,已经体现信托制度的精髓,使信托与委托代理、行纪等其他制度有了本质区别。至于第四步,我国《信托法》没有明确,作了模糊处理。实务中,信托财产处于受托人的实际控制之下,模糊处理并未带来什么严重后果。例如信托型证券投资基金财产,没有明确其归谁所有,并没有引起业界的争论不休。同时,家族信托实务中,据笔者了解,委托人并不愿意将财产完全置于受托人名下,特别是在缺乏信托登记的前提下。此外,将信托财产转移至受托人名下,可能会出现双重税赋的问题。对此,需要就信托财产流转环节出台专门的税收政策,区分信托财产的转移性质,解决重复征税的问题,对于形式转移不征税,对于实质转移再予以征税。可以说,当前实务中,大家居于信托财产须转移至受托人名下的传统思路,因为税收问题,影响了动产信托、不动产信托的开展。

鉴于此,本书不建议非将"委托给"改为"转移给"不可。为了完善信托的定义,本书建议:一是进一步区别信托与委托代理制度,将"委托给"改为"托付给"。二是信托财产登记中,可以选择在委托人名下或者受托人名下进行登记,并注明为信托财产。三是明确信托财产为非法人组织，使其能够依法以自己的名义从事民事活动，例如作为上市公司股东等。这是一个大胆的制度创新，其实实务中已经出现类似操作，不少上市公司股东中已经出现了资管产品的名称。美国《1940 年投资顾问法》第 202 条中指出，该法中的"公司"包括公司、合伙企业、联合会、股份公司、信托、或由任何人组织而成的团体，无论其是否设立为法人。① 事实上，对于传统意义上的商业信托，即属于依信托文件设立，由受托人为受益人之利益经营管理的非公司型营利性组织。"《美国法学·商业信托》将商业信托定义为：商业信托，系一种依据信托文件设立，由受托人为了持有或将来持有证明信托财产受益权的可转让凭证之人的利益与营利，而持有并经营财产的非公司型商业组织。"② "新加坡参考美国法制，制定 2004 年《商业信托法》，确认商业信托为公司、合伙之外的一种企业组织形式。"③

（二）关于信托的设立

1. 设立信托的条件

在英美法系中，信托设立的条件比较宽松，英国《信托法》总结为三个必要条件，即三个明确性：信托目的明确、信托标的物明确和受益对象明确。我国对设立信托的条件，《信托法》中没有专门的条文规定，归纳有关内容，应当具备以下条件：

（1）要有明确的信托当事人。委托人应当是具有完全民事行为能力的自然人、法人或者依法成立的其他组织④，受托人应当是具有完全

---

① 中国证券监督管理委员会组织编译. 美国《1940 年投资顾问法》及相关证券交易委员会规则与规章［M］. 北京：法律出版社，2015：5.

② 李宇. 商业信托法［M］. 北京：法律出版社，2021：91.

③ 李宇. 商业信托法［M］. 北京：法律出版社，2021：257.

④ 根据我国《民法典》的规定，民事主体包括自然人、法人和非法人组织。其中，法人是具有民事权利能力和民事行为能力，依法独立享有民事权利和承担民事义务的组织。非法人组织是不具有法人资格，但是能够依法以自己的名义从事民事活动的组织。

民事行为能力的自然人、法人，受益人可以是自然人、法人或者依法成立的其他组织。对于营业信托的委托人和受托人，除了要遵守《信托法》的规定外，还要遵守相关法律法规的特别规定。

（2）要有明确的信托目的。信托目的是委托人将财产委托给受托人时确定的，意欲通过受托人对该财产的管理处分所希望达成的目的。委托人设立信托，其信托目的应当合法，归纳起来主要包括：一是不得违反有关法律、行政法规的规定或者损害社会公共利益；二是禁止专以诉讼或者讨债为目的；三是不得损害委托人的债权人的合法权益。

（3）信托财产应当明确合法。我国《信托法》第七条规定，设立信托，必须有确定的信托财产，并且该信托财产必须是委托人合法所有的财产。它包含两层意思：一是信托财产的确定性，即委托人用于设立信托的财产，一般要能估算价值，如现金、动产、不动产、股票和有价证券等有形资产。对于无形资产，如著作权、专利权和商标权待等，由于属于一种财产权利，也可以作为信托财产。但对人身权利，如身份权、名誉权、姓名权等，其价值无法估算，不得作为信托财产。二是信托财产的合法性，即委托人用于设立信托的财产，应当是其合法取得并占有的财产。如果委托人用盗窃、抢劫等非法手段得来的财产设立信托，则该信托无效。考虑"信托的信托"，即一个信托产品投资于另一个信托产品，或者"信托的基金""基金的基金"等，实务中有人建议对"设立信托的财产必须是委托人合法所有的财产"作出修改。

（4）信托文件应当采用书面形式。我国《信托法》第八条规定，设立信托，应当采取书面形式，书面形式包括信托合同、遗嘱或者法律、行政法规规定的其他书面文件。书面文件应当载明下列事项：信托目的，委托人、受托人的姓名或者名称，住所，受益人或者受益人范围，信托财产的范围、种类及状况，以及受益人取得信托利益的形式、方法。

（5）要依法办理信托登记。我国《信托法》第十条规定，设立信托，对于信托财产，有关法律、行政法规规定应当办理登记手续的，应当依法办理信托登记。因为信托一旦成立，委托人用于设立信托的财产就成为了独立的信托财产，它有别于委托人和受托人的固有财产，需要通过信托登记加以彰显。

（6）设立遗嘱信托，除了要遵守《信托法》规定外，还要遵守我国《民法典》关于继承的有关规定。

2. 信托设立的方式

境外信托设立的方式，主要包括两种：一是明示信托，二是默示信托。其中默示信托又包括推定信托和法定信托。目前，英国将法定信托视为设立信托的方法之一。美国的一些州也承认法定信托，并将其作为纠正不公正财产关系的诉讼补救方法。我国《信托法》规定的信托设立方式，主要为明示信托，具体包括以下三种形式：

（1）订立信托合同。信托合同是合同的一种类型，因此信托当事人通过信托合同的方式设立信托，除了要遵守《信托法》规定外，还要遵守《民法典》等法律法规的规定。合同通常可以采用书面和口头等形式订立，我国《信托法》第八条规定设立信托只能采用书面形式，这就意味着口头信托合同是无效的。

（2）立遗嘱。遗嘱是立遗嘱人的单方意思表示，可以分为自书遗嘱、代书遗嘱、打印遗嘱、口头遗嘱及以录音录像形式立的遗嘱。《信托法》规定遗嘱必须采用书面形式，排除了以书面以外的其他遗嘱形式设立信托的可能性。

（3）法律、行政法规规定的其他书面方式。其他书面方式，是指除了订立信托合同、立遗嘱外，法律、行政法规规定可以采用的其他有形载体，如信件、电报、电传、传真等。例如，以电子数据交换、电子邮件等方式能够有形地表现所载内容，并可以随时调取查用的数据电文，也视为书面形式。

对于能否允许法定信托的设立，我国《信托法》没有作出明确规定，但从有关条款的内容看来，也并不排除法定信托存在的可能。如《信托法》第七十二条规定，公益信托终止，没有信托财产权利归属人或者信托财产权利归属人是不特定的社会公众的，经公益事业管理机构批准，受托人应当将信托财产用于与原公益目的相近似的目的，或者将信托财产转移给具有近似目的的公益组织或者其他公益信托。

3. 信托的成立

我国信托的成立，分两种情况。一种是以信托合同形式设立信托的，信托合同签订时，信托成立。依照《民法典》第五百零二条的规定，依法成立的合同，自成立时生效。合同一旦生效，即受到法律保护，并对当事人产生法律约束力，信托也告成立。另一种是以其他书面形式设立信托的，受托人承诺信托时，信托成立。有些国家对此有不同的规定，即受托人的承诺与否不影响信托的成立，某一具体的受托人不接受该信托时，可选任或者指定其他受托人。

（三）关于信托财产与固有财产

关于信托财产的独立性，本书第二章已经介绍，这里不再赘述。本章主要介绍一下信托财产的所有权归属与固有财产一词的由来。

1. 关于信托财产的所有权归属

境外普遍认为，委托人设立信托要移转自有财产并归受托人所有。在英国，一旦信托财产转移给受托人，则应当推定受托人取得了所有权。在美国，在信托关系存续期间，受托人对信托财产享有所有权，并且该权利不受委托人权利保留和有关投资限制的影响。日本《信托法》（2013年修订版）第2条规定，信托财产是指属于受托人的财产，且应依信托为管理处分之一切财产。

对信托存续期间信托财产所有权的归属问题，我国《信托法》没有明确规定。在信托立法过程中，大家对此一直存有意见分歧。归纳起来，主要有以下三种不同意见：第一种意见认为，信托存续期间，信托财产的所有权属于委托人。出于这种考虑的理由是担心委托人利用信托制度规避法律法规，如逃避债务和税收等。第二种意见认为，信托存续期间，信托财产的所有权发生转移，受托人成为新的所有权人。第三种意见认为，信托存续期间，信托财产从委托人、受托人和受益人的固有财产中独立出来，处于一种待定状态，条件成就后，才能明确其所有权人。

其实，对信托财产的所有权归属问题，境外也没有完全达成共识，"信托财产名义上虽属受托人所有，实质上并不认属受托人自有财产，而为颇具独立性质之受益权标的。"① 对此，国际学术界争议颇多，众说纷纭，归纳起来主要有四种学说：一是双重所有权说，认为受托人是信托财产的名义所有人，委托人或者受益人是信托财产的实际所有人。二是物权说，认为信托财产的所有权属于受益人。三是债权说，认为只有受托人才享有信托财产的所有权，受益人享有的是债权。四是附条件的法律行为说，认为信托财产归受托人所有是有条件的。条件成就前，所有权归受托人；条件成就后，所有权归委托人或者受益人。相对而言，大家比较认同双重所有权说。

笔者认为，对我国信托财产的所有权归属问题，可以通过上述第四种学说来解释，并将其称为"附条件的所有权说"，即信托有效成立后，信托财产从委托人的固有财产中分离出来，成为一项独立运作的财产，仅服务于信托目的，具有独立性。对委托人来说，他丧失了对该信托财

① 参见信托法制编撰委员会：信托法制［M］．台湾金融研训院，2006.47.

产的所有权。对受托人来说，他将信托财产置于自己的实际控制之下，享有占有、使用、处分的所有权权能。对受益人来说，他取得了信托收益的请求权，即信托受益权。维持这种状况的条件是信托存续。信托一旦终止，上述情形就会产生变化，信托财产也丧失独立性，并回归于权利归属人所有。根据我国《信托法》第五十四条的规定，信托终止的，信托财产归属于信托文件规定的人；信托文件未规定的，按下列顺序确定归属：①受益人或者其继承人；②委托人或者其继承人。也就是说，信托财产在信托存续期间，其所有权权属是待定的，即所有权的归属附有条件，条件成就时，也就是信托终止时，所有权的归属才告确定。

2. 关于"固有财产"一词的由来

信托立法过程中，草案历稿一直使用"自有财产"一词。例如，全国人大常委会一审《信托法（草案）》中，其第十七条规定："信托财产不属于受托人的自有财产。"

据笔者回忆，"自有财产"这一表述，在全国人大常委会三审时被修改为"固有财产"，虽有异议，但"固有财产"这一表述最终得以审议通过。现行《信托法》第十六条规定：信托财产与属于受托人所有的财产（以下简称固有财产）相区别，不得归入受托人的固有财产或者成为固有财产的一部分。对此，全国人大常委会法制工作委员会副主任卞耀武主编的《中华人民共和国信托法释义》①作这样解释："信托财产是以受托人的名义管理运用的，但又不属于是受托人自己所有的财产。为便于表示受托人原有财产的特征，所以简称为受托人的固有财产。"自此，受托人的"自有财产"，在《信托法》语境下表述为"固有财产"。受托人运用"固有财产"开展的"自营业务"，也表述为"固有业务"。

---

① 卞耀武. 中华人民共和国信托法释义［M］. 北京：法律出版社，2001.

事实上，固有财产一词并非我国独创，而是由境外借鉴而来。例如日本《信托法》（旧）第 22 条规定：受托人无论以任何人名义，均不得将信托财产作为固有财产和取得与此有关的权利。但是，因不得已的事由而取得法院批准将信托财产作为固有财产时，不在此限。日本《信托法》（2013 年修订版）更直接明确，受托人的固有财产是指受托人之财产中不属于信托财产之一切财产。

实务中，固有财产的表述，应用范围日渐扩大，不再囿于受托人的自有财产。例如《全国法院民商事审判工作会议纪要》（法〔2019〕254 号）第 95 条规定，信托财产在信托存续期间独立于委托人、受托人、受益人各自的固有财产。再如，《证券期货经营机构私募资产管理业务管理办法》（证监会令第 151 号）第六条规定，资产管理计划财产独立于证券期货经营机构和托管人的固有财产，并独立于证券期货经营机构管理的和托管人托管的其他财产。证券期货经营机构、托管人不得将资产管理计划财产归入其固有财产。

（四）关于信托当事人

首先强调一点，我国《信托法》把信托当事人分为委托人、受托人和受益人，境外有的国家则不一定分为这三方，还可能包括信托管理人、投资管理人、信托保护人、信托监察人、保管人、账户管理人及其他信托服务机构等。同时，名称上可能也不尽一致，例如韩国将委托人称为"信托人"等。

1. 委托人

委托人是指拥有一定财产并将该财产委托给受托人，从而导致信托关系产生的人。

（1）委托人的范围和条件。委托人是具有完全民事行为能力的自然人、法人或者依法成立的其他组织。从有关内容来看，设立信托时，委托人一般应该具备以下条件：一是具有完全民事行为能力。这是针对自然人作为委托人而言。按照我国《民法典》第十七条、第十八条的规定，年满十八周岁的自然人为完全民事行为能力人。十六周岁以上不满十八周岁的自然人，以自己的劳动收入为主要生活来源的，也视为完全民事行为能力人。因此，符合这些条件的人，都可作为委托人。对于设立遗嘱信托的委托人，也应当具备完全民事行为能力。按照我国《民法典》第一千一百四十三条第一款的规定，无民事行为能力人或者限制民事行为能力人所立的遗嘱无效。二是拥有一定数量的财产。委托人设立信托，应当有确定的合法所有的财产作为信托财产。

（2）委托人的权利。我国《信托法》规定的委托人的权利，主要包括以下几项：①有权了解其信托财产的管理运用、处分及收支情况，并有权要求受托人作出说明。②有权查阅、抄录或者复制与其信托财产有关的信托账目以及处理信托事务的其他文件。③当信托财产的管理方法不利于实现信托目的或者不符合受益人的利益时，有权要求受托人调整该信托财产的管理方法。④当受托人违反信托目的处分信托财产或者因违背管理职责、处理信托事务不当致使信托财产受到损失时，有权申请人民法院撤销该处分行为，并有权要求受托人恢复信托财产的原状或者予以赔偿。⑤当受托人违反信托目的处分信托财产或者管理运用、处分信托财产有重大过失时，有权依照信托文件的规定解任受托人，或者申请人民法院解任受托人。

此外，从我国《信托法》的其他有关条文来看，委托人还享有以下权利：①对违反《信托法》第十七条第一款规定对信托财产实行强制执行的，有权向人民法院提出异议。②经委托人同意，受托人可以公平的市场价格将其固有财产与信托财产进行交易或者将不同委托人的信托财产进行相互交易。③当共同受托人处理信托事务意见不一致时，委托人可以按规定作出处理决定。④经和受益人、受托人协商一致，可以增减受托人的报酬数额。⑤经和受益人协商同意，受托人可以辞任。⑥可以按规定选任新受托人。⑦受托人职责终止后，所作关于处理信托事务的报告经委托人认可，可就报告中所列事项解除责任。⑧可以作为唯一受益人或者共同受益人之一。⑨在自益信托情形，如信托文件没有特别规定，可以解除信托。⑩在特定情形下，可以变更受益人或者处分受益人的信托受益权。（11）经与受益人和受托人协商同意，可以终止信托。（12）信托终止后，如受益人或者其继承人不存在，可以享有信托财产的归属权。（13）公益信托的委托人在公益事业管理机构违反本法规定时，可以向人民法院起诉。

2. 受托人

受托人在信托三方当事人中，处于掌握、管理和处分信托财产的中心位置。因此，我国《信托法》对受托人作出了重点规范。

（1）受托人的定义和条件。受托人是指接受委托人交付的财产，依信托目的为受益人的利益对信托财产进行管理或者处分的人。它可以是具有完全民事行为能力的自然人，也可以是法人。一般情况下，处理一些特殊家庭或者个人的问题，可以选择自然人为受托人；从事较大范围的信托计划，可以选择法人为受托人。

具有完全民事行为能力，是受托人必须具备的最基本条件。简单地说，行为能力即是受托能力，其中包括最基本的认识能力、预期能力和判断能力，这是受托人必不可少的，是使信托财产得以卓有成效管理的前提。对营业信托的受托人来说，则应该具备更加严格的条件和资质。为此，《信托法》第二十四条第二款规定，法律、行政法规对受托人的条件另有规定的，要从其规定。《信托公司行政许可事项实施办法》（中国银行保险监督管理委员会令 2020 年第 12 号）第六条规定，设立信托公司法人机构应当具备以下条件：①有符合《中华人民共和国公司法》和银保监会规定的公司章程，股东管理、股东的权利义务等相关内容应按规定纳入信托公司章程；②有符合规定条件的出资人，包括境内非金融机构、境内金融机构、境外金融机构和银保监会认可的其他出资人；③注册资本为一次性实缴货币资本，最低限额为3亿元人民币或等值的可自由兑换货币；④有符合任职资格条件的董事、高级管理人员和与其业务相适应的合格的信托从业人员；⑤具有健全的公司治理结构、组织机构、管理制度、风险控制机制和投资者保护机制；⑥具有与业务经营相适应的营业场所、安全防范措施和其他设施；⑦建立了与业务经营和监管要求相适应的信息科技架构，具有支撑业务经营的必要、安全且合规的信息系统，具备保障业务持续运营的技术与措施；⑧银保监会规章规定的其他审慎性条件。

（2）受托人的数量。对于受托人的数量，我国《信托法》没有限制性的规定。它既可以是一人，也可以是两人或者两人以上。受托人为一人时，为单一受托人。受托人为两人或者两人以上时，为共同受托人。

（3）受托人的产生。我国受托人的产生，主要存在以下两种情况：一是信托设立时，委托人根据自己的选择，确定由谁来担任受托人，这是受托人产生的最常见情形。二是信托存续期间，原受托人职责终止时，为了存续信托关系，按照信托文件规定产生或者由委托人、受益人选任产生。

（4）受托人的报酬。各国信托法对受托人的报酬规定，内容基本一致，只是角度不尽相同。英国《信托法》比较传统，认为任何类型的受托人，非经信托行为规定或者法院批准，不得收取报酬。日本《信托法》前进了一步，认为营业信托的受托人可以收取报酬，其他类型的受托人收取报酬需要事先约定。美国《信托法》则完全抛弃了传统信托观念，认为所有受托人都可以收取报酬，而且这种收取无须以信托文件的规定为前提。我国《信托法》第三十五条规定，受托人有权依照信托文件的约定取得报酬。信托文件未作事先约定的，经信托当事人协商同意，可以作出补充约定；未作事先约定和补充约定的，不得收取报酬。

（5）受托人职责终止。我国《信托法》第三十九条规定，受托人有下列情形之一的，其职责终止：一是死亡或者被依法宣告死亡，二是被依法宣告为无民事行为能力人或者限制民事行为能力人，三是被依法撤销或者被宣告破产，四是依法解散或者法定资格丧失，五是辞任或者被解任，六是法律、行政法规规定的其他情形。

（6）受托人的权利义务。我国《信托法》关于受托人的权利，归纳起来，主要包括：①对违反《信托法》第十七条第一款规定对信托财产强制执行的，有权向人民法院提出异议。②管理信托财产、处理信托事务，这是由其义务所派生的一项重要权利。③有权依照信托文件的约定收取报酬。④以固有财产先行支付处理信托事务所支出的税款和有关费用的，对信托财产享有优先受偿权。⑤经和委托人、受益人协商同意，可以终止信托。⑥在信托终止后行使请求报酬给付或者从信托财产中获得补偿的权利时，可以留置信托财产或者对信托财产的权利归属人提出请求。⑦公益信托的受托人在公益事业管理机构违反《信托法》规定时，可以向人民法院起诉。

关于受托人的信义义务，本书第八章将进行详细介绍。

3. 受益人

受益人是在信托中享有信托受益权的人，属于信托当事人之一，英美法系国家一般又称为受益对象。

（1）受益人的产生。通常情况下，受益人由委托人在信托文件中规定产生。我国《信托法》第九条规定，设立信托的书面文件应当载明受益人或者受益人范围。此外，如发生受益人的信托受益权被依法转让或者继承的情形，受让人或者继承人成为新受益人。

（2）受益人的范围。受益人可以是自然人、法人或者依法成立的其他组织。需要注意的是，与委托人相比，受益人由自然人担任时，既可以是具有完全民事行为能力的人，也可以是限制民事行为能力人或者无民事行为能力人。这就意味着，所有自然人都可以成为受益人。

对于胎儿能否成为受益人，国外争论颇多，一般认为胎儿作为受益人时，胎儿生下来成活后即可成为受益人。依据我国《民法典》的有关规定，自然人从出生时起到死亡时止，具有民事权利能力，并因此而享有民事权利，承担民事义务。涉及遗产继承、接受赠与等胎儿利益保护的，胎儿视为具有民事权利能力。但是，胎儿娩出时为死体的，其民事权利能力自始不存在。因此，应当认为我国是允许胎儿作为受益人的，只要胎儿生下来并非死体。

此外，国外还存在以物或者特定目的等作为受益人的情形。一是在私益信托中，如委托人设立信托的目的是修缮坟墓，再如遗嘱信托的设立目的是饲养宠物等。二是在公益信托中，受益范围往往是为了某一公益目的，如为了保护环境、维护生态平衡等。从《信托法》第六章关于公益信托的有关内容来看，公益信托的受益对象应当不限于人，它既可以用于实现发展教育、科技、文化、艺术、体育事业，发展医疗卫生事业，也可以用于发展环境保护事业、维护生态环境等。因此，本书建议修订《信托法》时，适当放宽受益人的条件和范围。

（3）受益人的数量。我国《信托法》对受益人的数量未作限定。通常情况下，在同一信托中，受益人可为一人，也可以为两人或者两人以上。受益人仅为一人时，为单一受益人，享有全部信托受益权。受益人为两人或者两人以上时，为共同受益人，各自享有部分信托受益权。

（4）委托人与受益人的关系。委托人是设立信托的人，无疑可以作为受益人，具体存在两种可能：一是委托人是同一信托的唯一受益人，即自益信托。二是同一信托存在多个受益人，委托人是共同受益人之一。我国《信托法》第四十三条第二款规定，委托人可以是受益人，也可以是同一信托的唯一受益人。此外，委托人可以不是受益人，即在他益信托中，受益人是委托人指定的第三人。

一般情形下，民事信托中既有自益信托，也有他益信托，即委托人可以是受益人，也可以不是受益人。但是，遗嘱信托属于他益信托，委托人不可能是受益人。营业信托以自益信托为主，即委托人通常为受益人或者受益人之一。公益信托则属于他益信托，委托人不能成为受益人。

（5）受托人与受益人的关系。受托人一般情况下不得作为受益人，他作为受益人的情形只有一种可能，即在同一信托存在多个受益人时，受托人可以是其中共同受益人之一。我国《信托法》第四十三条第三款规定，受托人可以是受益人，但不得是同一信托的唯一受益人。

将受托人设置为同一信托的共同受益人之一，有利于将受托人的利益和信托财产的管理联系在一起，增强受托人履行受托职责的主动性和积极性。

（6）受益人的权利。从我国《信托法》第四章第三节关于受益人的规定来看，受益人主要享有以下几项权利：①有权拒绝或者享有信托受益权；②有权了解信托财产的管理运用、处分及收支情况，并有权要求受托人作出说明；③有权查阅、抄录或者复制与其信托财产有关的信托账目以及处理信托事务的其他文件；④有权要求受托人调整信托财产的管理方法；⑤有权申请人民法院撤销受托人的不当处分行为；⑥恢复信托财产原状的请求权或者损害赔偿权；⑦解任受托人或者申请人民法院解任受托人。

此外，从我国《信托法》的其他有关条文来看，受益人还享有以下权利：①按规定选任受托人。②对违反《信托法》第十七条第一款规定对信托财产实行强制执行的，有权向人民法院提出异议。③经受益人同意，受托人可以公平的市场价格将其固有财产与信托财产进行交易或者将不同委托人的信托财产进行相互交易。④共同受托人处理信托事务意见不一致时，受益人可以作出处理决定。⑤经和委托人、受托人协商一致，可以增减受托人的报酬数额。⑥经受益人同意，受托人可以辞任。⑦受托人职责终止后，所作关于处理信托事务的报告经受益人认可，可就报告中所列事项解除责任。⑧经受益人同意后，委托人可以变更受益人或者处分受益人的信托受益权。⑨信托终止后，受益人可以享有信托财产的归属权。⑩在公益事业管理机构违反《信托法》规定时，公益信托的受益人可以向人民法院起诉。

（五）关于信托的变更与终止

信托在其设立后可以根据情况的变化变更有关事项，也可以根据一定的条件予以终止。

1. 解除信托

我国《信托法》第五十条规定，委托人是唯一受益人的，委托人或者其继承人可以解除信托。只有信托文件另有规定不得解除的情形时，委托人或者其继承人才不得随意解除。很明显，这种解除的权利是存在于自益信托中的，他益信托的委托人或者继承人则不得解除信托。但他益信托中也存在例外，当受益人对委托人或者其他共同受益人有重大侵权行为时，委托人也可解除信托。

2. 变更受益人或者处分信托受益权

这是在设立信托后的重要变更行为，我国《信托法》第五十一条规定了委托人可以变更受益人或者处分受益人信托受益权的四种情形：一是受益人对委托人有重大侵权行为；二是受益人对其他共同受益人有重大侵权行为；三是经受益人同意；四是信托文件规定的其他情形。在这四种情形中，有的是出现了不正常的信托行为，有的是出于受益人的意愿，有的则是事先约定的行为，都可以作为变更的根据。

3. 信托的连续性

信托具有相对的连续性，其存续不单纯依赖于委托人或者受托人的存亡和进退，而主要取决于信托目的是否实现。因此，我国《信托法》第五十二条明确规定，信托不因委托人或者受托人的死亡、丧失民事行为能力、依法解散、被依法撤销或者被宣告破产而终止，也不因受托人的辞任而终止。这一规定表明，委托人或者受托人的上述重大变化都不是信托终止的直接原因，也就是信托的存续不受这些变化的影响。

4. 信托终止

信托终止与信托解除不同，信托解除意味着信托尚未完成而中途结束，信托终止则通常指信托的完成。当然，从信托终止、信托解除都是信托消灭这个意义上看，它们又是相互联系的，信托解除也是一种终止的行为。

（1）信托终止的法定情形。我国《信托法》第五十三条规定了信托终止的六种法定情形：一是信托文件规定的终止事由发生；二是信托的存续违反信托目的；三是信托目的已经实现或者不能实现；四是信托当事人协商同意；五是信托被撤销；六是信托被解除。这些情形的出现，意味着信托依法终止，信托不再存续。

（2）信托终止后信托财产的归属。信托终止后必然要确定信托财产如何归属，我国《信托法》第五十四条规定了以下归属途径：一是信托终止的，信托财产归属于信托文件规定的人；二是信托终止而信托文件对信托财产的归属未作规定的，则按受益人或者其继承人、委托人或者其继承人的顺序确定归属。

（3）信托财产归属的有关事项。信托终止，信托财产的归属确定后，有关的法律关系发生变化或者在变化过程中，针对这种情况，我国《信托法》对相关事项作出了规定：一是信托财产的归属确定后，在该信托财产转移给权利归属人的过程中，信托视为存续，权利归属人视为受益人。二是信托终止后，人民法院依据《信托法》第十七条的规定对原信托财产进行强制执行的，以权利归属人为被执行人。三是信托终止后，受托人依照《信托法》规定行使请求给付报酬、从信托财产中获得补偿的权利时，可以留置信托财产或者对信托财产的权利归属人提出请求。

5. 信托事务清算报告

信托终止的，受托人应当作出处理信托事务的清算报告。这是与结束信托事务的行为联系在一起的法定文件，或者说是一个法定的程序。受益人或者信托财产的权利归属人对清算报告无异议的，除受托人有不正当行为外，受托人就清算报告所列事项解除责任。

（六）关于公益信托

对公益信托，本书将在第十章进行详细介绍。

三、有关信托的比较与分析

（一）信托与相关法律制度的比较

有人认为，利用信托制度加以调整的活动，如个人财产管理、执行遗嘱、遗产管理、捐赠财产管理等，都可以通过我国现有的委托代理、行纪、赠与和遗赠等法律制度来实现，信托和这些类似制度区别不大。其实，信托完全有别于这些制度，也是这些制度所不可替代的。

1. 信托与委托代理

委托代理是和信托非常近似的一种制度，也可以用于财产管理。两者有一些共同之处，如代理人或者受托人都要按照委托人愿意行事，向相对人实施意思表示或者自相对人受领意思表示等。但两者存在明显区别，主要表现在：

（1）成立条件不同。设立信托，必须要有确定的信托财产，委托人没有可以用于设立信托的合法所有的财产，信托关系就无从确立。而委托代理则不一定要以财产的存在为前提，没有确定的财产，委托代理关系也能成立，如委托他人签订合同等。

（2）设立形式不同。信托的设立只能采用书面形式，而委托代理可以用书面形式，也可以用口头形式。

（3）财产性质不同。如果委托代理的事项是让他人进行财产管理或者处分，那么该财产属于被代理人的自有财产，被代理人的债权人可以对该财产主张权利。而信托中信托财产是具有独立性的，它和委托人、受托人和受益人的固有财产相区别，委托人、受托人或者受益人的债权人一般不得对信托财产主张权利。

（4）名义不同。信托中受托人以自己的名义行事，而委托代理中代理人需以被代理人的名义行事。

（5）权限不同。信托中受托人依据信托文件管理处分信托财产，享有充分自主权，任何人不得干涉。而委托代理中，代理人可能随时受到被代理人的干涉。

（6）责任不同。信托中受托人处理信托事务所支出的费用、对第三人所负债务，以信托财产承担，当受托人违背管理职责或者处理信托事务不当时，则以其固有财产承担。而委托代理中，因代理人的代理行为所产生的责任，均由被代理人承担。

（7）期限不同。信托期限一般较长，通常也不因信托当事人的变更而终止。而委托代理关系可由被代理人或者代理人一方加以中断，具有随意性和短时性。

2. 信托与行纪

行纪是当事人一方（行纪人）接受他方（委托人）委托，以自己的名义为他方利益，从事代购、代销、寄售等活动并获得相应报酬的行为。它与信托极为相似，都可以自己名义为他人利益从事交易活动，但两者存在明显区别，主要表现在：

（1）成立条件不同。设立信托必须要有确定的信托财产，而行纪不以交付财产为成立要件。

（2）财产性质不同。信托中信托财产具有独立性，有别于委托人、受托人和受益人的固有财产。而行纪中行纪人为委托人购入或者出售的物品，其所有权皆属于委托人。

（3）权限不同。信托中受托人依据信托文件对信托财产进行管理处分，享有充分自主权。而行纪人实施委托事务，其业务范围通常限于代客买卖财物，且要遵照委托人的指示，一般不得以低于委托人指定的价格卖出，也不得以高于委托人指定的价格买入。

3. 信托与赠与、遗赠

赠与是财产所有人将自己的财产无偿给予他人的行为。遗赠是遗嘱人以遗嘱方式将其遗产的一部或者全部，在其死后无偿赠与其继承人以外的其他人的行为。信托与赠与、遗赠是完全不同的概念，除定义不同外，还存在以下区别：

（1）制度设计不同。信托存在委托人、受托人、受益人三方当事人，其目的在于通过受托人对信托财产的管理处分，实现受益人的最佳利益。而赠与和遗赠没有受托管理这一中间环节，在当事人上也仅存在两方，即赠与包括赠与人和受赠人，遗赠包括遗赠人、被遗赠人。

（2）标的物性质不同。信托财产有别于委托人、受托人、受益人的固有财产，只有当信托终止时，信托财产才可能回归委托人或者受益人。而赠与、遗赠中，受赠人、被遗赠人成为新所有权人。

（3）原财产所有人的权限不同。信托中委托人对受托人管理处分信托财产的情况具有了解和监督的权利。而赠与、遗赠中，赠与人、遗赠人在赠与、遗赠生效后，通常就丧失了该物上的所有权利。

（二）区别信托通道业务、事务管理信托、服务信托

我国《信托法》颁布实施以来，在开展信托活动过程中，陆续出现了信托通道业务、事务管理信托、服务信托等概念，由于实践中缺乏准确的界定，导致大家认识上存在一些偏差，不便于大家的准确理解和把握。本书作如下分析，希望能够帮助厘清这些概念的内涵和外延。

1. 关于信托通道业务

普遍认为，"通道"是一个广义的概念，泛指所有的被动管理信托。相对于主动管理信托，被动管理信托是指受托人不具有信托财产的运用裁量权，而是根据委托人或是由委托人委托的具有指令权限的人的指令，对信托财产进行管理和处分的信托。

随着我国资管的实践，"通道业务"逐渐贬义化。《资管新规》明确：金融机构不得为其他金融机构的资产管理产品提供规避投资范围、杠杆约束等监管要求的通道服务。对此，有人认为"通道"业务可以分为两种：一种是违规的"通道"业务，另一种是依法可以开展的"通道"业务。但其后，信托通道业务彻底沦为贬义词，存续业务面临压降和清理规范，同时出现了事务管理信托、服务信托等新概念。统筹考虑事务管理信托、服务信托的内涵，本书建议将"信托通道业务"狭义化，仅存在于融资类信托业务中，仅指受托人依据信托文件的约

定,将信托资金直接或间接运用于非公开市场交易的债权性资产的被动管理信托业务。

2. 关于事务管理信托

根据资产功能划分,我国信托业务可以分为融资类信托、投资类信托和事务管理类信托。

考虑与信托通道业务的区别,本书建议将"事务管理信托"含义特定化,仅存在于投资类信托业务中,指受托人依据信托文件的约定,将信托资金直接或间接投资于未上市企业股权、标准化金融产品、另类资产等非债权性资产的被动管理信托业务。它可以有两种表现形式:第一种是信托财产的运用和处分等事项,均由委托人自主决定或信托文件事先明确约定。第二种情形,信托财产的运用和处分等事项,不由委托人自主决定,实际上由信托文件中约定的第三方机构完成,例如资产管理人、投资顾问等。

3. 关于服务信托

服务信托是我国出现的一个新概念。一般认为,服务信托是指受托人运用其在账户管理、财产独立、风险隔离等方面的制度优势和服务能力,为委托人提供除资产管理服务以外的资产流转,资金结算,财产监督、保障、传承、分配等受托服务的信托业务。

上述定义,使服务信托明显区别于信托通道业务和事务管理信托。服务信托不涉及投融资等资产管理服务,即委托人设立信托,无需受托人对信托财产进行包括投融资在内的任何的管理处分。它可以有两种表现形式:第一种是信托财产没有管理处分的需求。例如以资产隔离为唯一信托目的的家族信托中,受托人纯粹是使用信托关于信托财产具有独立性的制度安排,为委托人单纯提供资产隔离的信托服务。第二种情形,虽然信托财产需要管理处分,但该事项由法律法规规定不由受托人行使（区别于事务管理信托由信托文件约定不由受托人行使），例如企业年金受托人、信贷资产证券化的受托人等。

综上所述，如按此思路理解，融资类信托可以分为主动管理类融资信托、信托通道业务；投资类信托可以分为主动管理类投资信托、事务管理信托；服务信托既不属于融资类信托，也不属于投资类信托，纯粹提供除资产管理服务以外的资产流转，资金结算，财产监督、保障、传承、分配等受托服务。据此，信托通道业务、事务管理信托、服务信托边界清晰，互不交叉。

（三）境内外信托制度及实践的比较

当前，世界上承认信托制度的国家，其所建立的信托制度，在信托财产具有独立性、受托人应当履行信义义务等基本原理和精髓要义上，是共通的。但其他具体规定方面，并非都是拿来主义，有的进行了创新发展，有的将某些内容作了移植，有的结合本国传统作了变动。我国的信托原理与实践，也是结合我国国情和成文法特点，对信托制度的又一次借鉴和发展。通过比较，笔者认为境内外信托制度与实践，存在以下主要区别：

1. 信托目的不甚相同

境外委托人设立信托的目的多种多样，可以帮助委托人实现其财产的合理规划、风险隔离、税务筹划、子女教育、家族治理、公益慈善等安排，应用场景非常广阔。我国台湾地区杨崇森教授指出：信托最主要之特色为具有莫大弹性。信托可用于实现法律上利益所难于达成之许多目的，其弹性之强，应用之广，效果之大，诚令大陆法系之法律家为之惊叹！而我国当前开展的信托活动，其信托目的主要是实现信托财产的保值增值。未来随着我国家族信托、慈善信托等信托活动的开展，这一状况或将迎来大的改观。

2. 委托人保留的权利不同

从信托收益由受益人而非委托人享有的角度出发，委托人自信托设立之后，如果自己不是受益人之一，即从信托关系中脱离出来。因此，境外在信托生效后，如果信托文件中未保留权利方面的有关条款，委托人即丧失对信托财产的所有权利。此时委托人如果想要享有相关权利，则需在设立信托时成为受益人之一，而此时委托人的身份已发生变化，在行使权利的时候，他以受益人的身份而非委托人的身份享有权利。而我国《信托法》第四章专门设了一节"委托人"（第20～23条），就委托人作了专门而具体的规定，赋予了委托人诸多权利。

3. 受托人的主体不同

境外的受托人主体比较宽泛，既可以是金融机构，也可以是非金融机构、自然人，例如律师担任受托人的情况非常普遍。根据我国《信托法》的规定，受托人应当是具有完全民事行为能力的自然人、法人。这是一般性的规定，主要适用于民事信托。对于营业信托和慈善信托，则有更加严格的规定和要求。关于营业信托的受托人，根据《国务院办公厅关于〈中华人民共和国信托法〉公布执行后有关问题的通知》（国办发〔2001〕101号）："未经人民银行、证监会批准，任何法人机构一律不得以各种形式从事营业性信托活动，任何自然人一律不得以任何名义从事各种形式的营业性信托活动。"因此，我国营业信托的受托人，可以理解为仅限于金融机构，目前主要是信托公司和证券投资基金管理公司。关于慈善信托的受托人，我国《慈善法》第四十六条规定："慈善信托的受托人，可以由委托人确定其信赖的慈善组织或者信托公司担任。"

4. 受托人的职责分工不同

境外的受托人，通常不承担投资管理职能，即主要提供受托资产隔离服务。例如境外的证券投资信托业务，其受托人通常不负责投资管理，主要提供受托保管服务；其投资管理职能，由第三方资产管理机构承担。我国从境外借鉴引进的企业年金、信贷资产证券化等，沿袭了境外的惯常做法，其受托人与投资管理人、贷款服务机构分设。对此，我国《信托法》第三十条规定：受托人应当自己处理信托事务。只有在信托文件另有规定或者有不得已事由时，才可以委托他人代为处理。实践中，我国的信托公司往往同时身兼两个角色，即同时担任受托人和投资管理人。

5. 受托人管理处分信托财产的方式不同

境外的信托财产极少用于非标投资，即主要开展标准化金融产品投资。究其主要原因，据笔者赴境外作信托考察时的了解，是受托人进行非标投资时难以证明自己尽职，同时融资人能不能如约如期偿还信托贷款本息，存在诸多不确定因素，而这些不确定因素，并不是受托人自身所能左右的。日本的贷款信托，由信托银行发放信托贷款，该业务的特点：一是保本，二是纳入存款保险范畴，实质上属于银行业务而非信托业务。我国的信托公司按照私募规则发行信托产品募集资金，遵循"卖者尽责、买者自负"的理念，通过贷款等方式进行非标投资，可以说境外并无先例，属于我国首创。鉴于该业务对投资者来说收益与风险不对等，产品风险没有形成闭环管理，且其发展受市场利率的波动而存在周期性，不是长效发展的业务模式。

6. 其他方面的差异

一是信托的定义不同，境外明确委托人设立信托，应当将其财产或财产权"转移给"受托人，而我国《信托法》规定的是"委托给"。二是设立信托的方式不同。我国《信托法》规定，设立信托必须采取书面形式。而境外通常还可以采取非书面形式，例如宣言信托。三是信托期限不同。境外一般不允许永久信托，如英国规定以受益人终生受益为目的的信托，一般在该受益人有生之年持续有效，如果未指明受益人"终生"受益，则一般在该受益人死后一定年限内有效，通常是 21 年；未明确规定期限的，最长为 80 年。而我国《信托法》没有信托存续期限的限制。四是信托财产的种类不同。境外设立信托的财产类型，包括资金和非资金资产。"据统计，日本财产权信托的规模，超过了资金信托的规模，占比大致为 6:4。"①而我国目前以资金信托为主。未来，我国的信托财产类型，估计亦将以股权和不动产为主。五是信托登记的现状不同，引进信托制度的大陆法系国家和地区基本上建立了具体可行的信托财产登记的配套制度，而我国仅在《信托法》第十条作了原则规定，现实中不具有可操作性。六是与信托税收的关联度不同。境外设立的信托，大多与税收的合理筹划有关，而我国目前关于信托税收方面的规定基本上还处于空白，所开展的信托活动极少考量税收问题。

四、关于信托的分类与应用

按照不同的分类方法，信托可以分为不同的类型。准确了解信托的各种分类，有利于信托活动的健康规范发展，也有利于信托制度的普及和推广。

（一）从委托人角度进行的分类

1. 根据委托人的信托目的是否具有公益性进行划分，可以将信托分为私益信托、公益/慈善信托、兼顾私益与公益的信托

（1）私益信托。私益信托是委托人以实现本人或其他特定的人的私人利益为目的而设立的信托。私益信托设立时，其受益人已经确定或者是可以确定的，通常为委托人自己或者委托人指定的其他人。民事信托和营业信托，都属于私益信托。现实生活中，大部分信托都是私

---

① 中国信托业协会. 信托基础（第 2 版）[M]. 北京：中国金融出版社，2020：17.

益信托。英国 D. J. 海顿教授在他的《信托法》一书中说到："我们不可能一一列举出现实社会中存在的所有信托。委托人只要不违反公共政策、不违法、不违反受益人原则不违反永续累积规则，就可以为任何目的而设立信托。信托的目的是如此的广泛。"① 因此，根据委托人具体的信托目的，私益信托有无穷无尽的种类。按照信托目的是否为了实现信托财产的保值增值，私益信托可以分为保值增值信托和非保值增值信托，非保值增值信托又可以进一步分为资产隔离信托、财富传承信托、特定目的信托、特殊需要信托等。

（2）公益/慈善信托。公益/慈善信托是委托人为了社会公共利益而设立的信托。公益/慈善信托是相对于私益信托而言的，既非民事信托，亦非营业信托。

（3）兼顾私益与公益的信托。兼顾私益与公益的信托是指同一个信托中，其信托目的既有私人目的，也包括社会公益目的。

对公益/慈善信托、兼顾私益与公益的信托，本书第十章再详细介绍。

2. 根据委托人设立信托方式的不同，可以将信托分为合同信托、遗嘱信托和宣言信托

（1）合同信托。又称契约信托，是指委托人通过订立书面合同方式设立的信托，当前我国的信托主要为合同信托。根据我国《信托法》的规定，采取信托合同形式设立信托的，信托合同签订时，信托成立。信托合同除了应当载明信托目的，委托人、受托人的姓名或者名称、住所，受益人或者受益人范围，信托财产的范围、种类及状况，受益人取得信托利益的形式、方法外，还可以约定信托期限、信托财产的

① ［英］D. J. 海顿. 信托法（第4版）［M］. 周翼，王昊译. 北京：法律出版社，2004：74.

管理方法、受托人的报酬、新受托人的选任方式、信托终止事由等事项。

（2）遗嘱信托。又称遗产信托，身后信托，是指委托人通过书面遗嘱方式设立的信托。遗嘱信托在英美非常普遍，特别是在美国，因为遗产税和遗嘱信托挂钩，很多人利用遗嘱信托实现遗产的税收递延。我国也允许设立遗嘱信托。我国《信托法》第十三条规定，设立遗嘱信托，应当遵守继承法关于遗嘱的规定。遗嘱指定的人拒绝或者无能力担任受托人的，由受益人另行选任受托人；受益人为无民事行为能力人或者限制民事行为能力人的，依法由其监护人代行选任。遗嘱对选任受托人另有规定的，从其规定。我国《民法典》第一千一百三十三条第四款规定，"自然人可以设立遗嘱信托"。进一步而言，遗嘱信托又可分为遗嘱执行信托和遗产管理信托。遗嘱执行信托是为实现遗嘱人的意志开展的信托活动，其主要内容包括清理遗产、收取债权，清偿债务、税款及其他支付，遗赠物的分配、遗产分割等。遗产管理信托是指主要以遗产管理为目的而开展的信托活动。遗产管理信托的内容与遗嘱执行信托的内容虽有交叉，但侧重在管理遗产方面。

（3）宣言信托（declaration of trust）。宣言信托是指委托人对外发表声明和表示，以自己为受托人就特定财产设立的信托。"设立宣言信托，只需要委托人对外作出公开宣言即可有效成立，对外宣言的人既是委托人，也是受托人。因信托财产继续由委托人持有和管理，宣言信托无须转移信托财产。在英美国家，当事人可以通过宣言信托，为他人利益或者慈善目的设立宣言信托，实务上大多利用宣言信托从事公益活动、解决夫妻或同居伴侣之间可能产生的财产纠纷。大陆法系信托法原则上不承认宣言信托。"① 日本《信托法》（2013 年修订版）承认了宣言信托，该法第 3 条规定，作为信托的方法，特定人表示按一

---

① 何宝玉．信托法原理研究（第 2 版）［M］．北京：中国法制出版社，2015：107.

定的目的，对于自己所有的一定财产，应自为管理、处分或其他欲达成该目的之必要行为，并于公证书及其他书面或电磁记录上载明该目的、该特定财产之必要事项及其他法务省令规定之事项者。我国《信托法》未就宣言信托直接作出规定，但鉴于我国《信托法》明文规定"设立信托，应当采取书面形式"，因此一般认为宣言信托不被法律认可。实务中，如果出现这种情形，即委托人以自己为受托人并订立书面信托文件，其是否有效似乎还需要法律进一步明确。

3. 根据委托人是否有设立信托的明确意思表示，可以将信托分为明示信托、默示信托

（1）明示信托（express trust）。又称为意定信托，是通过委托人明确的意思表示和法律行为而设立的信托，它是信托最常见的种类，我国的信托几乎均为明示信托。依委托人是否给受托人施加积极的义务，明示信托又可以分为简单信托与特定信托。简单信托也称单纯信托、光头信托，指委托人并未给受托人施加任何积极的义务，受托人只是按委托人的指示或受益人的要求，将信托财产转移给受益人。特定信托（special trust）也称积极信托，是指委托人通过信托文件给受托人施加了积极的义务，受托人必须履行这些职责以实现委托人的意愿。

（2）默示信托（implied trust）。又称为隐含信托（imputed trust），是指委托人未作出明确的意思表示，但却可因推定而得知其意图，并据此成立的信托，例如推定信托、归复信托等。推定信托是指由法院推定成立的信托，"推定信托是一种十分灵活的制度，英美法院通常运用推定信托作为一种救济手段来避免不当得利，以实现个案公正。美国著名法官卡多佐在'Beatty v Guggenheim Exploration Co（1919）'案中明确指出：推定信托是表达衡平法良心的公式，当财产的普通法所有者以坏良心保留财产受益权时，衡平法就把他变成一个受益人。"①

① 何宝玉. 信托法原理研究（第2版）[M]. 北京：中国法制出版社，2015：27.

归复信托（resulting trust）是指在某些特定情况下，委托人未明示设立信托，但法院为实施法律或者依据委托人未予明示的假定意图而施加的一种信托。[①]

当前，英美信托法对明示信托和默示信托都予以承认。我国《信托法》目前主要承认明示信托，原则上不承认默示信托。根据《全国法院民商事审判工作会议纪要》（法〔2019〕254 号）第 88 条第二款规定："根据《关于规范金融机构资产管理业务的指导意见》的规定，其他金融机构开展的资产管理业务构成信托关系的，当事人之间的纠纷适用信托法及其他有关规定处理"，这应当属于推定信托情形。

4. 根据信托是否依据委托人意愿设立，可以将信托分为意定信托、法定信托

（1）意定信托。意定信托是依委托人的意愿而设立的信托，它是委托人主动设立的，也称设定信托（created trust）。意定信托是最常见的信托类型，我国的信托基本上都是意定信托。

（2）法定信托（statutory trust）。法定信托是指依照相关法律法规规定而成立的信托。境外的盲目信托（Blind Trust，又称强制信托）属于典型的法定信托，即要求一定职位以上的公职人员放弃对自有财产的管理处分权，而必须依法设立信托将财产交付信托管理，其目的是防止公职人员在行使公务与管理处分私有财产之间的利益冲突，促进公职人员清廉行政。此外，日本的《农田协同组合法》规定的农田信托、《森林组合法》规定的森林信托，也属于法定信托。

根据我国《信托法》的有关规定，法定信托存在以下两种情形：一是根据我国《信托法》第五十五条规定，信托终止，信托财产的归属确定后，在该信托财产转移给权利归属人的过程中，信托视为存续，

---

① 何宝玉. 信托法原理研究（第 2 版）［M］. 北京：中国法制出版社，2015：35.

权利归属人视为受益人。二是根据我国《信托法》第七十二条规定，公益信托终止，没有信托财产权利归属人或者信托财产权利归属人是不特定的社会公众的，经公益事业管理机构批准，受托人应当将信托财产用于与原公益目的相近似的目的，或者将信托财产转移给具有近似目的的公益组织或者其他公益信托。

5. 根据信托成立时委托人是否死亡，可以将信托分为生前信托和身后信托

（1）生前信托（living trust）。生前信托是委托人生前设立并生效的信托。从设立时点看，凡是委托人通过信托合同等书面形式设立并即时生效的信托，均属于生前信托。我国目前的信托实践，主要为生前信托。

（2）身后信托（postmortem trust）。身后信托是由委托人生前设立并于死后成立的信托，通常又称为死后信托、遗嘱信托、遗产信托。身后信托一般由委托人以遗嘱方式设立，委托人在遗嘱中申明一旦其死亡，其部分或者全部财产即转移至信托中，并由其遗嘱指定的受托人持有并进行管理。身后信托依其性质只能是他益信托，由委托人以外的其他人作为受益人。

6. 根据委托人的人数，可以将信托分为单一信托与集合信托

（1）单一信托。只有一个委托人的信托为单一信托，又称个别信托。民事信托多为单一信托。营业信托中的单一信托，其监管要求通常要比集合信托宽松。公益/慈善信托中既有单一信托，也有集合信托。

（2）集合信托。委托人为两人或两人以上的信托为集合信托，又称集团信托。视委托人是否为不特定的社会公众，集合信托又可以分为私募信托、公募信托。私募信托的委托人要求必须为合格投资者，

且人数有一定的上限。公募信托允许面向不特定对象公开发行、公开流通，主要包括信托型证券投资基金、房地产投资信托基金（REITs）、基础设施信托基金等。

7. 根据委托人设立信托的财产类型，可以将信托分为资金信托、财产信托、综合信托

（1）资金信托。资金信托是指委托人以自己合法所有的资金设立的信托，日本又称为金钱信托。日本的金钱信托成立后，受托人通常采用贷款方式管理处分信托资金。目前，资金信托已成为各国信托业务中开展最普遍的一种形式，我国的信托也主要为资金信托。依据设立信托的资金币种，又可以分为本币信托、外币信托。

（2）财产信托。通常，人们把动产信托、不动产信托、有价证券信托及其他财产或财产权信托，统称为财产信托。财产信托是指委托人以非货币形式的财产或财产权设立的信托。视财产的具体类型，财产信托又可进一步细分为动产（包括汽车、船舶、飞机、收藏品、艺术品、各种设备等）信托、不动产（房地产、基础设施等）信托、有价证券信托、知识产权（包括著作权、专利权、商标权等）信托、各类收益权（包括资产收益权、股权收益权、项目收益权、信托受益权等）信托、应收账款信托等。此外，以财产信托的受益权为基础发行资产支持证券，即为证券化的安排。日本专门规定了受益证券发行信托，日本《信托法》（2013年修订版）肯定了以受益权作为基础资产的证券化模式，该法第8章专章规定了"受益证券发行信托之特别规定"。

（3）综合信托。即信托财产中同时包含资金、动产、不动产、有价证券、其他财产或财产权中的两类或者两类以上。

8. 根据委托人设立信托的财产属性，可以将信托分为养老金信托、年金信托、国有资产信托、理财资金信托、家族信托、保险金信托、

预付款信托等

（1）养老金信托。养老金信托是指委托人基于对受托人的信任，将财产或财产权委托给受托人，由受托人按委托人的意愿，为实现委托人或者委托人指定的受益人的养老服务，进行管理、处分的行为或安排。通常，养老金信托的发展与税收政策紧密相关。

（2）年金信托。属于社会保障信托，是由雇员与雇主分别缴纳一定的金额设立的不可撤销信托，并以雇员作为受益人，保障雇员的退休生活。严格地说，年金信托亦属于养老金信托的范畴，相比较有一定的强制性，在我国包括企业年金信托和职业年金信托。根据《企业年金办法》（中华人民共和国人力资源和社会保障部、中华人民共和国财政部令第 36 号）第二条规定，企业年金是指企业及其职工在依法参加基本养老保险的基础上，自主建立的补充养老保险制度。根据《职业年金基金管理暂行办法》（人社部发〔2016〕92 号）第二条规定，职业年金基金是指依法建立的职业年金计划筹集的资金及其投资运营收益形成的机关事业单位补充养老保险基金。

（3）国有资产信托。国有资产信托是由国家作为委托人和受益人，将国有资产交付受托人管理处分的信托。笔者认为，委托人以土地①使用权作为信托财产设立土地（流转）信托，可以让人们在不失去土地使用权的情形下，享有土地上所产生的收益，应提倡发展。

（4）理财资金信托。理财资金信托是指商业银行或其理财子公司将理财计划项下的资金交付信托，由信托公司担任受托人并按照信托文件的约定进行管理、运用和处分的行为，可以理解为"资管的资管"，即一个资管产品投资于另一个资管产品，属于境外常见的一种业

---

① 根据《中华人民共和国宪法》第十条规定，城市的土地属于国家所有。农村和城市郊区的土地，除由法律规定属于国家所有的以外，属于集体所有；宅基地和自留地、自留山，也属于集体所有。

务模式。

（5）家族信托。本书第五章已进行详细介绍，这里不再赘述。

（6）保险金信托。保险金信托兼具保险与信托的功能优势，顾名思义，是设立信托的财产为保险金的信托，其成立往往附加一定条件，当条件成就时，保险公司即按照约定将保险金划付至信托，由受托人管理处分，并按照信托文件约定将信托收益支付给受益人。信托收益的给付时间，由委托人事先设定，当受益人为未成年人时，通常信托期限会较长。

（7）预付款信托。预付款信托是以消费者的预付款作为信托财产设立的信托，其基本模式是，以提供消费服务的商家作为委托人，将从消费者处收取的预付款作为信托财产设立信托，消费者为受益人。信托存续期间，受托人根据商家与消费者之间签订的服务合同履行情况，分期将商家在消费者当次消费中所应收取款项对应的信托受益权解除，并将对应资金划付给商家。当商家无法提供服务时，受托人向受益人分配剩余的信托财产。预付款信托可以有效实现预付款的资产隔离，达到保障交易安全的目的。

9. 视委托人是否为自己保留权利，可以将信托分为留权信托和全权信托

（1）留权信托（reserved power trust）。从字面理解，留权信托即是委托人为自己保留相关权利的信托。委托人保留权力，通常会使信托成为虚假信托（sham trust）。对此，境外有些国家和地区在信托法中加入了保留权力（reserved power）的条款，允许委托人保留法律中明确规定的权力，而不被认定为虚假信托。

（2）全权信托（discretionary trust）。又称酌情信托、自由裁量信托，是指委托人不保留任何权利，由受托人拥有并行使酌情权，决定

对受益人的分配、投资等事宜。也就是说，全权信托完全由受托人进行决策，定期向委托人、受益人报告。

10. 视委托人是否保留撤销信托的权利，可以将信托分为可撤销信托、不可撤销信托

（1）可撤销信托（revocable trust）。可撤销信托是指委托人在信托文件中保留了随时终止信托并取回信托财产的权力的信托。可撤销信托不属于"完全信托"，委托人可以在不丧失行为能力的前提下修改或者终止这个信托，通常对委托人的财产产权及税务并无实质影响，亦不会对债务起隔离保护作用。实质上看，委托人仍为信托财产的所有人，因此在家族信托中应慎用，以避免其资产隔离功能被击穿。

（2）不可撤销信托（irrevocable trust）。相对于可撤销信托，不可撤销信托的委托人在任何时候均无权终止信托并取回信托财产。不可撤销信托属于"完全信托"，是一个一经签署便不能更改或者撤销的信托。但不可撤销也不是绝对的，在委托人损害其债权人利益、受益人忘恩负义等情形下，该信托依然可能被撤销。

11. 根据委托人是否指定信托财产的管理方式，可以分为委托人指定用途信托、委托人未指定用途信托

（1）委托人指定用途信托。有的国家又称为委托人指示信托（settlor-directed trust），属于被动管理信托，是指受托人不具有信托财产的运用裁量权，而是根据委托人或者由委托人委托的具有指令权限的人的指令，对信托财产进行管理和处分的信托。

（2）委托人未指定用途信托。有的国家又称为酌情信托或自由裁量信托，属于主动管理信托，是指受托人具有全部或部分的信托财产运用裁量权，对信托财产进行管理和处分的信托。

表 6-1 列示了从委托人角度对信托进行分类的十一种情形。

表 6-1 信托分类（从委托人角度）

序号	分类标准	分类结果
1	根据委托人的信托目的	私益信托 公益/慈善信托 兼顾私益与公益的信托
2	根据设立信托的方式	合同信托 遗嘱信托 宣言信托
3	根据设立信托是否有明确的意思表示	明示信托 默示信托
4	根据信托是否依据委托人意愿设立	意定信托 法定信托
5	根据信托成立时委托人是否死亡	生前信托 身后信托
6	根据委托人的人数	单一信托 集合信托
7	根据委托人设立信托的财产类型	资金信托 财产信托 综合信托
8	根据委托人设立信托的财产属性（重点列举）	养老金信托 年金信托 国有资产信托 理财资金信托 家族信托 保险金信托 预付款信托，等等
9	视委托人是否为自己保留权利	留权信托 全权信托
10	视委托人是否保留撤销信托的权利	可撤销信托 不可撤销信托
11	根据委托人是否指定信托财产的管理方式	委托人指定用途信托 委托人未指定用途信托

（二）从受托人角度进行的分类

1. 根据受托人是否以营利为目的开展信托活动并以此为业进行划分，可以将信托分为民事信托和营业信托

（1）民事信托。民事信托是指受托人不以营利为目的并以信托为业开展的信托活动。依信托法理，几乎所有的私益信托，都可以民事信托的形式出现。

（2）营业信托。又称为商事信托，是指受托人以营利为目的并以信托为业开展的经营活动。当前我国开展的信托活动，主要为营业信托。

实务中，民事信托与营业信托的区分是一个难点。准确区分民事信托与营业信托，既有理论价值，更重要的是便于监督管理，因为从事营业信托活动一般需要特别许可。现实中，有人按受托人是否为机构作为区分民事信托与营业信托的依据，即受托人为机构时为营业信托，受托人为自然人时为民事信托，此方法明显欠妥。日本有学者认为，区分民事信托与营业信托应当考虑以下因素：受托人是否收取费用，受托行为是不是经营性商业行为，受托人是不是提供连续性、反复性信托业务的经营机构，受益人是否取得受益权，是否存在多数受益人并且受益人之间存在集团性，信托目的是否包含营利，以及受托人的作用或者信托本身的功能等①。笔者认为，辨识民事信托与营业信托，可以重点审视以下两点：一是受托人是否收取费用，二是受托人是不是反复多次开展类似活动。

2. 根据受托人的人数，可以将信托分为单一受托人信托、共同受托人信托

（1）单一受托人信托。该信托是指同一信托的受托人为一人的信

---

① 神作裕之. 日本信托法及信托相关法律的最新发展与课题［J］. 中国政法大学学报，2012（5）.

托，当前世界各国的信托主要为单一受托人信托。

（2）共同受托人信托。该信托是指同一信托的受托人人数为两人或者两人以上的信托。我国《信托法》第三十一条规定，共同受托人应当共同处理信托事务，但信托文件规定对某些具体事务由受托人分别处理的，从其规定。共同受托人共同处理信托事务，意见不一致时，按信托文件规定处理；信托文件未规定的，由委托人、受益人或者其利害关系人决定。同时，第三十二条规定，共同受托人处理信托事务对第三人所负债务，应当承担连带清偿责任。第三人对共同受托人之一所作的意思表示，对其他受托人同样有效。共同受托人之一违反信托目的处分信托财产或者因违背管理职责、处理信托事务不当致使信托财产受到损失的，其他受托人应当承担连带赔偿责任。

3. 根据受托人管理处分信托财产职责的不同，可以将信托分为积极信托和消极信托

（1）积极信托。又称为主动信托，是指受托人在进行信托财产的管理和处分时承担积极义务的信托。

（2）消极信托。又称为被动信托，是指受托人虽然在事实上占有信托财产，并且在法律上也对该项财产享有所有权和负有管理或者处分的义务，但因信托文件的规定，受托人无须积极主动地履行这一义务，而只是消极被动地接受委托人或受益人的指示对信托财产施加管理或者处分。

4. 根据受托人职责，可以将信托分为主动管理信托与被动管理信托

（1）主动管理信托。该信托是指受托人在信托管理中发挥主导性作用，通常承担产品设计、推介、投资决策及实施等主要管理职责，收取较高的信托报酬。

（2）被动管理信托。该信托是指受托人在信托财产的管理过程中不承担实质职责，仅对委托人的决策、指令进行简单的执行，通常又称为事务管理信托。事务管理信托是委托人交付资金或财产给受托人，指令受托人为完成信托目的，从事事务性管理的信托。

被动管理信托通常具有以下特征：①信托设立之前的尽职调查由委托人或其指定的第三方自行负责。受托人有权利对信托项目的合法合规性进行独立的尽职调查。②信托的设立、信托财产的运用和处分等事项，均由委托人自主决定或信托文件事先明确约定。③受托人仅依法履行必须由受托人或必须以受托人名义履行的管理职责，包括账户管理、清算分配及提供或出具必要文件以配合委托人管理信托财产等事务。④信托终止时，以信托财产实际存续状态原状返还权利归属人，或受托人根据委托人的指令对信托财产进行处置。

5. 根据受托人是否需要对信托财产进行管理处分，可以将信托分为受托资产管理信托、受托资产服务信托

（1）受托资产管理信托。或称资产管理信托，该类信托需要受托人对信托财产加以投资管理，其信托目的大多出于保值增值。依受托人职责，受托资产管理信托又可分为受托资产主动管理信托、受托资产被动管理信托。

（2）受托资产服务信托。或称资产服务信托，该类信托仅为信托财产提供"资产隔离"服务，而无须对信托财产施加投资管理，例如表决权信托、股权代持信托、员工持股信托、股权激励信托等。如前所述，境外的信托主要是提供受托资产服务，我国的信托既提供受托资产服务，亦提供受托资产管理，并以受托资产管理信托为主。

6. 根据信托财产的管理处分方式，可以将信托分为融资类信托、投资类信托、组合类信托

（1）融资类信托。亦称债权信托、非标信托，是指以资金需求方的融资需求为驱动因素和出发点，由受托人将信托资金直接或间接投资运用于非公开市场交易的债权性资产的信托业务，具体包括工商企业融资信托、房地产融资信托、基础设施融资信托等。《信托法》出台以来，我国信托公司长期以融资类信托作为主营业务，难以为继。

（2）投资类信托。该类信托是指以信托资产提供方的资产管理需求为驱动因素和出发点，以实现信托财产的保值增值为主要目的，受托人主要发挥投资管理功能，对信托财产进行投资运用的信托业务，如证券投资信托、股权投资信托（PE）等。

（3）组合类信托。即受托人管理处分信托财产，同时采用融资和投资的方式，如投贷联动。

7. 根据信托财产的具体运用方法，可以将信托分为贷款信托、投资信托、担保信托、租赁信托等

（1）贷款信托。贷款信托是指受托人与资金使用方约定期限和收益，以贷款方式将信托资金运用于资金使用方的信托业务，该信托中，信托资金转换为债权性资产。消费贷款信托属于贷款信托的一个类型，其贷款对象比较分散而且贷款金额一般较小。

（2）投资信托。投资信托是指受托人将信托资金投资于股票、债券、基金、期货、金融衍生品等投资标的的信托业务，其投资收益直接或间接由投资标的的市场价格决定。境外常见的单位信托即属于投资信托的一个类型，由受托人以组合投资方式将信托财产进行证券投资，投资者可以随时申购和赎回，是一种开放式投资工具，类似于开放式基金。

（3）担保信托。担保信托是指债务人为担保债权人的债权而设定的信托，如美国的公司债信托，其业务模式是由委托人（债务人）将

财产转移给受托人设立信托，所形成的信托财产用以担保受益人（债权人）的债权。

（4）租赁信托。租赁信托是指受托人将信托资金用于购买租赁物，然后通过租赁的方式获取信托收益的信托业务。

8. 根据信托财产投资方向或者投资对象的不同，可以将信托分为证券投资信托、基础设施投资信托、房地产投资信托、股权投资信托、另类投资信托等

（1）证券投资信托。证券投资信托是指受托人将信托资金投资于依法公开发行并符合法律法规规定的交易场所公开交易的证券的信托业务。根据证券种类的不同，证券投资信托又可分为股票投资信托、债券投资信托、基金投资信托等。根据嵌套结构等的不同，证券投资信托可分为基金的基金（Fund of Funds，FOF）、管理人的管理人（Manager of Managers，MOM）等。其中，FOF 专门以投资基金作为投资标的，通常同时投资多只基金并间接投资于股票、债券等标准化金融资产；而 MOM 则通过优中选优的方法，筛选资产管理人，让最顶尖的专业人士来管理资产，而自身则通过动态地跟踪、监督、管理他们，及时调整资产配置方案，并由此获取收益。因为我国的证券是狭义的，我国将投资于包括证券在内的标准化金融产品的信托，统称为标品信托。

（2）基础设施投资信托。基础设施投资信托是指受托人将信托资金投资于交通、通信、能源、市政、环境保护等基础设施项目，为受益人利益或者特定目的进行管理或者处分的信托业务。

（3）房地产投资信托。房地产投资信托是指受托人以房地产或其经营企业为主要投资标的，对信托财产进行管理、运用和处分的信托业务。

（4）股权投资信托。股权投资信托是指受托人将信托资金投资于未上市企业股权、上市公司限售流通股或其他经批准可以投资的股权的信托业务。

（5）另类投资信托。另类投资信托是指受托人以艺术品、贵金属、酒类等为投资标的的信托业务。

9. 根据是否需要组合投（融）资，可以将信托分为单一投（融）资信托、资产配置信托

（1）单一投（融）资信托。单一投（融）资信托是指受托人将信托财产全部运用于一个项目、一个交易对手或者一个投资对象的信托，其特点是投融资标的单一，没有组合。目前，我国信托公司开展的融资类信托业务，几乎全部为单一投（融）资信托。

（2）资产配置信托。资产配置信托是指受托人对信托财产进行组合投资，通过有效的配置分散风险。

10. 根据信托的内部结构，可以将信托分为伞形信托、信托的信托、链式信托等

（1）伞形信托。伞形信托是指同一个信托产品之中包含两个或两个以上的子信托，又称为母子信托，其优势是母信托确定后，子信托可以随时成立。例如，证券投资信托中，境外经常采用伞形信托结构，子信托中分优先级投资人和劣后级投资人，当劣后资金到位后，可以迅速配置优先级资金，即时成立子信托进行证券投资。笔者认为，伞形信托事先成立母信托，能够大大缩短子信托成立的流程和时间，抓住市场投资机会，是一个非常好的信托产品服务，关键在于规制好优先和劣后的比例即可。

（2）信托的信托（Trust of Trust，TOT）。亦可表现为信托的基金（Trust of Fund，TOF），是一种专门投资信托产品或者基金的信托业务。

从实质上看，TOT/TOF 也即是 FOF。

（3）链式信托。链式信托是指由多个单一或者集合信托组成的信托，链式信托虽然由不同的多个信托组合而成，但在法律性质上乃至实际管理运作上都是一个整体，所有的子信托都由同一受托人对链式信托进行统一运作和管理。

11. 依据信托业务是否具有国际属性，可以将信托分为国内信托和国际信托

（1）国内信托。又称境内信托，根据我国《信托法》第三条的规定，境内信托是指在中华人民共和国境内进行的民事、营业和公益信托活动。境内信托需要遵守我国《信托法》等法律法规的规定。

（2）国际信托。又称境外受托理财信托、离岸信托，通常是指信托活动所涉及的地域已经超出了某一个国家或者地区的范围。根据《信托公司受托境外理财业务管理暂行办法》（银监发〔2007〕27号）第二条的规定，受托境外理财业务是指境内机构或居民个人将合法所有的资金委托给信托公司设立信托，信托公司以自己的名义按照信托文件约定的方式在境外进行规定的金融产品投资和资产管理的经营活动。

通常，离岸信托是委托人为特定目的，在英属维尔京群岛、开曼群岛、泽西岛、百慕大、库克岛或者塞舌尔群岛等司法管辖区设立的，由该司法管辖区的专业受托人管理的信托。这些离岸司法管辖区因资源禀赋、地理位置所限，选择了以提供金融和资产管理服务、旅游业等作为发展经济的主导产业，它们以极其宽松、自由的金融法律制度吸引全球财富。离岸信托就是其中一项重要的金融服务。设立离岸信托主要有两个目的，一是避税，离岸司法管辖区一般都有极其优惠的税收政策安排；二是保护财产不受潜在债权人的追索。

表6-2列示了从受托人角度对信托进行分类的十一种情形。

表 6－2　　　　　　　　　　信托分类（从受托人角度）

序号	分类标准	分类结果
1	根据受托人是否以营利为目的开展信托活动并以此为业	民事信托 营业信托
2	根据受托人的人数	单一受托人信托 共同受托人信托
3	根据受托人管理处分信托财产职责的不同	积极信托 消极信托
4	根据受托人职责	主动管理信托 被动管理信托
5	根据受托人是否需要对信托财产进行管理处分	受托资产管理信托 受托资产服务信托
6	根据信托财产的管理处分方式	融资类信托 投资类信托 组合类信托
7	根据信托财产的具体运用方法	贷款信托 投资信托 担保信托 租赁信托，等等
8	根据信托财产投资方向或者投资对象	证券投资信托 基础设施投资信托 房地产投资信托 股权投资信托 另类投资信托，等等
9	根据是否需要组合投（融）资	单一投（融）资信托 资产配置信托
10	根据信托的内部结构	伞形信托 信托的信托 链式信托，等等
11	根据信托业务是否具有国际属性	国内信托 国际信托

（三）从受益人角度进行的分类

1. 根据信托受益对象，可以将信托分为受益人信托、目的信托和混合信托

（1）受益人信托。在传统的普通法系信托规则下，信托必须有受益人。有明确受益人的信托，即为受益人信托。我国的信托几乎均为受益人信托。

（2）目的信托。相对受益人信托而言，目的信托没有明确的受益人，仅服务于委托人的特定目的。例如，家族信托中用来持股的目的信托，资产证券化用来担任 SPV 的特殊目的信托，以及公益/慈善信托中的目的信托等。

（3）混合信托。即一个信托的受益对象同时包含受益人和特定目的。

2. 依是否有确定的受益人强制实施信托，可以将信托分为完全义务信托和不完全义务信托

（1）完全义务信托。该类信托有明确的受益人，受益人有权强制实施信托。有受益人的信托，包括自然人受益信托、法人受益信托、非法人组织受益信托。

（2）不完全义务信托。不完全义务信托是指为特定私人目的而设立，没有明确的受益人，又称无受益人的信托，例如宠物信托、陵园信托等。日本《信托法》（2013 年修订版）第十一章为"未规定受益人的信托的特别规定"。我国目前的信托实践几乎均为完全义务信托，不完全义务信托有待法律的进一步明确和规范。

3. 根据信托利益是否为委托人享有，可以将信托分为自益信托和他益信托

（1）自益信托。自益信托是指由委托人本人作为受益人的信托，

目前我国的信托主要为自益信托。

（2）他益信托。他益信托是指由委托人以外的其他人作为受益人的信托，家族信托、公益/慈善信托是典型的他益信托。视以子女或以孙辈作为受益人，可进一步分为子女信托、隔代信托等，其中隔代信托是指将超过一代的晚辈作为受益人而设立的信托。

此外，有的信托还兼顾自益和他益，即同一信托的受益人中，既包括委托人自己，也包括委托人以外的其他人。

4. 根据受益人的人数，可以将信托分为单一受益人信托、共同受益人信托

（1）单一受益人信托。单一受益人信托是指同一信托的受益人仅为一人的信托。当前我国的信托以单一受益人信托为主，通常信托产品的投资人，亦即该信托产品的受益人。

（2）共同受益人信托。共同受益人信托是指同一信托的受益人人数为两人或者两人以上的信托。我国《信托法》第四十五条规定，共同受益人按照信托文件的规定享受信托利益。信托文件对信托利益的分配比例或者分配方法未作规定的，各受益人按照均等的比例享受信托利益。家族信托和公益/慈善信托，通常属于共同受益人信托。

5. 根据受益人的权益是否确定，可以将信托分为固定信托与全权信托

（1）固定信托（fixed interest trust）。固定信托是指各受益人分配资产的多少，何时分配等都由委托人全权决定，不由受托人决定。这意味着，固定信托的一切要素几乎都是固定的，在信托协议生效以后就不能随意更改。固定信托可以最大限度地保证受益人按照委托人的意愿得到自己应得的收益，但是，固定信托可能会造成一些税收方面的损失，这是它与全权信托相比的一个劣势，因为它规定了每个受益

人具体的分配份额，不能随意更改，导致可能出现超额受益需要多纳税的情形。

（2）全权信托。如前所述，全权信托又称酌情信托、自由裁量信托，此处的意思为：由受托人根据情况确定受益对象和受益数额，就信托财产作出更合理的税筹安排。通常情况下，全权信托受益人的权益是不确定的，因此，该等权益不可转让、不能处置、不能继承，甚至不能在未获得分配时要求受托人或者其他享有分配权利的人给自己作出分配。

6. 根据受益人的权益是否附加条件，可以将信托分为终身固定权益信托、可变利益信托、保护信托

（1）终身固定权益信托（life interest trust）。终身固定权益信托是指受托人在信托利益分配方面没有酌情权，受益人可以在特定时期或者只要在世，均能获得信托利益分配。

（2）可变利益信托（contingent trust）。可变利益信托是指受益人满足一定条件方能获得信托利益分配，例如成年、升学、结婚等；或一旦触发某些条件便不能再作为受益人，例如离婚、再婚、达到一定岁数等。

（3）保护信托（protective trust）。保护信托是指受益人一旦出现破产、被债权人起诉等财务危机，即被剥夺受益人资格的信托。与此同时，依信托文件的约定，以剩余的信托财产另行成立一项自由裁量信托，以原受益人及其家属作为受益人，由受托人自由裁量如何向他们分配信托收入以保障其生活。

7. 根据受益权是否分层，可以将信托分为结构化信托和非结构化信托

（1）结构化信托。结构化信托是指受托人根据委托人不同的风险

偏好，对信托受益权进行分层配置，使具有不同风险承担能力和意愿的委托人通过投资不同层级的受益权来获取不同的收益，并承担不同的风险。结构化信托的受益人，一般两个或者两个以上，为集合信托。根据《中国银监会关于加强信托公司结构化信托业务监管有关问题的通知》（银监通〔2010〕2号）第二条的规定，结构化信托业务中，享有优先受益权的信托产品投资者称为优先受益人，享有劣后受益权的信托产品投资者称为劣后受益人。

（2）非结构化信托。与结构化信托不同，非结构化信托中所有委托人的收益和风险都是一致的。

8. 根据受益权是否追加或者赎回，可以分为封闭式信托、开放式信托、半封闭半开放信托

（1）封闭式信托。该类信托的受益人在信托存续期内，不得请求受托人赎回其享有的信托受益权。

（2）开放式信托。该类信托的受益人可以依据信托文件的约定，在规定的时间和场所申购或者赎回其所持有的信托受益权份额。

（3）半封闭半开放信托。该类信托允许申购赎回，通常信托文件会约定申购和赎回的时间，但其天数和频次均要弱于开放式信托。

9. 根据信托收益支付时间，可以将信托分为收益现付信托、收益延付信托

（1）收益现付信托。意即在信托存续期间定期向受益人支付信托收益，如我国的融资类信托产品一般是按季付息等。

（2）收益延付信托。该类信托暂时不向受益人支付信托收益，按照信托文件约定延迟一段时间后再行支付，例如员工福利信托、退休金信托、薪酬延付信托等。其中，薪酬延付信托通常是企业额外支付

给雇员的薪酬，雇员取得该薪酬往往有附加条件，例如工作至退休才能领取等，有利于员工队伍的稳定。拉比信托（Rabbi trust）起端于犹太教会为其教士拉比（Rabbi）而请求的福利，后应用于雇主为其员工设立迟延信托账户，延迟支付员工补偿性薪资，既可以使员工更安心，且无须立即课税。

10. 按税收原则，可以分为简单信托、复杂信托

境外按税收原则，将信托分为简单信托和复杂信托。简单信托是指信托收益于发生当年全部分配并不做保留（只分配收益不分配本金），并且没有用于公益捐赠支出的信托。简单信托以外即为复杂信托。

11. 按税收规则，可以将信托分为本地税收居民信托、非税收居民信托

与自然人的税收居民和非税居民类似，本地税收居民信托（tax resident trust）和非税收居民信托（non‐resident trust）将使用不同的税收规则。

表6-3列示了从受益人角度对信托进行分类的十一种情形。

表6-3　　　　　　　　信托分类（从受益人角度）

序号	分类标准	分类结果
1	根据信托的受益对象	受益人信托 目的信托 混合信托
2	依是否有确定的受益人强制实施信托	完全义务信托 不完全义务信托
3	根据信托利益是否由委托人享有	自益信托 他益信托
4	根据受益人的人数	单一受益人信托 共同受益人信托

续表

序号	分类标准	分类结果
5	按受益人的权益是否确定	固定信托 全权信托
6	根据受益人的权益是否附加条件	终身固定权益信托 可变利益信托 保护信托
7	根据受益权是否分层	结构化信托 非结构化信托
8	根据受益权是否追加或者赎回	封闭式信托 开放式信托 半封闭半开放信托
9	根据信托收益支付时间	收益现付信托 收益延付信托
10	按税收原则	简单信托 复杂信托
11	按税收规则	本地税收居民信托 非税收居民信托

（四）我国信托公司的信托业务分类①

以信托目的、信托成立方式、信托财产管理内容为分类维度，将我国信托公司的信托业务分为资产服务信托、资产管理信托、公益慈善信托。

1. 资产服务信托

资产服务信托是指信托公司依据信托法律关系，接受委托人委托，并根据委托人需求为其量身定制财富规划以及代际传承、托管、破产

---

① 引自《关于规范信托公司信托业务分类的通知》（银保监规〔2023〕1 号）

隔离和风险处置等专业信托服务。按照服务内容和特点，资产服务信托分为财富管理服务信托、行政管理服务信托、资产证券化服务信托、风险处置服务信托、新型资产服务信托。其中，财富管理服务信托按照服务内容及对象，又分为家族信托、家庭服务信托、保险金信托、特殊需要信托、遗嘱信托、其他个人财富管理信托、法人及非法人组织财富管理信托；行政管理服务信托按照信托财产和服务类型，又分为预付类资金服务信托、资管产品服务信托、担保品服务信托、企业（职业）年金服务信托、其他行政管理服务信托；资产证券化服务信托按照基础资产类型和服务对象，又分为信贷资产证券化服务信托、企业资产证券化服务信托、非金融企业资产支持票据服务信托、其他资产证券化服务信托；风险处置服务信托按照风险处置方式，又分为企业市场化重组服务信托、企业破产服务信托。此外，新型资产服务信托是指信托公司经监管部门认可，依据信托法律关系开展的新型资产服务信托业务。

2. 资产管理信托

资产管理信托是信托公司依据信托法律关系，销售信托产品，并为信托产品投资者提供投资和管理金融服务的自益信托，属于私募资产管理业务。资产管理信托按投资性质不同，分为固定收益类信托计划、权益类信托计划、商品及金融衍生品类信托计划、混合类信托计划。笔者认为，资产管理信托本质上属于信托型基金。

3. 公益慈善信托

公益慈善信托是委托人基于公共利益目的，依法将其财产委托给信托公司，由信托公司按照委托人意愿以信托公司名义进行管理和处分，开展公益慈善活动的信托业务。公益慈善信托按照信托目的，分为慈善信托和其他公益信托。

表6-4列示了信托公司信托业务的3大类及25个业务品种。

表6-4   信托分类（信托公司的信托业务分类）

服务实质\业务品种	是否募集资金	受益类型	主要信托业务品种	
资产服务信托业务	不涉及	自益或他益	财富管理服务信托	家族信托
				家庭服务信托
				保险金信托
				特殊需要信托
				遗嘱信托
				其他个人财富管理信托
				法人及非法人组织财富管理信托
			行政管理服务信托	预付类资金服务信托
				资管产品服务信托
				担保品服务信托
				企业/职业年金服务信托
				其他行政管理服务信托
			资产证券化服务信托	信贷资产证券化服务信托
				企业资产证券化服务信托
				非金融企业资产支持票据服务信托
				其他资产证券化服务信托
			风险处置服务信托	企业市场化重组服务信托
				企业破产服务信托
			新型资产服务信托	
资产管理信托业务	私募	自益	集合资金信托计划	固定收益类信托计划
				权益类信托计划
				商品及金融衍生品类信托计划
				混合类信托计划
公益慈善信托业务	可能涉及募集	公益	公益慈善信托	慈善信托
				其他公益信托

（五）其他信托分类

1. 根据信托期限，可以分为固定期限信托和永久信托

（1）固定期限信托。固定期限信托的期限有一定的时间限制，通

常由信托当事人协商确定，可长可短。英美法系普遍接受英国早期确立的反对永久管业权规则，对私益信托存续期限予以限制，禁止设立永久信托，防止产生所谓的"死手控制活人"现象，以促进财产特别是土地的交易。根据这一规则，英国私益信托的期限为 80 年或者特定受益人的一生加上 21 年；美国大部分州法律规定，私益信托的期限应当在 80 年或 100 年之内。公益信托的存续期限原则上不受限制。反对永久管业权规则也称为反对永久信托规则，实际上它包含下面三项具体规则。一是反对遥远授予规则（Rule Against Remoteness of Vesting），就是禁止财产所有人在遥远的时间以后才将财产授予受益人。二是反对禁止转让规则（Rule Against Inalienability），限制受益人处分信托本金的期限不得超过反对遥远授予规则确定的期限。三是反对永久积累原则（Rule Against Accumulation），即限制信托财产的积累期间，禁止无限期地积累信托收入，否则既阻碍财产的正常流通，也容易积累巨额财富，扩大贫富差距。①

（2）永久信托（perpetual trust）。永久信托则是指无期限限制的信托。事实上，永久信托的"永久"也是相对的，当信托财产被耗尽、受益人不复存在、信托目的已经实现时，信托也会终止。在境外，永久信托通常不被允许，因为会被人们用来永远递延税收的缴纳。我国对信托期限没有限制，既允许固定期限信托，也允许永久信托，当前不少慈善信托为永久信托。

2. 根据信托本身是否具有法律主体地位，可以分为普通信托和商业信托

商业信托（business trust）为美国法的创造物。"在外部关系上，商业信托为一个独立于受益人、受托人和其他人的组织体或法人，普

---

① 何宝玉. 信托法原理研究（第 2 版）［M］. 北京：中国法制出版社，2015：113 – 114.

通信托则非实体。"① 笔者认为，普通信托主要将信托作为交易工具，信托财产须转移至受托人名下并由其实际控制；而商业信托则将信托作为一种商业组织，通常承认其是一个独立的法律实体（separate legal entity）。此外，在税法层面上，大部分信托被视为"导管"，被穿透并由具体某个信托角色承担税收责任，但在一些国家和地区，符合一定条件的信托则可能被视为一个独立的纳税实体。

3. 依信托是否完全设定，可以分为完全设定信托与不完全设定信托

（1）完全设定信托。又称为已执行信托（executed trust），是指委托人依法完成了信托的所有法定手续，不需要采取任何进一步行动，受益人即可以强制实施的信托。完全设定信托的所有条款充分完备，无须进一步的说明或补充。

（2）不完全设定信托。又称为待执行信托（executory trust），是指委托人未完成设立信托的全部手续，在委托人或第三人采取进一步行动之前，受益人不能强制实施的信托。实际上，不完全设定信托存在条款欠缺或者不明确。

4. 根据是否存在关联关系，可以将信托分为关联交易信托、非关联交易信托。

5. 依据保密程度，可以分为私密（秘密）信托、半公开信托、公示信托。

6. 根据是否需要监管部门许可，分为普通信托、特别许可信托。

7. 其他一些单独的信托名称。例如浪费者信托（spendthrift trust）、恳求信托（precatory trust）、限定责任信托等。其中，限定责任信托即

---

① 李宇. 商业信托法［M］. 北京：法律出版社，2021：99.

受托人仅以信托财产为限履行信托债务的信托。日本《信托法》（2013年修订版）第 2 条第 12 项规定，"本法所称限定责任信托，指有关信托之所有信托财产责任负担债务，受托人仅以信托财产之财产负履行责任之信托"①。

笔者认为，以上信托分类，大部分也适用于资管分类，两者有互为借鉴相互共通之处。

---

① 新井诚. 信托法（第 4 版）[M]. 刘华译. 北京：中国政法大学出版社，2017：337.

第七章　我国的投资基金法律制度

《基金法》是为了规范证券投资基金活动，保护投资人及相关当事人的合法权益，促进证券投资基金和资本市场的健康发展而制定的法律。该法由 2003 年 10 月 28 日十届全国人大常委会第 5 次会议通过，自 2004 年 6 月 1 日起施行。2012 年 12 月 28 日，第十一届全国人民代表大会常务委员会第三十次会议进行第一次修订；2015 年 4 月 24 日，第十二届全国人民代表大会常务委员会第十四次会议第二次修正。

一、我国的投资基金立法与主要争议回顾

（一）投资基金法的起草过程

投资基金法是九届全国人大常委会的立法规划之一，确定由全国人大财经委负责组织起草。1999 年 3 月底开始成立起草组。起草组分领导小组、顾问小组和工作小组。其中，领导小组组长是厉以宁，副组长是张肖和周道炯；工作小组组长是王连洲，副组长是朱少平和曹凤岐（后期由朱少平担任工作组组长）；工作组的成员则比较多，且呈

不固定的特点①。

投资基金立法从 1999 年开始到 2003 年结束，历时五载，可以说是一项跨世纪的工作，起草过程大致可分为以下三个阶段：

1. 罗列证券、产业和创业三类投资基金，并进行合一立法的阶段

1999 年起草组成立后，即开始着手起草工作。通过半年多的努力，于 1999 年底拟出了草案初稿，随后，在广东深圳召开了第一次投资基金立法国际研讨会，中外专家对草案初稿进行了讨论。在此基础上，形成了草案第一稿。这一稿共十章 148 条，包括总则，投资基金当事人，投资基金的设立，投资基金份额的申购、赎回与交易，投资基金的运作，投资基金的变更、终止与清算，投资基金的监督管理，投资基金业协会与基金投资人协会，以及法律责任和附则等。草案第一稿争议最大的是关于法的调整范围问题，即是否要在一部法律中同时规范不同类型的投资基金以及如何设计法律的框架结构。当时，大家还对契约型基金与公司型基金的利弊问题，展开了针锋相对的讨论。2000 年 1 月 24 日，投资基金法起草领导小组召开第一次会议，听取起草工作组对草案第一稿的汇报。会议决定，投资基金法要统一调整不同类型的投资基金，建议起草组分成三个工作小组，分别对证券投资基金、产业投资基金和创业投资基金进行研究，并各自独立起草一份稿子，然后再合而为一。会后，起草组临时分成三个工作小组，经与中国证监会、原国家计委、科技部、沪深交易所、基金管理公司、托管银行等进行交流和讨论，分别形成了证券投资基金、产业投资基金

① 根据笔者回忆，起草工作组成员前期主要包括王连洲、金旭、牛文婕、桂水发、李命志、蔡概还，后期还包括陈大刚、朱少平、曹凤岐、祁斌、胡宝海、陈岚、陆泽峰、刘义鹏、刘建平、李全、郭辉、尚建、周小明、曹文炼、刘健钧等，此外，刘修文、林义相、范勇宏、周道志、洪磊、朱忠良、刘俊海、刘力、谢红兵、江先周、张建春、陈朝阳、杨兴君、沈仲奇等人也相继参与。笔者自 1999 年至 2003 年，全过程参与了投资基金法的起草工作。

和创业投资基金三部分的草案。其中证券投资基金部分花费的精力最多，形成的草案包括一般规定，基金受托人、基金保管人和基金管理人，基金的设立，基金投资人大会，基金份额的发售、交易、申购与赎回，基金的投资运作和信息披露，以及基金的变更、终止与清算等。可以说，它奠定了证券投资基金立法的基本框架，构成了证券投资基金法的雏形，后来它的内容基本上都得到了大家的认可。在此基础上，起草组将三个部分合成了草案第二稿。这一稿共八章 201 条，包括总则、证券投资基金、产业投资基金、创业投资基金、投资基金的监督管理、投资基金业协会、法律责任和附则等。与第一稿比起来，第二稿主要有以下变化：一是章节增多，条文也明显增加；二是草案框架按照基金投资方向的不同进行设计；三是在证券投资基金中增设了基金受托人。

2. 不具体规范某一类型的投资基金，将基金立法定位为规范投资基金基本法律关系的阶段

2000 年 6 月，投资基金法起草领导小组第二次会议在浙江宁波召开，主要议题是讨论草案第二稿。会议认为，草案第二稿按证券、产业和创业的划分方法设计框架不可取，主要理由：一是按投资对象划分的三种不同基金在投资运作上差异很大，共性少；二是按此方法划分未能穷尽基金种类，法律只调整三种主要类型既不科学，也难以适应新形势的变化和新情况的出现；三是条文相互重复，特别是产业投资基金和创业投资基金部分；四是结构上头重脚轻，即证券投资基金的内容比重人，而产业和创业投资基金的内容比重小。会议决定，要根据三类基金的共同点进行立法，即三种基金都要向投资者募集资金，募集方式包括向公众募集和向特定对象募集。投资基金立法应从公募与私募的角度出发，重点规范向公众募集的投资基金，兼顾非向公众募集的投资基金。同时，会议认为增设基金受托人概念会提高基金成本，同时也不便于人们理解，建议予以取消。2000 年 7、8 月，起草组

赴美国、澳大利亚等国家进行了立法考察。随后经多次组织改稿会议，形成了投资基金法草案第三稿。这一稿共十四章 149 条，包括总则，基金管理人，基金托管人，基金设立，基金发售与交易，基金投资，信息披露，基金变更、终止与清算，基金持有人大会，向特定对象募集的基金，基金监督管理机构，基金业协会，法律责任和附则等。与前两稿比起来，草案第三稿主要有以下几方面的突破：一是按照基金募集方式的不同，即按照向公众募集和向特定对象募集的分类方法，进行框架设计；二是取消了基金发起人的概念，明确基金由基金管理人设立；三是细化了公司型基金中独立董事的条款。2000 年 9 月 25 日，投资基金法第三次起草领导小组会议在北京召开。会议对草案第三稿按照基金募集方式设计草案框架的做法，给予了充分肯定，同时建议就草案第三稿的内容征求基金投资人和基金管理人的意见。同年 10 月 26 日和 11 月 14 日，基金投资人座谈会和基金管理人座谈会分别在北京召开。在征求和听取有关方面意见后，起草组拟出了草案第四稿。这一稿共十四章 149 条，包括总则，基金管理人，基金托管人，基金设立，基金发售与交易，基金投资运作，信息披露，基金变更、终止与清算，基金持有人大会，向特定对象募集的基金，基金监督管理机构，基金业协会，法律责任和附则等。草案第四稿在章次和条数上，和第三稿正好相同，但在内容上有一些变化：一是规定基金管理公司可以设立独立董事；二是细化了开放式基金的内容；三是规定外商投资的基金管理公司的法律适用问题，即有关中外合资基金管理公司、中外合作基金管理公司、外资基金管理公司，法律和行政法规另有规定的，从其规定。2000 年 11 月，投资基金立法第二次国际研讨会在广东深圳召开，对草案第四稿进行了讨论。2000 年 11 月 27 日和 12 月 19 日，投资基金法第四次、第五次起草领导小组会议在北京召开，肯定了草案第四稿，并达成了以下几点共识：一是统一立法，同时规范公募基金和私募基金。二是起草工作组要本着能细则细、不能细则粗的原则对草案进行进一步修改完善。三是主要规范契约型基金，公司型基金作原则规定。此外，大家对委托人理事会进行了讨论，拟由其代替持有人大会，但没有达成共识。

2001 年 1 月 10 日，九届全国人大财经委员会第 42 次主任委员办公（扩大）会议在北京大学召开，会议听取了起草组《关于投资基金法起草若干问题的汇报》，并对《中华人民共和国投资基金法（草案第五稿）》及相关重大问题进行了讨论。会议原则同意《中华人民共和国投资基金法（草案第五稿）》的框架结构，认为投资基金法应该是规范各类投资基金活动基本关系的法律，在调整范围上宜粗不宜细，对于一些看不太准的问题或争议较大的问题应作原则性规定；投资基金立法要充分体现保护投资者合法权益的原则，要加强监督机制和监管措施，赞同在投资基金中引入独立董事制度。会议认为，投资基金立法客观上十分必要，草案已基本成熟，应加快立法进程，争取早日出台。会议决定，会后起草组应抓紧工作，充分考虑与公司法、证券法、信托法的衔接，对独立董事制度、监督监管机构、特定基金等重大问题进行研究，认真考虑、吸收有关部门的合理意见，将草案进一步修改、完善后，力争尽早提交全国人大常委会审议。会后，起草工作组多次在北京、广东深圳和江苏无锡等地进行草案修改工作。这里值得一提的是无锡改稿会①，因为在这次会议上，大家经过激烈的争论，一致认为契约型基金是对信托基本法律关系的遵循、延伸和发展，并同意将契约型基金改称为信托型基金。在此基础上，起草组形成了《中华人民共和国投资基金法（征求意见稿）》，并送全国各地进行了广泛的征求意见。

2001 年 6 月，投资基金法第六次起草领导小组会议在北京召开，会议决定将草案提交财经委员会全体会议审议。2001 年 6 月 25 日，九届全国人大财经委员会第 81 次会议第一次审议了《中华人民共和国投

---

① 据笔者回忆，参加无锡改稿会的起草组成员主要包括王连洲、祁斌、陆泽峰、陈岚、刘建平、周小明、蔡概还。

资基金法（草案）》，并听取了厉以宁副主任委员所作的草案说明。2001 年 7 月 5 日，九届全国人大财经委员会第 83 次会议再次审议了《中华人民共和国投资基金法（草案）》。

3. 只规范证券投资基金的立法阶段

2002 年 2 月，投资基金法第七次起草领导小组会议在北京召开，会议听取了起草组《关于基金几个问题的汇报》。会议决定，投资基金法名称改为证券投资基金法，将产业投资基金和创业投资基金排除在法律的调整范围之外。缩小法律调整范围的目的，主要是为了减少出台阻力，使法律更具有针对性，也更加实用。对此，本书笔者对该法未能定位为"适用于所有基金类型"的"调整基金基本法律关系"的法律而感到遗憾。

随后，起草组赴广东深圳、珠海等地进行改稿工作，并拟出新的草案稿。2002 年 6 月 3 日，投资基金法第八次起草领导小组会议决定，将草案再次提交全国人大财经委全体会议审议。2002 年 6 月 20 日，全国人大财经委全体会议再次审议并通过。随后，起草组根据审议意见对草案稿进行了修改，并于 7 月下旬正式上报全国人大常委会。

2002 年 8 月 27 日，九届全国人大常委会第二十九次会议对《中华人民共和国证券投资基金法（草案）》进行了初审。2003 年 6 月 27 日，十届全国人大常委会第三次会议对《中华人民共和国证券投资基金法（草案）》进行了二审。2003 年 10 月 24 日，十届全国人大常委会第五次会议对《中华人民共和国证券投资基金法（草案）》进行了三审。经过各有关方面的共同努力，《基金法》于 2003 年 10 月 28 日获第十届全国人大常委会第五次会议审议通过，并自 2004 年 6 月 1 日起施行。

（二）投资基金立法过程中争议的主要问题

回顾投资基金法起草过程中存在争议的一些重大问题，对正确解读《基金法》并引发对一些问题的思考，都会有帮助。

1. 关于契约型基金与信托制度的关系

虽然起草组内部认同契约型基金的信托特性，但在不同的场合，仍有人持不同的观点，分歧估计至今犹在。尤其是公司型基金、有限合伙型基金体现非信托属性，更使投资基金与信托的关系显得复杂起来。

起草中大家的观点主要有两种：一种观点认为《信托法》是契约型基金的上位法，契约型基金是按照信托法律关系构建的，其好处在于：一方面符合国际通行做法，有利于国际交流，便于契约型基金今后走向境外、融入世界。因为在境外，契约型基金在其名称中一般带有"信托"字样，如日本、韩国和我国台湾地区称为证券投资信托，英国和我国香港地区称为单位信托等。同时，这种类型的基金在具体运作中一般都要遵循信托原理。例如日本的证券投资信托，其本身就属于信托业务的一种。再如我国香港地区，其《单位信托及互惠基金守则》第四章第一节规定，根据信托成立的计划必须委任受托人，受托人将按照信托法的一般原则履行其职责。因此，契约型基金的运作不能脱离信托原理，但它对信托原理不只是单纯的遵循，同时更是一种具体运用和延伸。另一方面，我国当时的基金类型主要为契约型，且主要借鉴了境外的信托型基金，运作顺畅、切合国情，应尽量减少法律重新定位给契约型基金运作带来负面影响。另一种观点认为契约型基金与信托制度并没有太多的直接关系，投资基金是在信托制度基础上延伸和发展起来的，它对法律的适用超出了信托制度本身。

经过激烈争论，起草组认为契约型基金与信托制度的基本原理是一致的，它们在制度设计上相为呼应，只是各国在其具体设置上各有各的特点。但无论如何设置，同一个国家都注意了对信托制度与契约型基金的共性衔接，在立法上也相互配套。同时，因为我国《信托法》

规定的只是信托基本原理，契约型基金作为一种现代投资工具，应当在商事方面对信托基本原理进行遵循、运用和扩展。如《信托法》中规定的受托人条件和要求较低，适用于包括民事、营业和公益信托在内的所有受托人，具有普遍性和一般性。而契约型基金中履行受托职能的人只遵守《信托法》的有关规定是不够的，它有更严格的条件限制，有必要在商事领域作出自己的一些特殊规定，以进一步规定和细化基金当事人的权利、义务和职责等。

2. 关于公司型基金

对于公司型基金，起草过程中主要存在三种争议：

第一，是公司型基金与契约型基金的利弊之争，即哪一种基金应该是发展的主流。有人认为，契约型基金在我国已有实践经验，较易处理与现有法律的衔接。也有人认为，公司型基金董事会可以代表基金份额持有人的利益，有利于保护投资者的利益。笔者认为，两种类型的基金各有利弊，例如契约型基金的缺陷是主体缺位，无法确立基金本身的主体资格问题，不可以对外实施诉讼与非诉讼行为；而公司型基金作为一个"特殊公司"，在其委托的基金管理人、基金保管人出现违规行为并导致基金财产受到损失时，难以直接承受基金份额持有人的索赔责任等。

第二，是公司型基金的性质之争，主要是公司型基金与我国《公司法》的关系问题。对此，起草中存在两种截然不同的看法，而且自始至终没有得到妥协：一是认为公司型基金就是一种"特殊公司"，要适用我国《公司法》的规定；二是认为公司型基金不过是采取公司组织形式的一种基金形态，不宜适用我国《公司法》的规定。经过长时间的调研和思考，笔者才弄明白了其中的症结所在，并赞同后一种意见：因为公司型基金在境外是一种特殊公司，而我国《公司法》并未将其纳入调整范围，故公司型基金不能适用我国的《公司法》。

第三，是法律对公司型基金规定粗与细之争。一种意见认为只作原则性的规范，具体内容留待有关部门具体规定。另一种意见认为基金业比较发达的美国采取的主要是公司型，公司型基金是今后基金发展的方向，应在基金法中详细规定。2003 年通过的《基金法》基本上采纳了第一种意见，该法第一百零二条规定：通过公开发行股份募集资金，设立证券投资公司，从事证券投资等活动的管理办法，由国务院另行制定。

3. 关于契约型基金中基金当事人之间的法律关系问题

《基金法》虽然一直没有明确将基金分为契约型基金、公司型基金、有限合伙型基金，但从法律条文中不难看出，整部法律主要是围绕规范契约型基金而展开的。

起草过程中，大家对契约型基金实为信托型基金取得了共识。但对契约型基金当事人的法律关系，即基金管理人、基金托管人和基金份额持有人的法律关系问题，分歧意见之多，让人眼花缭乱：一是认为基金份额持有人是委托人和受益人，基金管理人是受托管理人、基金托管人是受托保管人，法律明确各自的职责范围，使之共同承担起"受众多基金投资者之托，为其理财"的重任。二是认为基金份额持有人是委托人和受益人，基金管理人是受托人，基金托管人是基金管理人的委托保管人。三是认为基金份额持有人是委托人和受益人，基金托管人是受托人，基金管理人是基金托管人的委托管理人。四是认为基金管理人是委托人，基金托管人是受托人，基金份额持有人是受益人。五是认为应当在基金管理人和基金托管人之外单设受托人，同时受托人和基金保管人可为同一人，等等。

从国际通行做法看来，一般意义上的契约型基金，是指建立在信托法律关系基础上的投资基金，它们按当事人法律关系的不同，可以分为以下几种情形：一是日本模式。日本的投资基金称为证券投资信托，属于一种信托业务。它的委托人为"委托公司"，按照日本《证券投资信托法》第二条的规定，委托公司是指以作为证券投资信托的委托人为业的公司（视为证券投资信托的信托）。同时，该法第四条明确，证券投资信托契约以委托公司为委托人，以信托公司或经营信托业务的银行为受托人。二是中国香港模式。我国香港地区的信托当事人包括委托人/受益人、受托人、管理人和保管人。相对应地，其契约型基金当事人也包括这四种人，根据我国香港地区《单位信托及互惠基金守则》的规定，根据信托成立的计划，包括委托人/受益人、受托人/代管人、管理公司等。三是中国台湾模式。我国台湾地区在未出台相关规定前，其契约型基金当事人之间的关系通过合同订定。1996年通过所谓"信托法"后，将投资基金的性质定为信托关系，一般认为基金管理人为委托人，托管银行为受托人，投资者为受益人。四是澳大利亚模式。澳大利亚模式和中国香港模式差不多，只是将受托人和基金管理人进行了合并。同时，为加强对基金管理人的监督，基金管理公司董事会中必须设独立董事，当独立董事不足50%时，还要设立一个专门的监察委员会，委员会成员必须半数以上为独立委员。监察委员会是受托人和基金管理人合并的产物，为基金管理公司的内部机构，其委员由董事会聘任，负责监察董事会，发现问题时向监管机构报告。五是英国模式。英国传统信托法上的受托人职责由单位信托中的基金管理人与基金保管人分担，基金管理人是单位信托的管理受托人，基金保管人是单位信托的保管受托人，即基金管理人和基金保管人为共同受托人。"为便于信托管理，防止信托财产被挪用、滥用，有些信托同时设立管理受托人和保管受托人，管理受托人根据信托文件和信托法规定行使自由裁量权和其他权力，保管受托人负责持有信托财产和保管信托文件、接收信托款项、从信托财产中支付款项等。"①

起草组认为，以上做法均不切合我国的实际情况，理由在于：一

---

① 何宝玉．信托法原理研究（第2版）［M］．北京：中国法制出版社，2015：274.

是以基金管理人、基金托管人作为受托人或者在两者之外单独设立受托人，由他方作为受托人的代理人，投资者难以直接追究代理人的法律责任。为此，境外一些国家和地区已修改了相关法律，在规定基金托管人为受托人的同时，要求基金管理人应当履行部分受托职责，以便于投资者利益受到损害时直接对基金管理人提起诉讼。二是共同受托人的提法在我国《信托法》中有特定含义，即共同受托人要共同处理信托事务并相互承担连带赔偿责任，难以适用于我国基金管理人和基金托管人的现有关系。

　　4. 关于基金份额持有人大会

　　从境外情况看，是否所有基金都要召开基金份额持有人大会，各国的情况和规定并不一致。公司型基金召开基金份额持有人大会存在效率如何的争议，但对召开没有多大异议。而对契约型基金是否要召开基金份额持有人大会的问题，则存有较大分歧：一是主张不召开基金份额持有人大会。持这种观点的人认为，大陆法系国家通常是公司型基金才开基金份额持有人大会，但实际上公司型基金开大会也是走形式，对契约型基金而言，没有任何实际意义。通常情况下，通过基金份额持有人大会表决的事项，也可以通过其他法律途径解决或实现。当基金份额持有人对基金管理人或基金托管人不满意时，可以通过向基金管理人、基金托管人提起诉讼来解决。另一种观点则主张召开基金份额持有人大会，认为召开基金份额持有人大会很有必要，欧洲一些国家的法律没有基金份额持有人大会的规定，但这并不意味着基金份额持有人大会不可取。另外也有人认为，是否召开基金份额持有人大会，要区别封闭式基金、开放式基金的不同情况。一般而言，开放式基金召开基金份额持有人大会意义不大，基金份额持有人不满意时可以卖出手中所持有的基金份额。封闭式基金的终止、扩募、转换为开放式基金、变更基金合同条款等，则通常要通过召开基金份额持有人大会来解决。

　　鉴于契约型基金是依据信托原理建立起来的由专家代他人进行投资理财的一种金融投资方式，资产的所有者将其财产的管理经营权转给了他人，所以我国投资基金立法的一个核心问题，是如何围绕进一步保护好基金投资者的权益问题。为了实现这一立法的重要宗旨，起草中从一开始就考虑建立基金份额持有人大会制度。但也有人质疑，认为基金份额持有人人数众多，不易召集，而且基金份额持有人最关心的是基金财产的安全和收益，对基金份额持有人大会并不感兴趣。基金份额持有人权利的行使，可以不通过基金份额持有人大会的召开来实现，最简单的是将自己不满意的基金予以卖出、赎回。同时，有人认为召开基金持有人大会很有必要，但这种大会由于人多而分散往往没有实际意义，因此提议在基金中成立一个常设机构，代表基金份额持有人的利益，如仿照公司型基金设董事会的做法，在契约型基金中设基金份额持有人理事会或者基金份额持有人监察委员会，并在理事会、监察委员会中设独立理事或者独立委员等。

　　鉴于保护投资人及相关当事人的合法权益是我国投资基金立法的重要宗旨之一，而且现实中也已经多次召开过基金份额持有人大会，因此《基金法》最终采用了契约型基金召开基金份额持有人大会的方案，并专章规定了这一制度。有人担心，《基金法》关于基金份额持有人大会的规定会导致部分基金份额持有人通过召开大会，对某些表决事项进行操纵，为此，《基金法》在条文上作了比较周到严密的设计和安排。

　　5. 关于私募基金

　　基金法起草过程中，大家对私募基金的规范问题并没有严重分歧，基本上都赞成将其纳入基金法的调整范围。由于私募不是法律上的用语，基金法草案中将其称为"向特定对象募集资金的基金"，并作出专章予以规范。但2003年通过的《基金法》最终并未对其作出具体规范，而只是在附则第一百零一条作了原则性规定，即"基金管理公司或者国务院批准的其他机构，向特定对象募集资金或者接受特定对象财产委托从事证券投资活动的具体管理办法，由国务院根据本法的原则另行规定。"导致这一结果的主要原因在于，起草中有人坚持要明确"向特定对象募集资金的基金"的基金类型、监管部门和监管权限，而这未能达共识。直到 2012 年修订《基金法》，专设了一章"非公开募集基金"，才又将其部分纳入基金法的调整范围。

笔者认为，2012 年修订的《基金法》虽然增加了"非公开募集基金"，但其调整的对象仅限于私募的证券投资基金，其他类型的私募基金仍然缺乏法律规范。《基金法》起草时拟订的有关条文经过反复斟酌，对私募基金的规范仍然具有较高的研究价值，下面特将最后版本中关于"向特定对象募集资金的基金"一章中的主要条文摘录如下：（1）设立特定基金实行备案制，即除法律、行政法规另有规定外，特定基金应当报国务院基金监督管理机构备案。（2）设立特定基金的条件：①有明确的组织形式和运作方式；②有符合本法规定的投资者；③投资者人数在 2 人以上 200 人以下；④资金来源符合法律、行政法规的规定；⑤有合法的投资方向和明确的投资策略；⑥法律、行政法规规定的其他条件。（3）特定基金的投资者为自然人时，其净资产不得少于 100 万元；为法人或者依法成立的其他组织的，其净资产不得少于 1000 万元。（4）特定基金的最低募集资金总额，不得低于 2000 万元。（5）每个投资者应当以自有资产出资。自然人的最低出资额不得低于 20 万元，法人或者依法成立的其他组织的最低出资额不得低于 100 万元。（6）特定基金管理人的最低出资额不得低于募集资金总额的 2%。根据经营业绩，经约定的程序，可以调高或调低管理人的出资比例。（7）设立特定基金，不得向投资者保证投资回报率。（8）设立特定基金不得向社会公众或者非特定人士发布招募公告、新闻等有关信息。（9）特定基金的投资者在认购基金前，应当签订风险承诺书。（10）特定基金的管理人应当按照基金合同或者基金章程的约定向投资者披露以下事项：包括重大投资活动、基金投资组合、经审计的财务会计报告和法律、行政法规规定的其他事项。

二、我国《基金法》两次修订的内容变化

2003 年，第十届全国人民代表大会常务委员会第五次会议通过的《基金法》（以下简称 2003 年《基金法》），共十二章一百零三条。该法于 2012 年第十一届全国人民代表大会常务委员会第三十次会议进行了第一次修订（以下简称 2012 年《基金法》），共十五章一百五十五条。2015 年，该法由第十二届全国人民代表大会常务委员会第十四次会议进行了第二次修正（以下简称 2015 年《基金法》或者现行《基金法》），共十五章一百五十四条。现行《基金法》包括总则，基金管理人，基金托管人，基金的运作方式和组织，基金的公开募集，公开募集基金的基金份额的交易、申购与赎回，公开募集基金的投资与信息披露，公开募集基金的基金合同的变更、终止与基金财产清算，公开募集基金的基金份额持有人权利行使，非公开募集基金，基金服务机构、基金行业协会，监督管理，法律责任和附则等。

（一）2012 年《基金法》与 2003 年《基金法》的比较

通过比较，2012 年《基金法》主要修订和完善了以下内容：

1. 关于基金的定义。根据 2012 年《基金法》第二条规定，证券投资基金是指公开或者非公开募集资金设立，由基金管理人管理，基金托管人托管，为基金份额持有人的利益进行证券投资的活动。与 2003 年《基金法》的定义比较，主要是增加了"非公开募集基金"的设立方式，同时考虑"非公开募集基金"不一定组合投资，删除了 2003 年《基金法》定义中关于"以资产组合方式"的内容。

2. 关于基金的分类。从境外情况看，投资基金根据不同的分类方法，可以分为不同的类型：

（1）如本书第三章所述，投资基金根据组织形式的不同，可以分为信托型基金、公司型基金和有限合伙型基金。2003 年《基金法》、2012 年《基金法》主体部分均详细规范了信托型基金；2003 年《基金法》在附则中对公司型基金作了原则规定，2012 年《基金法》在附则中对公司型基金作出原则规定的基础上，同时增加了有限合伙型基金的原则规定。2012 年《基金法》第一百五十四条规定，"公开或者非公开募集资金，以进行证券投资活动为目的设立的公司或者合伙企业，资产由基金管理人或者普通合伙人管理的，其证券投资活动适用本法"。

（2）根据运作方式的不同，投资基金可以分为封闭式基金和开放式基金等。对此，2003 年《基金法》、2012 年《基金法》均有相应规定，只不过条序和文字略有改动：2003 年《基金法》是在总则第五条作出规定，而 2012 年《基金法》是在第四章第四十五条作出规定，即基金的运作方式可以采用封闭式、开放式或者其他方式。采用封闭式运作方式的基金（简称封闭式基金），是指基金份额总额在基金合同期限内固定不变，基金份额持有人不得申请赎回的基金；采用开放式运作方式的基金（简称开放式基金），是指基金份额总额不固定，基金份额可以在基金合同约定的时间和场所申购或者赎回的基金。

（3）根据募集方式的不同，投资基金可以分为公募基金和私募基金。公募基金可以向社会公众公开发布信息并募集资金，而私募基金则不允许，它只能在有限范围内向特定对象募集资金。对于公募基金，2003 年《基金法》、2012 年《基金法》均重点规范。对于私募基金，2003 年《基金法》仅在附则中作原则性规定，2012 年《基金法》则增加了"非公开募集基金"的专章规定。

（4）根据投资方向不同，投资基金可以分为证券投资基金和实业投资基金①。证券投资基金的投资方向，主要是流动性强、变现性好的股票、公司债券、存托凭证等有价证券。实业投资基金是相对于证券投资基金而言的，它的特点是直接进行实业投资，例如产业投资基金、创业投资基金和风险投资基金等，都属于实业投资基金的范畴。无论是2003年《基金法》还是2012年《基金法》，均只规范证券投资基金。

此外，投资基金根据投资对象不同，还可以分为股票基金、债券基金、混合基金；根据投资风险与收益不同，可以分为成长型基金、收入型基金和平衡型基金；根据货币形态，可以分为国内基金和国外基金等。

3. 关于基金的税收

2003年《基金法》未涉及税收方面的任何规定。考虑到投资基金是一种集合投资方式，在基金的投资方式中，投资者是基金的出资人，运作者是基金管理人与托管人，基金本质上仅为一笔信托财产，基金自身不应视为纳税主体。对于投资者通过基金获取的收益，相关税收应在基金设立前或基金分配后由基金管理人代为缴纳或由投资者自行缴纳。为此，2012年《基金法》第八条规定，"基金财产投资的相关税收，由基金份额持有人承担，基金管理人或者其他扣缴义务人按照国家有关税收征收的规定代扣代缴。"对此，《中华人民共和国证券投资基金法释义》作如下解释，"基金是当事人利用信托关系设立的投资工具，虽然可以用自己的名义进行投资，但基金的投资收益归基金份额持有人，基金并没有独立的利益，因此不视为单独的纳税主体。为避免对基金和基金份额持有人重复征税，本条明确基金投资的相关税收由基金份额持有人承担，并规定在具体运作中涉及的相关税收，由

---

① "实业投资基金"一词由厉以宁在第九届全国人大常委会法制讲座第二十九讲讲稿《投资基金法律制度》中首次提出，是对证券投资基金以外的投资基金种类的统称。

基金管理人或者其他扣缴义务人按照国家有关税收征收的规定代扣代缴。"①

4. 关于基金管理人、基金托管人

对于基金管理人，2003 年《基金法》规定只能由基金管理公司担任，并须经国务院证券监督管理机构核准。2012 年《基金法》综合考虑了"公开募集基金"和"非公开募集基金"：对于"公开募集基金"的基金管理人，仍主要由基金管理公司担任，同时增加"经国务院证券监督管理机构按照规定核准的其他机构"；对于"非公开募集基金"的基金管理人，则由依法设立的公司或者合伙企业担任。对于基金托管人，2003 年《基金法》规定只能由取得基金托管资格的商业银行担任，在此基础上，2012 年《基金法》增加了"其他机构"，同时规定，商业银行担任基金托管人的，由国务院证券监督管理机构会同国务院银行业监督管理机构核准；其他金融机构担任基金托管人的，由国务院证券监督管理机构核准。

5. 修改完善"公开募集基金"的部分规定

根据当时公开募集基金运行情况和存在问题，2012 年《基金法》对有关规定作了以下调整：一是加强基金监管，完善基金治理结构，参照《证券法》的规定，将基金管理人的股东及其实际控制人纳入监管范围，明确基金管理人及其从业人员禁止从事内幕交易、利益输送等规定（《基金法》第二十二条至第二十八条）；二是适当放宽有关基金投资、运作的管制，包括将基金募集申请由"核准制"改为"注册制"（《基金法》第五十条）；修改基金投资范围的规定，为基金投资于货币市场、股指期货等提供依据（《基金法》第七十二条）。

---

① 李飞. 中华人民共和国证券投资基金法释义［M］. 北京：法律出版社，2013：19 - 20.

6. 将"非公开募集基金"纳入调整范围

借鉴当时非公开募集基金实践和境外立法情况，2012 年《基金法》在第十章对"非公开募集基金"作了原则规定，主要包括：（1）确立合格投资者制度，规定非公开募集基金只能向合格投资者募集，且合格投资者累计不得超过 200 人。其中，合格投资者是指达到规定资产规模或者收入水平，并且具备相应的风险识别能力和风险承担能力、其基金份额认购金额不低于规定限额的单位和个人（《基金法》第八十七条）。（2）规定除基金合同另有约定外，非公开募集基金应当由基金托管人托管（《基金法》第八十八条）。同时，要求担任非公开募集基金的基金管理人，应当按照规定向基金行业协会履行登记手续，报送基本情况（《基金法》第八十九条）。（3）规定非公开募集基金禁止进行公开性的宣传和推介（《基金法》第九十一条）。（4）规范非公开募集基金的基金合同内容（《基金法》第九十二条、第九十三条）。（5）豁免非公开募集基金的注册，仅要求其事后报备，即非公开募集基金募集完毕，基金管理人应当向基金行业协会备案（《基金法》第九十四条）。（6）要求信息披露，基金管理人、基金托管人应当按照基金合同的约定，向基金份额持有人提供基金信息（《基金法》第九十五条）。

7. 增加对"基金服务机构"的规定

2003 年《基金法》未对基金销售机构、基金份额登记机构、基金估值服务机构等服务机构作出规定，难以适应我国基金业快速发展的需要。为此，2012 年《基金法》第十一章设专章对"基金服务机构"作出规范，就基金销售、基金销售支付、基金份额登记、基金估值服务、基金投资顾问、基金评价、信息技术系统服务等相关服务业务作了明确规定，并要求基金服务机构应当勤勉尽责、恪尽职守，建立应急等风险管理制度和灾难备份系统，不得泄露与基金份额持有人、基金投资运作相关的非公开信息。

8. 增加基金行业协会一章

2003 年《基金法》仅在总则第十条原则性规定，基金管理人、基金托管人和基金份额发售机构，可以成立同业协会，加强行业自律，协调行业关系，提供行业服务，促进行业发展。对此，2012 年《基金法》专设一章，即第十二章"基金行业协会"，明确基金行业协会是证券投资基金行业的自律性组织，是社会团体法人。基金管理人、基金托管人应当加入基金行业协会，基金服务机构可以加入基金行业协会，并对基金行业协会章程、基金行业协会权力机构、基金行业协会职责等作了相关规定。

9. 加强基金投资者权益保护

2012 年《基金法》主要是针对基金份额持有人召集难度大、发挥作用难等问题，适当降低基金份额持有人大会召开的门槛，修改完善了基金份额持有人大会的有关规定，促进其作用发挥。2003 年《基金法》第七十五条规定，基金份额持有人大会应当有代表 50% 以上基金份额的持有人参加，方可召开。在此基础上，2012 年《基金法》增加规定：参加基金份额持有人大会的持有人的基金份额低于前款规定比例的，召集人可以在原公告的基金份额持有人大会召开时间的 3 个月以后、6 个月以内，就原定审议事项重新召集基金份额持有人大会。重新召集的基金份额持有人大会应当有代表 1/3 以上基金份额的持有人参加，方可召开（《基金法》第八十六条）。

10. 关于基金涉外问题

2003 年《基金法》未就此作出规定。鉴于在境内募集资金投资于境外证券的基金、合格境外投资者投资境内市场业务已试点多年，但因其涉及我国资本市场的对外开放，具有较大的特殊性，既要适用基金法，又应区别其不同情况，制定有针对性的特殊规则。为此，2012 年《基金法》第一百五十三规定，在中华人民共和国境内募集投资境外证券的基金，以及合格境外投资者在境内进行证券投资，应当经国务院证券监督管理机构批准，具体办法由国务院证券监督管理机构会同国务院有关部门规定，报国务院批准。

此外，主要考虑"非公开募集基金"和基金服务机构，进一步充实了"法律责任"的相关内容条款。

（二）2015 年《基金法》与 2012 年《基金法》的比较

2015 年《基金法》的修改相对简单。根据《全国人民代表大会常务委员会关于修改〈中华人民共和国港口法〉等七部法律的决定》，2015 年《基金法》仅作一处修改，即删除 2012 年《基金法》第十七条，其内容为：公开募集基金的基金管理人的法定代表人、经营管理主要负责人和从事合规监管的负责人的选任或者改任，应当报经国务院证券监督管理机构依照本法和其他有关法律、行政法规规定的任职条件进行审核。

对此，《关于〈《中华人民共和国药品管理法》等26 部法律的修正案（草案）〉的说明》① 中提到，为依法推进行政审批制度改革和政府职能转变，进一步激发市场、社会的创造活力，不断提高政府管理科学化、规范化水平，拟删除《证券投资基金法》第十七条的规定。

三、我国的契约型基金实质为信托型基金

（一）我国契约型基金的由来

直到今天，人们仍然习惯称我国的证券投资基金为契约型基金。而在本书第三章关于投资基金的三种法律组织形式中，并没有提到契约型基金。

---

① 《中华人民共和国证券投资基金法》［M］. 北京：中国民主法制出版社，2015：54 – 55.

要了解我国契约型基金的由来，还得从 20 世纪 90 年代说起。当时我国制订《证券投资基金管理暂行办法》① 拟引进信托型基金，但我国那时候还没有制定《信托法》，用不了信托这个词，因此创造了一个新词，将信托型基金称为"契约型基金"，并逐渐被大众所熟悉和接受。顺便先提一下，当时创造的另一个词是"托管人"，也是因为当时缺乏《信托法》，无法使用"受托人"一词，鉴于境外信托型基金的"受托人""保管人"通常由同一家机构担任的情形（要分别签订信托合同和保管合同），将"受托人"和"保管人"合并称为"托管人"，这在本章后文还将进一步论述。"实际上，契约型基金是我国特定历史阶段的产物，我们学了国外的信托型基金，并按照信托法原理构造了基金，只是由于《证券投资基金管理暂行办法》发布之时，我国尚没有信托法，不存在信托法律关系，所以导致了我国契约型基金的尴尬境地。"②

"在中国，由于不规范的信托业的发展先于规范的信托立法，基金业又在信托业及信托立法之外游离了很长时间，要使人们认识到契约型基金就是资金信托，进而认识到所谓的'基金契约'就是信托合同，也颇费了一些时日。"③

以信托型代替"契约型"的好处，一方面可以在符合国际通行做法的基础上切合国情，尽量减少法律重新定位给基金运作带来负面影响，同时有利于投资基金制度与信托法、证券法等法律之间的协调与衔接，避免相互之间的矛盾和冲突，从而推动我国基金业的健康有序发展。因此，随着我国《信托法》的出台，对契约型基金进行正名水到渠成。

① 该办法由国务院证券委员会于 1997 年 11 月 14 日发布。
② 转引自中国人民大学信托与基金研究所. 中国基金业发展报告（1991—2003）［M］. 北京：中国经济出版社，2004：65.
③ 王连洲，董春华. 证券投资基金法条文释义与法理精析［M］. 北京：中国方正出版社，2004：30.

（二）我国的契约型基金即是信托型基金

契约型基金的名称为我国所创造，但该基金的组织架构是从境外借鉴而来的。"基金作为一种舶来品，在我国的产生和发展，不是引入了一种新的金融制度，而是在信托制度下，结合我国金融市场的具体情况，引入的一种新的金融工具"，"从金融理论角度讲，投资基金本质上是一种信托制度安排，是信托业务的一部分"①。

从契约型基金的法律结构看，其实质上属于信托型基金。"虽然各国投资基金法制不同，但是都有一个共同特点：其结构设计遵循信托精神，因而在基金当事人中肯定存在一个受托人或者类似于受托人的角色（指从功能上而言），即普遍意义上的基金受托人。在信托制基金中，基金份额持有人、基金管理人和基金托管人等相关当事人之间的法律关系，决定其相互义务、责任承担、直至整个信托制基金的构造。"②

考虑到"契约"一词非法律用语，难以为境外所理解，直译易理解为"合同型基金"，由此产生不必要的误解和混乱，特别是难以与境外机构或人士沟通并相互理解。因此，为与境外信托型基金接轨，非常有必要对契约型基金进行正名。投资基金立法过程中，起草组经过反复讨论，在契约型基金更名为信托型基金上取得了一致看法。"从国际通行立法例来看，契约型基金多依据信托原理来规范，日本、韩国和我国台湾更是直称'证券投资信托'。考虑到我国《信托法》已出台，故《证券投资基金法》将'契约型基金'正名为'信托制基

① 参见朱少平，葛毅. 中国信托法——起草资料汇编 [M]. 北京：中国检察出版社，2002：35.
② 王连洲，董春华. 证券投资基金法条文释义与法理精析 [M]. 北京：中国方正出版社，2004：33－34.

金'。"① 现行《基金法》中，明确规定我国证券投资基金需要遵循信托原理：

第一，《基金法》第二条规定，"在中华人民共和国境内，公开或者非公开募集资金设立证券投资基金，由基金管理人管理，基金托管人托管，为基金份额持有人的利益，进行证券投资活动，适用本法；本法未规定的，适用《中华人民共和国信托法》《中华人民共和国证券法》和其他有关法律、行政法规的规定"。对此，《中华人民共和国证券投资基金法释义》就《基金法》与《信托法》的关系问题，作如下解释："证券投资基金以信托原理为基础，基金管理人、基金托管人与基金份额持有人之间的关系属于信托关系。《基金法》未规定的，要适用《信托法》和其他有关法律、行政法规的规定。"②

第二，《基金法》第三条第二款规定："基金管理人、基金托管人依照本法和基金合同的约定，履行受托职责。"从该规定可以看出，《基金法》认可了证券投资基金的信托法律关系，要求基金管理人、基金托管人要履行受托人职责，而这一观点也已渐为大众所接受。但与《证券投资基金管理暂行办法》没有明确将"契约型"基金写进法条一样，"信托型"基金一词也没有出现在《基金法》中③。对此，《中华人民共和国证券投资基金法释义》作如下解释："证券投资基金活动以信托原理为基础，因此，基金合同当事人之间的关系属于信托关系，基金份额持有人为信托关系中的委托人；基金管理人和基金托管人为

---

① 王连洲，董春华. 证券投资基金法条文释义与法理精析［M］. 北京：中国方正出版社，2004：403.
② 李飞. 中华人民共和国证券投资基金法释义［M］. 北京：法律出版社，2013：6.
③ 提交全国人大常委会一审的《中华人民共和国证券投资基金法（草案）》曾一度将信托型基金写进法条。该草案第四条规定："基金可以采取信托制组织形式，也可以采取公司制或者法律、行政法规规定的其他组织形式。信托制基金依基金合同设立，基金管理人、基金托管人依法履行受托职责，具体权利义务由相关当事人依照本法约定。公司制基金依基金章程设立，基金董事会依法履行受托职责，具体管理办法由国务院另行规定。"

信托关系中的受托人。信托关系中的受益人，在自益信托条件下，可以是委托人。证券投资基金活动属于自益信托活动，基金份额持有人既是委托人又是受益人。"①

第三，《基金法》明确了基金财产具有法律上的独立性（《基金法》第五条、第六条、第七条）。主要内容包括：一是基金财产的债务由基金财产本身承担，基金份额持有人以其出资为限对基金财产的债务承担责任。但基金合同依照本法另有约定的，从其约定。二是基金财产独立于基金管理人、基金托管人的固有财产。基金管理人、基金托管人不得将基金财产归入其固有财产。基金管理人、基金托管人因基金财产的管理、运用或者其他情形而取得的财产和收益，归入基金财产。基金管理人、基金托管人因依法解散、被依法撤销或者被依法宣告破产等原因进行清算的，基金财产不属于其清算财产。三是基金财产的债权，不得与基金管理人、基金托管人固有财产的债务相抵销；不同基金财产的债权债务，不得相互抵销。四是非因基金财产本身承担的债务，不得对基金财产强制执行。对此，《中华人民共和国证券投资基金法释义》解释到："关于基金财产与基金管理人、基金托管人固有财产的关系，在我国信托法施行前，一度被忽视。由于基金财产的法律地位不明确，基金财产未能得到有效保护。鉴于证券投资基金活动以信托原理为基础，以此确定基金财产的法律地位就有了依据。按照信托原理，基金财产应当被视为信托财产。根据我国信托法的规定，奠定了信托财产的独立性。将这一原理引入证券投资基金，对依法确立基金财产的法律地位具有重要意义。"②

第四，《基金法》第九条规定，基金管理人、基金托管人管理、运用基金财产，基金服务机构从事基金服务活动，应当恪尽职守，履行

---

① 李飞. 中华人民共和国证券投资基金法释义 [M]. 北京：法律出版社，2013：9.
② 李飞主编. 中华人民共和国证券投资基金法释义 [M]. 北京：法律出版社，2013：13 - 15.

诚实信用、谨慎勤勉的义务。这是《信托法》关于信义义务的原则性要求，即受托人管理信托财产，必须恪尽职守，履行诚实、信用、谨慎、有效管理的义务（《信托法》第二十五条第二款）。其中，恪尽职守，是指基金管理人、基金托管人在管理、运用基金财产时，要尽职尽责，以基金份额持有人最大利益为出发点，综合考虑基金份额持有人的整体利益和长远利益，注意防范投资风险。诚实信用，是指民事权利主体行使权力应当遵守的基本原则。基金管理人和基金托管人作为基金财产的受托人，在与投资人订立基金合同及履行合同义务时，要讲信用、守承诺、无虚假、不欺诈。谨慎勤勉，是指基金管理人、基金托管人处理基金事务，要像处理自己的事务一样周到严谨，精明细心，兢兢业业，尽心尽力，一丝不苟，认真负责。不得将自己的利益置于基金份额持有人的利益之上，不得用基金财产为自己或者第三人谋取利益。笔者认为，现行《基金法》关于基金管理人、基金托管人的信义义务规定，仍然不到位，应当进一步规定"为基金份额持有人的最佳利益行事"。

对此，李飞明确指出，《基金法》以信托关系与信义义务为基础，搭建了保护投资者利益的"安全网"，奠定了行业健康发展的基石。《基金法》在信托关系基础上，构建了完整的基金法律关系，对基金管理人、基金托管人的受托职责进行了明确界定；围绕信义义务建立了基金财产独立、公开信息披露、基金份额持有人大会、基金份额持有人诉权等一系列详细规定，将保护投资人合法权益置于首要位置。信托关系与信义义务的落实令基金行业成为投资者保护最为充分的行业。[①]

需要注意的是，《基金法》制定以来达成的"契约型基金属于信托型基金"的共识，在实践中有被人们淡忘的趋势，并出现了一些错误

---

① 转引自全国人大常委会委员、全国人大宪法和法律委员会主任委员李飞于 2018 年 10 月 22 日召开的"中国基金业 20 周年论坛"上的发言。

看法，例如认为"我国证券投资基金遵循的是基金法律关系"，甚至有人认为《基金法》是我国资管活动的上位法等。此外，实务中，还有一些实质上属于"合同型基金"而非"信托型基金"的"契约型基金"，更是混淆视听，让人认知混乱。

（三）我国信托型基金当事人的法律关系

1. 我国信托型基金的三方当事人

按国际惯例，信托型证券投资基金通常具备四方当事人，即基金份额持有人、受托人、基金管理人和基金保管人。受托人代表基金份额持有人的利益，负责选择外部基金管理人和基金保管人。基金管理人接受受托人的委托，按照基金合同的约定，具体负责基金财产的投资管理和日常操作。基金保管人接受受托人的委托，按照基金合同的约定，代为保管基金财产，并按照基金管理人的投资指令，办理基金财产的清算交收等业务。我国香港地区对信托型基金作出明确规定，每一个单位信托基金的资产，必须保管于独立的第三者，即由保管银行对基金财产进行保管。基金管理人、基金保管人与受托人之间的法律关系，属于委托代理关系，基金管理人、基金保管人不对基金份额持有人负责。

根据我国《基金法》的规定，我国的信托型基金当事人主要包含三方，即基金管理人、基金托管人和基金份额持有人。

其中，基金管理人是依法受托管理基金财产的机构，由依法设立的公司或者合伙企业担任，其中最主要的管理人类型是基金管理公司。根据我国《基金法》第十九条的规定，公开募集基金的基金管理人应当履行下列职责：（1）依法募集资金，办理基金份额的发售和登记事宜；（2）办理基金备案手续；（3）对所管理的不同基金财产分别管理、分别记账，进行证券投资；（4）按照基金合同的约定确定基金收益分配方案，及时向基金份额持有人分配收益；（5）进行基金会计核算并编制基金财务会计报告；（6）编制中期和年度基金报告；（7）计算并公告基金资产净值，确定基金份额申购、赎回价格；（8）办理与基金财产管理业务活动有关的信息披露事项；（9）按照规定召集基金份额持有人大会；（10）保存基金财产管理业务活动的记录、账册、报表和其他相关资料；（11）以基金管理人名义，代表基金份额持有人利益行使诉讼权利或者实施其他法律行为；（12）国务院证券监督管理机构规定的其他职责。

基金托管人是依法受托保管基金财产的机构，它由依法设立的商业银行或者其他金融机构担任。根据我国《基金法》第三十六条的规定，基金托管人应当履行下列职责：（1）安全保管基金财产；（2）按照规定开设基金财产的资金账户和证券账户；（3）对所托管的不同基金财产分别设置账户，确保基金财产的完整与独立；（4）保存基金托管业务活动的记录、账册、报表和其他相关资料；（5）按照基金合同的约定，根据基金管理人的投资指令，及时办理清算、交割事宜；（6）办理与基金托管业务活动有关的信息披露事项；（7）对基金财务会计报告、中期和年度基金报告出具意见；（8）复核、审查基金管理人计算的基金资产净值和基金份额申购、赎回价格；（9）按照规定召集基金份额持有人大会；（10）按照规定监督基金管理人的投资运作；（11）国务院证券监督管理机构规定的其他职责。

基金份额持有人即基金的投资者，投资者购买了基金份额，便成为基金份额持有人，其义务主要是在申购基金份额时足额支付认购款项。同时，根据我国《基金法》第四十六条的规定，基金份额持有人享有以下权利：（1）分享基金财产收益；（2）参与分配清算后的剩余基金财产；（3）依法转让或者申请赎回其持有的基金份额；（4）按照规定要求召开基金份额持有人大会或者召集基金份额持有人大会；（5）对基金份额持有人大会审议事项行使表决权；（6）对基金管理人、基金托管人、基金服务机构损害其合法权益的行为依法提起诉讼；

（7）基金合同约定的其他权利。此外，公开募集基金的基金份额持有人有权查阅或者复制公开披露的基金信息资料；非公开募集基金的基金份额持有人对涉及自身利益的情况，有权查阅基金的财务会计账簿等财务资料。

为何我国的信托型基金比境外少一方当事人，如前所述，主要是托管人成为受托人和保管人的结合体，这也正是世界各国"信托型基金原理基本一致，但当事人设置各有千秋"在我国的具体体现。

2. 我国信托型基金当事人的"受托职能分解"说

我国的《基金法》"明确了与《信托法》的关系；明确委托人是广大投资者，受托人分别是基金管理人和基金托管人，他们分别承担基金管理受托职责和基金托管受托职责；对基金管理人、托管人的职责进行了详细的规定，同时，划分了基金管理人、托管人的法律责任。"①

我国《基金法》虽然明确了基金管理人和基金托管人都要履行受托职责，但并没有明确两者在履行受托职责时的法律关系。有学者指出，"基金管理人和基金托管人都处在受托人的位置上，只是分工不同而已。基金管理人和基金托管人为共同受托人的信托关系。"② 而将基金管理人与基金托管人视为共同受托人，根据我国《信托法》关于共同受托人的规定，将不符合基金管理人和基金托管人的实际关系，主要体现在：一是共同受托人应当共同处理信托事务，但信托文件规定对某些具体事务由受托人分别处理的，从其规定（《信托法》第三十一条第二款）。而信托型基金中，基金管理人、基金托管人的职责具有不

① 王连洲，董春华. 证券投资基金法条文释义与法理精析［M］. 北京：中国方正出版社，2004：15.
② 朱少平，葛毅. 中国信托法——起草资料汇编［M］. 北京：中国检察出版社，2002：40.

可互换性，不能共同处理；二是共同受托人处理信托事务对第三人所负债务，应当承担连带清偿责任。第三人对共同受托人之一所作的意思表示，对其他受托人同样有效。共同受托人之一违反信托目的处分信托财产或者因违背管理职责、处理信托事务不当致使信托财产受到损失的，其他受托人应当承担连带赔偿责任（《信托法》第三十二条）。而信托型基金中，基金管理人、基金托管人只是在各自职责范围内承担责任。基于此，笔者认为，将信托型基金的基金管理人、基金托管人关系定位于我国《信托法》下的共同受托人关系，并不合适。

对此，笔者认为，信托型基金的基金管理人、基金托管人不是共同受托人，其相互关系应用"受托人职能分解"解释：我国的信托型基金只有一个受托人，该受托人的职能分解为受托管理职能和受托保管职能，分别由基金管理人、基金托管人承担，即基金管理人受托管理基金财产、基金托管人受托保管基金财产，两者共同承担起受托人的职责，构成一个完整的受托人，并在各自职责范围内独立承担相应责任。也就是说，信托型基金的受托人只有一个，其受托职责分解由基金管理人、基金托管人共同完成，而共同受托人中受托人的人数为两个或者两个以上。这样解释的好处，一是有利于同时体现基金管理人、基金托管人在受托处置基金资产中的核心位置，保护基金投资人的合法权益。二是符合我国的实际情况，贯彻我国信托型基金运作的特点，由基金管理人与基金托管人分别独立承担相应职责。三是避免基金管理人、基金托管人各自因过错造成基金资产损失时承担连带赔偿责任。

对"受托人职能分解"说，我国的《基金法》也给予了理论支撑，该法第一百四十五条规定："违反本法规定，给基金财产、基金份额持有人或者投资人造成损害的，依法承担赔偿责任。基金管理人、基金托管人在履行各自职责的过程中，违反本法规定或者基金合同约定，给基金财产或者基金份额持有人造成损害的，应当分别对各自的行为依法承担赔偿责任；因共同行为给基金财产或者基金份额持有人造成损害的，应当承担连带赔偿责任。"

"受托人职能分解"属于我国首创。笔者认为，以此安排我国证券投资基金当事人的法律关系，与境外相比当属更优。

（四）托管和保管的关系

近年来，托管一词在我国被广泛使用，并产生了很多误解和迷茫，非常有必要加以澄清解释。一个国家引进一个新词的时候，往往会有很多种不同译法；同时，不同的外来词汇也可能译成同一个中文，导致大家可能想到的是同一个词，但其含义经常会不一样。只有通过立法和制定相关管理规定，外来的词语才能被准确地界定。所以新词汇的内涵和外延必须通过立法或者是制定相关的制度来确定，大家的理解才会趋同，理解趋同以后相互探讨才有共同的基础。

如前所述，境外并无托管一词，托管一词为我国所创造，境外与其最接近的词语是保管。托管与保管，是存在根本区别的。

1. 境外投资基金均有"保管人"，与信托法律关系下的"受托人"无关

如前所述，投资基金按组织形式不同划分，可以分为信托型基金、公司型基金和有限合伙型基金。从境外情况看，无论采取哪一种组织形式，均需要设置保管人（又称存管人、代管人等，本书统称保管人）。国际证监会组织（IOSCO）《集合投资计划监管原则》第二条原则指出，监管体制必须寻求保全基金财产物理上和法律上的完整，将基金资产与管理资产、其他资产及保管人资产相分离。根据美国《1940年特殊公司法》第十七条（f）项规定，特殊公司（公司型基金）应将证券、投资及现金存放在保管机构，保管机构应为基金指定账户，分别管理，并定期进行检查。

在信托型基金中，由受托人代表基金份额持有人的利益，负责选择外部基金管理人和基金保管人。英国《2000 年受托人法》第 17 条第 1 款规定，一项信托的受托人可以任命一个人作为与受托人可以确定的信托财产相关的保管人而行事。我国香港地区《单位信托及互惠基金守则》的规定，申请认可的集合投资计划，必须委任证监会接纳的受托人/代管人。同时，申请认可的集合投资计划，必须委任证监会接纳的管理公司，但自行管理计划除外。

需要注意的是，境外的"保管"与信托法律关系下的"受托人"无关，即使在信托型基金中。因为在境外，信托型基金一般是四方当事人，即基金份额持有人、受托人、基金保管人、基金管理人，其中基金保管人与受托人分设。有的时候，受托人与基金保管人由同一家机构担任，此时该机构具有双重身份，基金保管人与受托人仍应视为分设。

进一步而言，基金保管人不是信托法律关系下的受托人，无须履行受托职责；基金保管人与基金管理人通常均为受托人的委托代理人，基金保管人无须与基金管理人承担连带赔偿责任。

2. 我国《基金法》中的"托管"，与信托法律关系下的"受托人"密切相关

如前所述，境外信托型基金的当事人通常包括受托人、基金管理人、基金保管人和基金份额持有人。20 世纪 90 年代我国引进信托型基金时，我国尚未出台《信托法》，无法使用"受托人"一词，鉴于境外受托人和基金保管人通常由同一人担任的情形，我国创设了"托管人"一词，即在"受托人"与"保管人"中各取一字，简称"托管人"。该"托管人"一身兼两职，即同时作为受托人和基金保管人，并将其职责合而为一，统一赋予"托管人"行使。1997 年出台的《证券投资基金管理暂行办法》第十五条规定，"经批准设立的基金，应当委托商

业银行作为基金托管人托管基金资产"。可以这么说，"托管"为我国所创设的专有词汇。

2001年我国颁布《信托法》后，恰好正在进行《基金法》的起草工作。当时，不少专家学者建议我国证券投资基金中的托管制度回归本源，即重新分为受托人和基金保管人，以与国际接轨。经过激烈的争论，这一建议没有被采纳，《基金法》维持了原有托管人的称谓，当时的起草说明这样表述："基金托管人在我国实践中未产生法律风险，为大众所熟悉，而拆分为受托人、基金保管人易使大众迷惘，且法律关系更为复杂"。

2003年出台的《基金法》，在第三章对基金托管人作了专门规定，托管一词在我国正式得到法律认可。简言之，我国的基金托管人与信托法律关系下的"受托人"密切相关，须依照《基金法》和基金合同的约定履行受托职责，它与保管的主要区别也就在这里，即托管 = 保管人 + 受托人，托管人比保管人多了一份受托职责。

通过以上分析，我们可以看出托管和保管具有完全不同的法律含义，在实践中应当加以区别应用。体现在法律法规的有关规定上，托管与保管的主要区别是：托管属于受托保管，托管人属于受托人的一个类型，需要履行受托职责，要对基金管理人实施监督；保管属于委托保管，保管人不属于受托人范畴，保管人接受他人的委托代为保管基金财产，没有义务监督基金管理人。简单地说，保管是一种委托代理关系，而托管是一种信托法律关系。

3. 我国在实践中运用托管一词应当注意的几个问题

我国对境外资料的翻译中，经常没有区别"托管"与"保管"；实践中，也经常混用"托管"与"保管"，特别是私募基金在发展过程中滥用"托管""保管"，从而导致人们对"托管"产生疑义和困惑。本书建议对两者区别使用，并在使用过程中注意以下几个问题：

（1）不管字面上是使用"托管"还是"保管"，应当按穿透原则把握其实质内涵。实务中的合同或协议，有的名为"托管"实为"保管"，有的名为"保管"实为"托管"，鉴别的方法主要看基金合同中约定的"托管人"或"保管人"职责中，有无受托职责。此外，只需"保管"的无须"托管"，必须"托管"的不能仅仅只是"保管"。

（2）公司型基金、有限合伙型基金设置"保管人"为宜。托管人与受托人有关，是建立在信托法律关系之上的。只有当基金属于信托型时，才需要遵循信托法律关系。修改后的《基金法》引入了公司型基金和有限合伙型基金，并在附则第一百五十三条中要求其证券投资活动要适用《基金法》，则意味着公司型基金、有限合伙型基金也要设置"托管人"并履行受托职责，笔者认为不妥，因为公司型基金、有限合伙型基金无须遵循信托法理。对此，我国香港地区对信托型基金和公司型基金是区别对待的，《单位信托及互惠基金守则》第四章第一节指出，根据信托成立的计划必须委任受托人，而互惠基金公司必须委任代管人。

（3）不是所有的投资基金都需要"托管"或"保管"。境外对一些当事人特别是投资者不要求或者规模较小的投资基金，可以豁免"托管"或"保管"。我国《关于规范金融机构资产管理业务的指导意见》（银发〔2018〕106号）第十四条规定，"本意见发布后，金融机构发行的资产管理产品资产应当由具有托管资质的第三方机构独立托管，法律、行政法规另有规定的除外。"该规定过于苛刻，建议可以适度放松，同时针对不同组织形式的资管产品区别使用"保管"或"托管"。

（4）对开展"非标"投资的投资基金，或者说投资基金设立后基金财产以债权、股权或者合伙份额等形态存在，基金财产不能由"托管人"或"保管人"实际掌控的，笔者认为"托管"或"保管"都意义不大。因为"托管"或"保管"的主要作用，是使基金财产实际掌控在托管人或者保管人手中，使基金财产的占有与使用、处分权能相分离，防止基金财产被挪作他用，有效保障基金财产的安全与独立；同时通过会计核算和估值，及时掌握基金财产状况，保护基金份额持有人的合法权益。

需要注意的是，"托管"制度在我国信托型公募证券投资基金的应用，是非常成功的，但嫁接到私募基金时似乎水土不服。诚然，私募基金的基金托管人与基金管理人在各自职责范围内独立承担相应责任，只有在基金托管人、基金管理人因实施共同行为，给基金财产或者基金份额持有人造成损害时，才需要承担连带赔偿责任。但是，因基金管理人单方行为给基金财产或者基金份额持有人造成损害，且基金管理人跑路并缺位的情况下，基金托管人虽然无须承担连带赔偿责任，其该如何继续依法履职，值得深入研究。

四、对发展公司型基金、有限合伙型基金等问题的思考

前面已经提到，我国现行《基金法》第一百五十三条规定，"公开或者非公开募集资金，以进行证券投资活动为目的设立的公司或者合伙企业，资产由基金管理人或者普通合伙人管理的，其证券投资活动适用本法"。该条规定中，明确了我国基金可以采用公司型、有限合伙型的组织形式。

（一）关于公司型基金

1. 我国尚未建立特殊公司制度，无法设立和境外一样的公司型基金

如前所述，我国尚未就特殊公司进行专门立法。我国投资基金立法过程中，曾一度考虑引进公司型基金，但当时考虑到公司型基金在我国尚没有实践，开展相关立法需要增加立法成本等，最终没有作出详细的法律规定，我国2003年《基金法》仅在附则第一百零二条作出

原则性规定，即"通过公开发行股份募集资金，设立证券投资公司，从事证券投资等活动的管理办法，由国务院另行规定"。我国《基金法》出台后，开展公司型基金专门立法的呼声和需求并不高，因为信托型基金在运作中并没有出现问题。但大家对公司型基金的关注，并没有因此减弱。对此，现行《基金法》将该条进一步修改为："公开或者非公开募集资金，以进行证券投资活动为目的设立的公司或者合伙企业，资产由基金管理人或者普通合伙人管理的，其证券投资活动适用本法。"

由于我国《基金法》在附则中对公司型基金仅作了原则性规定，该规定中设立的"公司"，是"特殊公司"还是我国《公司法》下的"有限责任公司或股份有限公司"？我国《基金法》没有予以明确。因此，实践中常有人把公司型基金与有限责任公司、股份有限公司划上等号，认为公司型基金就是一般意义上的公司。例如《私募投资基金命名指引》① 第二条规定，通过契约、合伙企业、有限责任公司、股份有限公司等组织形式募集设立的私募投资基金命名事宜，适用该指引。这明显忽略了公司型基金与有限责任公司、股份有限公司的区别，将导致认知和实践误区。

对此，全国人大常委会法工委编写的《中华人民共和国证券投资基金法释义》这样解释：公司型基金是指基金本身为一家公司，通过发行股票的方式筹集资金以进行分散性的证券投资，并向投资者定期派发股票和红利。这种公司通常被称为"投资公司"。公司型基金与一般的股份有限公司有很多类似之处。主要的不同是，投资公司的业务往往集中于证券投资领域。公司型基金包括以下四个主要当事人：基金投资者、投资公司、基金管理人和基金托管人。这其中，基金投资者因购买基金份额成为投资公司的股东；投资公司作为一个具有独立

① 《私募投资基金命名指引》由中国证券投资基金业协会于 2018 年 11 月 20 日发布，于 2019 年 1 月 1 日起施行。

法人资格组织与基金管理人和基金托管人签订委托协议，由基金管理人运作管理基金，基金托管人保管基金资产。实践中，还存在一种与公司型基金相类似的合伙型基金，即以进行证券投资活动为目的设立的合伙企业。①

笔者认为，特殊公司与有限责任公司、股份有限公司有本质的区别。我国如果要发展公司型基金，必须开展"特殊公司"的专门立法，像美国一样制定一部专门的"特殊公司法"，或者参考新加坡等一些国家制定"可变资本公司"方面的法律法规。

2. 按我国现行《公司法》构建公司型基金存在法律风险

虽然有人明知设立公司型基金在我国缺少法律依据，但在金融创新的驱动下，有关公司型基金的尝试从没有中断过。根据《基金法》关于公司型基金的原则性规定，有人认为我国就可以根据《公司法》设立公司型基金了，本书不以为然。

本书第二章介绍了特殊公司与有限责任公司、股份有限公司的区别，第三章对公司型基金与有限责任公司、股份有限公司进行了比较。很明显，特殊公司与有限责任公司、股份有限公司存在根本性的区别，美国的公司型基金也并不是按照有限责任公司、股份有限公司的形式进行组建。如果我国按现行《公司法》构建公司型基金，将存在巨大的法律风险。如前所述，我国《公司法》的现行规定难以符合公司型基金的特征，许多条文对公司型基金的运作构成了障碍和限制，主要表现在：一是设立公司，应当依法向公司登记机关申请设立登记，必须在公司名称中标明有限责任公司或者有限公司、股份有限公司或者股份公司字样；二是设立公司所形成的法人财产，应当由公司内部机构管理经营，而公司型基金的具体经营则要由外部专业管理机构来负

---

① 李飞. 中华人民共和国证券投资基金法释义［M］. 北京：法律出版社，2013：280 -
281.

责操作；三是有限责任公司或股份有限公司必须依法设立"三会一层"，即股东（大）会、董事会、监事会、高级管理层这样一些公司治理架构，与公司型基金完全不同；四是有限责任公司或股份有限公司必须有固定的营业场所，而公司型基金没有这种要求，它只是一堆钱的集合。五是有限责任公司或股份有限公司有一套专门的财会和税务制度，而这些制度对公司型基金难以适用，等等。我们不妨假设：公司型基金就是有限责任公司或股份有限公司。那么，应该如何区别公司和基金呢？政府如何在税收、登记等方面予以区别对待呢？特别是对公募的开放式公司型证券投资基金，又该如何进行公司注册登记呢？显然这些问题不是我国现行《公司法》所能解决的。"如果我们仍坚持要使公司型基金适用《公司法》，只能永远阻止它的产生。"①

也正是由于我国的《公司法》难以适用于公司型基金，导致我国的公司型基金极为少见，而有限合伙型基金则比较普遍。值得注意的是，目前我国也出现了一些类似于公司型的基金，它按照我国《公司法》进行设立，采用不设管理层和委托投资等做法，尤其是我国《公司法》修改并取消了50%的对外投资比例限制后，使其表面上极类似于公司型基金，但其实质上仍是一个实体公司，还不是真正意义上的公司型基金，只不过在对外宣传上披上了公司型基金的外衣。笔者认为，这种打擦边球的做法不可取。一个产品、一类业务或者一个行业要行稳致远，必须作顶层的制度设计，公司型基金也是这样。

3. 公司型基金是今后我国投资基金发展的方向之一

目前，美国的共同基金主要是公司型基金，它与信托型基金各有所长。公司型基金的优点除了具有主体资格外，还有基金内部的独立董事制度等。为了保护投资者的合法权益，美国等一些国家在公司型基金中建立了独立董事制度，并取得了良好的效果。根据美国《1940

① 朱少平. 证券投资基金法解读［M］. 北京：中国金融出版社，2004：338.

年特殊公司法》要求，与某一投资基金不存在连带关系并没有不良记录的政府公务员、学者和教授等人员，经基金管理人推荐都可担任该基金的独立董事。独立董事最重要的职能是监督和平衡公司型基金的内部董事或执行董事，防止他们一意孤行。需要注意的是，独立董事不是虚设的，他们必须为投资者尽责尽职，存在虚假欺诈等行为时，任何一个投资者均可把他们送上法庭，并承担相应的民事和法律责任。

虽然，我国目前还没有关于公司型基金的法律规定，但今后应当把推出公司型基金作为发展投资基金的方向之一，以进一步丰富我国的基金类型。因为公司型基金是当今基金发展的主流，占世界基金市场的份额超过一半以上。同时，公司型基金有比较完善的治理结构，设有董事会代表基金份额持有人的利益，解决了基金主体缺位问题。此外，在公司型基金的制度设计中，基金管理人和基金保管人以及基金的投资方向和风格，要由基金自身的董事会来决定，董事会成员既包括基金份额持有人代表，又有从社会上聘请的独立董事，他们要从基金利益的角度决定基金的投资风格，监督基金管理人的投资运作，这样做既充分发挥了基金管理人的积极性，又在较大程度上防止了他们对权利的滥用，能够更有效地保证基金的利益，规避风险。为此，我国在条件具备时，也宜发展公司型基金，充分发挥其对我国经济高质量发展的促进作用。

（二）关于有限合伙型基金

1. "私募基金"广泛采取有限合伙的组织形式

反观有限合伙的制度设计，可以发现有限合伙的组织形式非常适合于"私募基金"：一是有限合伙的合伙人数通常有一定限制，符合私募基金不得向不特定对象募集资金的特性。二是有限合伙中有人承担无限责任，信用高，能吸引投资者的参与，能够在不向第三方举债的情形下获得充足的资金来源。三是有限合伙企业的设立手续简便，不像有限责任公司或者股份有限公司一样繁琐复杂，同时在发起设立和机构设置等方面要求也比较低。四是在税收上享有一定的优惠，不用缴纳法人所得税。同时，在个人所得税方面，合伙人的合伙收入可与其个人的其他收入相冲抵后再行纳税。五是有限合伙人可以依据有限合伙协议，实行分段投资、分段注资。因此，"有限合伙中一般合伙人和有限合伙人的权利、义务配置及其内在的平衡机制，非常适于私募基金的运作。"[1]

据了解，目前境外许多私募基金都采用了有限合伙的法律组织形式，如私募的风险投资基金、创业投资基金、证券投资基金等。"有限合伙制作为创业投资基金的一种组织形式，最初诞生于美国，是美国创业投资组织创新和制度创新的产物。据统计，美国在1980年有限合伙制创业投资基金投资额为20亿美元，占整个创业投资总额的42.5%，到1995年已达到了1432亿美元，占整个创业投资总额的81.2%，大大超过了信托型、公司型的创业投资额及其占整个创业投资总额的比率。这说明有限合伙型已成为美国创业投资基金的主流模式，也反映了美国创业投资业日趋组织化、机构化和专业化，并成为美国创业投资产业高度发达的主要标志。"[2] "在英国，目前对私人股权和收购股权基金管理中最常用的组织形式是有限合伙制。根据1907年的有限合伙法，有限合伙型基金必须在英格兰注册，合伙人数量限额为20人。"[3]

2. 我国的有限合伙型基金

我国1997年2月通讨的《合伙企业法》，主要规范普通合伙，没

---

[1]　参见中国人民大学信托与基金研究所. 中国基金业发展报告（1991—2003）［M］. 北京：中国经济出版社，2004：252.

[2]　巴曙松，张利国. 私募创投：有限合伙制促进美国创投基金发展［J］. 国际金融报，2004-11-29，第六版.

[3]　参见安虎森等. 欧洲风险投资运作规程通览［M］. 太原：山西人民出版社，2001：15.

有对有限合伙作出规范。纯粹理论分析，投资基金也可以采取普通合伙的方式设立，但普通合伙的两个规则，却使据此成立的投资基金几乎没有意义：一是合伙人须承担无限责任。如果投资失败，合伙人要以其个人所有财产承担连带责任，让投资者望而却步。二是只允许自然人成为合伙人，限制了法人合伙。据此，我国当时难以设立合伙型基金。"我国原来的合伙企业法没有规定有限合伙制度，而且有的条文对设立有限合伙形成直接限制，使我国的风险投资行业难以采用这一制度。"①

2006 年 8 月，《合伙企业法》通过了修订案，并于 2007 年 6 月 1 日起施行。考虑到有限合伙融合了普通合法和有限公司的优点，可以为资本与智力的结合提供一种便利的组织形式，修订后的《合伙企业法》在第三章增加了"有限合伙企业"的规定，内容主要包括：一是合伙人数为 2 人以上 50 人以下；二是至少有一个普通合伙人承担无限责任，其他合伙人承担有限责任；三是由普通合伙人执行合伙事务；四是有限合伙人可用货币、实物、知识产权、土地使用权或者其他财产权利作价出资，普通合伙人可以劳务出资；五是允许法人合伙。"我国 1997 年颁布的合伙企业法仅适用于自然人合伙人举办的普通合伙。随着经济的发展，有必要进一步扩大合伙人的范围。因此，法人可以作为有限合伙的合伙人，其他组织即非法人组织也可以成为合伙人。"②由于允许法人合伙，将可能出现由有限责任公司担任普通合伙人的情形，即由有限责任公司承担有限合伙企业的无限责任，这在国外是非常普遍的，特别是在风险投资中很常见，可以为那些不想承担无限责任但又想利用有限合伙制度的企业提供便利，即通过设立有限责任公司的方式参与有限合伙。

可以预见，《合伙企业法》的修订，为我国投资基金的设立提供了

---

① 李飞. 中华人民共和国合伙企业法释义 ［M］. 北京：法律出版社，2006：98.
② 李飞. 中华人民共和国合伙企业法释义 ［M］. 北京：法律出版社，2006：3 - 5.

一种新的法律组织形式，也为我国发展有限合伙型基金奠定了法律基础。"修订后的《合伙企业法》使私募股本投资在国内已经没有法律障碍。这意味着，作为私募股本投资之一的证券市场私募基金在成立方面也已没有法律障碍。"①

伴随《合伙企业法》的修订，有限合伙型基金在我国悄然兴起。笔者认为，我国修订后的《合伙企业法》消除了发展有限合伙型基金的法律障碍，但要运用有限合伙的组织形式发展投资基金，还需要进一步注意或完善以下几方面的内容：一是建立合格投资者制度，明确哪些人符合参与有限合伙型基金的条件，即有限合伙型基金属于私募性质，与其他私募基金一样，也需要明确其投资者（合伙人）为合格投资者，具有一定的投资理财知识和自我保护能力；二是要培育和形成一批职业化的普通合伙人，能够有效管理有限合伙型基金；三是政府不宜介入过多，充分体现合伙人意思自治，国家主要职责在于打击乱集资、恶意欺诈等犯罪行为；四是研究完善退出机制，特别是运用基金进行风险投资时，形成和完善二板市场、产权交易所交易、协议转让等市场退出渠道。

（三）对其他有关问题的思考

1. 公司型基金、有限合伙型基金不宜适用信托型基金的有关规定

如前所述，我国现行《基金法》在附则中对公司型基金、有限合伙型基金作了原则性规定，并明确其证券投资活动要适用《基金法》。对此，笔者认为不够妥当。

首先，现行《基金法》的主体是信托型基金，需要遵循信托法律关系，所形成的基金财产属于信托财产，其当事人也按照信托当事人进行设置。但公司型基金、有限合伙型基金明显和信托没有太大关系，

---

① 合伙企业法已通过 成立私募基金法律障碍扫除 [N]. 搜狐财经，2006 - 09 - 13.

其当事人也没有必要和信托当事人一样对号入座。举个例子，不同组织形式下的基金当事人，因其法律关系不同，所承担的责任和义务大相径庭，在法律规定中应当区别对待，规定不同情形下的责、权、利，例如基金管理人的职责，其立法习惯通常应该是先规定信托型基金管理人的职责，然后到规定公司型、有限合伙型基金管理人的职责时，不仅要明确其应遵守信托型基金管理人的哪些职责，同时还需要规定其应单独遵守的职责等。

其次，如前所述，现行《基金法》第三章关于"基金托管人"的规定，是针对信托型基金设置的，其本意是"受托人"+"保管人"的集合体。这明显不能适用于公司型基金和有限合伙型基金，依照国际惯例，公司型基金和有限合伙型基金仅设置"保管人"。

笔者认为，如果对信托型基金、公司型基金、有限合伙型基金一视同仁，不加以区分，就会把它们刻成一个模子，就会失去发展不同类型基金的实际意义。

2. 合格投资者制度是合法私募与非法集资的界限

如前所述，根据募集方式的不同，投资基金可以分为公募基金和私募基金。实践中这两类基金泾渭分明，两者在募集方式、募集对象、投资对象、信息披露的要求、资金管理方式、资产流动性和投资风险等方面，都有很大的差别。其中，公募基金的投资人没有过多的限制，通常要接受严格的金融监管；而私募基金的投资人仅限于合格投资者，但在产品监管上相对宽松，同时募集的资金量一般较小，投资运作没有太多的严格要求和限制，风险相对较大。当前，世界上的基金种类以私募为主，公募基金的种类非常少，仅仅包括公募的证券投资基金、房地产信托投资基金（REITs）和基础设施信托基金等。笔者认为，公募基金种类之所以这么少，主要是居于封闭式公募基金的流通、开放式公募基金的申购和赎回必须按照公允价值计量并实行净值化管理。

做不到这一点的，交易流通或者申购赎回时无法定价，大概率就只能私募。

　　私募基金的一个重要特征，是投资者要符合一定条件，且对投资者的人数有一定限制。即私募基金的投资人必须是合格投资者，不允许普通投资者加入私募基金，禁止私募基金向社会公众募集资金。对于合格投资者，境外早有相关制度规定。美国《1933 年证券法》规定，合格投资者是指："（i）本法第 3（a）（2）条中定义的以个人或受信人身份行事的银行；本条（b）款第（13）项中定义的保险公司；根据《1940 年特殊公司法》注册的特殊公司，或该法第 2（a）（48）条中定义的企业开发公司；经小企业管理局许可的小企业投资公司；或员工福利计划，包括依据《1974 年员工退休收入保障法》设立的个人退休账户，唯该账户投资的决策人为该法第 3（21）条［《美国法典》第 29 编第 1002（21）节］定义的计划受信人，即银行、保险公司或注册投资顾问；或（ii）根据理财能力、资本净值、知识和理财经验或所管理的资产额等因素判断，符合证券交易委员会制定的规则和条例项下合格投资者资格的任何人。"[①] 在此基础上，美国《D 条例》（*Regulation D*）进一步规定，合格的投资人必须是银行、经纪人或交易商、保险公司、投资公司、小型商业投资公司、州政府的雇员福利计划、雇员退休计划、私人商业发展公司等总资产超过 500 万美元的任何组织。此外，净资产超过 100 万美元且年收入超过 20 万美元或者夫妻两人年收入超过 30 万美元的富有个人，也可成为私募基金的投资者。我国香港《证券及期货条例》中规定，专业投资者（Professional investor）主要包括：（1）认可交易所、认可结算所、认可控制人或认可投资者赔偿公司；（2）中介人，或经营提供投资服务的业务并受香港以外地方的法律规管的其他人；（3）认可财务机构，或并非认可财务机构但受香港以外地方的法律规管的银行；（4）根据《保险业条例》（第 41 章）获

---

① 张路译 . 美国 1933 年证券法［M］. 北京：法律出版社，2006：13.

授权的保险人，或经营保险业务并受香港以外地方的法律规管的其他人；（5）根据该条例第 104 条获认可的集体投资计划，或以相似的方式根据香港以外地方的法律成立，并（如受该地方的法律规管）根据该地方的法律获准许营办，或营办任何该等计划的人；（6）《强制性公积金计划条例》（第 485 章）第 2（1）条界定的注册计划，或《强制性公积金计划（一般）规例》（第 485 章，附属法例 A）第 2 条界定的该等计划的成分基金，或就任何该等计划而言属该条例第 2（1）条界定的核准受托人或服务提供者或属任何该等计划或基金的投资经理的人；（7）属《职业退休计划条例》（第 426 章）第 2（1）条界定的注册计划，或属该条例第 2（1）条界定的离岸计划，并（如以某地方为本籍而受该地方的法律规管）根据该地方的法律获准许营办，或就任何该等计划而言属该条例第 2（1）条界定的管理人的人；（8）任何政府（市政府当局除外）、执行中央银行职能的任何机构，或任何多边机构；（9）符合该条例规定的其他专业投资者。

笔者于 2006 年参与起草了《信托公司集合资金信托计划管理办法》，该办法首次把合格投资者制度引入了我国。随后，我国其他一些私募资管也逐步建立了合格投资者制度。我国《基金法》第八十七条规定，合格投资者是指达到规定资产规模或者收入水平，并且具备相应的风险识别能力和风险承担能力、其基金份额认购金额不低于规定限额的单位和个人，其具体标准由国务院证券监督管理机构规定。《关于规范金融机构资产管理业务的指导意见》（银发〔2018〕106 号）第五条规定，合格投资者是指具备相应风险识别能力和风险承担能力，投资于单只资产管理产品不低于一定金额且符合下列条件的自然人和法人或者其他组织。具体包括：（1）具有 2 年以上投资经历，且满足以下条件之一：家庭金融净资产不低于 300 万元，家庭金融资产不低于 500 万元，或者近 3 年本人年均收入不低于 40 万元。（2）最近 1 年末净资产不低于 1000 万元的法人单位。（3）金融管理部门视为合格投资者的其他情形。

笔者认为，合格投资者制度是区别合法私募与非法集资的界限。建议为所有私募资产管理活动建立普遍适用的合格投资者制度，在集资行为之初即辨识其是否合规。如果投资人都是合格投资者，则其募集资金的行为是合法的，"卖者尽职、买者自负。"只要资产管理人履职尽责，即使募集的资金发生亏损，其后果均由合格投资者承担。如果投资人不是合格投资者，则其募集资金的行为从一开始就是非法的，即使给投资者获取了丰厚回报，也应当以违规论处并受到法律的制裁。这在美国，属于未经金融监管部门批准私自公开发行证券。笔者认为，合格投资者制度在我国如果不能为所有的私募资产管理活动所遵循，将导致乱集资、非法集资的乱象不能得到根本解决。

3. 建议互联网资管产品可以有条件豁免合格投资者制度

在互联网快速发展的背景下，互联网资管产品或对公募和私募的界限发起挑战。事实上，互联网资管产品已经对国际上公募和私募业务规则造成了巨大的冲击，如何能让互联网资管产品既符合公募、私募的国际惯例和我国的现有的监管规则，又得到健康规范发展？或者说，如何在互联网资管创新和传统公私募规则中找到契合点？这是一个崭新的课题，需要运用全新的视野和思维进行研究。

对此，本书建议建立"投资者限额制度"，并在此基础上适当放松互联网资管产品投资人的限制和要求。也就是说，互联网资管产品可以在符合一定条件下豁免合格投资者的要求，其投资者可以不受合格投资者制度的约束，但其前提是符合一定的条件。本书提出的条件之一，即是建立"投资者限额制度"。所谓"投资者限额制度"，即参与互联网资管的投资者可以是社会公众，但其投资单个互联网资管产品的金额不能超过一定的额度，比如10万元人民币等。

第八章　资产管理与信义义务

资管财产实现"资产隔离"后，下一步要由资产管理人对资管财产进行管理处分，并实现财产所有者托付资产的初衷。可以说，资产隔离是基本前提，管理处分是过程和手段，实现财产所有者的意愿是最终目的。从境外情况看，对资管财产进行管理处分，都要遵循信义义务（fiduciary duty），为受益对象的最佳利益服务。《国语·晋语》："废义则利不立"，即是说如果废了道义，就不会有利益了。说明了义与利的辩证关系，有义才有利，无义则利不存。

一、境外关于信义义务的一般原则

本书所介绍的信义义务，是对资产管理人为受益对象最佳利益行事的统称，即要求资产管理人管理资管财产要和管理自己的财产一样尽心尽力。通俗地说，资产管理讲信义义务，就是要求资产管理人必须在任何时候为受益对象的最佳利益服务，或者说管理客户的财产，要和管理自己的财产一样尽心尽力。从境外资产管理实践来看，资产管理人履行信义义务，是有效保护投资者合法权益的根本保障。

（一）信义义务的渊源

信义义务源于英美法系的信托法理，"最初是衡平法用来作为一方违反他人对他的信任（trust）或信赖（confidence）而侵害他人利益时的一种救济手段，并且从其起源之时就和信托密不可分。"①《布莱克法律辞典》中给出"fiduciary"的解释为：作为名词是指一个有资产管理人或者类似于资产管理人特性的人，该特性包含着信赖与信任，要求审慎的善意与诚实。作为形容词是指信托之特性，具有信托之特点，与信托类似的、与信托相关的或者建立在信托或信任基础上的。这也不难理解，资管的资产隔离工具中，毕竟先有信托制度，再有的特殊公司和有限合伙，信托制度所明确的信义义务，也就逐渐被特殊公司、有限合伙等制度构建的资产管理所采用，使得信义义务逐渐被广泛地适用于资产管理活动之中。"信义义务的概念在英美法中已有数百年的历史，至今在信托法、公司法、代理法、合伙法等私法领域随处可见信义义务的身影，且其适用领域仍有不断扩张的趋势。"②

信托制度有两大制度精髓，一个是本书第二章介绍的信托财产具有独立性，另一个就是受托人的信义义务。通常认为，信义义务是受托人基于委托人的信任而对受益人产生的法律义务。具体而言，信托的委托人基于对受托人的信任，将自己合法所有的财产交付受托人，受托人则承诺为受益人的最佳利益行事。信托法上受托人对受益人的这种法律义务，是信义义务的最典型形态。早期的信义义务也是指信托关系下受托人的法律义务，只是"后来泛指所有类似于信托关系、为了他人的利益履行职责因而要求更高的行为标准的那些法律关系，如本人与代理人、董事与公司、合伙人与共同合伙人之间的关系。"③

---

① 姚朝兵．美国信托法中的谨慎投资人规则研究［M］．北京：法律出版社，2016：49.
② 姚朝兵．美国信托法中的谨慎投资人规则研究［M］．北京：法律出版社，2016：48.
③ 刘军稳，鄢圣鹏编译．1940年美国投资公司立法［M］．北京：新华出版社，2007：16.

英国《2000 年受托人法》第 1 条第 1 款规定，本款项下的义务无论何时适用于受托人，其必须行使合理的注意和技能，特别是顾及——（a）其具有或者自认为具有的任何特殊知识或经验，以及（b）如果其在经营或从业过程中作为受托人而行事，该种类经营或从业过程中行事的人被合理期望的任何特殊知识或经验。①

美国《1940 年投资顾问法》第 206 条对信义义务作出了原则规定，即"任何投资顾问不得直接或间接地借助邮件或任何州际商业手段或工具——（1）实施任何计划、计谋或伎俩以欺骗客户或预期客户。（2）从事任何构成对客户或预期客户进行欺骗或欺诈的交易、做法或业务经营过程。（3）充当其自有账户的委托人，故意向客户售出证券或从客户买入证券，或担任前述客户以外的他人的经纪人，故意为前述客户的账户实施证券买卖，而不在完成此项交易前向前述客户书面披露其身份，并取得前述客户对该项交易的认可。本第（3）款的禁止性规定不适用于与经纪商或交易商的客户发生的交易，只要该经纪商或交易商未在该交易中担任投资顾问。（4）从事欺骗、欺诈或操纵性行为、做法或业务经营过程。为本第（4）款之目的，委员会应制定规则和规章界定和规定合理手段以防止此类欺骗、欺诈或操纵性行为、做法或业务经营过程。"② 美国《1940 年特殊公司法》中，也涉及对信义义务的规定，如该法第 26 条规定，证券交易委员会及代表基金的股东对投资顾问（或与投资顾问相关联的人）及第 36 条所指之人，因违反忠实义务而收受的超额费用可以提起诉讼；第 36 条规定，证券交易委员会可以因特殊公司的董事、投资顾问委员会成员、投资顾问、基金保管人或主承销商等违反诚信义务的个人不当行为，对其提起诉讼或禁止令。

---

① 葛伟军等. 历史的经典与现代的典范：英国信托成文法编译［M］. 北京：法律出版社，2017：175 – 176.
② 中国证券监督管理委员会组织编译. 美国《1940 年投资顾问法》及相关证券交易委员会规则与规章［M］. 北京：法律出版社，2015：58 – 59.

有限合伙的制度精髓也充分体现了信义义务，一方面，有限合伙企业的经营管理由普通合伙人负责，这是各国法律关于有限合伙制度的一项基本原则，普通合伙人在执行合伙事务时，应当遵守法律法规，遵守社会公德、商业道德，承担社会责任。同时，普通合伙人对合伙企业债务承担无限连带责任。该无限连带责任，包括两层含义：一是普通合伙人对合伙企业的债务承担无限责任，即当合伙企业的全部资产不能清偿其债务时，普通合伙人须以自身的财产对合伙企业的债务承担无限责任；二是当普通合伙人为两人及两人以上时，普通合伙人之间对合伙企业债务承担连带责任。《机构有限合伙人协会（ILPA）股权投资基金行业规则》（2011年第二版）中要求："鉴于普通合伙人在合伙企业管理上的高度自主性，应该避免任何令普通合伙人得以任何方式降低或者逃避其勤勉义务的条款。普通合伙人须遵守的高度勤勉义务标准应防止出现允许普通合伙人及其关联方就其实质性违反合伙协议、违反勤勉义务或存在其他特定事由的情形而开脱责任或接受补偿的条款。"①

实务中，信义义务更推广至资本市场中，如要求上市公司需要履行信托责任。通常认为，上市公司的信托责任，是上市公司对股民所负有的责任，是联系上市公司和股民的桥梁和纽带。通俗地说，信托责任就是指上市公司相当于受托人，心中要有股民，要时刻为股民的最佳利益着想。"上市公司通过证券市场进行直接融资，投资者通过购买股票成为公司股东，上市公司必须尽自己最大的努力去经营来回报投资者的选择和信赖。"② 笔者认为，上市公司的信托责任是资本市场健康规范发展的关键所在，但我国目前未予以足够的强调和重视。"要建立好的股市，就要有好的信托责任，政府对股民要有信托责任，上

---

① 张钧，韦凤巧. 有限合伙制 PE 治理［M］. 武汉：武汉大学出版社，2012：244.
② 蔡概还. 把上市公司信托责任变成有形制度［N］. 证券日报，2010 – 07 – 05.

市公司的职业经理人要对股民有信托责任，这些我们都没有。"①

对于信义义务，卡内基作了更加广泛的解释，他指出："百万富翁只是穷人的受托人，暂时受托为社会创造更多的财富。"② 在此基础上，他进一步指出，"富人就成了穷苦兄弟们的受托人和代理人，以其高超的智慧、经验和管理才华为之提供他们自己无力企及的上乘服务。"③

现实中，人们很容易把信义义务和诚信义务等同起来。诚信义务又称诚实信用义务，起源于罗马法，是规定民事主体在民事活动中行为的根本性原则，它与信义义务既有联系又有区别。诚信义务通常是指民事主体之间显失公平标准、善意标准或者被信任标准，而信义义务一般而言是为了他人的利益而将个人利益置于他人利益之下的义务。

（二）境外信托关于信义义务的基本要求

信托当事人中，受托人处于掌握、管理和处分信托财产的中心位置。因此，受托人是能否达成信托目的的关键所在。对此，各国的信托立法，均凸显了受托人的信义义务。

在英美信托法上，信义义务是受托人行为规范的基本原则，是能否达成信托目的的关键。概括为一句话，信义义务就是受托人应当为受益人的最大利益处理信托事务。"为受益人的最大利益处理信托事务"，这是源自英美法系的一种法律用语，原意为最大的勤勉（utmost diligence）或者格外的注意（exact diligence），日本称为"以善良管理人的注意处理信托事务"，是对受托人的一种原则性要求。所谓最大利益，是受托人尽心尽力、力所能及地管理信托财产所能带来的最佳效果，它根据受托人素质的不同而存有差异，一般以受托人所处阶层和

① 郎咸平. 郎咸平说谁都逃不掉的金融危机 [M]. 北京：东方出版社，2008：98-99.
② [美] 安德鲁·卡内基. 财富的福音 [M]. 杨会军译. 北京：京华出版社，2006：18.
③ [美] 安德鲁·卡内基. 财富的福音 [M]. 杨会军译. 北京：京华出版社，2006：15.

职业应当普遍达到的效果为基准，至于是否达到了这项标准，当信托当事人之间存在争议时，可以诉诸法院解决。

通常情况下，信义义务主要包含注意义务和忠实义务两层基本涵义：

1. 注意义务（duty of care）

注意义务也称谨慎义务，即受托人应当以专业的技术与谨慎的注意管理处分信托财产，具体包括注意的需要、技能的需要、谨慎的需要。英美信托法主要通过判例确立受托人的注意义务，同时也有一些成文的规定。《欧洲示范民法典草案》在受托人义务的一般规定中明确，"受托人应当按照法律和信托条款的规定，以谨慎管理他人事务的态度，为受益人的利益或者以促进公共利益为目的，管理信托资金和行使处分信托资金的权力。尤其是，受托人应当以必要的注意和技能，公正与善意地为一定行为。考虑到受托人的报酬请求权，受托人必须以一个合理适格和谨慎的人管理他人事务所具有的必要的注意和技能为一定行为；受托人在其专业活动中为一定行为时，必须以一个专业人士所必须的注意与技能而行事。"① 日本《信托法》（2013 年修订版）第 29 条规定了"受托人之注意义务"，即受托人应依信托之本旨处理信托事务。受托人处理信托事务时，应尽善良管理人之注意义务。但信托行为另有订定者，从其订定之注意义务为之。新加坡《受托人法》（2021 年）在第一部分"导言"中规定了"受托人的法定注意义务"，即（1）受托人在行使任何权力、履行任何职责或作出附表 1 所提到的任何行为时，应在考虑以下具体情况下，合理谨慎的行使技能：（a）其所具有或自认为具有的任何特殊知识或经验；以及（b）如果其在经营或从业过程中作为受托人而行事，该种类经营或从业过程中行事的

① 欧洲民法典研究组、欧盟现行私法研究组编著. 欧洲示范民法典草案：欧洲私法的原则、定义和示范规则［M］. 高圣平译. 北京：中国人民大学出版社，2012：409.

人被合理期望的任何特殊知识或经验。美国《信托法第三次重述》明确，受托人应当考虑到信托目的、信托期限、分配要求和信托的其他情况，像一个谨慎投资者那样投资和管理信托财产。为满足这个标准，受托人应当履行合理的注意、技能和谨慎。美国《统一谨慎投资人法》对注意义务有进一步的明确要求。

（1）注意的需要。即受托人管理处分信托财产，应尽到合理的努力和勤勉，调查和了解与信托财产管理处分有关的情况，必要时还可以咨询专业人士。美国《信托法第三次重述》第 90 条的评论 D 指出，所谓"注意"的要求，就是指受托人在进行投资和监督投资时应尽到合理的努力和勤勉并重视信托的目的。此外，注意的要求还包括受托人有义务了解与信托投资有关的权利和机会。

（2）技能的需要。即受托人应具备与所开展的管理处分行为相适应的能力，这是受托人能力方面的客观标准，受托人要量力而行。技能的标准是相对的，对专业的受托人要适用专业人士的标准，对非专业的受托人适用非专业人士的标准。美国《统一谨慎投资人法》在其第 2 条（f）款的评论中指出，谨慎投资人的标准既适用于具有最丰富经验的专业投资管理企业和公司受托人，也适用于仅具有最少经验的家庭成员。从另一个角度来说，"谨慎投资人规则中的技能标准对专业人士与非专业人士提出了不同的要求，既不排除认真负责的家庭成员或朋友成为受托人的可能，也不允许拥有专业能力、能够满足高于一般的行为和能力标准的受托人漫不经心的怠慢行为。"① 笔者认为，对民事信托的受托人而言，一般要求其尽到普通人的注意即可，对营业信托的受托人则应该有更高的要求。通常，"法律要求信托业从事业务活动时，必须予以高度的注意，这种注意程度通常要求比管理自己事务给予的注意还要高，即应尽到专家的注意义务。"②

① 姚朝兵．美国信托法中的谨慎投资人规则研究［M］．北京：法律出版社，2016：150.
② 霍玉芬．信托法要论［M］．北京：中国政法大学出版社，2003：89.

（3）谨慎的需要。即受托人应谨慎行事，以合理的方式控制风险，避免投机。美国《信托法第三次重述》第90条评论E对谨慎的要求作了如下阐述：除了运用注意和技能之外，受托人必须运用一个谨慎投资人在类似情况下为类似目的管理类似财产的审慎。在没有信托条款规定的情形下，审慎的要求是受托人进行投资时应考虑资本的安全性和保障合理的收益。

受托人的所作所为是否履行了注意义务，是判断受托人由此造成信托财产损失时是否承担赔偿责任的关键。一般来说，受托人的行为符合谨慎标准的，受托人不以固有财产承担信托财产发生损失的赔偿责任，反之则需要。

司法实践中，法院根据具体情况，针对不同受托人可能采用不同的谨慎标准。①对于普通受托人，特别是由普通公众担任受托人的，适用一般标准，即受托人应当像一个谨慎的商人那样处理信托事务，一个谨慎的商人遇到类似情况时为了自身利益会怎样做，受托人就应当怎样做。②受托人如果是专门经营信托业务的信托机构，法律对这些专业受托人提出了更高的要求，应当具有处理信托事务的专业知识，或者具有某种专业资格的从业人员。在处理信托事务过程中，他们的谨慎标准应当是其所处行业从业人员的职业技能和谨慎标准。③受托人如声称自己具备更高的技能和谨慎标准，则应体现出该技能和标准，即以他声称的技能和谨慎标准来衡量他的作为。④信托事务涉及信托财产投资的，受托人应遵循更高的谨慎标准，即一个人为他在道义上负有责任的人进行投资所要求的谨慎程度。[①]

2. 忠实义务（duty of loyalty）

即受托人管理处分信托财产时，不能为自己和他人谋取私利，而

[①] 何宝玉．信托法原理研究（第2版）[M]．北京：中国政法大学出版社，2015：288.

应以受益人的最大利益为处理信托事务的最高宗旨。"英美信托法不仅规定了行为不当的受托人应当如何承担责任，而且针对受托人提出了一项原则要求，即受托人不得使自己处于受托人职责与个人利益（或者说信托利益与受托人的个人利益）相冲突的地位。就是说，受托人只能忠于受益人的利益，负有忠实义务。"① 日本《信托法》（2013 年修订版）第 30 条规定了受托人的"忠实义务"，即受托人应为受益人之利益，忠实处理信托事务或为其他行为。为了进一步体现忠实原则，日本《信托法》（2013 年修订版）第 31 条规定了"利益冲突行为之限制"，即受托人不得使信托财产（包括该财产有关之权利）归属为固有财产，或使固有财产（包括该财产有关之权利）归属为信托财产；受托人不得使信托财产（包括该财产有关之权利）归属于其他信托之信托财产；受托人不得与第三人间为信托财产之行为，而自己为该第三人之代理人；受托人不得将信托财产设定担保，而以仅就固有财产负履行责任之债权作为被担保债权，或其他与第三人间为信托财产之行为，而受托人或其利害关系人与受益人间之利益相反时。

信托的成立是基于委托人对受托人的信任，并且赋予受托人以较大的管理和处分权利，故受托人忠实与否至关重要。通常来说，忠实义务包括以下四方面的含义：

（1）受托人不得享有信托利益。这是各国信托法的共同原则，也是对受托人的一项基本要求。受托人虽然是信托财产的实际控制者和管理者，但其管理处分信托财产均需服务于受益人的最佳利益，自己不得享有信托利益。如果允许受托人与受益人争利，则受托人就难以为受益人的最佳利益行事。日本、韩国等国家和地区的信托法均明确规定：受托人不得以任何人的名义取得信托利益。其中特别强调"不得以任何人的名义"，目的是防止受托人规避法律法规，以其关联人或

---

① 何宝玉. 信托法原理研究（第 2 版）[M]. 北京：中国政法大学出版社，2015：292.

者朋友等名义间接取得信托利益。如果受托人想参与分享信托利益，唯一的办法是让自己成为共同受益人之一，例如信托产品中受托人跟投一部分固有资金，在这种情形下，受托人通过受益人的身份享有信托利益。

（2）受托人不得利用信托谋取私利。这一要求至少包括以下四个方面的内容：一是不得利用信托财产谋取私利。各国信托法均明确，受托人除依据信托文件取得报酬外，不得利用信托财产为自己谋取利益，例如受托人将信托财产进行投融资的过程中，同时向交易对手收取咨询费、顾问费等服务费。如果受托人违反规定利用信托财产为自己谋取私利的，所得利益归入信托财产，所遭受的损失则以受托人的固有财产承担。按照英国信托法原理，这样规定的目的是，促使受托人对人类犯错误的本性随时保持警惕，防止受托人将自己的责任和利益处于与信托利益相冲突的地位；二是不得利用受托人身份和地位谋取私利。受托人是信托财产的实际掌控者，对信托财产进行管理处分的过程中，受托人的身份可能会带来一些好处。英美信托法通过判例确立了这样一个原则，即受托人因受托人身份、地位获得的利益应当归入信托财产，不属于受托人的固有财产；三是不得利用信托管理中获悉的信息和机会谋取私利。受托人在管理信托事务的过程中，经常会碰到一些利好的投融资信息和商业机会，如果因此获利，依英美信托法，法院无从查明受托人行为的内在动机，只能审查外在情况，只要受托人有可能产生利益冲突，法院就予以干预，给信托受益人提供救济。四是不得开展信托同业竞争。根据英国信托法判例，受托人不能为个人利益经营与信托相同的业务，因为受托人只能为了信托的利益经营该项业务，一旦他自己经营相同的业务，就可能损害信托利益。

（3）受托人不得将信托财产转为固有财产。对此，各国信托法均明确规定，信托财产不属于受托人的固有财产，受托人须将信托财产与其固有财产严格分开。同时，为防止受托人将信托财产占为己有，日本、韩国等国家和地区的信托法均强调，受托人不得将信托财产转为固有财产，不得在信托财产上设定或取得权利。受托人将信托财产转为其固有财产的，必须恢复该信托财产的原状，因此造成信托财产损失的，受托人应当承担赔偿责任。实际上，受托人将信托财产转为自己的固有财产，是一种非法侵占行为。如果不加限制，要求将受托人固有财产与信托财产严加区分的规定就会落空，信托财产具有独立性的安排就会形同虚设。

（4）受托人不得以其固有财产与信托财产进行交易。在英美法系国家，禁止受托人以信托财产与固有财产交易，被称为禁止自我交易规则。依英美信托法，为防止受托人利用各种手段规避禁止自我交易规则，该规则不仅适用于受托人，也适用于代表受托人利益的其他人，例如受托人的亲属、合伙人、原受托人以及由受托人实际控制的法人等。大陆法系的信托立法，也都有禁止或者限制受托人以其固有财产与其管理的信托财产进行交易的规定。"如果允许受托人以其固有财产与信托财产进行交易，受托人就极有可能基于其管理、处分信托财产的有利地位，为实现自身利益的最大化而损害受益人的信托利益。"[1]当然，禁止自我交易规则也有例外，例如信托文件明确约定并授权受托人可以交易的，或者经委托人、受益人同意并且以公平的市场价格进行交易的，或者在公开的拍卖市场上进行交易的，受托人可以不受这一规则的约束。

此外，受托人不宜以固有财产与受益人交易，特别是购买受益人的信托利益。同时，受托人处理信托事务，不能让个人的感情偏好影响信托利益。对此，英美信托法确立了公平交易等原则，大陆法系信托法没有直接涉及这个问题。[2]

---

① 余卫明. 信托受托人研究［M］. 北京：法律出版社，2007：179.
② 何宝玉. 信托法原理研究（第2版）［M］. 北京：中国政法大学出版社，2015：300 - 301.

3. 其他义务

除了注意义务和忠实义务，境外信托制度一般还规定了其他方面的一些信义义务，归纳起来主要包括：

（1）分别管理义务。这一义务包含两层意思：一是受托人应当将信托财产与其固有财产分别管理；二是受托人接受两个或者两个以上信托时，应当将不同信托财产分别管理。如果不能有效分开，假设受托人投资失败时，将难以认定是信托财产的损失还是其固有财产的损失。因此，分别管理义务是落实信托财产独立性的一项重要原则。日本《信托法》（2013 年修订版）第 34 条第 1 款规定，受托人应分别管理信托财产、固有财产及其他信托之信托财产。更进一步，"依英美法，除受托人外，其他受信人（如律师）也负有分别管理的义务。受信人接收委托人、顾客的货币款项后必须存入专门的信托账户，以表明该账户里的款项是委托人、顾客的，并非受信人的固有财产。"①

（2）亲自管理义务。也称直接管理义务，即受托人必须亲自对信托财产进行管理处分。委托人选中受托人并设立信托，是基于委托人对该受托人的信任，相信该受托人能够把信托财产管好，如果该受托人又把信托事务委托他人处理，显然有违委托人的意愿。因此，通常情况下，受托人处理信托事务不得委托第三人代为处理。英美信托法有"受人之托者不得再转委托他人"的原则，原则上不允许受托人委托他人代行其受托职责。

只有在一些特定情形下，方允许受托人聘请有关专业人士在其执业范围内完成某些工作。英美法系将委托他人代理分为两种类型，一类是事务性代理，另一类是行使自由裁量的代理。美国《统一谨慎投资人法》第 9 条 a 款规定："受托人可以将一个拥有类似技能的受托人

---

① 何宝玉. 信托法原理研究（第 2 版）[M]. 北京：中国政法大学出版社，2015：304 – 305.

在当时情形下可能进行委托的投资和管理职责委托他人执行"。大陆法系信托法允许代理的例外情形与英美法系基本相同，但有关受托人、代理人责任等方面的规定却大相径庭。日本《信托法》（2013 年修订版）第 28 条规定，受托人在下列情形中，得委托第三人处理信托事务：信托行为中，订定将信托事务委托第三人处理或得委托第三人处理时；信托行为中虽无将信托事务委托第三人处理之订定，唯对照信托之目的，将信托事务处理委托第三人处理应属适当者；信托行为中虽订定不得将信托事务委托第三人处理，唯对照信托之目的，有不得不将信托事务委托第三人处理之事由时。笔者认为，受托人由于自身能力所限，将某些具体信托事务委托相关专业人士处理，仍宜视为受托人在亲自处理。

（3）有效管理义务。有效管理义务要求受托人应当根据信托文件的约定，切实对信托财产实施有效的管理。即受托人管理信托财产，必须是有效率的，能尽快实现信托目的，为受益人谋取应得的利益。从过程来看，受托人管理信托财产过程中，如果有多种具体途径或者方法可以实现信托目的，受托人应当选择其中最快捷、最有效的途径或方法；从结果来看，受托人管理信托财产要有成效，不能忙得焦头烂额却收效甚微，甚至离达成委托人的信托目的渐行渐远。泽西岛《信托法》（2014 年修订）第 21 条第（3）款规定：受信托条款的约束，受托人须（a）合理范围内保留信托财产的价值；（b）合理范围内提高信托财产的价值。

（4）公平对待义务。受托人的公平对待义务，包括以下几方面的内容：一是受托人应当公平对待不同信托的委托人、受益人，大家一视同仁；二是受托人应当公平对待其管理的不同信托财产，不能厚此薄彼；三是当同一信托的受益人为多人时，受托人应当公平对待同一信托下的各个受益人，不能忽视或者偏袒任何一位受益人。日本《信托法》（2013 年修订版）第 33 条规定，有两位以上受益人之信托，受托人应为受益人之利益公平执行职务。新西兰《信托法》（2019 年）第 35 条规定：受托人必须对受益人秉公行事，不得不公平地偏袒一个或一组受益人而损害其他受益人；本条不要求受托人平等对待所有受益人（但必须按照信托条款对待所有受益人）。

此外，"信托具有不同类型的受益人时，例如本金受益人与收益受益人，受托人管理信托财产特别是进行投资时必须在他们的利益之间保持公正的平衡，不得偏向一方。受托人既不能为了增大信托财产本金而牺牲当期收益（偏向本金受益人），也不能为了取得较大收益而牺牲信托财产本金的价值（偏向收益受益人）。"①

（5）共同管理义务。这不是一个具有共性的义务，仅针对同一信托有两个或两个以上受托人（为共同受托人）的情形。依各国的信托立法，共同受托人对信托财产负有共同管理的义务，即除信托文件另有约定外，共同受托人应当共同处理信托事务。共同受托人人数较多无法达成一致意见时，一般按多数决。美国怀俄明州《信托法》（2019 年修订）第 4 - 10 - 703 条款规定：（a）无法达成一致决定的共同受托人，可以按照半数以上的决定行事。（b）如果在共同受托人中出现空缺，剩余的共同受托人可以处理信托事务。新西兰《信托法》（2019 年）第 38 条规定了"一致行动的义务"，即如果有一个以上的受托人，受托人必须一致行动。

在责任承担上，一般要求共同受托人应当承担连带赔偿责任。日本《信托法》（2013 年修订版）第 83 条第 1 款规定，有二人以上受托人之信托，各受托人在处理信托事务中，对第三人负担债务时，各受托人为连带债务人。同时，该法第 85 条第 1 款规定，在有两人以上受托人之信托中，二人以上之受托人为违反其任务之行为，而负第 40 条规定之责任（受托人之损失填补责任等）时，为该行为之各受托人为

---

① 何宝玉. 信托法原理研究（第 2 版）[M]. 北京：中国政法大学出版社，2015：324.

连带债务人。

（6）保存记录义务。受托人应当完整保存自己处理信托事务的有关记录，如信托财产目录和收支账目等。新西兰《信托法》（2019年）第45条规定了"受托人必须保存核心文件"，每一个受托人必须在合理的范围内保存以下信托文件：（a）信托契约和包含信托条款的任何其他文件；（b）对信托契约或信托的任何变更；（c）确定信托资产、负债、收入和支出并与信托财产的价值和组合相适应的信托财产记录；（d）受托人在职期间作出任何决定的记录；（e）受托人在职期间签订的任何书面合同；（f）受托人在职期间编制的任何会计记录和财务报表；（g）受托人的委任、解任及解聘文件（包括委任或解任受托人的任何法院命令）；（h）委托人发出的任何意向书或备忘录；（i）管理信托所需的其他文件；（j）（a）至（i）项所指的任何文件，也包括由前受托人在其在职期间保管并转交给现任受托人的文件。此外，保存记录的方式，随着金融科技的发展，逐渐由书面账簿向电子记录过渡，数字化转型是必然趋势。

受托人保存记录的义务，既是一般会计原则的要求，为信托法赋予受托人的一项义务，也是受托人保护自身合法权益的有效手段。据笔者向境外一家信托机构的了解，为了尽职，他们注重保存所有能够保存的处理信托事务的有关记录，以便对簿公堂时能够呈堂证供。

（7）信息保密义务。受托人对委托人、受益人以及处理信托事务的情况和资料，负有依法保密的义务。受托人在接受信托和管理信托的过程中，会了解和接触到委托人的很多秘密甚至隐私，特别是家族信托中涉及的隐私更多。这些信息涉及委托人、受益人的切身利益，如果受托人不能建立一整套的保密制度让委托人放心，做不到百分百的保密，就可能会失去委托人的信任。美国怀俄明州《信托法》（2019年修订）第4－10－205条款规定了"文件的密封和可取得"，即信托委托人的隐私应在任何与信托相关的司法程序中受到保护。提交的任何诉请文件、信托文件、财产清单，任何受信人保存的报告、被受信人宣誓证实的年度报告、受信人的决算报告以及与信托管理有关的任何诉请文件和法院命令，均应予以密封，并且不得作为司法程序的公开记录的一部分，但应根据法院认为需要时的命令，向法院、委托人、任何受信人、任何适格的受益人、上述主体的律师以及任何其他利害关系人提供。

此外，境外不仅要求受托人必须遵守信托法等法律法规的相关规定，通常还允许信托当事人之间通过信托文件设定义务，只要这种义务不违反法律法规和公序良俗。

二、我国关于信义义务的原则性规定

我国古代强调重义轻利，在讲求义的前提下追求利。《增广贤文》："君子爱财，取之有道"。孔子明确提出，"富与贵，是人所欲也"，但"不义而富且贵，于我如浮云"。这一道理于今亦然，管理他人财产，首先要重"义"。

我国《信托法》对受托人的信义义务作出了原则性的规定，即受托人应当遵守信托文件的规定，为受益人的最大利益处理信托事务（《信托法》第二十五条第一款）。这一规定颇具英美特色，实务中如何把握"最大利益"，一方面需要配套法规予以细化，同时需要通过司法判例加以研判。

（一）我国《信托法》关于信义义务的有关规定

1. 受托人管理信托财产，必须恪尽职守，履行诚实、信用、谨慎、有效管理的义务

我国《信托法》第二十五条第二款规定，受托人管理信托财产，必须恪尽职守，履行诚实、信用、谨慎、有效管理的义务。一方面，

受托人管理信托财产必须恪尽职守。信托成立后,受托人必须对信托财产做详细登记,弄清属于何种信托,研究信托文件的有关条款和注意事项,按规定对信托财产进行管理处分,依法享有权利和承担义务。境外将之又称为职务注意(the cares of office)。同时,受托人应当履行诚实、信用、谨慎、有效管理的义务。诚实信用义务是指受托人在从事信托活动时,应当讲诚实、守信用,以善意的方式履行其职责,不规避法律法规和信托文件的规定。谨慎义务是指受托人在管理信托财产时,应当与管理自己的财产一样小心,达到高度的注意力。有效管理义务是指受托人管理信托财产要有成效,在有多种途径可以实现信托目的时,受托人要选择最快捷、最有效的途径,为受益人的最大利益服务。

2. 受托人除依法取得报酬外,不得利用信托财产为自己谋取利益

信托成立后,信托财产处于受托人的实际控制之下,受托人的所作所为,一方面直接影响信托目的的实现和受益人的利益,另一方面也可能影响受托人自身的利益。设立信托的一般目的是,通过受托人对信托财产的管理和处分,使受益人获取信托收益,而不是让受托人获得利益。也就是说,不管受托人所图为何,均不能直接或者间接地利用信托财产为自己谋取利益。我国《信托法》第二十六条规定,受托人除依照本法规定取得报酬外,不得利用信托财产为自己谋取利益。受托人违反前款规定,利用信托财产为自己谋取利益的,所获利益归入信托财产。

3. 受托人不得将信托财产转为其固有财产

这一规定是保持信托财产独立性、保护受益人利益非常重要的一个条款。受托人不能把信托财产转为其固有财产,因为信托财产不是受托人的固有财产。我国《信托法》第二十七条规定,受托人不得将信托财产转为其固有财产。受托人将信托财产转为其固有财产的,必

须恢复该信托财产的原状；造成信托财产损失的，应当承担赔偿责任。

4. 通常情况下，受托人不得将其固有财产与信托财产进行相互交易，或者将不同委托人的信托财产进行相互交易

如果允许受托人将固有财产与信托财产进行交易，从理论上说，受托人既是交易的买方，又是卖方，同时是交易的双方当事人，容易产生职责与利益冲突。从实践来看，受托人很容易按照不适当的价格购买信托财产，或者将固有财产出售给信托。同时，如果允许受托人将不同委托人的信托财产进行相互交易，也可能会影响受托人的管理行为，受托人有可能通过交易从中渔利，给受托人的公正地位带来瑕疵。

但是，在一些例外情况下，也不宜完全禁止上述交易。由于信托财产的特殊性或者委托人对受托人的特殊信任，信托文件明确允许受托人将固有财产与信托财产进行交易。而且，也有可能，受托人将固有财产与信托财产进行交易或者将不同委托人的信托财产进行相互交易，能够减少交易的有关费用，有利于受益人的利益和信托目的的实现。因此，当信托文件允许受托人进行上述交易的，受托人可以进行交易。信托文件未规定的，受托人也可以事先征得委托人或者受益人同意后，进行交易。

当然，受托人在信托文件有规定或者征得委托人、受益人同意的情况下实施的交易行为，也要以实现受益人的最大利益为准则，以公平的市场价格进行交易，而不能随意交易，更不能有损于受益人的利益。对于受托人违反规定，私自将固有财产与信托财产进行交易，或者将不同委托人的信托财产进行相互交易，并造成信托财产损失的，受托人应当承担赔偿责任，赔偿信托财产的损失。

对此，我国《信托法》第二十八条规定，受托人不得将其固有财产与信托财产进行交易或者将不同委托人的信托财产进行相互交易，

但信托文件另有规定或者经委托人或者受益人同意，并以公平的市场价格进行交易的除外。受托人违反前款规定，造成信托财产损失的，应当承担赔偿责任。

5. 受托人必须将信托财产与其固有财产、不同委托人的信托财产分别管理、分别记账

为了体现信托财产的独立性，防止受托人利用信托财产为自己谋取利益或者将不同委托人的信托财产进行不公平交易，我国《信托法》第二十九条规定，受托人必须将信托财产与其固有财产分别管理、分别记账，并将不同委托人的信托财产分别管理、分别记账。实务中，对信托资金一般要求开立信托资金专户，对非资金形态的信托财产要进行信托登记等。目前，我国只有信托机构可以依法开设信托资金专户，信托登记制度依然欠缺。在此情形下，民事信托的开展存在一定的法律风险。

此外，境外一些国家和地区的信托法对此作出了例外规定，值得我们研究借鉴：信托当事人事先约定可以不对信托财产进行分别管理和记账的，受托人就可以对信托财产进行混合运用。这种情形多发生在以货币作为信托财产的情形，因为货币具有高度流通性，一般难以真正实现分别管理。

6. 受托人应当自己处理信托事务，非依特殊情况不得委托他人代为处理

一方面，受托人应当亲自处理信托事务，不得委托他人代为处理，此即直接管理义务，又称亲自管理义务。信托设立之初，委托人指定某个或某些人担任受托人，这本身就包含了一种信任关系，委托人相信该受托人能为其完成心愿、实现信托目的。委托人指定的受托人接受信托后，等于作出了承诺，如果不亲自处理信托事务，而是随意委托他人处理，就有可能违背委托人的意愿，也有违委托人设立信托的初衷。因此，通常情况下，受托人应当履行亲自管理义务。另一方面，

在特殊情况下，受托人可以将部分信托事务委托他人处理。随着分工日益专业化，一些与处理信托事务有关的专业或技术性工作，大多由专业人士完成，特别是，从事营业信托的信托机构在处理信托事务时，单靠自己的力量往往不够，一般还需要听取其他专业人士的意见或者与他们进行协商，甚至由专业人士分担一些具体工作，例如，聘请审计师、会计师管理信托账目，或者在必要的情况下审计信托账目；聘请银行保管信托资金；聘请律师完成有关信托的法律事务等。目前，受托人特别是营业信托的受托人聘请专业人士完成一些具体工作，已经得到普遍的承认。在此情形下，受托人将一些具体工作委托有关专业人士完成，仍应视为在亲自处理信托事务。对此，我国《信托法》第三十条第一款规定，受托人应当自己处理信托事务，但信托文件另有规定或者有不得已事由的，可以委托他人代为处理。受托人依法将信托事务委托他人代理的，应当对他人代理信托事务的行为承担责任。

基于我国《信托法》的上述规定，笔者认为我国受托人按其职责可以分为以下四类：一是纯粹的受托人，即委托人设立信托的目的，不需要受托人对信托财产作任何的管理处分，也不需要受托人委托他人作任何的管理处分。这种情形，往往是出于资产隔离的需要。本书把这种受托人，称为纯粹的受托人；二是纯粹的受托人＋保管人，即为托管人，其职责主要是受托保管信托财产；三是纯粹的受托人＋投资管理人，其主要职责是受托管理信托财产；四是纯粹的受托人＋投资管理人＋保管人，此时受托人一身兼数职，既受托保管信托财产，亦受托管理信托财产。

7. 共同受托人应当共同处理信托事务

共同受托人是指同一信托同时存在两个或者两个以上的受托人。信托成立后，共同受托人应当为实现同一信托目的而共同努力，受托人未尽忠职守的，应当承担相应的法律责任。为了防止共同受托人之一独断专行，保护其他共同受托人的合法利益，我国《信托法》第三十一条规定，同一信托的受托人有两个以上的，为共同受托人。共同受托人应当共同处理信托事务，但信托文件规定对某些具体事务由受托人分别处理的，从其规定。共同受托人共同处理信托事务，意见不一致时，按信托文件规定处理；信托文件未规定的，由委托人、受益人或者其利害关系人决定。在此基础上，我国《信托法》第三十二条进一步规定了受托人应当承担的两种连带责任，一是针对信托以外的第三人，二是针对信托本身，即"共同受托人处理信托事务对第三人所负债务，应当承担连带清偿责任。第三人对共同受托人之一所作的意思表示，对其他受托人同样有效。共同受托人之一违反信托目的处分信托财产或者因违背管理职责、处理信托事务不当致使信托财产受到损失的，其他受托人应当承担连带赔偿责任"。

8. 受托人必须保存处理信托事务的完整记录

受托人处理信托事务过程中的原始凭证和有关单据，是受托人是否依法履职尽责的证据所在，也是信托当事人发生纠纷时法院断案的依据。因此，为了保护信托当事人的合法利益，受托人应当保存处理信托事务的完整记录，以备查阅。我国《信托法》第三十三条第一款规定，受托人必须保存处理信托事务的完整记录。对此，《中华人民共和国会计法》中也有规定，即"各单位对会计凭证、会计账簿、财务会计报告和其他会计资料应当建立档案，妥善保管。会计档案的保管期限和销毁办法，由国务院财政部门会同有关部门制定"（第二十三条）。对于保存的期限，《信托公司集合资金信托计划管理办法》第三十九条规定，信托公司应当妥善保存管理信托计划的全部资料，保存期自信托计划结束之日起不得少于十五年。《慈善信托管理办法》（银监发〔2017〕37号）第三十五条规定，受托人应当妥善保存管理慈善信托事务的全部资料，保存期自信托终止之日起不少于十五年。需要注意的是，如果信托的存续期超过十五年甚至更长年限，其保存期限与一般信托有所不同，应当同信托期限。

9. 受托人应当每年定期将信托财产的管理运用、处分及收支情况，报告委托人和受益人

为了更好地实现委托人、受益人的相关权利，我国《信托法》第三十三条第二款规定，受托人应当每年定期将信托财产的管理运用、处分及收支情况，报告委托人和受益人。报告的时间和次数，可由信托文件规定或者信托当事人之间约定，但每年最少不得少于一次。报告的方法，可以采用邮寄或者公告等方法，只要委托人和受益人能够通过合法途径获悉即可。在委托人与受益人是同一人的自益信托中，报告委托人或者受益人其中一人即可。在不存在委托人的信托中，报告受益人即可。在公益信托情形，受托人应当每年至少一次作出信托事务处理情况及财产状况报告，经信托监察人认可后，报公益事业管理机构核准，并由受托人予以公告。

10. 受托人对委托人、受益人以及处理信托事务的情况和资料负有依法保密的义务

受托人在管理信托事务的过程中，必然会了解到有关委托人、受益人及处理信托事务的情况和资料，这些情况和资料，涉及到委托人和受益人的切身利益，有的还可能是商业秘密和个人隐私。例如在遗嘱信托中，遗嘱的内容可能会关涉个人隐私和家族秘密，更要求受托人进行保密。对此，我国《信托法》第三十三条第三款规定，受托人对委托人、受益人以及处理信托事务的情况和资料负有依法保密的义务。

11. 受托人负有向受益人支付信托利益的义务

受托人向受益人支付信托利益，是受托人的基本义务之一。信托在设立之初，信托文件中就对受益人和受益人范围作出了规定，受托人管理运用和处分信托财产所获取的收益，按规定由受益人享有。因此，受托人应当将管理信托财产所获取的所有收益，按照信托文件规

定的形式和方法，支付给受益人。可以认为，向受益人支付信托利益是受托人最基本的义务，只要受托人对受益人是谁没有疑问，就应当履行支付义务。受托人如果出于故意、疏忽、欺诈或者对法律的误解，误将信托利益支付给了一个不应当收取的人，受托人应当承担相应的责任，赔偿信托财产由此造成的损失。同时，受托人履行支付信托利益的义务，是以信托财产为限承担有限责任的，也就是说，受益人在行使信托受益权时，无权对受托人的固有财产主张权利。因为在信托事务处理过程中，只要受托人没有违反法律法规和信托文件的规定，恪尽职守，对由于信托事务处理所产生的一切权利义务，即使在未能取得信托利益或者造成了信托财产损失的情形，受托人也无须用固有财产承担赔偿责任。对此，我国《信托法》第三十四条规定，受托人以信托财产为限向受益人承担支付信托利益的义务。

12. 受托人违背管理职责或者处理信托事务不当对第三人所负债务或者自己所受到的损失，以其固有财产承担

通常情况下，受托人因处理信托事务所支出的费用、对第三人所负债务，以信托财产承担。受托人以其固有财产先行支付的，对信托财产享有优先受偿的权利，即受托人在向受益人支付信托利益前，可以先从信托财产中获得补偿。但是，当受托人违背管理职责或者处理信托事务不当，导致对第三人担负债务或者使自己受到损失，由于这是因受托人的自身过错造成的，受托人应当以其固有财产承担。对此，我国《信托法》第三十七条规定，受托人因处理信托事务所支出的费用、对第三人所负债务，以信托财产承担。受托人以其固有财产先行支付的，对信托财产享有优先受偿的权利。受托人违背管理职责或者处理信托事务不当对第三人所负债务或者自己所受到的损失，以其固有财产承担。

13. 受托人因被依法撤销或者被宣告破产、依法解散或者法定资格丧失、辞任或者被解任，职责终止的，应当作出处理信托事务的报告，

并向新受托人办理信托财产和信托事务的移交手续

一般认为，受托人在职责终止前的最后一刻，仍需履行为受益人最大利益服务的义务，维持信托财产的正常状态，以确保其职责终止后，完整地将信托财产移交给新受托人。所谓信托财产的正常状态，是指信托财产的状态符合一般规律和情况，例如，信托财产为特定物需要保存于特定环境和条件下，没有因为偏离存放的条件而发生任何损耗。同时，从实现信托目的的角度出发，原受托人就信托事务已经处理、正在处理或者尚未处理的有关情况，应当详细地告知新受托人，新受托人有疑问的，原受托人要认真予以回答，以便于新受托人全面了解情况，对信托财产继续实行有效的管理和处分。对此，我国《信托法》第四十一条规定，受托人有本法第三十九条第一款第（三）项至第（六）项所列情形之一，职责终止的，应当作出处理信托事务的报告，并向新受托人办理信托财产和信托事务的移交手续。前款报告经委托人或者受益人认可，原受托人就报告中所列事项解除责任。但原受托人有不正当行为的除外。

14. 信托终止的，受托人应当作出处理信托事务的报告

信托终止时，受托人对信托财产的管理和处分即将结束，受托人有义务作出处理信托事务的清算报告，向受益人或者信托财产权利归属人说明情况。当然，受托人也可以通过清算报告，证明自己管理信托是适当的，没有不正当行为。受托人作出清算报告后应当取得受益人或者权利归属人的确认。受益人是信托财产的实际受益者，委托人设立信托的目的就是受益人的利益，因此，清算报告由受益人、或者信托财产权利归属人，而不是由委托人确认，是比较合理的。况且，信托终止时，委托人可能已经去世或者丧失行为能力。清算报告经受益人或者权利归属人确认没有异议的，受托人的责任随之解除，受益人或者权利归属人此后不得再就清算报告所列事项，指控受托人管理信托不当或者有其他损害信托利益的行为。可见，受托人作出清算报

告也是保护自己的一种方式。

为保护受益人的权益，法律对免除受托人的责任也作了相应的限制，主要体现在两个方面：一是受托人有不正当行为的，不能免除其责任。这里所说的不正当行为，是指受托人在作出信托事务清算报告的过程中，故意歪曲、虚假陈述其管理信托事务的情况，掩盖自己的不当行为，欺骗受益人和权利归属人。在这些情况下，受托人在清算报告中作了虚假的说明，受益人、权利归属人通常无法知道事实真相，虽然清算报告经他们确认无异议，但他们确认的是虚假的清算报告，受托人不应、也不能因此被免除责任。至于受托人在管理信托事务的过程中实施的不正当行为，例如违反信托，管理不当，误用、滥用信托财产等，受托人在清算报告中如实说明，经受益人、权利归属人确认的，可以免除受托人对此应当承担的责任；受益人、权利归属人有异议的，可以采取相应的法律行动。因此，本条所指的不正当行为，虽然包括、但主要不是指受托人管理信托事务的过程中出现的不正当行为。二是受托人未在清算报告列明的事项，不能免除其责任。所谓免除受托人的责任，实际上只限于免除受托人对清算报告中所列事项的责任。受托人未在清算报告中列明的事项，当然不能因此免除。例如，受托人管理信托事务的过程中有不正当行为，但在信托终止时所作的清算报告中又未说明自己的不当行为及其后果的。对此，也不能免除受托人的责任。就是说，受益人确认清算报告后，仍然可以就未在报告中列明的事项，请求受托人承担相应的法律责任。

对此，我国《信托法》第五十八条规定，信托终止的，受托人应当作出处理信托事务的清算报告。受益人或者信托财产的权利归属人对清算报告无异议的，受托人就清算报告所列事项解除责任。但受托人有不正当行为的除外。

以上是受托人主要的、普遍的、带有共性的信义义务，此外还包括其他一些非共性的信义义务，例如营业信托受托人的特殊义务、公益信托受托人的特殊义务等。《信托公司管理办法》（中国银行业监督管理委员会令 2007 年第 2 号）第二十四条规定，信托公司管理运用或者处分信托财产，必须恪尽职守，履行诚实、信用、谨慎、有效管理的义务，维护受益人的最大利益；第二十五条规定，信托公司在处理信托事务时应当避免利益冲突，在无法避免时，应向委托人、受益人予以充分的信息披露，或拒绝从事该项业务。《慈善信托管理办法》（银监发〔2017〕37 号）第二十四条规定，受托人管理和处分慈善信托财产，应当按照慈善信托目的，恪尽职守，履行诚信、谨慎管理的义务；第三十四条规定，慈善信托的受托人应严格按照有关规定管理和处分慈善信托财产，不得借慈善信托名义从事非法集资、洗钱等活动。

（二）我国资管对信义义务的认可及延伸适用

我国资管机构开展资管业务，应当遵循信义义务确立的基本原则，按照资管文件约定的资管目的，恪尽职守，履行诚实、信用、谨慎、有效管理的义务。笔者认为，我国的资产管理活动应普遍强调信义义务，为客户的最佳利益行事，这是资产管理的一个原则导向，我国所有的资产管理机构均应当遵循，不得以任何名义排除信义义务的底线。

对此，我国《基金法》在总则中明确，基金管理人、基金托管人依照本法和基金合同的约定，履行受托职责。同时，基金管理人、基金托管人管理、运用基金财产，基金服务机构从事基金服务活动，应当恪尽职守，履行诚实信用、谨慎勤勉的义务。其中，恪尽职守是指基金管理人、基金托管人在管理、运用基金财产时，要尽职尽责，以基金份额持有人最大利益为出发点，综合考虑基金份额持有人的整体利益和长远利益，注意防范投资风险。诚实信用是民事权利主体行使权力应当遵守的基本原则。基金管理人和基金托管人作为基金财产的受托人，在与投资人订立基金合同及履行合同义务时，要讲信用、守承诺、无虚假、不欺诈。谨慎勤勉是指基金管理人、基金托管人处理基金事务，要像处理自己的事务一样周到严谨，精明细心，兢兢业业，尽心尽力，一丝不苟，认真负责。不得将自己的利益置于基金份额持有人的利益之上，不得用基金财产为自己或者第三人谋取利益。亦即是说，"忠实义务要求基金管理人在经营时，其自身利益与基金的利益一旦发生冲突，基金管理人则必须以基金份额持有人的最佳利益为重，不得将自身利益置于基金利益之上。注意义务是要求基金管理人在作出经营决策时，其行为标准必须为了基金份额持有人的利益，以适当的方式并尽合理的注意履行职责。"①

同时，《基金法》要求基金管理人运用基金财产进行证券投资，应当遵守审慎经营规则，制定科学合理的投资策略和风险管理制度，有效防范和控制风险。实务中，基金管理人需要注意以下三个方面：（1）遵守基金财产投资范围和投资品种的限制。设定这方面法定义务的主要目的在于确保基金财产的安全系数，最大限度地防范和减小基金的投资风险。（2）遵守对可能危及基金财产安全和基金投资人合法利益的经营活动的限制。这类义务所限制的主要是基金管理人运用基金财产的行为，以及一些可能会给基金财产带来较大风险的基金管理人的自身经营活动。（3）分散基金投资品种、限制投资比例方面的义务。这类义务主要以分散投资风险、保障基金财产安全和投资人合法利益为要求，规定基金管理人在法律允许的投资品种和投资经营范围内进行投资经营时，应当做到投资品种和具体项目多样化以及保持各项投资与基金财产之间的一定比例。

《关于规范金融机构资产管理业务的指导意见》（银发〔2018〕106号）第八条第一款明确，金融机构运用受托资金进行投资，应当遵守审慎经营规则，制定科学合理的投资策略和风险管理制度，有效防范和控制风险。但是，该指导意见在第一条中并没有把信义义务作为资

---

① 王连洲，董华春．证券投资基金法条文释义与法理精析［M］．北京：中国方正出版社，2004：43.

管业务的一项基本原则①。

对于我国的资产管理活动，笔者认为应当进一步明确资产管理人的信义义务要求，充分体现为投资者最佳利益行事的原则。

（三）信义义务的违背与职责承担

资产管理必须打破刚性兑付，这是国际惯例，也是行业共识。根据《关于规范金融机构资产管理业务的指导意见》（银发〔2018〕106号）第十九条的规定，刚性兑付包括以下几种情形：（1）资产管理产品的发行人或者管理人违反真实公允确定净值原则，对产品进行保本保收益。（2）采取滚动发行等方式，使得资产管理产品的本金、收益、风险在不同投资者之间发生转移，实现产品保本保收益。（3）资产管理产品不能如期兑付或者兑付困难时，发行或者管理该产品的金融机构自行筹集资金偿付或者委托其他机构代为偿付。（4）金融管理部门认定的其他情形。

但打破刚性兑付是建立在"卖者尽责"基础之上的，只有"卖者尽责"，买者"才能自负"。也就是说，只有资产管理人履行了信义义

① 《关于规范金融机构资产管理业务的指导意见》（银发〔2018〕106 号）第一条规定：规范金融机构资产管理业务主要遵循以下原则：（一）坚持严控风险的底线思维。把防范和化解资产管理业务风险放到更加重要的位置，减少存量风险，严防增量风险。（二）坚持服务实体经济的根本目标。既充分发挥资产管理业务功能，切实服务实体经济投融资需求，又严格规范引导，避免资金脱实向虚在金融体系内部自我循环，防止产品过于复杂，加剧风险跨行业、跨市场、跨区域传递。（三）坚持宏观审慎管理与微观审慎监管相结合、机构监管与功能监管相结合的监管理念。实现对各类机构开展资产管理业务的全面、统一覆盖，采取有效监管措施，加强金融消费者权益保护。（四）坚持有的放矢的问题导向。重点针对资产管理业务的多层嵌套、杠杆不清、套利严重、投机频繁等问题，设定统一的标准规制，同时对金融创新坚持趋利避害、一分为二，留出发展空间。（五）坚持积极稳妥审慎推进。正确处理改革、发展、稳定关系，坚持防范风险与有序规范相结合，在下决心处置风险的同时，充分考虑市场承受能力，合理设置过渡期，把握好工作的次序、节奏、力度，加强市场沟通，有效引导市场预期。

务，资管财产发生损失时才由投资人风险自担。如果资产管理人未履行信义义务，造成资管财产损失的，资产管理人应当以其固有财产依法承担赔偿责任。"资产管理是服务方代资金方进行财产管理和投资的活动，而所有的投资活动均存在一定的风险，资金方作为投资活动的最终权利人，相应的投资风险也应当由其自行承担。服务方只有在对受托资产进行管理的过程中违反合同约定，或未切实履行职责并造成受托资产损失时，投资者可以依法要求服务方给予赔偿。"①

归纳一下，资管财产出现损失时存在以下两种处理结果：

第一种，资产管理人已尽责：投资者风险自担。无论是根据法律规定，还是一般的投资理念，资产管理人尽责时，风险由投资者自担。资产管理人在履行法定和约定义务后，对投资人的支付义务仅限于资管财产的范围，而不应及于其固有财产。如果资产管理人已经尽责，但仍然向投资人刚性兑付，这就违反了《关于规范金融机构资产管理业务的指导意见》（银发〔2018〕106号）第十九条的有关规定，将面临相关处罚，即经认定存在刚性兑付行为的，区分以下两类机构进行惩处：（一）存款类金融机构发生刚性兑付的，认定为利用具有存款本质特征的资产管理产品进行监管套利，由国务院银行保险监督管理机构和中国人民银行按照存款业务予以规范，足额补缴存款准备金和存款保险保费，并予以行政处罚。（二）非存款类持牌金融机构发生刚性兑付的，认定为违规经营，由金融监督管理部门和中国人民银行依法纠正并予以处罚。

第二种，资产管理人未尽责：以其固有财产承担赔偿责任。"受托人超越权限或违反对受益人所负信义义务，构成违反信托（breach of

---

① 杨征宇，卜祥瑞，郭香龙，王晓明. 金融机构资管业务法律纠纷解析［M］. 北京：法律出版社，2017：13.

trust），亦称违反信托义务或违反信义义务。"① 资产管理人未尽责时应当承担的责任，本书称之为"违信责任"，资产管理人应当以其固有财产赔偿投资者的损失。对此，《关于规范金融机构资产管理业务的指导意见》（银发〔2018〕106 号）第八条第二款规定，金融机构未按照诚实信用、勤勉尽责原则切实履行受托管理职责，造成投资者损失的，应当依法向投资者承担赔偿责任。需要注意的是，此时资产管理人向投资人进行的赔付，不属于刚性兑付。本书强调，既不能认为打破刚性兑付就任何时候都不需要向投资者赔付，也不能认为向投资者赔付就是违反了打破刚兑的规定。

以上职责承担的逻辑，得到了社会的普遍认可，特别是资产管理人的赔偿责任是基于其有过错，即过错责任原则。② "从现今英美各国信托立法来看，一般均采用过错责任原则，即'过错'的有无是最终确定受托人是否需要承担责任的关键，也就是说，受托人的履职行为存在过错就需要因此承担责任；相反，如果其履职行为不存在过错就相应的免责。"③

实务中，有以下三个问题需要注意：

一是如何认定资产管理人是否尽责，或者说是否履行了信义义务的问题。如前所述，信义义务的规定相对原则，往往不好具体把握。司法实践中，通常由裁判者（例如法官、仲裁员）根据信义义务的原则精神进行认定，具有较大的自由裁量权。为了便于资产管理人尽职，本章后文将对资产管理如何尽责提出相关建议。需要注意的是，实务

---

① 李宇. 商业信托法［M］. 北京：法律出版社，2021：957.
② 我国民事责任的归责原则主要有过错责任原则、过错推定原则和无过错责任原则。其中，过错责任原则是指以过错作为加害人承担民事责任必要条件的归责原则。按此原则，加害人只有在有过错的前提下，才承担相应的民事责任，无过错则无责任。
③ 钟向春. 我国营业信托受托人谨慎义务研究［M］. 北京：中国政法大学出版社，2015：188.

中要视资产管理的主动管理或被动管理，区别审视信义义务。既不能让主动管理的资管业务通过被动管理逃避信义义务的责任，也不能让被动管理的资管业务承担主动管理的信义义务和责任。通俗地说，是你的责任不能逃，不是你的责任无须承担。

二是资产管理人履行信义义务的举证责任问题。对此，各国法律有不同的规定。根据《全国法院民商事审判工作会议纪要》（法〔2019〕254号）第94条的规定，资产管理产品的委托人以受托人未履行勤勉尽责、公平对待客户等义务损害其合法权益为由，请求受托人承担损害赔偿责任的，应当由受托人举证证明其已经履行了义务。受托人不能举证证明，委托人请求其承担相应赔偿责任的，人民法院依法予以支持。

三是赔偿额如何计算的问题。大陆法系国家对于如何计算赔偿额没有明确，而英美法系国家通过判例发展了具体规则。以信托为例说明，"根据英国判例规则：（1）受托人利用信托财产进行未经信托文件或法律授权的投资，造成信托财产损失的，应承担的赔偿额是，原始投资额与开展这些投资所得款项之间的差额；（2）受托人有义务出售一项未经授权的资产，但却不出售或者拖延出售而造成损失的，应承担的赔偿额是，实际出售该项资产所得款项，与在适当时间出售该项资产可能获利的收益之间的差额；（3）受托人不恰当地出售一项资产，应当补偿该项资产的重置成本，即实际出售该项资产所得的款项与开始诉讼（或作出判决）之日该资产的价值之间的差额；（4）受托人未在合理时间内投资或者未进行授权的投资，应赔偿信托财产的利息，或者信托财产的实际价值与一个谨慎的受托人可能获得的利益之间的差额；（5）受托人违反信托的行为获得利润的，受益人有权要求将利润归属信托财产。受托人违反信托多次进行交易，有亏有盈的，不允许用盈余补足亏损，盈余应归入信托财产，亏损则由受托人予以赔偿。"[①]

---

① 何宝玉. 信托法原理研究［M］. 北京：中国法制出版社，2015：351.

三、对私募资管业务信义义务的细化建议

资产管理人要实现受益对象的最佳利益，除了要遵守上述原则性的信义义务要求，还需要遵循更多的资管规则。"谨慎投资人规则在谨慎投资义务的一般规定的基础之上进一步确立了谨慎投资义务的一系列更为具体的规则，为资产管理人的投资提供具体、明确的指引。"①本书下面就私募资管业务的准入阶段、设立阶段、运营阶段、终止阶段，分别提出细化信义义务的相关建议。

（一）准入阶段

1. 尽职调查

资管机构设立资管产品，应当结合业务开展情况，根据投资人意愿以及资管财产运用的不同特点，认真开展尽职调查。尽职调查过程中，资管机构可以委托会计师事务所、律师事务所、资产评估机构等第三方机构出具专业意见并予以参考。尽职调查完成后，资管机构应当出具尽职调查报告，真实、准确、完整地反映所实施的尽职调查工作。尽职调查报告、制作尽职调查报告所依据的资料，以及尽职调查报告所采信和确认的资料、文件，均应一并妥善保存。

2. 制作可行性研究报告

在尽职调查基础上，资管机构原则上应当制作资管产品的可行性研究报告，从交易结构、投融资方向、风险控制措施等方面论述可行性、合法合规性、风险控制等事项。可行性研究报告由资管经理、合规风控人员等确认。可行性研究报告的内容可以由资管机构根据资管财产运用的方式进行适当调整。可行性研究报告、制作可行性研究报告所依据的资料，以及可行性研究报告所采信和确认的资料、文件，均

---

① 姚朝兵. 美国信托法中的谨慎投资人规则研究［M］. 北京：法律出版社，2016：156.

应存档。

3. 业务内审

资管机构应当根据资管业务类型及开展业务的实际需要，制定切实可行的产品审批制度，完善产品审批流程，明确产品审批权限及时限。资管机构应当结合尽职调查报告及可行性研究报告（如有）对拟设资管产品进行评审。评审过程中形成的重要文件及评审结果，应以书面形式予以保存。

4. 合同管理

资管机构应当根据资管业务实际开展情况，建立完善的合同管理制度。根据资管业务类别，明确合同管理的流程及各部门的职责、权限及责任，切实防范合同风险。资管机构应当采取书面形式设立资管，书面资管文件应当载明法律法规规定的必备事项，并就资管当事人在尽职调查、产品设立、资管财产管理、运用和处分中的权利义务及风险责任承担等作出明确约定。资管机构制作资管文件时，对资管文件中免除或限制资管机构责任的条款及风险揭示条款，应当采用足以引起投资人注意的文字、符号、字体等特别标识或采取其他合理的方式提请投资人注意。

资管机构应当制作、审核、签署交易文件，确保交易文件不违反法律法规的规定。交易文件签署后，资管机构应当以自己的名义，依法按照资管文件及交易文件的约定行使相关权利、履行相关义务。

（二）设立阶段

1. 依法成立资管产品

资管产品的设立，应当有合法的资管目的和确定的资管财产。资管机构设立资管产品时，不得有以下行为：（1）以任何方式承诺资管财产不受损失，或者以任何方式承诺最低收益；（2）进行虚假宣传、夸大预期收益；（3）夸大公司经营业绩或者恶意贬低同行；（4）法律法规所禁止的其他行为。

2. 产品营销

资管机构营销资管产品，应当履行适当性义务①，遵循"了解产品"和"了解客户"的经营理念，遵循风险匹配和审慎合规原则，在有效评估投资者风险承受能力和投资需求的基础上，向投资者销售与其风险识别能力和风险承担能力相匹配的资管产品，不得误导投资者，不得通过对资管产品进行拆分等方式，向风险识别能力和风险承担能力低于产品风险等级的投资者销售资管产品。

资管机构可以自行推介资管产品，也可以委托符合法律法规规定的其他机构代理推介。资管机构或代理推介机构推介资管产品，应当遵守法律法规的规定，根据资管产品的不同特点，对投资人资格和推介范围进行明确界定。资管机构或代理推介机构应当根据所了解的投资人情况推介恰当的资管产品，并保存相关记录。通常情况下，资管机构或代理推介机构不得通过报刊、电台、电视台、互联网等公众传播媒体或者讲座、报告会、分析会等方式向不特定对象进行产品推介。但资管机构或代理推介机构可以通过讲座、报告会、分析会以及官方网站等官方电子系统，向合格投资者进行产品推介。

资管机构委托其他代理机构代理推介时，相关的推介材料应由资管机构提供，且资管机构应保证推介材料的真实性、准确性，资管机

---

① 根据《全国法院民商事审判工作会议纪要》（法〔2019〕254号）第72条的规定，适当性义务是指卖方机构在向金融消费者推介、销售银行理财产品、保险投资产品、信托理财产品、券商集合理财计划、杠杆基金份额、期权及其他场外衍生品等高风险等级金融产品，以及为金融消费者参与融资融券、新三板、创业板、科创板、期货等高风险等级投资活动提供服务的过程中，必须履行的了解客户、了解产品、将适当的产品（或者服务）销售（或者提供）给适合的金融消费者等义务。

构应当对代理机构的代理推介行为进行监控，及时纠正不当代理推介行为，并对代理推介中的违规行为承担责任。资管机构应当建立资管产品的委托推介授权管理体系，明确代理推介机构的准入标准和程序，制定完善的代理推介内控规范，并应当与代理推介机构以书面的形式明确约定权利与义务以及相关风险的责任承担方式。资管机构委托其他机构代理推介时，代理推介机构应充分审核投资人的资格，向投资人详尽介绍资管产品并充分揭示风险。

3. 产品认购

投资人认购资管产品、签署资管文件时，资管机构或代理推介机构应当核实签字人的身份，同时，资管机构应当向投资人充分揭示可能影响资管财产安全的重大风险以及拟采取的风险防控措施。

投资人认购资管产品、签署资管文件时，通常要全过程录音录像。投资人通过代理推介机构的客户服务端采用电子合同认购资管产品、签署资管文件的，代理推介机构应当通过其客户端对投资人的认购和签约过程进行录音录像。资管机构签署主要交易文件时，应当指派不少于两名工作人员见证签署过程，但法律法规认可的第三方机构在场公证、见证或投资人另有要求的除外。在投资人见证面签的情况下，资管机构应当与投资人签署书面文件确认与面签相关的风险和责任的承担主体。

4. 加强投资者教育

资管机构应当不断提高投资者的金融知识水平和风险意识，向投资者传递"卖者尽责，买者自负"的投资理念。资管机构向自然人投资人首次推介资管产品或与其签署资管文件之前，应当告知投资者如实提供身份证明文件，要求其填写包括调查问卷、风险揭示书等形式的书面文件或在身份认证后通过法律认可的电子形式等方式，评估其风险承担能力，并要求其在资管文件中或者以其他书面形式承诺资管财产来源的合法性。资管机构进行问卷调查时，调查事项至少应包括如下内容：投资者的年龄、学历、职业等个人基本信息；投资资管产品的目的；投资资金来源；过往投资经验；家庭可支配年收入及可投资资产状况；可承受的最大投资损失；对相关法律法规、金融投资市场及资管产品是否有一定的了解；是否清楚资管产品的风险等。资管机构进行问卷调查时，应当要求投资者以书面形式或在身份认证后通过法律认可的电子形式等方式确认其提供的相关信息及资料真实、准确、完整、有效，并自愿承担由此产生的法律风险。

（三）运营阶段

1. 专人管理

资管机构应当设立专门的运营部门，每一个资管产品至少配备一名资管经理。资管机构的资管业务部门应当独立于公司的其他部门，其人员不得与公司其他部门的人员相互兼职。资管产品的实际投向，应当严格遵守法律法规规定和资管文件约定。确需改变的，通常应先行取得投资者书面同意。

资管机构应当建立符合法律法规规定的资管从业人员的资格认定、培训、考核评价和问责制度，确保从事资管业务的人员具备必要的专业知识、行业经验和管理能力，充分了解相关法律法规以及资管产品的法律关系、交易结构、主要风险和风险控制方式，遵守行为准则和职业道德标准。

2. 专业管理

资管机构要充分利用组合投资、策略性资产配置的原则构建投资组合，使其潜在回报尽可能抵销固有风险。美国《统一谨慎投资人法》第3条规定："受托人应当分散信托投资，除非受托人有理由确定在特定的情形下不分散投资反而更有利于实现信托目的。"同时，资管机构应当按照法律法规规定对资管产品实行净值化管理。资管机构应当按照资管文件的约定确定收益分配方案，及时向投资者分配收益。当资管机构发现资管产品发生或可能发生风险时，应针对具体的风险类型，按照资管文件的约定采取相应的风险管控措施；相关文件没有约定的，资管机构应当根据具体情况，按照投资人利益最大化的原则采取合理应对措施。

3. 委托投资管理

根据资管文件约定，资管机构将资管财产委托给其他机构管理的，资管机构应当对其他机构开展尽职调查，实行名单制管理，明确规定委托管理机构的准入标准和程序、责任和义务、存续期管理、利益冲突防范机制、信息披露义务以及退出机制等。资管机构应与委托管理机构明确约定，其接受委托后，应切实履行主动管理职责，不得进行转委托。资管机构不得因委托其他机构投资而免除自身应当承担的责任。

4. 资料收集与信息披露

资管机构应当根据资管业务的特点，建立资管产品存续期管理规范。原则上应当至少每季度收集一次相关资料及信息，但资管文件另有约定的除外。资管机构应当依法保存资管财产管理、运用、处分的记录、账册、报表和其他相关资料。

资管机构应当建立健全信息披露管理制度，指定专人负责管理信息披露事务。信息披露管理制度包括但不限于以下事项：（1）资管机构向投资者进行信息披露的内容、披露频度、披露方式、披露责任以及披露渠道等事项；（2）信息披露相关文件、资料的档案管理；（3）信息披露管理部门、流程、渠道、应急预案及责任；（4）未按规定披露信息的责任追究机制，对违反规定人员的处理措施等。

资管机构应当依照法律法规的规定及资管文件的约定，按时向投资人披露信息，并保证所披露信息的真实性、准确性和完整性，不得有任何虚假记载、误导性陈述和重大遗漏。通常情况下，除资管文件另有约定外，资管机构应当向投资人充分披露如下信息：（1）资管机构办理资管业务的资格，代表资管机构与投资人联系的资管经理姓名、联系地址、电话；（2）资管产品基本信息，包括但不限于资管产品名称、规模、期限、管理运用方式、风控措施、收益分配等；（3）资管产品的推介、设立、资金募集、运营管理等情况；（4）资管产品可能涉及的风险及风险承担原则；（5）法律法规规定应当披露的其他信息。同时，资管机构应当按照资管文件的约定，定期制作资管财产管理报告，并向投资人进行披露。如发生法律法规规定或资管文件约定应当临时披露的事项，资管机构应当临时向投资人进行披露。此外，资管机构应当在资管文件中明确约定信息披露的具体方式，并按约定的方式进行披露。资管文件没有约定的，资管机构通常可以采取下列任一方式进行披露：（1）邮寄；（2）传真；（3）电子邮件；（4）在资管机构官方网站等官方电子系统上披露；（5）在资管机构的办公场所存放备查；（6）其他有效方式。

（四）终止阶段

1. 终止清算

出现法律法规规定的或者资管文件约定的终止情形的，资管产品终止。资管产品终止后，资管机构应当作出处理资管事务的清算报告。清算报告至少应当包括以下内容：（1）资管产品的基本信息；（2）资管财产的管理、运用及处分情况；（3）资管产品收益情况及分配情况；（4）清算报告异议期限及资产管理人解除责任声明；（5）法律法规规定及资管文件约定应当包括的其他内容。

2. 审计

资管机构作出清算报告后，可以根据资管文件的约定进行审计。资管文件约定清算报告不需要审计的，资管机构可以提交未经审计的清算报告。资管机构应当按照资管文件约定的时限和方式向投资人提交清算报告。投资人在异议期限内对清算报告无异议的，资管机构就清算报告所列事项解除责任，但资管机构有不正当行为的除外。

3. 收益分配

对于清算后的剩余资管财产，资管机构应当依法按照资管文件的约定分配给投资人。资管财产分配前，由资管机构负责保管。保管期间的收益归属于资管财产，发生的保管费用由被保管的资管财产承担。

4. 档案整理

资管机构应当为不同资管文件项下的资管分别建档，真实、准确、完整地保存处理资管事务的完整记录，保存期限应当符合法律法规的规定及资管文件的约定。通常，资管机构对投资人以及处理资管事务的情况和资料负有依法保密的义务。

四、对资产管理人履行信义义务的建议

为了更好地为投资人的最佳利益服务，也避免资产管理人陷入不尽责的地步，本书提出资产管理人履行信义义务的以下建议。

（一）不断提高专业的资产管理能力

文财神范蠡自称陶朱公，"他积聚货物，贱买贵卖，总能掌握最佳交易时机，选择最可靠的对象进行交易，每次都能获取十分之一以上的利润。没过多久，范蠡的家产又累积达万万之多"。[①] 对于资产管理，

---

① 寿韶峰. 钱说话——在中国财富史中寻找中国式智慧 [M]. 北京：中国市场出版社，2008：39.

特别是将众多投资者资金集中起来的资管产品，应当由专家理财，即由专业性较强的资产管理人进行专业投资，该资产管理人应当具有专门的人员，进行专业的投资分析，并在此基础上实施专业的投资管理。这些专业能力，本书统称为资产管理能力，至少应当包括：

1. 战略规划能力

科学、清晰的战略规划可以帮助资产管理机构准确定位，保持清醒头脑，实现长效发展。战略规划能力的构建和战略管理体系的完善，需要重点加强三方面的建设：一是战略制定流程机制建设。搭建层次清晰、分工明确的战略管理组织架构，确保公司战略能够科学制定、有效论证和与时俱进。二是战略分解实施能力建设。将战略目标分解为具体的、可执行的战略举措，是战略落地的关键环节，通过执行结果与绩效考核的挂钩，保证其具备真正执行力。三是战略执行管理能力建设，建立有效的执行过程监督和执行结果的分析、考核和评估机制。

2. 人才研发能力

资管业是"智合"的行业，要"以人为本"。境内外优秀的资管机构，其核心竞争力都离不开优秀的人力资源和人才机制。本书建议，一是完善人才培养机制。制定人才规划和相关规章制度，创造学习深造的机会，加大复合型人才培养力度。二是搭建专业的业务团队。建立专业化的业务团队，包括行业专家、投资专家、并购专家、资产配置专家、国际金融专家、客户关系管理专家、营销专家等。三是形成专业的激励约束机制。制定科学的绩效激励考核办法，调动从业人员的主观能动性，主动创业展业。此外，建议加强新业务、新产品的研发，发挥研发部门新业务孵化器的作用。鼓励研发人员开展跨部门、跨公司、跨领域等多种方式的课题合作，促进研发成果转化为创新实践。

3. 专业理财能力

对主动管理类资管产品来说，专业管理能力是极为关键的因素。资管机构只有通过提高资管从业人员的整体素质，不断提升专业资产管理能力，提供高水准的服务，才能赢得投资者的信赖，从而获得更多投资人的信任，管理更多的资管财产。建议资管机构通过引入新技术、采用新方法、开辟新市场、构建新组织，在战略决策、制度安排、机构设置、人员准备、管理模式、业务流程和产品开发等方面形成专业优势，不断推出技术含量高、具有个性化的资管产品，不断为客户提供新产品和新服务。

资管机构需要不断提升在资产搜寻、筛选、评估和运用等方面的专业化水平，形成具备核心竞争优势的资产管理能力。专业理财能力建设是一项系统工程，本书建议：一是完善资产配置模型。在分析、提炼客户需求的基础上，构建全面覆盖不同资产类别的资产配置模型，测算预期收益和评估风险。二是提升产品的专业化管理。充分挖掘市场需求，与客户需求升级同步产品创新。敏感捕捉价值投资，强化过程管理的专业化，通过高超的管理能力，实现资管财产的保值增值，赢得投资者的信赖与追随。

4. 风险管理能力

资管行业的可持续发展有赖于良好的风险控制。资管机构在展业过程中，面临信用风险、市场风险、流动性风险、操作风险、声誉风险、法律风险、政策风险等各种各样的风险类型，需要识别、计量、监测和控制这些风险，并通过制定和实施一系列的制度、程序和方法，对风险进行事前防范、事中控制和事后处置。对此，本书第九章将就资管业务的风险管理展开详细介绍。

5. 信息科技能力

当前，全球资管行业数字化转型大势所趋，金融科技成为行业竞争胜负手。数字时代来临，大数据、云计算和人工智能等领域高速成长，不断为资管行业发展赋能。数字化转型贯穿资管的投资决策、产品设计、销售渠道、运营管理等多个方面，成为资管行业发展的必然趋势。

为适应业务转型发展的需要，资管机构必须要夯实信息技术基础建设。笔者建议，一是制定信息技术建设的相关标准。通过规范系统标准、数据标准、接口标准等，形成一整套完整、详细并符合监管要求的资管行业信息化建设指南。二是重视并加大投入。从董事会层面加强对信息技术建设的重视，结合公司战略布局和业务转型方向，整体规划和构建信息化体系，加大信息技术建设财力及人力的投入。三是逐步实现数字化转型，降低经营成本，降低人为的操作风险。

6. 品牌建设能力

品牌形象是资管机构重要的无形资产。笔者建议，一是构建品牌管理组织。品牌管理组织是品牌建设的基础，对于品牌形象界定、跨媒介合作、跨市场协调等方面起到积极的作用。二是明确品牌发展战略。根据整体战略规划，有针对性地制定品牌战略。在策略方式上，可以通过参与行业评奖、参与公益活动、发行支持符合政策导向或服务民生的资管产品等，树立企业良好的社会形象。三是落实品牌发展策略。好品牌的落脚点必定有好产品，一方面产品品牌应兼顾整体品牌战略和细分功能定位，使客户直观感受品牌文化的延伸，另一方面资管产品应争取达成或超出投资者的预期。四是完善舆情管理体系。做好舆情信息的实时监测与有效研判，及时澄清虚假信息或不完整信息。对于重大突发声誉事件，建立应急处置预案和机制。

此外，资产管理人的履职尽责，是由一个个的资管从业人员完成的。资管从业人员的专业素养，将会直接影响资产管理人的履职结果。本书建议，资产管理人在履职时应当运用专业的技巧、能力并勤勉工作，确保资管从业人员知悉并了解资管目的、宗旨及任务，同时确保知悉最新进展并洞悉相关事宜。此外，要重视资管从业人员的职业操守，不要让资产管理机构及其从业人员陷入个人利益与资管利益相冲突的境地。

（二）约定职责要尽量具体化

资产管理人的约定职责，是资产管理人依照资管协议约定需要履行的合同责任和义务，它产生于资管当事人之间的共同意思表示，通常以文字形式体现于资管协议之中。从境外经验看，应当注意以下几点：

（1）高度重视履行信义义务。资产管理人要根据资管目的行事，谨慎小心，履行职责均要以实现投资人的最佳利益为依归。

（2）努力使信义义务落到实处，不留空白节点。同时，处处留痕，为资产管理人履职尽责留下证据。也就是说，资产管理人要注重过程管理，广泛采用书面形式、录音录像等方式保留人证物证，以便自证清白。

（3）法定职责不得通过合同约定予以规避或者免除。资产管理人要确保其各项活动符合法律法规的各项规定和要求，并定期对合规情况进行后评估，以确保合规安排已获采纳、正有效地实施并获得遵守。

（4）制订尽职调查示范文本，一一列明尽职调查事项，防止事后出现尽调不到位的情形。

（5）资管协议约定的事项应当尽量具体明确，具有可操作性。尽量少使用"专业""及时""准确"等模糊用语。

（6）约定的专业管理能力，要和资产管理人自身能力相匹配。对不专业的领域，资产管理人不能不懂装懂，应当委托专业的第三方机构代为处理。

（7）资管从业人员应在商议与自己可能存在冲突的任何问题时回避，放弃投票权，不参与投资决策。

（8）资产管理人要建立政策及程序，以应对疫病、金融危机及系统故障等对资产管理人履职可能造成的任何干扰。

（9）资产管理人要以知情、适时、准确及高度透明的方式与投资者进行沟通，并在投资者查阅资管资料时予以配合，按要求提供有关资管安排的详情。资产管理人应及时处理查询及投诉，并确保所有用语均属清楚、真实、准确且用字浅白。

此外，建立畅通的报告机制。资产管理人要维持清晰的机制把潜在违反职责或责任的情况，迅速上报至高级管理层或者监管部门。

但是，我们也要认识到，资管协议并不可能事先将资产管理人应承担的一切职责事无巨细地详细列示于合同条款之中。合同的"完备性"（completeness）因成本过于高昂而不具有现实性，尤其是资管产品的投资管理期限较长、管理服务内容抽象而专业，包含更多的风险和不确定性。无论是投资者还是资产管理人，都很难在订立合同时将未来较长时段内可能发生的各种偶发情形一一列举，资管协议因存在"遗漏"和不完备（incompleteness）在所难免。

（三）不断总结最佳做法

一方面，资产管理人要总结自身履行信义义务的经验。同时，要归纳借鉴其他资产管理人的经验教训，特别是相关司法判例的结果，从中提炼、总结履行信义义务的最佳做法。

《美国受托机构在债务融资中的信托服务》一书中，列出了受托人履职尽责的十大最佳实践做法：一是了解自己的文件契约，从受托人的角度出发，利用恰当的保护性条款商议制定良好的文件契约，该条款应清晰易懂。二是了解自己的客户及其业务，以及他们希望实现的目标。三是了解产品发行的原因以及融资的目的。四是从多种背景中找到你能找到的最佳人选。让他们接触业务的多个部分，对他们进行培训，并持续支持他们。五是通过配备专门的风险/合规员工，创造适当的风险控制环境，制定最切实可行且全面的书面制度和流程。六是拥有足够的资源以妥善处理业务，包括人员和制度。请勿让企业挨饿，也不要让现有员工的负担过重。七是制订一个持续的培训计划，其中包括新员工培训、业务培训、制度培训和业务关键方面的专业指导。八是如有疑问，请咨询顾问协助审查文件以及受托人采取的支持措施。九是对于任何资金的支付，请务必根据文件规定的书面指示进行。十是经常询问其相关事项，并尽可能收集所有你在任何情况下能够获得的事实。①

我国香港地区为了给信托业提供最低行业标准，香港信托人公会制定了若干不同信托业务的《受托人之最佳行业准则指南》。其中，明确了私人信托的受托人"九大指导原则"：一是行事真诚。真诚地行事，以信托受益人的最佳利益为依归，惟须遵守客户（财产授予人）规定的条文；二是行事谨慎及小心。在履行职责时，行事谨慎和合理地小心。于考虑何谓"合理"时，您需要考虑以相同身份及相同目标行事的人在相同情况下会如何处理；三是行事专业及尽职。在履行职责时运用适当的技巧、能力并勤勉工作；四是维持诚信及独立性。在达成有关信托及其受益人的决定时，应保持公平、贯彻、客观及公正。透过公平并客观地管理利益冲突，维持诚信及独立性；五是保守机密。就所有信托相关资料保持机密，在处理任何个人资料时须极度小心谨慎。除非管理信托时有需要或根据适用法例及法规，否则须避免向第

---

① ［美］杰弗瑞·J. 鲍威尔（Jeffrey J. Powell）. 美国受托机构在债务融资中的信托服务［M］. 北方国际信托股份有限公司译. 北京：中国金融出版社，2021：151－152.

三方披露资料；六是遵守有关的法例和法规。遵守所有适用法例、法规及信托组成文件；七是以高透明度的方式进行有效沟通。以知情、适时、准确及高透明度的方式与有利害关系人士进行沟通；八是推展最高水平管治。就改善信托的管治作出积极贡献，维持良好的管治架构以履行职责；九是按照信托安排的宗旨行事。在处理信托参与者及受益人时须公平、贯彻、客观及公正。

第九章 资管业务的风险管理

风险管理是资产管理的一项永恒主题，也是资产管理人核心竞争力的重要体现。财产所有人把资产交付给资产管理人管理处分，资产管理人就应尽其所能地把风险降到最低，为受益对象的最佳利益行事。本章主要针对资管机构开展资管业务的实际运作情况，对资管产品风险的种类和主要防控措施进行梳理，以期对资管业务的开展起到一定的借鉴作用。本书归纳了资管业务风险管理的三十六种措施，简称为资管风控三六计①。

一、风险概念与种类

（一）相关概念

风险（Risk）一词源于对未来结果的不可知性。简单来说，风险就是未来遭受损失的可能性。全美反舞弊性财务报告委员会发起组织（the Committee of Sponsoring Organizations of the Treadway Commission，简

---

① 蔡概还，羿锦峰. 资管业务风险管理三十六计［J］. 清华金融评论，2017（8）. 本章内容在该文基础上又作了进一步完善。

称美国 COSO 委员会）把风险明确定义为"对企业的目标产生负面影响的事件发生的可能性"（将产生正面影响的事件视为机会）。"风险涉及广阔的领域，各领域对风险定义的重点也各有侧重，但风险的本质是一样的。只有抓住了风险的本质，才能正确理解风险并做出恰当的风险管理决策，进而在未来的竞争中稳步前行。"①

所谓资管业务风险，指资管机构在开展资产管理业务过程中，因种种原因使投资者遭受损失的可能性，它包括客户资产损失的风险，也包括因自身不尽责导致应当以固有财产赔偿投资者损失的风险。伴随着风险的产生与发展，风险管理的应对措施也在不断地发展与变化。风险管理就是运用各种手段，对风险所实施的控制协调活动，趋利避害，从而为目标的实现提供保障。

进一步而言，资管业务的风险管理是指根据资管业务风险的辨识、度量结果，分析、确定所面临的风险状况，再综合其他各方面因素考量设定风险管理目标，然后选择、确定资管业务风险管理策略，并根据风险管理策略制定和实施一系列政策和措施，以合理配置资源，在降低或者消除资管业务风险及其影响的同时最大限度地创造价值，实现资产管理的预期目标。

随着商业活动越来越复杂，以及金融创新的不断出现，资产管理活动面临着各种各样的风险类型。风险管理作为资管机构用于识别、计量、监测和控制其业务风险的一整套政策、机制和程序，也需要随着风险复杂水平的升高而不断提升。根据《银行业金融机构全面风险管理指引》（银监发〔2016〕44 号）第三条第二款规定，各类风险包括信用风险、市场风险、流动性风险、操作风险、国别风险、银行账户利率风险、声誉风险、战略风险、信息科技风险等。就资管机构而言，这些风险亦无时不在，此外还包括受托管理责任风险、政策风险、

---

① 刘新立. 风险管理（第 2 版）[M]. 北京：北京大学出版社，2014：1.

法律风险、合规风险、决策风险、关联交易风险、创新风险、道德风险等。

(二) 风险种类

1. 受托管理责任风险

这是资产管理活动中，资产管理人所面临的特有的风险类型。如上一章所述，根据信义义务要求，资产管理人在尽责管理的前提下，风险由资管财产承担。同时，当资产管理人违背信义义务未能尽责管理时，资产管理人应当以其固有财产赔偿投资者的损失。这就是资产管理人的受托管理责任风险。

以受托人为例说明，"在受托人民事责任的确定上，其有无过错就应根据其有没有尽到足够的谨慎义务来认定，如其已经尽到了足够的谨慎义务，则其行为即使造成了信托财产的损失，也不应承担赔偿信托财产损失的民事责任。"[①] 但是，受托人仅承担有限责任的前提是，受托人处理信托事务过程中没有疏忽或过失，如果"受托人实施信托过程中，由于可归责受托人的原因致使信托财产直接、间接地受到损失的，受托人应当以固有财产赔偿信托财产的损失。"[②] 具体如何赔偿，英美主要通过判例确定。

笔者认为，资管行业打破刚性兑付后，受托管理责任风险是资产管理人面临的最主要风险类型，这一类风险管理也是资产管理人风险管理中最具特色的一点。

2. 信用风险

信用风险又称违约风险（Default Risk），是指交易对手因种种原

---

① 余卫明. 信托受托人研究 [M]. 北京：法律出版社，2007：205.
② 何宝玉. 信托法原理研究 [M]. 北京：中国法制出版社，2015：349.

因，不愿或无力履行合同义务从而造成的风险。传统观点上的信用风险指的是违约风险，即由于借款人或市场交易对手未能履行合约规定的义务出现违约（无法偿付或者无法按期偿付）而产生的风险。随着时代的进步，人们对于信用风险的定义有了更完整的认识。现代观点认为除了违约风险外，信用风险还包括债务人信用评级发生变化（credit rating volatility）导致其发行的金融产品（债务工具）价值下降的风险。

信用风险是资管业务面临的主要风险之一，常见于非标业务中，即资管机构将资金以贷款等方式运用于交易对手，资管财产由资金形态转变为债权。此时，造成信用风险的因素主要有：一是交易对手管理不善、现金流周转情况不佳，经营陷入困境无力履行合同义务带来风险；二是交易对手有能力履行合同义务但不按合同操作甚至恶意欺诈带来风险。信用风险的防范是一个系统复杂的过程，资管机构应从交易对手选择、资金投后管理、到期资金催收等全过程加强对信用风险的管控。

3. 市场风险

市场风险是指由于市场行情发生变化，房地产、股票、债券或大宗商品等价格发生波动导致资管财产遭受损失的可能性。这些市场因素对金融参与者造成的影响可能是直接的，也可能是通过对其竞争者、供应商或者消费者所造成的间接影响。市场风险包括利率风险、汇率风险、股票价格风险和商品价格风险等。

（1）利率风险。利率风险是指市场利率变动的不确定性给金融参与者造成损失的可能性。1997 年 9 月，巴塞尔银行监管委员会发布了《利率风险管理原则》，将利率风险定义为"利率变化使商业银行的实际收益与预期收益或实际成本与预期成本发生背离，使其实际收益低于预期收益，或实际成本高于预期成本，从而使商业银行遭受损失的可能性"，并将利率风险分为重新定价风险、基差风险、收益率曲线风险和期权性风险四类。

①重新定价风险，又称期限错配风险，是最主要的利率风险，源于银行资产、负债和表外业务到期日（就固定利率而言）和重新定价时间（就浮动利率而言）的不匹配。这种重新定价的不对称性使银行的收益或内在经济价值随着利率的变动而发生变化。

②基准风险，也称利率定价基础风险，是一种重要的利率风险。在利息收入和利息支出所依据的基准利率变动不一致的情况下，虽然资产、负债和表外业务的重新定价特征相似，但是因其现金流和收益的利差发生了变化，也会对银行的收益或内在经济价值产生不利的影响。

③收益率曲线风险，又称利率期限结构变化风险，指的是由于收益曲线斜率的变化导致期限不同的两种债券的收益率之间的差幅发生变化而产生的风险。重新定价的不对称性也会使收益率曲线的斜率、形态发生变化，即收益率曲线的非平行移动，对银行的收益或内在经济价值产生不利的影响。

④期权性风险。随着期权市场的完善，期权品种的丰富化，期权性风险越来越重要，成为人们愈加关注的一种利率风险。期权性风险来源于银行资产、负债和表外业务中所隐含的期权。若利率变动对存款人或借款人有利，存款人就可能选择重新安排存款（提前支取），借款人可能会选择重新安排贷款（提前还款），从而对银行产生不利的影响。

（2）汇率风险。又称汇兑风险，是指经济实体以外币定值或衡量的资产与负债、收入与支出，以及未来的经营活动所产生现金流的本币价值因货币汇率的变动而产生损失的可能性，包括交易风险、折算风险和经济风险。

交易风险是指运用外币进行计价收付的交易中，经济主体因外汇汇率的变动而蒙受损失的可能性。折算风险，又称会计风险，指经济主体对资产负债表的会计处理中，将功能货币转换成记账货币时，因汇率变动而导致账面损失的可能性。经济风险，又称经营风险，指意料之外的汇率变动通过影响企业的生产销售数量、价格、成本，引起企业未来一定期间收益或现金流量减少的一种潜在损失。

（3）股票价格风险。股票价格风险，是指由于股票价格的不利变动而给金融参与者带来损失的风险。影响因素包括政治、经济等宏观因素，以及技术和人为等微观因素，这些因素个别或综合作用于股票市场，致使股票市场的股票价格产生波动，从而给投资者带来经济损失的风险。

（4）商品价格风险。商品价格风险是指金融参与者所持有的各类商品的价格发生不利变动而给参与者带来损失的风险。对资管业务而言，市场风险的影响主要体现在两个方面：一是资产价格波动对以该种资产为投资标的的资管产品带来风险；二是存在资产抵质押增信的资管业务中，资产价格波动对资管财产保障带来的不利影响。

4. 流动性风险

流动性风险是指经济主体由于金融资产流动性的不确定性变动而遭受经济损失的可能性。根据《商业银行流动性风险管理指引》（银监发〔2009〕87号），流动性风险是指商业银行虽然有清偿能力，但无法及时获得充足资金或无法以合理成本及时获得充足资金以应对资产增长或支付到期债务的风险。流动性差的市场是指交易可以迅速影响市场的价格，市场的交易量很小，合约受需求和供给条件影响更大，价格更易波动。

流动性风险又可细分为流通量风险和资金量风险。流通量风险是指交易无法及时以合理的价格予以成交。这种风险通常是市场状况处于某种极端情况时，或者因进行了某种特殊交易想处理合约但不能如愿以偿时产生的。如价格处于涨跌停板时，成交稀少，投资者难以平仓，或市场交易不活跃，无法及时平仓，或因信息等方面的问题，使投资者不能及时以所希望的价格成交。资金量风险是指投资者的资金无法满足要求，面临强制平仓的风险。市场操纵和"逼仓"行为等是这种风险的具体体现。

对资管业务而言，资管产品项下资管财产投资于流动性较弱的资产，资产管理人如不能按时将其变现，将面临无法及时向受益对象分配收益的流动性风险。如果资管产品项下有较为完善的抵质押等担保措施，资产管理人在交易对手违约时可以通过行使抵质押权获得变现资金向受益对象分配收益。由于抵质押物的变现需要一个相对较长的时间，此时资产管理人面临的不是兑付损失风险，而是抵质押物不能及时变现的流动性风险。

5. 操作风险

根据巴塞尔委员会和国际证券组织联合会（IOSCO）对"操作风险"的定义："由于人为错误、系统失灵和不正确的程序及控制所引起的信息系统或内部控制方面的缺陷，导致意想不到的损失。"从理论上讲，操作风险有广义和狭义之分。广义的操作风险是指除市场风险和信用风险之外的所有风险；狭义的操作风险则指存在于金融机构"运营"部门中，由于控制、系统及运营过程中的错误或疏忽而可能引起潜在损失的风险。根据巴塞尔银行监管委员会的《巴塞尔新资本协议》（2004年），操作风险可以分为由人员、系统、流程和外部事件所引发的四类风险，并由此分为七种表现形式：内部欺诈，外部欺诈，聘用员工做法和工作场所安全性，客户、产品及业务做法，实物资产损坏，业务中断和系统失灵，交割及流程管理。

随着金融市场的发展，金融产品越来越丰富，资管产品种类也更多、结构更复杂。同时，互联网技术的发展，使得金融交易越来越依赖计算机等信息技术，对"操作"的要求越来越高，使得操作风险越来越为业界所关注。此外，操作风险还可能延伸带来市场风险、流动性风险和信用风险。

资管业务的操作风险是因业务不熟悉、内控机制不健全、人为错误、系统失灵等导致的风险。在我国现阶段，操作风险也是资管机构面临的主要风险之一，主要表现为对市场的异常现象反应不及时、交易系统有故障，通讯不畅通，信息不能完整和及时地发布，以及越权交易、隐瞒头寸、隐瞒亏损、超限持仓、过度投机、误导客户、挪用客户保证金等。

6. 国别风险

国别风险可能由一国或地区经济状况恶化、政治和社会动荡、资产被国有化或被征用、政府拒付对外债务、外汇管制或货币贬值等情况引发。根据《银行业金融机构国别风险管理指引》（银监发〔2010〕45 号），国别风险是指由于某一国家或地区经济、政治、社会变化及事件，导致该国家或地区借款人或债务人没有能力或者拒绝偿付银行业金融机构债务，或使银行业金融机构在该国家或地区的商业存在遭受损失，或使银行业金融机构遭受其他损失的风险。国别风险主要存在于授信、国际资本市场业务、设立境外机构、代理行往来和由境外服务提供商提供的外包服务等经营活动中。其中，转移风险是国别风险的主要类型之一，是指借款人或债务人由于本国外汇储备不足或外汇管制等原因，无法获得所需外汇偿还其境外债务的风险。

7. 银行账簿利率风险

根据《商业银行银行账簿利率风险管理指引》[①] 的规定，银行账簿

---

① 见《关于印发〈商业银行银行账户利率风险管理指引〉的通知》（银监发〔2009〕106 号），2018 年修订。

利率风险指利率水平、期限结构等不利变动导致银行账簿经济价值和整体收益遭受损失的风险，主要包括缺口风险、基准风险和期权性风险。利率变化可能引起银行账簿表内外业务的未来重定价现金流或其折现值发生变化，导致经济价值下降，从而使银行遭受损失。同时，利率变化可能引起净利息收入减少，或其他利率敏感性收入减少、支出增加，从而使银行遭受损失。

缺口风险是指利率变动时，由于不同金融工具重定价期限不同而引发的风险。利率变动既包括收益率曲线平行上移或下移，也包括收益率曲线形状变化。由于金融工具的重定价期限不同，利率上升时当负债利率重定价早于资产利率，或利率下降时当资产利率重定价早于负债利率，银行在一定时间内会面临利差减少甚至负利差的情况，从而导致损失。基准风险是指定价基准利率不同的银行账簿表内外业务，尽管期限相同或相近，但由于基准利率的变化不一致而形成的风险。期权性风险是指银行持有期权衍生工具，或其银行账簿表内外业务存在嵌入式期权条款或隐含选择权，使银行或交易对手可以改变金融工具的未来现金流水平或期限，从而形成的风险。期权性风险可分为自动利率期权风险和客户行为性期权风险两类。自动利率期权风险来源于独立期权衍生工具，或金融工具合同中的嵌入式期权条款（例如浮动利率贷款中的利率顶或利率底）。对于这类期权，如果执行期权符合持有人的经济利益，那么持有人会选择执行期权，因此称为自动期权。客户行为性期权风险来源于金融工具合同中的隐含选择权（例如借款人的提前还款权，或存款人的提前支取权等）。利率变化时，这类选择权有可能会影响到客户行为，从而引起未来现金流发生变化。

8. 声誉风险

声誉风险是指由机构经营、管理及其他行为或外部事件导致利益相关方对机构产生负面评价的风险。声誉事件是指引发机构声誉风险的相关行为或事件。重大声誉事件是指造成机构或行业重大损失、市场大幅波动、引发系统性风险或影响社会经济秩序稳定的声誉事件。

资管机构提供资产管理服务，具有广泛的社会性，维护良好的声誉，对机构、行业、投资者都具有重要的意义。可以说，良好的声誉是资管行业的立身之本，资管行业需要更加重视对声誉风险的管理。笔者建议：（1）做好声誉风险排查，定期分析声誉风险和声誉事件的发生因素和传导途径。（2）做好声誉事件应急处置，对可能发生的各类声誉事件进行情景分析，制定预案，开展演练。（3）做好投诉处理监督评估，从维护客户关系、履行告知义务、解决客户问题、确保客户合法权益、提升客户满意度等方面实施监督和评估。（4）做好信息发布和舆情工作归口管理，及时准确地向公众发布信息，主动接受舆论监督，为正常的新闻采访活动提供便利和必要保障。（5）做好舆情信息研判，实时关注舆情信息，及时澄清虚假信息或不完整信息。（6）做好声誉风险信息管理，记录、存储与声誉风险管理相关的数据和信息。（7）做好声誉风险管理后评价，对声誉事件应对措施的有效性进行及时评估。

9. 战略风险

一般认为，战略风险是指可能影响企业战略目标实现的各种不确定性因素或者事件。尽管影响企业战略的因素来源广泛，但并不是每个可能性事件都会构成战略风险，只有当某个事件的偶然发生影响到战略目标实现时才称为战略风险。通常，战略风险可理解为企业整体损失的不确定性，是影响整个企业的发展方向、企业文化、信息和生存能力或企业效益的因素。在资管行业中，战略风险因素是对资管产品目标、资源、竞争力或核心竞争力、投资收益产生重要影响的因素。

10. 信息科技风险

根据《商业银行信息科技风险管理指引》（银监发〔2009〕19号）的规定，信息科技风险是指信息科技在商业银行运用过程中，由于自然因素、人为因素、技术漏洞和管理缺陷产生的操作、法律和声誉等风险。其中，信息科技是指计算机、通信、微电子和软件工程等现代信息技术，在商业银行业务交易处理、经营管理和内部控制等方面的应用，并包括进行信息科技治理，建立完整的管理组织架构，制订完善的管理制度和流程。信息科技风险管理的目标是通过建立有效的机制，实现对商业银行信息科技风险的识别、计量、监测和控制，促进商业银行安全、持续、稳健运行，推动业务创新，提高信息技术使用水平，增强核心竞争力和可持续发展能力。

随着科技的发展，电子化交易越来越普遍化，而电子化交易的风险也接踵而至。电子化交易风险主要包括技术风险与法律风险。

①技术风险，是指电子交易系统在设计、维护及运行上因技术问题而产生的风险。如系统的软件可能存在设计不周到、有未检测出的错误等问题；硬件可能会因为电子设备使用寿命导致性能下降而出现故障；系统运行可能受到网络延迟或网络崩溃的影响；通讯线路受到运营商的服务质量限制；电子交易系统可能受到病毒的攻击等。

②法律风险，由于电子化交易是在虚拟的网络平台上进行的，主要采用无纸化交易的方法，在追究法律责任方面与传统的线下交易有所不同。而电子化交易还处于发展、完善阶段，相应的法律法规还未完善，法律规制尚不成熟。

11. 政策风险

政策风险是指政府有关金融市场的政策发生重大变化或是有重要的举措、法规出台，引起金融市场的波动，从而给投资者带来的风险。在市场经济条件下，由于受价值规律和竞争机制的影响，各市场主体争夺资源，都希望获得更大的发展空间，因而可能会触犯国家的有关政策，而国家政策又对企业的行为具有强制约束力。另外，国家在不同时期可以根据宏观环境的变化而改变政策，这必然会影响到市场主体的经济利益。因此，国家与市场主体之间由于政策的存在和调整，在经济利益上会产生矛盾，从而产生政策风险。

通常，政策风险来自于两个方面：一是政府发布恰当的政策，例如政府制定的政策、法律法规等，使得市场价格、汇率、利率等因素变化，可能引起市场的不稳定，从而引起市场风险。二是政府发布不恰当的政策，例如政策失误、法律法规体系不健全、市场监管体系不完善、政策变动频繁等，对市场产生的负面影响。

资管业务经常面临政策风险。资管财产的投资，往往与财政政策、货币政策、产业政策、区域发展政策等密切相关，受宏观政策调整的影响，对于资管机构资金投放的行业、对象也可能会产生重大的影响。

12. 法律风险

按照巴塞尔银行监管委员会的《巴塞尔新资本协议》（2004 年）的规定，法律风险是一种特殊类型的操作风险，它包括但不限于因监管措施或解决纠纷争议而支付的罚款、罚金或者惩罚性赔偿所导致的风险敞口。资管业务的法律风险，主要是指由于法律及其配套制度不完善而使资管产品的合法性、资管财产的安全性等方面面临的不确定性。资管财产的运用方式灵活多样，包括投资方式、融资方式、投融资相结合的方式等，资管产品的交易结构设计、交易条款往往也较为复杂，但现行的法律法规相对滞后，处理不当可能会引起法律纠纷，从而带来风险。

13. 合规风险

合规（Compliance）即合乎规范之意，指遵守法律、法规以及监管当局制定的规则和标准等的总称。在实践中，合规应该至少包括两层含义：一是金融机构的各项规章制度应当与法律、规则和准则相一致；二是其各项具体活动应当符合外部的法律、规则和准则以及内部的各项相关规章制度。资管业务的合规风险，是指资管机构违背法律法规、监管政策和公司内部规章制度开展业务而面临的风险。资管机构在产品研发、市场拓展、业务创新中，如没有有效地遵守法律法规、监管规则，将承担相应的法律责任。

14. 决策风险

决策风险，是指在决策活动中，由于主、客体等多种不确定因素的存在，而导致决策活动不能达到预期目的的可能性及其后果。资管业务的决策风险，是指资管机构在发展业务过程中因决策失误而面临的风险。从决策风险产生的原因来看，主要有以下几种：一是由于资管机构内部治理结构不完善，大股东干预经营或内部人控制而出现损害投资人利益的决策行为；二是资管机构内部决策程序不科学，或者不执行决策程序而出现的决策失败；三是资管机构贸然进入不熟悉行业或市场领域而带来的决策失误。

15. 关联交易风险

关联交易是指在关联方之间发生转移资源或义务的事项。关联交易本身是中性的，并不必然产生不利后果，有时关联交易还具有提高交易效率、节省交易成本等正向价值。

资管业务开展过程中，关联交易风险主要表现在以下几个方面：一是资管机构股东与资管机构固有业务或固有资产之间未按市场原则进行交易，从而可能损害其他股东利益的风险；二是公司股东与资管机构的资管财产或业务之间发生关联交易，而可能导致投资人、受益对象权益受到损害的风险；三是资管机构固有业务或资产与所管理的资管财产之间发生关联交易，给投资人、受益对象带来的风险；四是资管机构管理的不同资管财产之间发生关联交易，给投资人、受益对象带来的风险。笔者认为，资管业务宜市场化经营，严格限制关联交易，以保护投资者的合法权益。从已经被接管、停业整顿甚至破产的资管机构来看，大都与关联交易相关。

16. 创新风险

创新是资管行业持续发展的生命力。随着社会财富的不断丰富和资管需求的日益多样化，资管业务创新发展的空间十分巨大。创新在提供新的投融资或理财便利，拓宽资管机构业务空间的同时，也给资管行业发展带来了新的风险，主要表现为：一是创新失败风险，投入大量的资金和人力、物力，结果创新工具不适合社会需要，创新失败；二是创新对现有政策的突破，或缺乏有效保护而带来的风险；三是由于公司在人员、资源、制度等方面准备不足，而使创新业务运作出现失败的风险。

17. 道德风险

道德风险最早由 20 世纪 70 年代美国经济学家阿罗（Arrow）提出，在经济研究领域受到广泛关注。一般来说，道德风险指"从事经济活动的人在最大限度地增进自身效用的同时做出不利于他人的行动"，也就是说合同的一方在不完全承担风险后果时所采取的使自身效用最大化的自私行为，也称为道德危机。

资管业务中，当资管当事人之间存在信息不对称时，容易产生道德风险，进而引发信用风险，使得投资者的合法利益受到损害。此外，由于资管机构内部员工对工作不负责，甚至出现违法违纪行为，也存在对公司正常经营造成当期或潜在损失的道德风险。

二、资管机构层面的风险管理

资管机构在经营管理层面的风险管理，主要体现在公司战略规划、组织架构、内部控制、风险偏好体系等方面。对此，本书提出以下五个方面的风险管理措施。

（一）全面风险管理

进入 20 世纪 90 年代，一种新型的企业风险管理理论和方法——全面风险管理开始在众多跨国公司和金融机构中广泛运用。2003 年 7 月，美国 COSO 委员会提出了全面风险管理框架，包括全面风险管理的目标、要素和层次等要求，第一次将全面风险管理从理念发展到了实践操作层面。近年来，许多企业评级机构将全面风险管理列为对企业评级的基本评价要素，各国的审计标准也将审计的根本任务从审计内部控制逐渐转移到审计风险管理的职能上来。目前，英美德等国家对上市公司风险管理的披露要求已上升到法律规则层面。因此，无论从管理标准或企业评级的新导向，还是从来自于监管、投资者或客户的压力，实施全面风险管理已成为当今企业发展的必然选择。

根据美国 COSO 委员会的定义，全面风险管理是一个过程，受董事会、管理层和其他人员的影响。这个过程从企业战略制定一直贯穿到企业的各项活动中，用于识别那些可能影响企业的潜在事件并管理风险，使之在企业的风险偏好之内，合理确保企业取得既定的目标。《中央企业全面风险管理指引》（国资发改革〔2006〕108 号）第四条对全面风险管理作了如下定义："本指引所称全面风险管理，指企业围绕总体经营目标，通过企业管理的各个环节和经营过程中执行风险管理的基本流程，培育良好的风险管理文化，建立健全全面风险管理体系，包括风险管理策略、风险理财措施、风险管理的组织职能体系、风险管理信息系统和内部控制系统，从而为实现风险管理的总体目标提供合理保证的过程和方法。"可见，全面风险管理是一个由公司董事会、高级管理层以及各级员工，在各项业务管理活动和战略制定中进行风险管理的过程。全面风险管理要求对各类风险进行识别、评估与管理，确保资产的安全和保值增值；要求公司将风险收益、风险偏好与风险策略紧密结合起来，增强风险应对能力，尽量减小操作失误造成的损失，准确判断管理交叉风险，提高对多种风险的整体反应能力，最终根据风险科学分配经济资本，抓住商业机会，确保公司各项业务持续健康发展。

在美国 COSO 委员会提出的全面风险管理框架中，包括目标、要素和层级三个维度。其中第一个维度是企业的目标，包括战略目标、经营目标、报告目标和合规目标四项。第二个维度是全面风险管理要素，即内部环境、目标设定、事件识别、风险评估、风险对策、控制活动、信息和交流、监控等八项。第三个维度是企业的各个层级，包括整个企业、各职能部门、各条业务线及下属各子公司。在管理实施过程中，企业各个层级都必须紧紧围绕企业目标，进行全方位的风险管理。

资管机构应当按照现代公司治理的基本要求，逐步构建以董事会为核心的覆盖公司整体的全面风险管理体系。《银行业金融机构全面风险管理指引》（银监发〔2016〕44 号）规定，银行业金融机构全面风险管理体系应当包括但不限于以下要素：一是风险治理架构；二是风险管理策略、风险偏好和风险限额；三是风险管理政策和程序；四是管理信息系统和数据质量控制机制；五是内部控制和审计体系。笔者认为，资管机构在构建全面风险管理体系时，可以参考《银行业金融机构全面风险管理指引》的有关规定。

（二）市场化激励与约束

为督促业务人员及相关评审成员在尽职调查、风险评审及后续管理中履职尽责，资管机构可建立相应的风险责任激励与约束机制。笔者认为，顶层制度建设、社会财富积累是资管行业健康规范发展的前提和基础，而市场化的激励与约束机制则是资管机构长效发展的引擎和动力。

在资产管理活动中，资管从业人员的素质和其具体工作，决定着资管机构甚至资管行业的存亡。科学的市场化激励与约束安排，有利于调动资管从业人员的工作积极性。市场化激励方面，常见措施包括：一是业绩提成。资管机构应建立个人报酬与经营业绩相挂钩的激励机制，这是最直接有效的激励办法。二是年终奖励，设置量化指标对优秀员工给予特别嘉奖，表彰先进，树立楷模，激励员工奋发上进。三是职工持股，包括高管持股，让员工及高管有机会分享企业成长所带来的收益，与企业同进退。我国《基金法》第二十一条第二款规定，公开募集基金的基金管理人可以实行专业人士持股计划，建立长效激励约束机制。市场化约束方面，常见措施包括：一是设置责任追究体系，每个项目经理或者业务部门负责人设为资管业务第一责任人，其余项目小组成员及评审成员承担不同程度责任，一旦资管业务出现风险，按照尽责程度承担相应的内部责任。二是建立薪酬递延制度，每个资管业务从业人员相应的激励按照资管业务的推进逐步支付，同时保留薪酬的一部分比例在资管业务顺利终止后再行支付。三是推行风险处置责任制，资管业务一旦出现问题无法顺利终止，主办人员应集中精力处置风险，暂停开展新业务，同时暂停部分或者全部激励。四是实行黑名单管理，对于出现过两个或两个以上业务风险的业务经理，禁止推进新的业务。

（三）建立风险缓冲机制

从风险管理的内容来看，资管机构在经营活动中除了对系统性和非系统性风险采取有效的措施、建立完善的机制和制度来进行防控外，还需要建立有效的风险缓冲机制来实现风险的转移、分散。

资管行业可以建立行业保障基金或者行业互助基金。例如信托业保障基金，是由信托业市场参与者共同筹集，用于化解和处置信托业风险的非政府性行业互助资金。同时，资管机构可以计提风险赔偿准备金应对潜在风险。资管机构可根据具体业务或项目情况，按照监管要求计提相关风险赔偿准备金，设立专门的风险缓冲基金。在此基础上，还可以要求业务团队按照其团队存续未到期资管规模的一定比例计提部门风险准备金，团队绩效奖金按扣除部门资管业务风险准备金后的余额进行发放。

此外，资管机构可以加强与保险等其他金融机构的合作，建立必要的风险保险和转移机制。例如通过与保险公司合作，将潜在风险通过支付一定保费的形式向外部保险机构转移，从而降低自身或资管产品运营的风险。

（四）制订恢复与处置计划

自2008年国际金融危机发生后，世界各国纷纷寻找抑制乃至消除金融机构"大而不能倒"的解决办法，其中方法之一是制订恢复与处置计划，俗称"生前遗嘱"（living wills）。它包括"恢复计划"和"处置计划"，以期通过提前制订计划和准备措施，确保金融机构能够继续提供具有系统相关性的服务，或在对金融稳定不产生负面作用的情况下，终止提供这些服务，以维护金融稳定。

根据《银行保险机构恢复与处置计划实施暂行办法》（银保监发〔2021〕16号）第二条的规定，恢复和处置计划是银行保险机构与银保监会及其派出机构在危机情景中的行动指引，但不排除在危机情景下实施其他恢复和处置措施。其中，恢复计划是指银行保险机构预先制定，并经银保监会及其派出机构认可的应对方案，在重大风险情形发生时，该方案主要通过自身与股东救助等市场化渠道解决资本和流动性短缺，恢复持续经营能力。处置计划是指银行保险机构预先建议，并经银保监会及其派出机构审定的应对方案，在恢复计划无法有效化解银行保险机构重大风险，或者可能出现引发区域性与系统性风险情形时，通过实施该方案实现有序处置，维护金融稳定。同时，根据该办法第十条、第十五条的规定，恢复计划主要内容应包括但不限于：经营情况、组织架构等基本概况，实施恢复计划的治理架构，关键功能、核心业务、重要实体识别,压力测试,触发机制,恢复措施,沟通策略,恢复计划执行障碍和改进建议等;处置计划建议的主要内容应包括但不限于:经营情况、组织架构等基本概况,实施处置计划的治理架构,关键功能、核心业务、重要实体识别,处置资金来源及资金安排,处置计划实施所需的信息和数据,处置计划的实施方案、沟通策略,处置对本地和宏观经济金融的影响,处置实施障碍和改进建议等。

资管机构在正常经营时,可以就激励性薪酬的延付、红利回拨或限制分红、业务的分割与恢复、机构破产重整与处置等事项制订恢复与处置计划。一方面,面对"生前遗嘱",时刻警醒自身合法合规经营。另一方面,当资管机构陷入资不抵债境地时,可以根据事先拟好的"生前遗嘱",快速启动恢复与处置方案,而不致于手忙脚乱。

(五)培育良好的风险管理文化

风险管理文化是企业文化的重要子系统,以企业文化为背景,是在风险管理活动中凝炼并通过由企业文化的精神层面、制度层面和行为层面共同体现、为广大员工认同并自觉遵循的风险管理理念、风险价值观念和风险管理行为规范。笔者建议,一是培育全员风险管理的意识。大力加强员工法律素质和道德诚信观念的培育,牢固树立风险无处不在、岗位风险管理责任重大等意识和观念,严格防范和审慎处置各种风险。二是强调内部风险管理制度执行的严肃性。内部风险管理制度涉及公司业务经营的各个环节和阶段,具有不同的适用范围和执行效力。必须树立严格按制度办事的观念,并保证制度执行的严肃性。推行管理问责制,使每位员工对其行为活动承担责任;建立对违规违纪事项的举报制度,加强民主监督,强化激励机制,做到约束和激励并举;管理层要率先垂范,深入了解制度的执行情况和适用性;将公司风险管理文化建设与薪酬、人事等制度相结合,增强公司员工特别是高级管理人员的风险意识,避免因盲目扩张、片面追求业绩而忽视风险等行为的发生。三是形成规范的风险报告机制。资管机构应高度重视风险事件发生后的整改，通过总结经验教训来提高管理水平，避免隐瞒不报、弄虚作假的行为。发生风险事件必须在第一时间被准确无误地传达到相应负责的管理人员，使其了解事件发生真相；根据事件发生的性质和损失程度确定相应的负责层级，制定整改措施并定期检查、反馈整改效果；对事件全过程做好记录，根据事件性质分类统计发生的频率和损失情况，为计量损失和配置资本提供基础数据。四是建设内部风险管理的知识体系。主动吸收借鉴境内外现代金融机构风险管理理论、技术和方法，研究和引入科学的资产风险量化和评测技术，从主要依赖主观判断向定量化、科学化风险管理转变。同时，加强风险管理信息化建设，建立电子化、远程化、实时化的风险管理模块和数据库，搭建符合风险管理要求的信息科技平台。此外，采取多种途径和形式，加强对风险管理理念、知识、流程、管控核心内容的培训，培养风险管理人才。

三、资管产品层面的风险管理

资管产品在具体操作层面的风险管理，本书分四个阶段分别介绍有关风险管理措施，即资管产品准入阶段、资管产品设立阶段、资管产品运作阶段和资管产品终止阶段。

（一）资管产品准入阶段

1. 遴选交易对手

选择好的交易对手，是把好资管业务风险控制的第一道防线。选择交易对手，首先应当对交易对手所处的行业进行分析判断，行业分析可从以下角度进行：行业环境，对行业发展影响最直接、作用最大的外部环境进行分析；行业结构，对行业进入壁垒和行业内竞争程度进行分析；行业市场，对行业市场需求的性质及其发展变化、行业的销售方式、市场容量等进行分析；行业成长性，对行业所处的成长阶段和发展前景进行分析，根据行业周期不同，调整选择交易对手的标准，审慎选择处于萎缩期的企业。同时，研究企业战略规划，评估企业战略规划可能给其带来的各种影响，战略规划实施过程中是否带来较大资本支出但相应成果存在较大不确定性的情况，根据评估结果确定是否开展资管业务，若开展业务，应做好项目期限与企业战略计划相关期限的匹配。

选择良好的交易对手是降低风险最简单、最有效的方式。但是，在交易对手的选择过程中应避免两个误区：一是过于注重交易对手，只要交易对手背景实力足够强大，就忽视了产品设计过程中的风控措施；二是对于一些交易对手不够强大，但通过增信措施设计能够在一定程度上防控风险的项目，却拒绝操作。在交易对手的选择过程中，应当注重和增信措施设计结合起来，避免上述两种情况的发生。

2. 尽职调查

尽职调查是指资管业务经理对交易对手、投资标的、担保方等各方面的情况进行调查与资料分析，从而为资管业务的可行性分析、决策等提供帮助。资管机构的业务或项目分散在全国各地，但资管机构往往规模较小，没有银行那样数量庞大、根基深厚的分支机构，触角较少，了解交易对手、投资对象的广度和深度往往不够。尽职调查有助于全面了解交易对手，通过对交易对手历史沿革、财务状况、运营情况、发展预期等基本信息的调查，弥补交易双方在信息上的不对称。尽职调查还可以揭示目标企业现实存在的问题和潜在的各项风险，有助于评估资管业务开展的可行性，合理设计交易结构，制定风险防控措施。资管业务的尽职调查主要由资管业务人员进行。必要时，可以委托律师事务所、会计师事务所等开展调查或者实施专题尽调。

（1）尽职调查的方法。主要包括：①查阅资料。查阅是尽职调查的首要方法。一般来说，查阅的资料包括：企业基础证照、经审计的财务报告、重大交易合同、董事会及总经理办公会纪要、规章制度、业务流程资料、合同、账簿等。查阅资料的来源主要包括：由被调查企业提供；查询工商税务系统；查询中国人民银行征信系统；通过公共媒体、互联网等进行搜集。②实地调查。实地调查是指到交易对手的主要生产场地或建设工地等场所进行相关调查。实地调查的内容包括：生产状况、设备运行情况、产品库存情况、生产管理水平和现场人员工作情况等。通过实地调查，加深对交易对手经营管理水平、安全生产和环境保护的直观了解，核实交易对手重要的实物资产情况。③同行走访与调查。通过对竞争对手、上下游客户、行业专家进行访谈了解相关情况。与竞争对手访谈，主要了解交易对手的业内地位、市场份额、是否存在违规事件等；与上下游客户访谈，主要了解订单量、账期、合作关系、产品质量等；与行业专家访谈，主要了解行业发展状态、行业竞争格局，以及行业机遇与挑战等。通过外部访谈能更进一步了解该行业发展状态及市场竞争格局，同时进一步佐证交易对手真实的市场地位及经营情况。④高管约谈。在对交易对手有了初步判断的基础上，与其高管进行进一步访谈，掌握企业概况及发展定位、实际控制人及高管背景、企业生产经营状况、财务状况、行业发展状态、行业竞争格局以及企业所处市场地位等情况。比较高管阐述与之前了解所得判断之间的差异之处，进而分析判断交易对手相对真实的情况。

（2）尽职调查的主要内容。主要包括以下方面：①业务调查。主要了解生产经营流程，原材料及产品进销流程及记录文件，产品销售量、销售金额的发展态势，技术研发情况，结合公司所处行业得出相对直观的判断。②工商调查。主要核查公司证照及相关批复原件、公司章程、组织构架设置等，据以判断公司是否合法存在，治理结构是否健全。核查公司股权是否有瑕疵及抵质押情况，了解公司动产、不动产抵质押情况。了解交易对手诉讼、查封相关情况。③财务调查。

取得企业财务报表、最末级科目余额表、往来明细账、纳税申报材料、工商年检材料及相关原始凭证进行核查，了解目标公司真实的财务状况。财务分析前提是所取得的财务数据真实可靠。确保财务数据的真实可靠的手段主要有：取得长期财务数据，对跨度较长的主要财务数据进行纵向比较分析；从企业之外的多个不同渠道取得数据，以比较不同渠道的数据是否一致，分析有何差异；取得可比公司（主要是上市公司）三年一期报表，进行比较分析，分析前要剔除可比公司临时、偶然、不可比的成分或金额；取得三年一期的科目明细表，以获悉主要报表项目的明细情况，并适当核对报表关键项目与明细是否一致；就财务数据的关键疑点，结合业务情况，通过进行财务内部访谈、查看相关基础文件资料等方式，进行深入核查和分析；高度关注目标企业高管团队及财务人员的诚信品质等。④市场调查。了解交易对手主营业务是否需要特殊的外部环境支持譬如政策、基础设施等，并通过实地勘察确认交易对手生产经营所在地是否具备相关条件为其生产经营提供便利。

3. 了解征信状况

交易对手的征信情况，主要包括征信记录、有无民间借贷、内部评级等。主要措施：一是获取交易对手最新的征信报告，查看企业过往征信记录，是否存在金融债务违约行为，对于有违约记录的交易对手应审慎选择。二是了解交易对手所处区域是否存在高利贷等情况，结合交易对手财务资料、新闻报道、网络搜索等方式初步评价交易对手是否存在非法集资、高利贷等情况，切忌选择涉及非法集资或高利贷的企业作为交易对手。在分析判断交易对手是否存在民间借贷行为时，可以通过财务审查、外围调查等多种手段和渠道，全方位、多角度地深入调查企业投入资金来源；通过查阅其他应付款、实收资本、资本公积等科目明细，逐笔核查权益人是否为股东，对于权益人为非股东自然人的，进一步核实该笔资金是否为民间借贷；通过对财务数据勾稽关系的分析，判断企业是否存在账外账情况，要求企业提供账外账清单，逐笔核对账外账交易发生的内容和性质。除以上财务审查外，还可借助当地政府、银行、工商、税务、律师事务所、会计师事务所或媒体、社会走访等多种外围渠道资源，查清企业、股东及关联方是否存在民间借贷等问题。

4. 建立内部评级及信用评分机制

公司内部可以设立准入门槛，对达到公司内部评级及信用评分标准的交易对手列为初步合作对象。客户信用评级是资管机构对交易对手、担保人等资信状况的评价确认，信用评级结果是资管机构的交易对手准入和退出管理的重要依据。

开展交易对手内部评级，首先要建设内部评级系统，建立起内部评级模型，培育一支专业团队持续不断地进行连贯性的研究和开发。目前，我国商业银行特别是大中型商业银行大都建立了自己的内部评级系统，但由于技术、成本等方面的考虑，资管机构建立内部评级体系的仍然较少。在此背景下，资管机构在开展业务时，如无法进行内部评级，可借鉴国内主要信用评级机构或大型商业银行对客户的评级。

5. 加强集中度管理

集中度是指资管机构的业务开展集中于某一个客户、地区、行业或业务类型。对资管机构而言，集中度管理主要包括以下几个方面：一是单一客户集中度管理。可以根据交易对手的实力如净资产等指标，对其投融资规模设立一定的比例限制，防止对同一交易对手过度依赖。在计算单一客户集中度时，不仅要考虑交易对手本身的风险集中度，还应考虑交易对手关联方及与其关联密切的上下游客户的风险集中度，得出一个较为合理的最高综合限额。二是区域市场集中度。为避免区域市场业务过度集中而导致风险，针对某一行政区划或单个城市的业务进行总规模的控制，如设定一定比例，限制在某地的业务总规模。

三是行业集中度、业务类型集中度管理。行业集中度是指资管业务过分集中于某一行业带来的风险，例如集中投向地产行业的风险。业务类型集中度主要指资管机构同时开展多种不同类型的业务，其中某一类业务过于集中带来的风险，例如集中开展非标业务的风险。

6. 重视第一还款来源

从还款来源的角度分析，交易对手的还款来源可以分为第一还款来源和第二还款来源。第一还款来源一般是指交易对手相关生产经营活动产生的能够直接用于归还融资的现金流量的总称。第二还款来源是指当交易对手无法偿还贷款时，通过处置抵押物、质押物或者对担保人进行追索所能得到的款项。从两者的关系来看，第一还款来源是合同履约的主要来源，资管机构应把第一还款来源作为业务开展的重要指标，第二还款来源是第一还款来源的补充和保障。实务中，当第一还款来源出现问题，资管机构对第二还款来源的追偿，往往会受到多种因素的干扰，操作难、变现难、执行难等问题并不鲜见。

资管业务开展前，首先要分析交易对手的第一还款来源，评价第一还款来源是否充足，来源时点是否能匹配资管产品的本息支出节点。了解融资方的第一还款来源，必须对融资方的现实情况做全面细致的尽职调查。核实借款人的财务报表，挤掉报表中的"水分"，如实反映借款人的现状；特别要重视对借款人的现金流量进行分析，根据融资方在一定时期内现金流量的变化情况，分析融资方偿还到期债务的能力。此外，评估第一还款来源，还要对其进行压力测试。通过压力测试，可以估测融资方在各种不同市场情景变化下受到冲击的承受能力，为评估资管业务、防范潜在风险提供依据。

7. 内部评审

资管机构应当建立科学有效的资管业务内部评审和决策机制，主要包括：一是立项会、风控评审会、投资决策会等多层级的评审委员会工作机制。立项会主要对资管产品的交易对手、交易架构进行初步探讨，判断是否继续推进以及分析在后续审查中重点关注的风险点及侧重点。产品通过立项后，进行项目详细尽调并上风控评审会，风控评审会将对资管产品进行详细的分析与论证，并根据不同产品特点确定相应的风控措施。若风控评审会仍存在需要进一步了解的情况，可补充尽调并召开风控评审二次会议。对于通过风控评审会的较大规模的资管产品，视情形还可以召开投资决策会，由公司最高决策委员会讨论决定是否投资以及最终投资额度及投资关键性条款。二是制订科学合理的业务评审流程，一般流程如下：业务部门将尽职调查报告及产品基础资料提交风控合规部门进行风险与合规审查，审查人员将初步审查意见反馈业务部门，由资管业务人员根据初步审查意见进行补充尽职调查或者说明情况。风险与合规审查人员将初审结论提交风险与合规部门负责人审核，风险与合规部门认为该项目不符合公司准入标准的，可以退回业务部门并说明理由；风险与合规部门认为该项目符合提交评审的条件，可以将项目按所处评审阶段提交立项会、风控会等进行评审。在此基础上，可根据业务性质及产品规模的不同，设置不同的投融资评审流程，譬如简单业务可履行简易评审流程，不召开现场会进行审议，以提高业务开展效率。三是引入外部专家评审。为了促进业务评审的专业公允，可以按照行业类别，建立咨询专家库。对于新介入行业、交易结构复杂或产品规模较大的业务，可以邀请有关专家列席相关评审会议，发表专业意见，为评审会委员提供决策参考，但通常不赋予专家表决权。四是实行一票否决权制度。对于评审委员会审议通过的资管产品，总经理、首席风险控制官或独立审批人等公司授权人员，如发现有重大风险，可以规定其对资管业务拥有　票否决权。

（二）资管产品设立阶段

1. 不动产抵押

不动产抵押主要是指房地产抵押，资管机构在开展资管业务时，通常以土地使用权和在建工程作为增信措施。根据我国《民法典》第二编第十七章的规定，建筑物和其他土地附着物、建设用地使用权、海域使用权等可以抵押。以建筑物抵押的，该建筑物占用范围内的建设用地使用权一并抵押。以建设用地使用权抵押的，该土地上的建筑物一并抵押。

不动产抵押需要注意以下事项：一是抵押人是否拥有用以抵押的不动产完全合法的产权，用以抵押的不动产是否存在权属争议，用以抵押的土地使用权是否已经缴纳土地出让金等。根据我国《民法典》第二编第十七章的规定，所有权、使用权不明或者有争议的财产，不得设置抵押。二是用以抵押的不动产的合理市场价值以及合理的抵押率。抵押物的评估应当客观公允，抵押率的设置应当考虑主债权是否还有其他保障措施，通常情况下，抵押率在30%～60%之间。三是用以抵押的不动产是否存在他项权利或者限制设定抵押权的相关情形或事项。四是以划拨方式取得的国有土地使用权，一方面要依法办理抵押登记手续，同时还应经具有审批权限的人民政府或土地行政管理部门批准。五是某些情况下，可以考虑给抵押物购买财产保险，防止抵押物因不可抗力造成损毁。

2. 动产抵质押

根据我国《民法典》第二编第十七章、第十八章的规定，动产既可以抵押也可以出质。动产主要是指不动产以外具有价值可用于抵质押的物品，如企业之机器设备、企业之产品、材料等；农业用具、牲畜，以及飞机、船舶、汽车等。选择动产抵质押的担保方式时，需要注意以下因素：一是动产的价值在抵质押期间可能会出现变动或损耗，有的折旧快，在抵质押合同中应当事先约定清楚相关责任；二是动产一般较小，且可移动，要防止被替换或掉包；三是以转移占有为生效要件的抵质押中，要重点关注如何保存，特别是价值较高的贵金属、字画等，建议尽量购买保险。

通常情况下，动产具有可移动性和易损耗性，决定了它不是理想的担保物，是资管业务中较少使用的担保方式。实践中，资管机构设立动产抵质押应当关注：①严格审查抵质押动产的种类。用于抵质押的动产质量应符合国家相关标准和规范；有全国性公开交易市场，市场交易价格公平、合理、透明、波动幅度小、易于确定；交易量大，流动性强，易于变现；物理化学性能稳定，易储存、不易变质；具有可分割性，价值容易确定；通用性强，用途广泛等。②严格审查抵质押动产的权属。对抵质押物所有权进行确认，确保归出质人所有，不存在产权上的纠纷，或货款、税收等方面的纠纷和争议。③确定合理的抵质押物估价水平。估值过程中通常遵循以下四个原则：一是不高于发票价格；二是不高于合同约定价格；三是不高于全国性市场、大型区域市场或大型省级市场前三个月的平均交易价格；四是对于企业产成品做质物的，还应不高于近三个月的最低销售价格。④确定合理的抵质押率。抵质押率通常不能超过70%，对市场价格预测难度较大的商品抵质押率应更低。⑤选择第三方对抵质押动产进行监管，防范被质押人重复抵质押、私自处置变卖等风险。

3. 权利质押

权利质押通常是指以动产、不动产以外的其他财产权为标的物而设定的质押。我国《民法典》第二编第十八章第二节对权利质押作了专门规定。该法第四百四十条规定，债务人或者第三人有权处分的下列权利可以出质：一是汇票、本票、支票；二是债券、存款单；三是仓单、提单；四是可以转让的基金份额、股权；五是可以转让的注册商标专用权、专利权、著作权等知识产权中的财产权；六是现有的以及将有的应收账款；七是法律、行政法规规定可以出质的其他财产权利。

实践中，资管机构常用的权利质押主要有：一是上市公司股票质押。上市公司股票价值相对确定，通常变现能力强。风险主要在于市场波动所带来的股价波动，因此一般要对上市公司股票作出折价处理，质押率一般在40%～60%之间，有时还要求出质方提供差额补足义务。二是应收账款质押。应收账款是交易对手的一种债权，通常已经形成、合法有效且债务人对债权人不享有实质性抗辩权。资管机构接受应收账款质押，有时是看中了交易对手的债务人的偿债能力。实务中，应收账款经常还是资产证券化或类资产证券化的良好标的。三是收费权质押，例如高速公路收费权、体育比赛收费权、物业收费权、景区门票收费权等。对拥有收费权的主体来说，可以通过收费权质押进行大额融资，集中零散资金办大事。资管机构重点在于评估该收费权的实际收益及质押价值。

4. 保证担保

根据我国《民法典》第三编第十三章的规定，保证的方式包括一般保证和连带责任保证。其中，当事人在保证合同中约定，债务人不能履行债务时，由保证人承担保证责任的，为一般保证。当事人在保证合同中约定保证人和债务人对债务承担连带责任的，为连带责任保证。当事人在保证合同中对保证方式没有约定或者约定不明确的，按照一般保证承担保证责任。

通常情况下，资管业务要求保证人提供连带责任保证担保。资管机构在实际操作中，较常采用的方式包括：一是担保公司担保。我国现阶段，选择担保公司担保的潜在问题较多，主要是担保公司资本金规模较小、风险补偿机制不健全、风险管控能力差等。具体从担保公司性质来看，相较于民营担保公司，一般国有担保公司更可靠。二是第三人提供担保。对非关联的第三方提供担保的，资管机构应关注是否为互保，对于互保较多的地区企业融资需谨防系统性风险。如果是交易对手的控股股东或者关联企业出具的连带责任保证担保，要注意交易对手是否为其股东的核心资产，如果是则此保证担保意义不大。三是实际控制人担保。在向民营企业提供投融资服务时，一般应要求该民营企业的实际控制人提供连带责任保证担保。此外，担保方式还有回购承诺、受让承诺、安慰函等，其法律性质和效力须依据资管协议的约定或意思表示内容具体分析判断。

5. 差额补足

差额补足是常见于资管投融资业务中的一种担保方式，通常是指为了保障主权利人和主义务人之间的权利义务关系，当主义务人未按约定履行义务时，由第三人按照约定履行补足义务的行为。实务中，对净值型的资管产品，如果包含差额补足条款，将可能被认定为变相保本保收益。

根据《全国法院民商事审判工作会议纪要》（法〔2019〕254 号）第 91 条的规定，信托合同之外的当事人提供第三方差额补足、代为履行到期回购义务、流动性支持等类似承诺文件作为增信措施，其内容符合法律关于保证的规定的，人民法院应当认定当事人之间成立保证合同关系。其内容不符合法律关于保证的规定的，依据承诺文件的具体内容确定相应的权利义务关系，并根据案件事实情况确定相应的民事责任。

6. 对赌协议

根据《全国法院民商事审判工作会议纪要》的有关规定，实践中俗称的"对赌协议"，又称估值调整协议，是指投资方与融资方在达成股权性融资协议时，为解决交易双方对目标公司未来发展的不确定性、信息不对称以及代理成本而设计的包含了股权回购、金钱补偿等对未来目标公司的估值进行调整的协议。从订立"对赌协议"的主体来看，有投资方与目标公司的股东或者实际控制人"对赌"，投资方与目标公司"对赌"，投资方与目标公司的股东、目标公司"对赌"等形式。

资管业务中，为了保证其投资价值，资管机构与目标企业可以约定估值调整条款，即如果被投资企业的实际经营业绩低于预测的经营业绩，资管机构可以要求目标企业给予更多的股份来补偿投资方因目标企业的实际价值降低所产生的损失。如果目标企业的实际经营业绩高出预先估计的水平，投资方会拿出一定的股份奖励目标企业的管理层。对赌协议是投融资协议的重要组成部分，它既可以对目标企业的价值股价作出调整以保护投资方的利益，又可以激励企业管理层努力经营企业。[①]

7. 结构化安排

结构化安排是指资管受益份额分为优先级份额和次级份额，其中优先级受益权份额优先于次级受益权份额分配本金和收益，次级受益权份额为优先级提供信用增级。根据《关于加强信托公司结构化信托业务监管有关问题的通知》（银监通〔2010〕2号）第一条的规定，结构化信托业务是指信托公司根据投资者不同的风险偏好对信托受益权进行分层配置，按照分层配置中的优先与劣后安排进行收益分配，使具有不同风险承担能力和意愿的投资者通过投资不同层级的受益权来获取不同的收益并承担相应风险的集合资金信托业务。实务中，结构化资管的劣后级受益权份额通常由投资顾问或投融资关联方认购，优先级受益权份额由资管机构向合格投资者销售。这种优先级、次级的结构化安排，有时候又称为优先、劣后，或者进一步分为优先级、中间级、次级等。

资管财产的份额化表现形式为结构化安排提供了前提。结构化安排可以吸引不同风险偏好的投资者进入同一资管产品，是一种非常巧妙的机制安排。但融资方关联企业对融资方本身的债权认购劣后份额的情况中，债权本身的真实性难以验证，即便是真实存在的债权，对

---

① 谷志威. 私募股权投资基金实务操作指引［M］. 北京：法律出版社，2015：300.

优先级受益人权益的实质担保力也存在很大的不确定性，如果融资方到时没有资金可以偿还，那么无论是优先还是劣后都得不到偿付。因此，结构化的内部增信只有在资管产品虽未实现预期收益但能保证多数受益人基本利益时才有意义。

此外，要防范资管当事人通过资管业务的结构化安排进行利益输送。一是结构化安排的前提是资管产品面临较大的不确定性风险，如果风险相对较低且收益相对稳定，例如将资管财产运用于银行存款、政府债券、央行票据、金融债券、货币市场基金等低风险投资或者打新股，通常则没有必要作结构化的安排。二是劣后级所认购受益权份额，其规模应该实质上能够起到保障优先级受益权份额的作用，如果劣后级受益权份额太小，则实际无法起到安全垫的作用。对此，《关于加强信托公司结构化信托业务监管有关问题的通知》第六条第一款规定，结构化信托业务产品的优先受益人与劣后受益人投资资金配置比例大小应与信托产品基础资产的风险高低相匹配，但劣后受益权比重不宜过低。

8. 混合增信

如上所述，资管产品外部增信主要包括不动产抵押、动产抵质押、权利质押、保证担保、差额补足、对赌协议、结构化安排等。实务中，资管产品通常情况下并不仅仅只使用其中某一种增信措施，而是混合使用，即混合增信。主要体现在：一是在某一项担保措施上，同时抵质押多种财产，例如包括不动产使用权及其地上建筑物、动产和股权等。根据我国《民法典》第三百九十五条第二款的规定："抵押人可以将前款所列财产一并抵押。"二是同时使用不动产抵押、动产抵质押、权利质押、保证担保、差额补足、对赌协议、结构化安排等增信措施中的一种或者几种，甚至全部。实操中，一般是能用上的尽量都用上，多多益善。

9. 强制执行公证

对经公证的以给付为内容并载明债务人愿意接受强制执行承诺的债权文书，债务人不履行或者履行不适当的，债权人可以依法向有管辖权的人民法院申请执行。我国《民事诉讼法》第二百四十五条规定，对公证机关依法赋予强制执行效力的债权文书，一方当事人不履行的，对方当事人可以向有管辖权的人民法院申请执行，受申请的人民法院应当执行。

通常情况下，资管机构通过法院诉讼渠道来主张权利、追究违约方责任，不仅耗时长，且付出的综合成本过高。考虑到强制执行公证所独有的赋予债权文书强制执行效力的功能，可以为债权高效、便捷和非诉实现提供强有力的司法保障，因此在资管业务中被经常采用。但是，司法实践中，大家对公证债权文书仍存有一些争议，同样也存在执行难等问题，通常开始快、终结难，最终执行起来仍旷日持久。

10. 引入投资管理人或者投资顾问

当前资管产品投融资方向及涉及领域越来越广，市场范围越大则分工越细，有时候需要引进外部投资管理人或者投资顾问，以更好地实现财产所有人的资管目的。因此，在资管业务涉及投资决策等需要资深专业判断而资管机构不具备相关专业能力时，可考虑引入外部专业的投资管理机构、投资顾问等，降低专业能力弱带来的对投资标的认识不足及后续管理不到位等风险。

资管业务中，投资管理人是受资产管理人委托管理资管财产的专业机构，投资顾问是专门为资管产品提供投资建议的专业人士或机构。一个优秀的投资管理人或者投资顾问，应当熟练掌握相关法律法规，熟悉各种金融工具和产品，并具备相当的专业知识和敏锐的洞察力。

11. 引入第三方托管

在特定的资管业务中，引入第三方托管，由托管人看护资管财产，可以更有效地实现资管财产的安全与独立，保障投资人的合法权益。例如证券投资类资管业务中，将资管财产交由托管人托管，可以有效防止资产管理人或实际控制人挪用、占用、滥用等违法违规行为。也就是说，托管人能"碰"资管财产，但有公信力，投资人放心；资产管理人"碰不着"资管财产，仅依自身专业能力下发管理处分资管财产的指令，两者相得益彰。但需要注意的是，如果资管产品成立后，所形成的资管财产无法掌控在托管人手中，例如向交易对手提供融资，引入第三方托管则没有实际意义。

通常，托管人由依法设立的商业银行或者其他金融机构担任，其职责由托管协议约定，一般包括安全保管资管财产，按照规定开设资管财产相关账户，对所托管的不同资管财产分别设置账户，保存托管业务活动的记录、账册、报表和其他相关资料，复核、审查资产管理人计算的资管资产净值，以及按照资管协议的约定，根据资产管理人的投资指令，及时办理清算、交割事宜等。

12. 合理安排还款

融资类资管业务中，要合理设计还款期限，通过分析融资人对外融资明细表，对融资人存续债务偿还期限进行调整，避开还款高峰期。同时，资管产品可以设置提前还款触发条件，如市场情况急剧恶化并对融资人产生重大不利影响、融资人经营状况持续恶化或实际控制人出现意外事件导致其丧失经营管理能力、融资人其他对外融资出现违约的情况、融资人财务状况恶化且不能提供其他足值担保的情况等。此外，为了减轻到期一次还款的压力，可以安排部分提前还款，也帮助资产管理人对资管产品到期能否顺利终止作出风险判断。

13. 产品跟投

为督促相关方对资管产品的勤勉尽责以及加强各方对风险的把控力度，资管产品可以设置产品跟投制度，让资产管理人、投资顾问、交易对手或其高管等，按照一定比例跟投资管产品。以私募股权投资基金为例，员工跟投通常有两种模式：一种是员工直接跟投私募基金管理人所管理的私募股权投资基金，另一种是员工通过投资某合伙企业，该合伙企业又投资于私募股权投资基金，间接实现跟投的效果。

实务中，投资顾问型资管产品一般设计了投资顾问跟投机制，即投资顾问需要以部分自有资金加入资管产品，与普通投资者共担风险、共享收益。投资顾问除收取固定管理费外，还可以在投资取得正收益时获取一定比例的业绩分成。在扣除手续费用及投资顾问的业绩分成后，剩余收益全部归投资者所有。通常情况下，跟投的资管产品遵循"2＋20"的收费模式，即收取 2% 的固定管理费和 20% 的业绩分成。其中，固定管理费包含资产管理人、投资顾问、保管银行及中介机构的固定费用，业绩分成在每次产品开放时，产品净值创出新高部分的 20% 归属于投资顾问。以上措施在一定程度上促使投资顾问在主观上采取积极管理的态度，以追求绝对正收益为目标，从而为全体投资者获取较为理想的投资收益。

（三）资管产品运作阶段

1. 谨慎、有效管理资管财产

资管产品成立后，资管机构依据法律法规规定和资管文件的约定，应勤勉尽责，努力实现资管财产的保值增值。一般来说，资管机构应当恪尽职守，为投资人的最佳利益服务。对此，可以归纳为一句话，即资产管理人应当履行信义义务，本书已在第八章作详细介绍，这里不再赘述。惟强调一点，资产管理人谨慎、有效管理资管财产，是有效管理资管产品风险的关键。

2. 组合投资

为降低投资风险，境外众多国家和地区的法律通常规定资管产品必须以组合投资的方式进行投资运作，体现"鸡蛋不放在一个篮子里"的投资理念。当前，通过组合投资分散风险，作为一个国际通行做法得到了世界各国的普遍认可，已经成为普通大众公认的投资逻辑。同时，组合投资是决定资金长期收益最重要的因素，也得到机构投资者的一致认可。

所谓组合投资，即通过分散投资实现风险收益的合理配比，从而获取长期稳健收益。例如公募的证券投资基金，我国《基金法》第七十一条规定："基金管理人运用基金财产进行证券投资，除国务院证券监督管理机构另有规定外，应当采用资产组合的方式。资产组合的具体方式和投资比例，依照本法和国务院证券监督管理机构的规定在基金合同中约定。"通俗地说，单个投资者资金量小，只能购买一只或者数只股票，行情不好时容易出现巨亏，而资管产品资金规模较大，通常可以同时投资几只、数十只甚至更多的股票，假设其中一部分亏了，而另一部分赚到了钱，平均下来不会出现巨亏的结果，资管产品的总体风险就会大大降低。

可以说，开展组合投资，是有效管理投资类资管业务风险的重要方法。组合投资和风险分散原则是资产管理的基本策略。资管机构在资管文件中可以明确投资的范围、投资比例、投资限制、投资程序及投资权限，严格按照约定的投资策略进行组合投资。资管文件中，资管机构还可以就变更投资策略是否需要征得投资人同意以及向投资人的具体报告方式等内容进行明确约定。

3. 强行平仓

为控制证券投资类资管业务的风险，可以设置预警线、止损线、止盈点等，通常见于结构化资管业务中。预警线、止损线、止盈点的设置，可以由资管机构和投资人、投资顾问等协商确定，并体现在资管文件中。

具体来说，预警线设置的主要目的是提醒证券投资类资管产品将触及止损线，并提前做好相关预案和准备工作。预警线的设置，通常高于止损线四至五个百分点，当资管产品单位净值跌至预警线时，资管机构应及时根据资管协议，第一时间通知次级投资人。也就是说，预警线设在止损线之上，主要作用是预警，及时通知次级投资人做好补仓的准备。

止损线的设置，主要是锁定资管产品的损失，保障优先级投资人的利益。在结构化证券投资类资管产品中，资管文件通常就止损线作出事先约定，一旦资管产品单位净值跌至止损线时，次级投资人应当按照资管文件要求追加资金。通常情况下，资管产品触及止损线时，次级投资人会想方设法追加资金，否则就会失去次级受益人的地位而血本无归。如果次级投资人放弃追加资金，资管机构就可以采取强行平仓措施。如果资管机构不强行平仓，将会因此违背信义义务而承担相应的法律责任。对此，司法实践中有较多的纠纷和判例。

止盈点又称止赢点、止赚点，是指当股票上涨到某个价位或者股价上扬一定比例即强行平仓卖出，主要包括股价止盈法、涨幅止盈法等。这是一个非常简单而专业的方法，可以遏制贪婪，落袋为安。

4. 派驻人员参与目标企业治理

资管机构对目标企业进行投融资的，应当加强对目标企业的管理。资管机构可以向目标企业派驻董事，对重大事项拥有一票否决权，重大事项的内容可根据具体项目而定，但至少应当包括以下事项：以目标企业资产或以目标企业名义对外提供抵质押/保证担保，或者设定权利负担；对外举债、转让/出售资产或权益、直接或间接放弃目标企业经济利益；目标企业年度经营报告、财务预决算及大额资金使用计划；

印鉴的启用、废除、变更及备案；高级管理人员的聘任、解聘、薪酬等事项；项目设计方案的确定及变更，项目投资概算、销售计划的确定及变更；重大规章制度的制定及修改，如董事会议事规则、财务管理制度等。实务中，资管机构要加强对派驻人员的管理，防止派驻人员跳槽到目标企业或者被目标企业收买。

5. 印鉴管理

资管机构可以加强对目标企业的印鉴管理。目标企业的公章、法定代表人名章、财务专用章、合同专用章等应由资管机构指定专人保管，目标企业未经董事会同意，不得另行刻制除规定印鉴之外的其他印鉴。目标企业每次用印时需要进行登记，并对用印文件及资料留存复印件。目标企业主体资格证照以及建设项目相关法律文件也需要资管机构指定专人保管。

6. 账户监管

资管机构可以根据具体情况对交易对手特别是目标企业开立的账户种类和数量进行规定，未经资管机构同意，不得开立除规定账户以外的其他任何账户，如果交易对手需要在监管银行开立其他账户或者在其他银行开立账户的，需要资管机构书面同意，并接受资管机构按照约定用途进行监管。

除了主账户和日常营运资金账户外，账户监管主要包括资金监管账户、销售资金监管账户和保证金账户等。其中，资管产品的资金监管账户，是指资管资金由资管账户划入资金监管账户，专项用于项目建设或指定用途。资金监管账户项下的资金需要根据具体进度支付，不得用于指定用途以外的其他用途。销售资金监管账户，是指资管机构如约定对项目销售收入进行监管的，可以要求项目销售收入按照约定归集到销售资金监管账户。保证金账户，则通常是资管文件中约定提前归集保证金，项目公司应于资管产品期满一定期限前，按照相应的比例向保证金账户归集保证金；如果约定对项目销售收入进行监管的，项目销售收入需要按照约定归集到销售资金监管账户。

7. 充分信息披露

在资管计划存续期间，资管机构应当依照法律法规的规定和资管文件的约定，及时披露信息，并保证所披露信息的真实性、准确性和完整性，让投资者对资管业务的状况有清晰的了解。

资管产品成立后，资管业务经理应严格按照资管协议的约定，编制管理报告，定期或不定期向投资人披露资管财产的管理情况。资管产品的信息披露方式主要有：一是定期报告。资管产品成立后，资管机构应当依资管文件的约定，按季度制作资管财产管理报告、资管财产运用及收益情况表等。一般情况下，资管财产管理报告应至少包含以下内容：资管产品的基本情况；资管财产专户的开立情况；资管财产管理、运用、处分和收益情况；资管业务经理变更情况；资管财产运用重大变动说明；涉及诉讼或者损害资管财产、投资人利益的情形；资管文件约定的其他内容等。二是临时信息披露。通常情况下，资管产品出现资管财产可能遭受重大损失、资管财产使用方的财务状况严重恶化，以及资管产品的担保方不能继续提供有效的担保等情形，资管机构应当在获知有关情况后及时向投资人披露，并书面提出拟采取的应对措施。通常情况下，私募资管业务的披露方式，可以采取一对一的寄送或邮件等方式，也可以统一披露于公司网站，由投资人以密码方式登录查看。

笔者认为，当前一些资管机构后续管理粗放，管理报告质量较差，有的甚至出现多期报告内容相差无几的情况，极可能陷资管机构于不尽责境地。

（四）资管产品终止阶段

1. 终止清算

资管产品到期，资管机构应按照资管文件约定的程序和方式提出清算方案并组织人员实施，并将清算后的资管财产在规定期限内分配给受益对象。一方面，资管机构要加强对清算过程中操作风险的管理。在项目清算过程中，资管机构应保证业务部门、财务部门、风险控制部门和审计部门的充分参与，各司其职，相互配合。资管机构应指派风险控制部门的人员全程参与资管财产清算过程，对清算过程中出现的法律、合规等问题及时进行指导和纠正。资管机构财务部门负责资金的支付和财务审查，审计部门则要做好清算财务的审计工作。

资管机构要建立突发事件管理机制。突发事件主要是指资管产品到期结束时，不能按照资管文件的约定对投资人进行分配的清偿性危机，这对资管机构的正常经营和声誉构成了极大威胁。为有效控制突发事件的不良后果，资管机构应构建有效的突发事件管理机制。在突发事件发生前，业务经理对发现的异常情况应及时向公司预警，提出应对方案，并在第一时间按规定向上级报告。突发事件发生后，资管机构应根据内部有关应急处置的制度规定，及时启动应急预案，包括对投资者进行解释疏导、寻求股东援助等。

2. 原状分配

原状分配一般是指资管产品终止时，资产管理人根据资管文件的约定，按资管产品终止时点资管财产的状态，以原状方式分配给受益对象。

实务中，原状分配条款一般出现在被动类资管业务中：资管业务主要由投资人主导，而资管机构相对消极，主要根据投资人的指令行事。此时，资管协议中通常设置原状分配条款，以作为资管产品最后的退出方式，即在资管产品终止时，由资管机构将资管财产原状分配给投资者。这无疑是资管机构规避风险的一种良好方法，实践中也广被采用，问题在于此类业务中资产管理人收费较低。本书提醒，资管机构在开展被动类资管业务时，要防范霸王条款或者格式条款，并因此在发生纠纷时被要求承担主动管理职责，这样的纠纷在现实中并不乏见。

3. 与专业机构合作处置

融资类资管产品临到期前，资管机构需持续跟踪融资人偿还能力及偿还资金安排，若有迹象表明或交易对手明确表示可能不能按期偿还本息，需提前做好相应准备，加强与专业机构的合作。

对融资类资管产品的风险资产，资管机构要充分利用专业机构在资金实力、专业人才、服务网络和信息资源等方面的优势，共同推进风险资产的处置。在处置方式上，资管机构可以直接向专业机构卖断风险资产，也可以和专业机构分工合作、共同处置，由专业机构提供债权日常管理、债务退偿、债务重组等服务。根据《关于推进信托公司与专业机构合作处置风险资产的通知》（银保监办发〔2021〕55号），同意信托公司与中国信托保障基金公司、金融资产管理公司和地方资产管理公司等专业机构合作处置信托公司固有不良资产和信托风险资产，鼓励各方探索多种处置模式，构建信托业风险资产处置市场化机制。

4. 启动司法程序

当资管产品确实不能按期终止时，资管机构应第一时间采取查封、冻结等司法措施控制交易对手及其担保人尽可能多的资产，获取对抵押物及相关财产的首封权利将会在后续追索中处于更有利的地位。资管机构应聘请经验丰富的律师事务所代理执行诉讼及相关法律服务，以保证在财产追索过程中尽可能地减少损失。

资管风控三十六计		
1	全面风险管理	资管机构层面的风险管理
2	市场化激励与约束	
3	建立风险缓冲机制	
4	制订恢复与处置计划	
5	培育良好的风险管理文化	
6	遴选交易对手	资管产品层面的风险管理（准入阶段）
7	尽职调查	
8	了解征信状况	
9	建立内部评级及信用评分机制	
10	加强集中度管理	
11	重视第一还款来源	
12	内部评审	
13	不动产抵押	资管产品层面的风险管理（设立阶段）
14	动产抵质押	
15	权利质押	
16	保证担保	
17	差额补足	
18	对赌协议	
19	结构化安排	
20	混合增信	
21	强制执行公证	
22	引入投资管理人或者投资顾问	
23	引入第三方托管	
24	合理安排还款	
25	产品跟投	
26	谨慎、有效管理资管财产	资管产品层面的风险管理（运营阶段）
27	组合投资	
28	强行平仓	
29	派驻人员参与目标企业治理	
30	印鉴管理	
31	账户监管	
32	充分信息披露	

续表

资管风控三十六计		
33	终止清算	资管产品层面的风险管理（终止阶段）
34	原状分配	
35	与专业机构合作处置	
36	启动司法程序	

第十章 资产管理与社会公益

广义的资产管理，其重要目的之一是公益慈善。信托、特殊公司、有限合伙三种资产隔离工具中，只有信托制度具有社会公益功能，具体表现为公益/慈善信托（charitable trust），以实现社会公共利益为目的，是资产管理的最高境界。《司马光家训》："积金以遗子孙，子孙未必能守；积书以遗子孙，子孙未必能读；不如积阴德于冥冥之中，以为子孙长久之计"。安德鲁·卡内基在《财富的福音》中这样写到：拥巨富而死者耻辱。富人的责任是树立一种简朴、不事张扬的人生样板，适当地满足家人合理的生活需求。完成这些以后，就应该把所有的剩余财富都视为社会委托自己管理的信托基金，当仁不让地承担起管理职责，把这笔钱用于他经过深思熟虑的、能够对全社会产生最佳效果的事业。①

一、公益/慈善信托的基本原理

公益/慈善信托是基于促进社会公益事业的发展，满足社会各方参

① ［美］安德鲁·卡内基. 财富的福音 ［M］. 杨会军译，北京：京华出版社，2006：15.

与公益事业需求而诞生的。境外的公益/慈善信托从雏形的出现到今天的发展已有数百年的历史，对促进经济社会和公益事业的发展发挥了积极的作用，尤其在解决社会贫困问题、推进现代福利国家的发展进程中起到了相当重要的作用。"慈善信托最早起源于十三世纪英国的慈善用益制度。1601 年，英国颁布《慈善用益法》，奠定了现代慈善信托的雏形。英国《2000 年受托人法》第三十九条规定，慈善信托是为了慈善目的而持有财产的信托。"① 正因为源远流长，境外关于公益/慈善信托的种类、规则、税收优惠等，都形成了较为系统的理论体系和制度规范。

在境外，公益信托与慈善信托是同义词，是指出于公益目的，为使社会整体或者部分受益而设立的信托。我国的公益信托与慈善信托不是等同的概念，两者类似但有一定区别。

（一）公益信托

公益信托是指为了公共利益目的而设立信托。它通常由委托人提供一定的财产设立，由受托人对该财产进行管理处分，并将信托收益用于信托文件所指定的公益目的。它既可以直接资助受益人的生活、教育或者学术研究活动等，也可以用于发展某一项或者某些公益活动。

美国《信托法》认为，公益目的包括政治援助、墓地和纪念碑的照管、教育与学术改进、救济贫困者与不幸的人、宗教、特殊宗教以及其他公益目的等。日本、韩国《信托法》认为，公益目的包括学术、宗教、祭祀、慈善、艺术以及其他公益目的。我国《信托法》第六章专章规定了"公益信托"，明确公共利益目的包括：（1）救济贫困；（2）救助灾民；（3）扶助残疾人；（4）发展教育、科技、文化、艺术、体育事业；（5）发展医疗卫生事业；（6）发展环境保护事业，维护生态环境；以及发展其他社会公益事业等。

---

① 李适时，李立国. 中华人民共和国慈善法释义［M］. 北京：中国民主制出版社，2016：130.

1. 公益信托的特征

根据我国《信托法》的规定，公益信托除了具备一般信托的特征外，还具有以下特点：

（1）信托目的纯公益性。主要表现在：一是公益信托以公共利益为目的，其信托目的必须实质上有利于社会公众的利益。一项信托要构成公益信托，其信托目的必须完全彻底地属于公益目的，不能包括任何非公益目的。这是公益信托的一个基本特征，也是成立公益信托的一项基本要求。因此，公益信托的性质要求，信托财产必须完全彻底地用于公益目的，不得用于私人目的。公益信托的这一公益特性，排除了私人利益的可能性。设立有效的公益信托，其信托目的必须是合法的公共利益目的，而且该目的必须完全是公益目的；信托目的不止一项时，每一项目的都必须是公益目的。假如一项信托的多项信托目的中，既有公益目的，也有非公益目的，即该信托包括私益因素，就不能构成公益信托。二是公益信托的信托财产及其收益，不得用于非公益目的。委托人将自己的财产设立公益信托必须是无偿的，通常也是无条件的。公益信托的目的是实现社会公共利益，委托人及其关联人不能要求从信托财产中受益。同时，公益信托成立后，信托财产一般可以用于经营活动，使信托财产保值增值，以更好地实现公益目的，这也是境外的通行做法。对此，公益信托财产投入经营后取得的收益，也必须全部用于公益目的。即使信托目的已经实现，公益信托的财产及其收益也应当按照近似原则，用于近似的公益目的。三是受益对象不特定。受益对象不特定是指公益信托最终享受信托利益的人（最终受益人）没有也不能在公益信托文件中事先明确。公益信托的受益人必须是不特定的，是按照委托人规定的条件，在委托人指定的范围内，由受托人选择确定，而不是由委托人在信托文件中事先指定。这是公益信托与私益信托的一个重要区别。例如，某信托的目的是奖励某地区的优秀学生，以促进该地区教育事业的发展。即使该信托每年只资助一两位优秀学生，它也是一项公益信托；但如果该信托的目的是资助委托人或其亲属的子女，即使每年的受益人是两位以上，也是一项私益信托。通常情况下，公益信托的委托人在信托文件中，笼统规定信托利益的资助项目或者受益范围，但不能将受益对象具体化、特定化。当然，委托人可以规定或者限定受益人的人数、甚至受益人享有的信托利益的数额等。在具体受益人的产生办法上，依照各国惯例，由受托人根据公益信托文件的规定进行挑选与确定。四是公益信托终止，没有信托财产权利归属人或者信托财产权利归属人是不特定的社会公众的，经公益事业管理机构批准，受托人应当将信托财产用于与原公益目的相近似的目的，或者将信托财产转移给具有近似目的的公益组织或者其他公益信托。私益信托终止后，信托财产仍有剩余的，受托人应当交付委托人指定的权利归属人；委托人未指定的，受托人应当依次交付给信托受益人或其继承人、委托人或其继承人。但公益信托终止后的剩余财产，则应当适用近似原则。所谓近似原则，是指公益信托终止后，剩余的信托财产应当用于与原信托目的近似的公益目的。英美法系国家的信托法中，近似原则的适用范围更加广泛。比如，英国《1960年慈善法》规定，除上述情况外，在下列情况下，也可以适用近似原则：①公益目的部分得以实现；②将某项公益信托的财产与其他类似公益信托的财产放在一起使用效果更好；③从博彩或发行彩票等途径获得的资金；④委托人书面表示放弃收回剩余信托财产；⑤受益对象已不适宜。大陆法系国家承认近似原则，但更重视剩余信托财产的归属，只有剩余信托财产没有权利归属人，或者权利归属人是不特定的社会公众，才适用近似原则。需要注意的是，公益信托近似原则的前提之一是"没有信托财产权利归属人"（《信托法》第七十二条），虽然公益信托的委托人将财产设立公益信托，通常是彻底的，不会指定信托终止后剩余信托财产的权利归属人。但这一前提规定明显让人心生疑虑，笔者建议予以删除，即明确规定公益信托终止后，只要有剩余信托财产，就应当用于近似的社会公益目的。这样做既符合委托人的愿望，也更符合公益信托的纯公益特性。

（2）接受严格监管。主要表现在：一是设立公益信托应经公益事业管理机构批准。我国《信托法》规定，未经公益事业管理机构的批准，任何单位和个人不得以公益信托的名义进行活动。设立私益信托通常不需要审批，但设立公益信托，必须由公益事业管理机构予以批准。公益事业管理机构是指依照规定的职权分别负责主管有关公益目的的事业的政府有关部门。例如，设立扶贫济困的公益信托，应当经民政行政主管部门批准；设立发展医疗卫生事业的公益信托，应当经卫生行政主管部门批准；设立发展教育事业的公益信托，应当经教育行政主管部门批准等。之所以法律没有直接罗列予以一一明确，属于一项立法技巧，一方面避免机构改革影响法律的稳定性，同时避免挂一漏万。对此，我国《信托法》只是作出原则性规定，需要各有关公益事业管理机构出台实施细则，进一步明确设立条件、审批部门、审批流程等事项。同时，公益信托的目的是社会公共利益，发展公益信托是一项高尚的事业。为防止有人利用公益信托的名义，欺骗社会公众，谋取私利。二是公益信托受托人的确定、变更与辞任，须经公益事业管理机构批准。担任私益信托的受托人，除了特定信托需要一定资质、公募信托需要严格监管外，通常无须经相关部门的批准。而公益信托涉及公共利益，管理的是公益信托财产，对受托人的要求要高于私益信托，特别是对其经验、知识和管理能力等方面的要求，要比一般受托人更为严格。因此，公益信托受托人的确定，应当经公益事业管理机构批准。同时，公益信托的受托人未经公益事业管理机构批准，不得辞任。根据公益信托的性质，公益信托的受益人是不特定的社会公众，其委托人可能已经死亡或者依法解散、被依法撤销、被宣告破产，受托人因故需要辞任的，通常无法征得委托人、受益人的同意。为维持公益信托的运作，受托人需要辞任的，需由公益事业管理机构予以批准，既便于加强对受托人管理信托事务的监督，也有利于避免损害社会公共利益。此外，当公益信托的受托人违反信义义务或者无能力履行其职责时，由公益事业管理机构变更受托人。这一规定，实际上明确公益事业管理机构有权变更公益信托受托人，排除了其他单位和个人变更公益信托受托人的权利。三是应当设置信托监察人。公益信托设立后，委托人可能先于信托终止而消失，其受益人又通常是不特定的社会公众，无法对受托人进行检查监督。为了保护委托人、受益人的合法利益，因此公益信托应当设置信托监察人。理论上，信托监察人可以是一人，也可以是两人及两人以上。法律对信托监察人没有规定资格限制，依照民法一般原理，没有民事行为能力或者限制民事行为能力人，如未成年人，受破产宣告尚未解除责任者，一般不得担任信托监察人。同时，信托监察人由信托文件规定或者公益事业管理机构指定，有权以自己的名义，为维护受益人的利益，提起诉讼或者实施其他法律行为。需要注意的是，我国《信托法》对公益信托监察人的指定和职权只作出了原则规定，实务中要区别信托监察人权利与受益人权利的行使。为确保和监督受托人适当管理和处分信托财产，信托监察人可以行使受益人享有的监督权，监督受托人依照信托文件履行信义义务，促使受托人为受益人的最佳利益处理信托事务。但信托监察人独立于受益人，不能享有受益人以受益人身份享有的实质权利，如信托利益享有权、终止信托的权利等，特别是信托受益权是受益人单独享有的权利，不能由他人享有。信托监察人以自己的名义依法提起诉讼或者其他法律行为获得的利益，应纳入信托财产或者交付受益人。四是接受公益事业管理机构的监督检查。公益事业管理机构依法监督和管理公益信托，有权检查受托人处理公益信托事务的情况和财务状况，不受时间的限制。检查的范围包括受托人执行信托事务的情况，信托财产的管理和处分情况，特别是公益信托目的实现情况等。对于检查出的问题，公益事业管理机构认为必要的，为保障公益信托目的的实现，可以采取必要的监管措施。五是公益事业管理机构有权变更信托文件内容。公益信托成立后，发生设立信托时不能预见的情形，公益事业管理机构可以根据信托目的，变更信托文件中的有关条款。在私益信托的情况下，信托生效后，因设立信托时未能预见的特别事由，致使信托财产的管理方法不利于实现信托目的或者不符合受益人的利益时，委托人、受益人有权要求受托人调整该信托财产的管理方式。但公益信托的委托人可能已经死亡或者依法解散、被依法撤销、被宣告破产，受益人也可能是不特定的社会公众，经常无法要求受托人变更信托财产的管理方式。而且，公益信托的目的是促进社会公共利益，应受到更严格的监管。因此，公益信托成立后发生设立信托时不能预见的情形，不利于实现信托目的的，公益事业管理机构可以根据信托目的，变更信托文件中的有关条款，以更好地实现公益信托的公益目的。六是受托人要进行充分的信息披露。一方面，公益信托的受托人应当至少每年一次作出信托事务处理情况及财产状况报告，说明自己处理信托事务的基本情况、信托财产的管理和处分情况以及财务状况等。该报告经信托监察人认可后，报公益事业管理机构核准，并由受托人予以公告。公益信托的受托人应当将处理信托事务及财务状况的报告，向社会公众公告，接受社会公众的监督。同时，当公益信托终止时，受托人应当于终止事由发生之日起 15 日内，将终止事由和终止日期向公益事业管理机构报告。此外，公益信托终止的，受托人作出的处理信托事务的清算报告，应当经信托监察人认可后，报公益事业管理机构核准，并由受托人予以公告。

（3）国家鼓励发展。主要体现在：一是我国《信托法》第六十一条明文规定，国家鼓励发展慈善信托。因为公益信托不谋私利，其目的是使社会公众受益，能造福人类，推动社会的发展与进步。在英美等国家，公益信托起源很早，在社会生活中、特别是在发展社会公益事业方面，发挥了非常重要的作用。英美许多著名大学、博物馆、美术馆、艺术馆甚至自然风景区，都属于公益信托。在一定意义上说，公益信托客观上履行了政府的一些社会职能。因此，大部分推行公益信托的国家和地区，都制定了相应的优惠政策，其中最主要的是对公益信托的税收优惠政策。例如，根据英国有关税法的规定，公益信托的经营收入通常免征个人所得税、企业所得税，公益信托占用的土地减半征收继承税，公益信托出售捐赠物品免征增值税，个人或单位向公益信托捐献的款项免征继承税等。在我国，发展公益信托有利于推进社会公益事业，改善和提高社会中需要帮助的人的物质和文化生活水平，推动第三次分配，助力共同富裕。对此，我国对公益信托也采取鼓励发展的态度，相信今后会逐步推出有关公益信托的优惠政策和措施。二是公益事业管理机构应当支持公益信托的开展。通过公益信托活动，可以动员社会各方面的力量，解决社会面临的诸多问题。因此，公益信托活动有利于社会公众的利益，全社会都应当予以支持，特别是公益事业管理机构对于公益信托活动应当给予支持。对于设立公益信托的申请，公益事业管理机构应当尽快依法予以审批，不能拖延或者故意刁难申请人。为促进公益信托的发展，公益事业管理机构不应规定繁琐的程序和审批手续，尽量为公益信托当事人提供简便、快捷的服务，引导社会公众将私人财产用于发展公益事业，实现社会公共利益。三是公益事业管理机构违反法律规定的，委托人、受托人或者受益人有权向人民法院起诉。根据我国《信托法》的有关规定，公益事业管理机构违反法律规定的职责，有下列行为之一的，公益信托的委托人、受托人或者受益人有权向人民法院起诉：①应当依法批准申请人提出的设立公益信托的申请，但却未予批准的；②不依法支持公益信托活动的；③信托文件未规定信托监察人，依法应当由公益事业管理机构指定，但公益事业管理机构不指定的；④公益信托的受托人申请辞任，公益事业管理机构应当批准却不予批准的；⑤未依法检查公益信托受托人处理信托事务的情况及财产状况，或者未依法核准受托人作出的处理信托事务情况及财产状况报告的；⑥受托人违反信义务或者无力履行职责，公益事业管理机构应当依法变更受托人但却未予变更的；⑦公益信托成立后发生设立信托时不能预见的情形，公益事业管理机构依法应当根据信托目的变更信托条款，但却未予变更的；⑧未依法核准公益信托终止后受托人作出的处理信托事务的清算报告的；⑨应当依法批准将公益信托终止后的剩余信托财产用于类似的公益目的，或者转移给具有近似目的的其他公益信托或公益组织，但公益事业管理机构却未予批准的。

2. 公益信托与私益信托的区别

公益信托是相对于私益信托而言的，两者的区别主要体现在以下几个方面：

（1）存续期限不同。私益信托通常有一定的存续期限，基于公共政策方面的考虑，其存续期限不得超过规定的年限。我国的《信托法》虽然没有对私益信托作年限限制，但一般期限不会太长，例如营业信托的期限通常在两年左右。而公益信托则可以无限期存续，即使信托目的已经实现，也可以适用近似原则，将剩余的信托财产用于近似的公益目的。

（2）对确定性的要求不同。私益信托的信托目的和受益人必须具体、明确，通常在信托文件明确予以约定。而公益信托的信托目的可以非常具体，也可以作概括说明，同时，其受益人通常是不确定的，信托文件中仅仅约定受益人的范围。

（3）对受托人的要求不同。私益信托中，具有完全民事行为能力的自然人或者法人，通常都可以成为受托人。而公益信托涉及社会公共利益，对受托人的资格要求更加严格。"例如英国《1993年慈善法》规定，有下列情形之一的人没有资格担任慈善受托人：（1）曾有涉及不诚实或欺诈的违法行为；（2）被宣告破产尚未解除责任；（3）与债权人达成和解协议或其他协议尚未履行完毕或尚未解除责任；（4）年龄超过70岁或不足18岁，因而没有资格担任公司董事，或者曾被解除董事职务的人；（5）担任慈善受托人期间曾因管理不当、行为不当被撤销受托人职务等。"[①]

① 何宝玉. 信托法原理研究（第2版）[M]. 北京：中国法制出版社，2015：473.

（4）监督管理不同。私益信托中，民事信托属于信托当事人之间的民事法律关系，出现纠纷由法院解决；营业信托需要接受国务院信托监督管理部门的监督管理。而公益信托则由公益事业管理机构实施监督管理。同时，公益信托的委托人可能已经死亡或者依法解散、被依法撤销、被宣告破产，受益人则是不特定的社会公众，因此，公益信托设置信托监察人代表受益人的利益监督受托人，必要时提起诉讼或者采取其他法律行动。

（5）政策优惠不同。公益信托通常享有政策优惠，以支持公益信托活动，促进公益事业发展。例如，为支持鼓励公益信托活动，促进公益事业发展，公益信托通常享受税收优惠，而私益信托一般不享有公益信托的税收优惠等。

3. 对公益信托的小结

我国《信托法》专章规定了公益信托，并明确国家鼓励发展公益信托。但是，公益信托在我国几乎没有得到发展。究其原因，主要是公益信托的设立需经审批，但我国未出台公益信托的实施细则，未进一步明确哪些机构属于公益事业管理机构。同时，公益信托的配套制度不健全，特别是没有出台公益信托税收方面的优惠措施。因此，公益信托在我国的实践屈指可数。本章之所以依然对公益信托作出介绍，主要是《中华人民共和国慈善法》（以下简称《慈善法》）规定的慈善信托属于公益信托，且《慈善法》对慈善信托的设立、信托财产的管理、信托当事人、信托的终止和清算等事项，《慈善法》未作规定的，要适用《信托法》的有关规定。故我国当前虽然几乎没有公益信托的实践，但仍需保留《信托法》关于公益信托的规定，以作为慈善信托的上位法规范。

（二）慈善信托

我国的慈善信托是在公益信托的基础上发展起来的，慈善信托属于公益信托。根据我国《慈善法》的规定，慈善信托是指委托人基于慈善目的，依法将其财产委托给受托人，由受托人按照委托人意愿以受托人名义进行管理和处分，开展慈善活动的行为。

1. 慈善信托与相关制度的比较

（1）不宜把慈善信托与公益信托等同起来。在我国，慈善信托与公益信托不是等同的概念，主要表现在：一是从信托目的上看，慈善信托的目的并不比公益信托窄，甚至更广。这一点可以比较《信托法》第六十条和《慈善法》第三条得出答案。我国《信托法》第六十条规定：为了下列公共利益目的之一而设立的信托，属于公益信托：救济贫困；救助灾民；扶助残疾人；发展教育、科技、文化、艺术、体育事业；发展医疗卫生事业；发展环境保护事业，维护生态环境；发展其他社会公益事业。而慈善信托的目的，一般认为适用《慈善法》第三条的规定，即该法所称慈善活动，是指自然人、法人和其他组织以捐赠财产或者提供服务等方式，自愿开展的下列公益活动：扶贫、济困；扶老、救孤、恤病、助残、优抚；救助自然灾害、事故灾难和公共卫生事件等突发事件造成的损害；促进教育、科学、文化、卫生、体育等事业的发展；防治污染和其他公害，保护和改善生态环境；符合该法规定的其他公益活动。两相比较，不难看出两者差别不大。可以这么理解，所有的公益信托目的，都包含在慈善信托目的之中。笔者认为，公益信托与慈善信托的目的虽然在表述上有出入，但实质上应该是基本一致的。二是从设立程序看，公益信托的设立须经公益事业管理机构批准，而慈善信托将申批制改为了备案制，仅要求受托人在慈善信托文件签订之日起七日内将相关文件向受托人所在地县级以上人民政府民政部门备案。三是主管部门不同。公益信托的主管部门是有关公益事业的管理机构，不限于民政部门，而慈善信托的备案机关仅限于民政部门。因此，理论上存在非由民政部门批准的公益信托，也就是说公益信托的外延要大于慈善信托，慈善信托只是公益信托的一种类型。四是受托人不同。公益信托受托人可以是具有完全民事行为能力的自然人、法人，其确定须经公益事业管理机构批准，而慈善信托的受托人仅包括慈善组织和信托公司，其确定无须经相关部门批准。五是从监察人的设置看，公益信托是应当设置，而慈善信托是委托人可以根据需要设置。也就是说，慈善信托可以设置监察人，也可以不设置监察人。

表 10 – 1 列示了公益信托与慈善信托的区别。

表 10 – 1　　　　　　　　公益信托与慈善信托的比较

	公益信托	慈善信托
设立	书面形式 + 审批	书面形式 + 备案
信托目的	详见《信托法》第六十条规定	基本一致
信托财产	受托人因承诺信托而取得的财产	相同
委托人	包括具有完全民事行为能力的自然人、法人或者依法成立的其他组织	相同
受托人	包括具有完全民事行为能力的自然人和法人	包括慈善组织和信托公司
受托人的变更	须经公益事业管理机构批准	委托人可以变更
受益人	包括自然人、法人或者依法成立的其他组织	相同
信托监察人	应当设置	可选项，由委托人根据需要确定
监督管理	有关公益事业的管理机构	民政部门
信息披露	每年至少一次作出信托事务处理情况及财产状况报告，报公益事业管理机构核准后由受托人予以公告	每年至少一次作出信托事务处理情况及财产状况报告，向备案的民政部门报告，并向社会公开
信托终止	适用近似原则	适用近似原则
税收优惠	没有明确规定	规定未备案不享受，但仍不明确

（2）不要把慈善信托等同于慈善捐赠。慈善信托是与慈善捐赠并行的慈善途径和方式，两者同样具有完全公益性。人们在参与社会公益事业时，既可以选择慈善捐赠，也可以选择慈善信托。无论是采用慈善捐赠还是慈善信托，基本上都能达成类似的公益目的。但慈善信

托与慈善捐赠在法律依据、法律关系、慈善财产性质、框架结构等方面，是有明显区别的，可以满足不同的公益需求，不能将两者等同起来。

　　两者的主要区别具体体现在：一是法律关系不同。慈善捐赠是一种以慈善为目的的赠与活动，根据我国《慈善法》第三十四条的规定，该法所称慈善捐赠，是指自然人、法人和其他组织基于慈善目的，自愿、无偿赠与财产的活动。根据我国《民法典》第三编第十一章的规定，赠与是指赠与人将自己的财产无偿给予受赠人，受赠人表示接受的一种行为。而慈善信托遵循的是信托法律关系，信托与赠与是完全不同的两种法律制度。二是设立方式不同。慈善捐赠作为赠与行为的一种，并未强制要求必须采用书面形式。我国《慈善法》第三十九条规定，慈善组织接受捐赠，捐赠人要求签订书面捐赠协议的，慈善组织应当与捐赠人签订书面捐赠协议。书面捐赠协议包括捐赠人和慈善组织名称，捐赠财产的种类、数量、质量、用途、交付时间等内容。而慈善信托的设立必须采用书面形式，我国《慈善法》第四十五条规定，设立慈善信托、确定受托人和监察人，应当采取书面形式。三是财产性质不同。在慈善捐赠中，赠与人将财产赠与受赠人后，财产所有权将完全转移给受赠人，成为受赠人的固有财产。而慈善信托财产如前所述，具有法律上的独立性，有别于委托人、受托人、受益人的固有财产，具有资产隔离的法律效果，受托人应当分别记账、分别管理。四是当事人不同。慈善信托存在委托人、受托人、受益人、监察人（如有）等多方当事人，其目的在于通过受托人对慈善信托财产的管理处分，实现受益人利益的最大化。而慈善捐赠没有受托管理这一中间环节，在当事人上仅存在两方，即赠与人和受赠人。五是原财产所有人的权限不同。慈善捐赠中，赠与人在赠与生效后，通常就丧失了捐赠物上的所有权利。而慈善信托中，委托人对受托人管理处分慈善信托财产的情况具有了解和监督等权利。

从当今世界看，慈善捐赠方式最盛行，也是人们参与社会公益的主要方式。但不能据此得出慈善信托无用的结论，慈善信托与慈善捐赠相比较，具有以下特点和优势：一是量身定制。慈善信托由委托人根据自己的意愿设立，并可以由委托人冠名。受托人的职责是针对委托人的特定公益需求，帮助他们选择最合适的慈善方式，设计最佳的慈善信托方案，并实现委托人的慈善信托目的。慈善信托设立后，可以作为委托人的专属公益品牌，持续提升个人和企业的社会形象。二是设立简便。慈善信托无须申请法人注册登记，委托人只要有确定的财产、明确的公益目的，就可以找受托人商议设立慈善信托，并由受托人在慈善信托文件签订之日起 7 日内到民政部门备案。同时，在初始备案财产规模上，慈善信托没有最低额度限制。此外，慈善信托还可以采用书面遗嘱的方式设立。三是财产独立。一方面，慈善信托设立后，慈善信托财产具有独立性，不属于委托人、受托人、受益人的固有财产，不同慈善信托财产之间也相互独立，对每一个慈善信托都必须分别记账、分别管理，不能混同。同时，慈善信托财产具有社会公益属性，必须全部用于公益慈善目的。四是管理灵活。慈善信托财产处于受托人的实际控制之下，可以对外投资管理，也可以不对外投资。需要对慈善信托财产进行对外投资管理时，可以由受托人实施，也可以委托第三人实施，在家族股权慈善信托中，甚至可以由原委托人或其控制的企业对家族股权实施管理。五是专家理财。投资管理虽然不是慈善信托的必选项，但慈善信托文件可以约定受托人对慈善信托财产实施主动管理。当受托人由信托公司担任时，其具有金融牌照和相关资质，可以根据慈善信托文件约定的投资范围，不仅有利于实现慈善信托财产的安全和保值增值，也更有利于实现委托人的公益意愿。六是运营成本低。慈善信托不属于法人，自身没有常设机构，没有也不需要专门的办公场所和独立的工作团队。其管理由专业受托人负责，通常每年仅向受托人支付慈善信托财产总额 1% 甚至更低的管理费，而无需支付其他额外成本。《中国银监会办公厅关于鼓励信托公司开展公益信托业务支持灾后重建工作的通知》（银监办发〔2008〕93号）第六条规定，"受托人管理费和信托监察人报酬，每年度合计不得高于公益信托财产总额的千分之八"。七是具有持久性。慈善信托的期限，既可以有一定年限，也可以无限期存续。当受托人不具有管理慈善信托财产的能力时，可以依法予以更换；当受托人依法解散、被依法撤销、被宣告破产时，慈善信托财产不属于其清算财产，应当移交新受托人继续管理，不影响慈善信托的存续。八是支出不受限。慈善信托没有年度支出的硬性要求，慈善信托财产的支出可以在慈善信托文件中灵活约定，既可以运用本金，也可以不运用本金，只用收益做慈善。这一制度安排，使永续型慈善信托成为可能。本金不动用，也使股权慈善信托成为助力共同富裕的重要抓手，能够实现在做大、做优"蛋糕"的基础上分好"蛋糕"。九是多方监管。通过委托人、受托人、受益人、信托监察人（如有）、民政部门、信托公司监管部门的共同参与，多方位、多视角地实施对慈善信托的监管。同时，慈善信托的受托人应当根据信托文件和委托人的要求，及时向委托人报告信托事务处理情况、信托财产管理使用情况；每年至少一次将信托事务处理情况及财务状况向其备案的民政部门报告，并向社会公开。十是实现公益目的手段灵活。实践中，慈善信托可以通过经营企业形式实现公益，即将慈善信托财产的形态转变为企业法人财产，通过对企业的运营管理，增加就业、盈利反哺、改善环境、实现可持续发展。同时，慈善信托可以通过贷款担保、保险保障、教育培训等方式让受益对象受益。本书推崇，将商业理念运用到公益事业上，用经营企业的理念经营慈善信托。最后，是公益创新灵活。例如在慈善信托财产来源上，慈善信托既可以和家族信托相结合，成立公益余额信托、慈善先行信托、利益分成信托等；也可以和金融理财产品相结合，让投资人在投资理财时让利一小部分收益，用来设立慈善信托等。

正因为慈善信托具有上述比较优势，使得慈善信托渐为世人所接受并大量采用，越来越多的公益事业采取了慈善信托方式。笔者认为，慈善信托作为一种新型的公益途径和方式，应当与慈善捐赠一起，互为补充、相互促进。

（3）不要把慈善信托看作公益法人的竞争对手。慈善信托的本金和收益要全部用于公益事业，这是慈善信托的核心要义所在。这里要强调的是全部，而不是部分。假如慈善信托终止后有剩余财产的，则应当将剩余的慈善信托财产用于与原慈善目的相近似的目的，或者将其转移给具有近似目的的慈善组织或者其他慈善信托。可以说，慈善信托也是公益法人用来帮助人们达成公益目的的一种途径和手段。笔者特别反对一种看法，即慈善信托的发展，无非是占用了公益法人接受慈善捐赠的份额。如前所述，慈善信托与慈善捐赠是有明显区别的不同公益方式，两者可以形成差异化、互补性的发展。目前，慈善信托作为一种新型的公益途径和方式，民间参与意愿强烈，特别是在家族信托中，很多人都有慈善传承的需求。如果没人去提供相关服务，他们也不一定会转而去捐赠给公益法人（两者的比较详见表10－2）。

表10－2　　　　　　　　　　慈善信托与公益法人的比较

	慈善信托	公益法人
设立	仅需民政部门备案	须向工商管理部门办理注册登记
成立金额	无最低规模限制，受托人接受即可	须具一定规模以上
办公场所	慈善信托财产由受托人管理，慈善信托本身无需专门机构、人员及经营场所	需有专门机构、人员和经营场所
监督管理	接受民政部门的监督管理，当受托人为金融机构时，同时接受金融监管部门的监管	接受民政部门的监督管理
投资运用	受托人可依慈善信托文件对信托财产实施管理处分	一般情况下，因自身不属于金融机构，投资运用方式受限
支出	可不动用本金，无支出须达一定比例的强制性要求	通常情况下，开展慈善活动的年度支出须符合一定比例

（4）不要把慈善信托视作一种金融活动。现实中，不少人把慈善信托看作保值增值的工具，甚至视为金融产品等。我国《信托法》把

信托分为民事信托、营业信托和公益信托，慈善信托既不是民事信托，也不是营业信托，不能在规则适用等方面将慈善信托与民事信托、营业信托混为一谈。慈善信托的核心要义，是慈善信托财产的本金和收益要全部用于公益事业。这意味着，人们将自己合法所有的财产拿出来设立慈善信托，就不能再将该财产拿回去，而必须全部用于公益慈善活动。因此，慈善信托这个词的重心，不是信托，信托只是修饰语，它修饰的主语是慈善。也就是说，慈善信托不是慈善的信托，而是信托的慈善。如果把慈善捐赠理解为捐赠型慈善，那么慈善信托就是"信托型慈善"，属于采用信托方式开展的慈善活动。对此，笔者建议把慈善按公益方式的不同，分为信托型慈善、捐赠型慈善和服务型慈善。

2. 关于慈善信托的设立

英国《信托法》总结了信托设立的三个必要条件，即三个明确性，一是信托目的明确，二是信托标的物明确，三是受益对象明确。就慈善信托的设立而言，也应当有明确的信托目的、明确的慈善信托财产以及明确的受益人范围。

根据我国《信托法》《慈善法》的规定，设立慈善信托应当符合以下规定：一是必须遵守法律、行政法规，遵循自愿、公平和诚实信用原则，不得损害国家利益和社会公共利益。二是必须有合法的信托目的，即符合《慈善法》第三条规定的慈善目的。这一目的应当贯穿慈善信托的始终。三是必须有确定的信托财产，并且该信托财产必须是委托人合法所有的财产，慈善信托财产及其收益不得用于非公益目的。四是应当采取书面形式，签订书面的慈善信托文件。书面形式包括信托合同、遗嘱或者法律、行政法规规定的其他书面文件等。所谓法律、行政法规规定的其他书面文件，包括协议书、信件、电传、传真、电子邮件等可以有形表现所载内容的形式。五是慈善信托文件中应当明确约定受益人的范围。私益信托可以约定具体的受益人，慈善信托则不能也不可以，但应当对其范围有所约定，以便信托存续期间能够依照约定产生具体的受益人。六是应当在慈善信托文件签订之日起 7 日内，将相关文件向受托人所在地县级以上人民政府民政部门备案。我国《信托法》规定，"采取信托合同形式设立信托的，信托合同签订时，信托成立。采取其他书面形式设立信托的，受托人承诺信托时，信托成立"。对于慈善信托，其是否成立还要看是否已经备案，也就是说备案是慈善信托的生效要件之一。

此外，关于受益人取得信托利益的形式、方法，信托期限，信托财产的管理方法，受托人、信托监察人的报酬，新受托人的选任方式，信托终止事由等事项，可以在设立慈善信托时在慈善信托文件中事先约定。法律法规对此暂没有过多的限制性规定，更多的是体现慈善信托当事人的意思自治。

3. 关于慈善信托当事人

慈善信托当事人是指与慈善信托有直接利害关系或者权利义务关系的人，他们是实施慈善信托活动的主体，具体包括委托人、受托人、受益人和信托监察人等。

（1）委托人。我国《慈善法》对委托人没有专门的规定。根据我国《信托法》的规定，委托人可以是具有完全民事行为能力的自然人、法人或者依法成立的其他组织。基于慈善法对慈善组织开展公开募捐有资格要求，对慈善信托受托人能否针对不特定的委托人公开募集善款，成为当前有争议的一个话题。笔者认为，当前相关法律对于委托人的人数没有限制性规定，不能认定慈善信托不可以公开募集善款，更不宜把慈善信托和营业信托的公募业务联系起来考量。基于慈善信托的本金及其收益均要用于公益目的，且自然人不能担任受托人，笔者对慈善信托公开募集善款持赞成态度。《中国银监会办公厅关于鼓励信托公司开展公益信托业务支持灾后重建工作的通知》（银监办发〔2008〕93 号）第四条规定，信托公司设立公益信托，可以通过媒体等方式公开进行推介宣传。公益信托的委托人可以是自然人、机构或者依法成立的其他组织，其数量及交付信托的金额不受限制。信托公司应当在商业银行开立公益信托财产专户，并可以向社会公布该专户账号。当然，相关管理部门可以对受托人进行分类监管，就评级较差的受托人，限制其以公开方式设立慈善信托。

（2）受托人。我国《慈善法》对受托人有明确规定：可以由委托人确定其信赖的慈善组织或者信托公司担任。这意味着我国慈善信托的受托人包括两类，一是慈善组织，二是信托公司，不可能还有第三种情况。根据我国《慈善法》第八条规定，慈善组织是指依法成立、符合本法规定，以面向社会开展慈善活动为宗旨的非营利性组织。慈善组织可以采取基金会、社会团体、社会服务机构等组织形式。根据《信托公司管理办法》（中国银行业监督管理委员会令2007年第2号）第二条第一款规定，信托公司是指依照《中华人民共和国公司法》和该办法设立的主要经营信托业务的金融机构。确定具体由谁来担任受托人，在慈善信托文件中约定即可。受托人最根本的义务，是要为受益人的最佳利益处理信托事务。对此，我国《信托法》对受托人作出了一系列权利义务规范，如谨慎管理、忠实管理、亲自管理、分别管理、分账管理等，要求受托人依照法律法规的规定和信托文件的约定履行受托职责，这对慈善信托受托人同样适用。特别是分别管理义务，是保证慈善信托财产独立性的重要保障，受托人应当将慈善信托财产与其固有财产分别管理、分别记账，并将不同慈善信托财产分别管理、分别记账。

实践中，笔者认为慈善组织和信托公司可以融合发展：一是慈善组织担任受托人，可以聘请信托公司担任投资管理人，或者提供投资顾问等服务。二是信托公司担任受托人，可以由慈善组织担任信托监察人，或者由慈善组织担任公益项目执行人，提供慈善相关服务。三是由慈善组织和信托公司担任共同受托人，为实现同一信托目的而共同努力，同时提高受托人的整体信用度。

（3）受益人。我国《慈善法》对受益人没有专门作出规定。根据我国《信托法》的规定，受益人是在信托中享有信托受益权的人。受益人可以是自然人、法人或者依法成立的其他组织。由于慈善信托受益人事先是不确定的，因此慈善信托文件只能事先约定受益人的范围和产生的具体办法，并防止违背慈善信托的性质和慈善目的。此外，我国《信托法》规定，委托人可以是受益人，也可以是同一信托的唯一受益人。受托人可以是受益人，但不得是同一信托的唯一受益人。对此，慈善信托的委托人、受托人及其关联人，均不可以成为受益人，一方面是保证慈善信托的纯公益性，同时也避嫌，防止委托人、受托人借此谋取私利。《慈善信托管理办法》（银监发〔2017〕37 号）第十条规定，慈善信托的委托人不得指定或者变相指定与委托人或受托人具有利害关系的人作为受益人。此外，慈善信托的受益对象也可以是为了实现特定的慈善目的。

（4）信托监察人。我国《慈善法》第四十九条规定，慈善信托的委托人根据需要，可以确定信托监察人。信托监察人对受托人的行为进行监督，依法维护委托人和受益人的权益。信托监察人发现受托人违反信托义务或者难以履行职责的，应当向委托人报告，并有权以自己的名义向人民法院提起诉讼。目前，法律对监察人由谁担任、具体应当具备什么资格和条件，都没有具体的规定。确定具体由谁来担任监察人，在慈善信托文件中约定即可。

和公益信托应当设置监察人相比，慈善信托未作强制要求，即可设可不设。笔者认为，赋予慈善信托委托人设立信托监察人与否的权利，应当有所限制，例如仅限于期限较短、规模较小或者结构简单的慈善信托。考虑慈善信托的委托人可能已经死亡或者依法解散、被依法撤销、被宣告破产，受益人也可能是不特定的社会公众，因此大部分慈善信托应当设置监察人，特别是享受税收优惠的慈善信托。

4. 关于慈善信托的信息披露

信息披露作为克服市场不完全性和信息不对称性的一种有效机制，对提高信托市场运行效率、控制慈善信托管理风险、保护慈善信托当事人的合法权益，具有重要作用。

（1）向信托当事人披露。我国《信托法》第三十三条第二款规定，"受托人应当每年定期将信托财产的管理运用、处分及收支情况，报告委托人和受益人"。基于慈善信托受益人不确定的情形，我国《慈善法》第四十八条第二款规定，"慈善信托的受托人应当根据信托文件和委托人的要求，及时向委托人报告信托事务处理情况、信托财产管理使用情况"，未把受益人作为报告对象。笔者认为是合理的，但向委托人报告亦存有不妥之处，因为有些期限长的慈善信托委托人可能已不存在，规定为"慈善信托的受托人应当根据信托文件要求，及时报告信托事务处理情况、信托财产管理使用情况"较为科学。

（2）公开披露。我国《信托法》第六十七条第二款规定，"受托人应当至少每年一次作出信托事务处理情况及财产状况报告，经信托监察人认可后，报公益事业管理机构核准，并由受托人予以公告"。相应地，我国《慈善法》第四十八条第二款规定，"慈善信托的受托人应当每年至少一次将信托事务处理情况及财务状况向其备案的民政部门报告，并向社会公开"，这意味着慈善信托每年要作一次公开披露，接受社会监督。这有利于强化慈善信托市场约束和社会监管、加强透明度建设，也有利于推广和普及慈善信托，吸引更多的人参与慈善信托活动。

5. 关于慈善信托的税收优惠

境外慈善信托发展良好，很大程度上得益于税收等方面优惠政策的支持，促使人们积极参与公益活动，同时也实现了公民个人的实际利益，如税收减免、名利双收等。目前，境外大多数国家对于慈善信托都给予特别的税收优惠待遇。一方面，是委托人设立慈善信托的税收减免。在美国，委托人设立慈善信托可享有税收减免，但有一定的限额，一般公司法人每年最多可扣减应纳税额的10%，自然人每年最多可扣减应纳税额的50%。另一方面，对慈善信托财产合理征税。在英美两国，慈善信托财产所产生的孳息，无论是利息收入、租金收入或投资所得，只要所得全部用在慈善目的上，则全额免税。日本所得税法也有类似规定，即慈善信托的收益，不征所得税。此外，慈善信托受益人也通常享有免予缴纳所得税等相关税收优惠。

我国《信托法》出台至今，公益信托几乎没有得到发展，与缺乏相应的税收优惠配套政策密切相关。我国《慈善法》对此有所改进，明确未按照规定将相关文件报民政部门备案的慈善信托，不享受税收优惠。这一立法精神，笔者认为可以这样去理解，即依法向民政部门备案的慈善信托，即可享受税收优惠。当然，不管如何理解，具体还得相关部门出台税收优惠的具体规定才能落地，否则都是空谈。我国《信托法》规定，"国家鼓励发展公益信托"，笔者认为，这同样适用于慈善信托，期盼慈善信托的税收优惠政策能尽快出台。

6. 关于慈善信托终止

我国《慈善法》第五十条明确，慈善信托的终止和清算等事项，《慈善法》未规定的，适用《信托法》的有关规定。根据我国《信托法》的规定，信托终止的情形，包括信托文件规定的终止事由发生、信托的存续违反信托目的、信托目的已经实现或者不能实现、信托当事人协商同意、信托被撤销、信托被解除。对此，同样适用于慈善信托。笔者认为，信托当事人协商同意的信托终止情形，更多的是针对私益信托，不适用于慈善信托，即慈善信托委托人、受托人、信托监察人在协商同意的情况下，慈善信托亦不能终止。

需要注意的是，慈善信托终止，在剩余慈善信托财产的归属处理上应当适用"近似原则"。即没有慈善信托财产权利归属人或者慈善信托财产权利归属人是不特定的社会公众的，受托人应当将慈善信托财产用于与原信托目的相近似的目的，或者将慈善信托财产转移给具有近似目的的慈善组织或者其他慈善信托。

二、慈善信托的功能与应用

根据我国《慈善法》第三条的规定，慈善活动的目的包括：（1）扶贫、济困；（2）扶老、救孤、恤病、助残、优抚；（3）救助自然灾害、事故灾难和公共卫生事件等突发事件造成的损害；（4）促进教育、科学、文化、卫生、体育等事业的发展；（5）防治污染和其他公害，保护和改善生态环境；（6）符合《慈善法》规定的其他公益活动。据此，本章根据不同的慈善目的，将慈善信托分为以下七大类，其中前六类与上述六种目的一致，第七类是目的综合类。

（一）扶贫、济困类慈善信托

扶贫、济困是各国公认的一项重要公益目的，是慈善的应有之义，是传统慈善和现代慈善都包括的内容。其意"即扶持贫穷的人、接济困难的人，扶助贫困户或贫困地区发展生产，改变穷困面貌，用金钱或物资帮助生活困难的人"①。任何社会都希望消灭贫困，该公益目的是希望将更多的慈善资源引导、汇聚到扶贫济困这一重点慈善领域。需要注意的是，贫困一词在不同的时间和地区，其含义可能不尽相同。也就是说，贫困者的具体标准是什么，各国通常没有明确的界线。一般来说，收入在当地政府规定的最低收入水平以下的，或者低于贫困线标准的，无疑应当属于贫困者。而对慈善信托而言，只要被救助者的生活陷入困难，缺乏某种生活必需品，确实需要救济，就属于慈善

---

① 李适时，李立国．中华人民共和国慈善法释义［M］．北京：中国民主法制出版社，2016：28．

信托的帮扶对象。一般来说，下列行为都属于救济贫困：一是对贫困者、孤寡老人和其他生活困难的人提供一般性经济资助，或者资助其生活费、医疗费等费用，或者给予物质资助。二是为贫困者建立免费施食处、济贫院、护理所等。三是为贫困地区改善居住、交通、医疗、教育、环境等设施。

近年来，我国着力发展扶贫济困类慈善信托，使其成为慈善信托的主要类型之一，具体信托目的包括推动特色产业体系建设，助力新型经营主体和农村企业发展，拓宽农产品销售渠道，推动贫困家庭劳动力就业培训，改善农村交通、水利、电力网络和居住环境的基础设施建设等。通过助力精准扶贫、助力乡村振兴等方式，改善落后地区的生产力，提高人民群众的生活水平。

扶贫慈善信托在我国实践中形成了以下创新模式：

1. 杠杆撬动模式

这一模式的优势是充分发挥慈善信托的资金带动作用，为贫困地区群众发展生产脱贫致富引入更多资金支持。具体做法是，慈善信托通过与商业银行、担保公司等机构合作，发挥慈善信托资金的杠杆撬动作用，为金融机构发放扶贫贷款提供贴息免息或者风险补偿，从而引入更多资金参与产业扶贫。例如，"中国信托业·长安慈·四川慈善总会·定点扶贫慈善信托"通过农户小额贷款风险损失补偿金的形式，与农信社、村镇银行合作，向那些有意愿并有能力希望通过自己的劳动致富但缺乏原始生产资料的农户发放贷款，贷款产生的坏账，由该慈善信托与合作机构各承担50%，从而降低授信门槛，扩大授信客户范围，为贫困农户提供生产经营所需资金。

2. 企业带动模式

这一模式在产业扶贫中具有明显优势，可以充分发挥贫困地区龙头企业或致富能人的带动作用，是产业扶贫的重要方式。该模式具体做法是，慈善信托通过融资、投资等多种方式支持贫困地区龙头企业发展，以此带动当地贫困群众增加就业和收入。例如，"国投泰康信托·2018甘肃临洮产业扶贫慈善信托"与当地百合特色产业中的龙头企业合作，以市场化的方式为企业提供融资支持。一方面，支持企业扩大百合加工和收购规模，带动更多贫困群众通过种植百合实现增收；同时也向贫困群众提供更多就业岗位，增加群众的就业收入。另一方面，融资方向慈善信托支付利息，这部分资金也全部用于精准扶贫，精准资助因病、因学返贫以及丧失劳动能力的特殊困难家庭。

3. 收益分红模式

这一模式在实现可持续扶贫效果方面具有显著优势。具体做法是，慈善信托出资入股专业合作社，与贫困群众一起成为专业合作社的股东，并通过合作社经营发展持续为贫困群众提供稳定分红。例如，"五矿信托—三江源精准扶贫1号慈善信托"依托贫困地区中草药种植和加工专业合作社，合作和购置种苗及农资农药等，推动贫困户开展中药材种植和脱贫致富。

4. 保险保障模式

贫困地区产业基础脆弱、贫困人群抵御风险能力薄弱，是扶贫工作中面临的突出问题。该模式具体做法是，慈善信托与保险公司合作，为贫困地区困难群众生产、生活提供保险支持，发挥保险机制的普惠性、精准性和补偿性，帮助贫困群众防范化解风险，防止群众因灾因病致贫返贫。例如，通过慈善信托为贫困户提供农产品种植、养殖类财产保险支持，包括牛羊等牲畜的死亡损失保险、水产养殖保险等，防范自然灾害对贫困群众农业生产的影响。再如，慈善信托与保险公司共同开发农产品价格指数保险，对贫困群众因所种养农产品市场价格大幅波动、农产品价格低于目标价格造成的损失给予经济赔偿，减少农户因农产品价格波动带来的经济损失等。

5. 教育扶智模式

要从根源上拔除穷根，须从改变人们的思想观念做起。该模式的具体做法是，慈善信托通过为贫困地区提供教育培训，提升贫困地区人员的眼界和技能，培育脱贫致富的带头人。例如，2019 年备案成立的"上善"系列上信海亮中西部地区教育助学慈善信托，其信托资金定向运用于中西部地区教师来沪培训项目，旨在支持中西部地区基础教育发展，搭建多地教师交流互动的桥梁和平台，助力中西部地区基础教育质量的提升。再如，"外贸信托—2022 年度乡村振兴 1 号星火慈善信托"以助力乡村振兴，资助特岗教师为目的，为新疆维吾尔自治区、甘肃省及我国其他区县特岗教师提供为期一年的系统性网络培训，并奖励特岗"青椒计划"优秀学员。

6. 综合扶贫模式

即在一个慈善信托中，综合采用了以上两种或者两种以上模式的扶贫方式。

（二）扶老、救孤、恤病、助残、优抚类慈善信托

扶老、救孤、恤病、助残、优抚，即"扶助老人、救助孤儿、体恤救济病人、帮助残疾人、优待伤残军人及家属"。需要注意的是，通过提供财物设立信托来扶助上述不特定的对象，自然属于慈善信托。但直接帮助某个特定的人，则不能构成慈善信托，而只能构成私益信托。

1. 扶老类慈善信托

扶老意为扶助老人，该类慈善信托中，主要信托目的包括开展敬老爱老活动、帮助贫困/孤寡/空巢老人缓解困境、提高失能老人基础

社会保障、预防老年痴呆、救助失独家庭、资助居家养老服务中心建设、提高养老机构服务水平等。慈善信托通过汇聚社会慈善资源，成为养老敬老的重要力量，能减轻政府及家庭的养老压力，特别是为贫困、孤寡、空巢老人提供养老保障，提高老年人幸福感，助力老年人实现老有所依、老有所养。例如 2018 年备案成立的"天信世嘉·信德扶老助困 01 期"慈善信托，备案财产规模为 50 万元，通过为天津市区域内低保低收入老年人投保老年人健康意外险等形式，提高其基础社会保障水平。

2. 救孤类慈善信托

救孤意为救助孤儿。该类慈善信托中，主要信托目的包括实施有利于孤儿成长的项目，对留守、流动、单亲等困难家庭儿童进行救助帮扶，对失独家庭开展心理辅导和援助等。例如 2022 年备案成立的"紫金信托·江苏银行圆融善德重症孤弃儿童舒缓疗护救助慈善信托"，备案财产规模为 16.83 万元，信托资金用于为南京市社会儿童福利院彩虹项目中的重症孤弃儿童提供康复教育服务等慈善目的，包括但不限于为南京市社会儿童福利院彩虹项目中的重症孤弃儿童康复教育服务提供资金支持，内容包括支付康复教育服务费用、采购康复教育服务所需材料等。

3. 恤病类慈善信托

恤病意为体恤救济病人，特别是救助患重大疾病的危困老人、妇女和儿童。例如 2020 年备案成立的"建德市慈善总会·大病救助慈善信托"，备案财产规模为 20 万元，用于开展大病救助等慈善活动，以及支持其他符合《慈善法》规定的公益活动。

4. 助残类慈善信托

助残意为帮助残疾人。根据《中华人民共和国残疾人保障法》第二条的规定，残疾人是指在心理、生理、人体结构上，某种组织、功能丧失或者不正常，全部或者部分丧失以正常方式从事某种活动能力的人。残疾人包括视力残疾、听力残疾、言语残疾、肢体残疾、智力残疾、精神残疾、多重残疾和其他残疾的人。例如 2021 年备案成立的"光信善·益善宝上医助残慈善信托"，备案财产规模为 600 万元，由受托人将信托财产最终投向该慈善信托的受益人，包括残疾人及其家属、助残工作人员、爱心人士等，有序地开展助残相关的健康关怀等公益活动。

5. 优抚类慈善信托

优抚意为优待伤残军人及家属。根据我国《军人抚恤优待条例》的规定，"优抚"的对象包括中国人民解放军现役军人、服现役或者退出现役的残疾军人以及复员军人、退伍军人、烈士遗属、因公牺牲军人遗属、病故军人遗属、现役军人家属。该条例中的家属是指军人（含烈士）的父母、配偶、子女，以及依靠军人生活的十八周岁以下的弟妹，军人自幼曾依靠其抚养、失去自养能力后又必须依靠军人生活的其他亲属。这类人群属于社会的弱势群体，由于身体的原因，他们的生活一般比较困难，需要得到全社会的善心和帮助。例如 2022 年备案成立的"中铁信托—伊洁士退役军人关爱金慈善信托"，备案财产规模为 30 万元，信托资金用于帮扶援助困难退役军人及支持其他符合《慈善法》规定的公益活动。

此外，还有综合上述慈善目的的慈善信托，例如 2018 年备案的"湖畔魔豆慈善信托"，期限永续，备案财产规模为 2.66 亿元，其慈善信托目的是困境母亲扶助、困境儿童扶助（救助），儿童抚育、助学等符合以困境母亲和困境儿童作为主要帮扶对象，旨在推动性别平等、教育公平、倡导公民社会责任，推动社会和谐进步为宗旨的其他公益慈善项目。

（三）救助自然灾害、事故灾难和公共卫生事件等突发事件类慈善信托

根据《中华人民共和国突发事件应对法》第三条规定，"本法所称突发事件，是指突然发生，造成或者可能造成严重社会危害，需要采取应急处置措施予以应对的自然灾害、事故灾难、公共卫生事件和社会安全事件"。当发生自然灾害、事故灾难和公共卫生事件等突发事件时，往往会造成较大的损害，政府的救助力量有限，需要动员全社会的力量给予支援和救助。主要是通过慈善捐赠、慈善信托等方式向灾民提供资金、物质帮助，或者通过其他机构提供经济或物质资助，帮助灾民解决生活、生产困难等。

1. 救助自然灾害的慈善信托

自然灾害通常是指自然因素或者人为活动引发的，危害或者可能危害人民生命和财产安全的水旱灾害、气象灾害、地震灾害、地质灾害、海洋灾害、生物灾害、森林草原火灾等事件。境外有相关的实践，例如泰国政府于 2005 年出资 1000 万美元成立 "印度洋和东南亚国家海啸信托基金"；再如国际货币基金组织于 2015 年 2 月成立的 "灾难控制和救济信托基金"，向遭遇大型自然灾害和疫情的低收入国家提供资金援助，以减少这些国家的债务负担，从而将更多资源用于开展救灾和灾后重建工作。对此，我国也开展了一些实践。例如 2021 年备案成立的 "百瑞仁爱·灾害救助慈善信托"，备案财产规模为 10 万元，用于自然灾害救助特别是组织 "7·20" 特大暴雨灾害的救援和灾后救助，以及救灾相关的慈善活动的支持和推广等。

2. 救助事故灾难的慈善信托

事故灾难是在人们生产、生活过程中发生的，直接由人的生产、生活活动引发的，违反人们意志的、迫使活动暂时或永久停止，并且

造成大量的人员伤亡、经济损失或环境污染的意外事件，例如爆炸事故、水电器事故、火灾、交通事故等。实践中单独以此为目的的慈善信托，比较鲜见。

3. 救助公共卫生的慈善信托

公共卫生是关系到一个国家或地区人民大众健康的公共事业，通过有组织的努力或者有根据的选择来预防疾病、延长寿命并促进健康的科学与技术。例如 2020 年备案成立的"国通信托·中国信托业抗击新型肺炎慈善信托"，备案财产规模为 3090 万元，信托财产主要用于新型冠状病毒感染的肺炎疫情的防控并救助由其造成的损害，信托财产使用方向包括：（1）捐赠给慈善组织及医疗系统单位等可以合法接受捐赠的疫情防控和救治相关机构；（2）向医务人员、志愿者及公众发放防疫保障，抚恤因疫死亡家庭；（3）该次疫情结束后用于公共卫生、应急救助、医疗科研、健康教育及倡导等事业。

此外，存在综合以上三种目的的慈善信托。例如"国通信托·风雨同舟共抗灾害慈善信托"，其慈善信托目的为：主要用于救助自然灾害、事故灾难和公共卫生事件等突发事件造成的损害。另外，还有一些慈善信托旨在提升公众的防灾减灾意识，提高应急灾难救援能力和支持灾后重建等，例如长安慈"长安心"防灾减灾救灾慈善信托。

（四）促进教育、科学、文化、卫生、体育等事业发展类慈善信托

教育、科学、文化、卫生、体育等事业的范围比较广泛，只要提供财物设立信托的目的是发展这些事业，都可以构成慈善信托。例如，出资设立学校或者维持现有学校的运行，设立教育奖学金，设立或资助新学科、新课程等，建立或者维护博物馆、美术馆、图书馆，资助公共艺术团体或组织，资助公共体育运动以及资助相关的科学研究等。"这是慈善活动发展到一定阶段，注入的新的内涵。现代的慈善已经不

仅仅局限于扶贫济困救灾，而是有了新的含义。这些内容关系到全社会精神文明建设，有利于增强国家软实力，提高全民素质，有利于人民的身体健康。"①

1. 促进教育事业方面的慈善信托

此类慈善信托包括以帮扶困难儿童、促进青少年教育教学、促进职业教育发展、改善教育设施、加强教育人才培养、推动特定教育项目或课程开发、资助大学教育研究等多种信托目的，资助周期涵盖了从幼儿园到大学的各个教育阶段。慈善信托对教育领域的关注以及对教育资源的投入与补充，有利于社会教育公平发展。

本书重点介绍 2019 年备案成立的"吴毅文慈善信托"。该慈善信托期限为永久存续，备案财产规模为 904.84 万元，用于捐助、救助贫困学生及患重大疾病的贫困少年儿童等慈善等用途。这是毛积孝按照吴毅文的遗嘱成立的慈善信托，根据毛积孝的回忆：吴毅文生前非常节俭，但碰到学生有困难，她都慷慨解囊。"这辈子无论挣多少钱，百年后都要捐给社会"，这是吴毅文的追求，也是她的信念。吴毅文患癌症期间，多次嘱托毛积孝将其遗产全部用于公益事业，并让毛积孝担任她的遗嘱执行人。

此外，2019 年备案成立的"中信信托 2019 江平法学教育慈善信托"，也有一定的代表性，其备案财产规模为 236.62 万元，信托目的是促进我国民商法学教育及法学研究的水平。

2. 促进文化事业方面的慈善信托

此类慈善信托境外非常常见。例如，J. Paul Getty Trust 目前是全球文化领域最大的慈善信托，通过在洛杉矶和世界各地宏大的工作项目，

---

① 李适时，李立国. 中华人民共和国慈善法释义［M］. 北京：中国民主法制出版社，2016：29.

尝试持续为艺术历史研究和博物馆学领域研究提供保护支持，致力于视觉艺术支持事业，促进所有年龄段观众欣赏和获得艺术知识。

我国在这方面亦有探索实践，例如"苏信·韩天衡文化艺术慈善信托"，备案财产规模为 2000 万元，信托目的是支持文化艺术领域公益项目。再如，"厦门信托—重庆园林中国传统文化保护传承慈善信托"，期限 20 年，备案财产规模为 100 万元，信托利益定向运用于中国传统文化保护传承项目及从事传统文化保护传承的专业机构。

3. 促进科学事业方面的慈善信托

《中华人民共和国科学技术进步法》第一条明确规定，该法的立法目的是为了全面促进科学技术进步，发挥科学技术第一生产力、创造第一动力、人才第一资源的作用，促进科技成果向现实生产力转化，推动科技创新支撑和引领经济社会发展。为了促进科学事业的发展，慈善信托积极开展相关探索。例如"中信信托 2016 年航天科学慈善信托"，期限 4 年，备案财产规模为 840 万元，其信托目的为促进航天科学事业发展、奖励航天科学事业人才。再如，2021 年备案成立的"钱江科学研究慈善信托"，期限永续，备案财产规模为 3999 万元，用于支持生物医学工程等领域的科学研究，促进教育、科学、文化、卫生等事业的发展，以及支持其他符合《慈善法》规定的公益活动。

4. 促进卫生事业等方面的慈善信托

慈善信托聚焦医疗健康，围绕资助医疗设备、助力儿童医疗、帮扶特定疾病人群治疗、促进中医的传承与发展、培养医学领军人物、提高贫困地区医疗水平、促进贫困地区医疗卫生事业发展等，通过集合慈善资源，为困难群众提供形式多样的医疗援助和健康帮扶，解决部分群众看病难、看病贵的问题，为困难群众提供更全面、更充分的医疗保障服务，在一定程度上填补基本医疗保障的空白，适当弥补政府救助的不足，助力完善医疗保障体系建设。例如"天目助医慈善信托”，无固定期限，备案财产规模为 30 万元，信托资金用于开展慈善助医，支持促进医疗、卫生等事业发展的公益活动。

5. 促进体育事业方面的慈善信托

根据《中华人民共和国体育法》的规定，该法的立法目的是促进体育事业，弘扬中华体育精神，培育中华体育文化，发展体育运动，增强人民体质。对此，慈善信托积极尝试促进体育事业的发展，例如 2021 年备案成立的"长安慈·青春、健康、活力，助力'十四运'体育公益慈善信托"，期限 1 年，备案财产规模为 100 万元，旨在支持第十四届全国运动会圆满举办，促进陕西省体育事业发展。

（五）防治污染和其他公害，保护和改善生态环境类慈善信托

根据《中华人民共和国环境保护法》第二条的规定，"本法所称环境，是指影响人类生存和发展的各种天然的和经过人工改造的自然因素的总体，包括大气、水、海洋、土地、矿藏、森林、草原、湿地、野生生物、自然遗迹、人文遗迹、自然保护区、风景名胜区、城市和乡村等"。同时该法第四条规定，"保护环境是国家的基本国策。国家采取有利于节约和循环利用资源、保护和改善环境、促进人与自然和谐的经济、技术政策和措施，使经济社会发展与环境保护相协调"。

一直以来，环境保护得到全世界的重视，保护和改善人类的生存环境，才能保障经济社会的可持续发展，才能实现人类社会的可持续发展。英美等国家先后通过法院判例确认，环境保护属于公益目的。我国《信托法》也明确，"发展环境保护事业、维护生态环境"属于公益目的。一般来说，出资或者捐物设立信托，用于防治或清除环境污染，植树造林，采取措施防治沙漠化危害，科学处理工业废料和生活垃圾等致污物质，进行环境保护方面的科学研究等，都构成慈善信托。例如英国的国民信托（The National Trust），该慈善信托的信托目的是

为了全体国民的利益而保存优美或有历史价值的土地及建筑物，它通过购买土地、历史建筑物、绘画作品等财产并保护该财产，以此为全体国民提供良好的生存环境。该慈善信托目前拥有约2550平方公里的乡村土地、1141公里长的海岸线、300座历史建筑和200个花园等的所有权、管理权及使用权。其主要收入来自会员的会费、捐赠以及门票收入、投资收益等。美国的历史国民保护信托与英国国民信托拥有相似的发展脉络与服务逻辑。美国国家历史遗产保护信托（National Trust For Historic Preservation）是美国著名的慈善信托之一，其致力于保护美国国家历史文化，具体包括保护修复历史建筑与打造强大社区文化等，其慈善信托财产用途主要包括三个方面：一是78%用于历史保护修复项目，二是15%用于行政管理，三是7%用于信托资金募集。我国台湾地区的"环境保护公益信托自然谷环境教育基地"，通过购买、长期租借、接受委托或捐赠，取得荒地的监护与管理权，将之圈护，尽可能让大自然经营自己，恢复生机，让子孙后代从刻意保留下来的荒野中探知自然的奥妙，领悟生命的意义。

我国近年来备案的与环境保护相关的慈善信托中，慈善信托目的主要聚焦防治污染和其他公害、促进再生循环利用、资助地区生态保护项目、保护和改善生态环境等。慈善信托通过保护自然环境，既保护了自然财富，同时也保护了社会财富、经济财富。优质的生态环境紧密连接经济社会发展的潜力和后劲，良好的生态环境是涉及所有人的公共产品。例如，2017年备案成立的"万向信托·中国水源地保护慈善信托"，期限永续，备案财产规模为1500万元，用于促进中国的水环境保护事业发展、保护生态环境。该慈善信托的主要项目是龙坞水库，笔者到该地进行了调研。根据2014年一份水质监测报告显示，龙坞水库的总氮、总磷和溶解氧等超标，水源地水质受到污染。对此，该慈善信托与大自然保护协会等组织和机构合作，开展水源地保护模式设计、林地科学管理方案、保护效果评估及协调等各项工作，最终通过集中管理水源地周围汇水区的竹林，有效控制了水源地竹林内的农药、化肥使用，让竹林处于最好的水源涵养状态；同时，通过帮助村民和环境友好产业的投资者将收益最大化，创建了可持续发展机制。此外，2020 年备案成立的"华润信托·腾格里沙漠环境慈善信托"，备案财产规模为 600 万元，对决策委员会根据绿发会与八家委托人涉案调解书确定的范围决议所确定的各类活动或组织（资助环保社会组织、环保组织或其他单位实施的腾格里沙漠周边或黄河流域的环保项目、环保活动以及环保相关奖励活动），以信托财产为限进行无偿资助。

（六）符合我国《慈善法》规定的其他公益活动类慈善信托

公益事业的范围随着社会、经济的发展而变化，采用列举的办法确定公益事业的范围，显然难以适应这种变化。为此我国《慈善法》作出兜底规定，以便今后增加相应的公益目的。"除前五项以外，可能还有其他的公益活动，为避免列举不全，本项采用了兜底的表述方式。但是，慈善活动的范围，也不是无限的，并不是任何公益活动都是慈善活动。本法对于其他公益活动也作了限定，即必须是符合本法规定的慈善活动。"[1]

境外一些国家，戒毒、戒酒，建立和维护社会公众休闲设施等公共设施，保护动物不受伤害，增强国家的防御力量，发展宗教等，也被视为公益事业。日本"社区营造组织"用慈善信托的方式设立社区营造基金，致力于社区环境营造、风貌改善、风俗展示、居民互助等方面，发挥了极大的治理价值。1992 年，日本世田谷区政府当局组织成立慈善信托，用于鼓励市民团体或个人参与社区发展活动，并由 9 人组成的委员会负责遴选申请补助的团体与相关重要决策。资助目标包括启动小额补助用以鼓励没有经验的人参与社区工作、社区设计或发展活动、社区营造之家设置与运营和其他社区特别专案等。

---

[1] 李适时，李立国. 中华人民共和国慈善法释义 [M]. 北京：中国民主法制出版社，2016：30.

（七）目的综合类慈善信托

对一些慈善信托特别是资产规模较大的慈善信托，其慈善信托目的往往不局限于前述六项中的某一类，而可以会同时涉及其中两类或者两类以上，本书将其称为"目的综合类慈善信托"。例如，2016 年备案成立的"万向信托 乐淳家族慈善信托"，期限永续，备案财产规模为 5000 万元，用于支持发展教育、科技、文化、艺术、体育、医疗卫生、环境及其他社会公益事业，扶贫、济困、扶老、救孤、恤病、助残、优抚、救助灾害事件及其他公益活动。再如，2017 年备案成立的"中信·何享健慈善基金会 2017 顺德社区慈善信托"，期限永久，备案财产规模为 4.92 亿元，用于支持顺德区的扶贫、救济、养老、教育、文化建设、村居福利等综合性的公益慈善需求，推动公益慈善事业的发展与提升，共同建设更具人性和富有吸引力的顺德社区。

需要注意的是，慈善信托目的的设置应当和慈善信托财产规模相匹配，目的过大而财力不足或者慈善信托规模较大而目的过小，都是不适宜的。应当进行科学的测算，以慈善信托财产实现慈善信托目的后略有盈余为妥。

三、发展公益/慈善信托，助力共同富裕

共同富裕是中国特色社会主义的根本原则。在 1992 年的南方谈话中，邓小平同志强调"社会主义的本质，是解放生产力，发展生产力，消灭剥削，消除两极分化，最终达到共同富裕"。在中央财经委员会第十次会议上，习近平总书记指出，要坚持以人民为中心的发展思想，在高质量发展中促进共同富裕。《中共中央关于制定国民经济和社会发展第十四个五年规划和二〇三五年远景目标的建议》，要求坚持把实现好、维护好、发展好最广大人民根本利益作为发展的出发点和落脚点，尽力而为、量力而行，健全基本公共服务体系，完善共建共治共享的

社会治理制度，扎实推动共同富裕，不断增强人民群众获得感、幸福感、安全感，促进人的全面发展和社会全面进步。

慈善信托作为作为人们参与社会公益事业的重要手段之一，在共同富裕中可以做出独特而有益的贡献。发展慈善信托，有利于推动第三次分配，助力共同富裕。

（一）大力发展慈善信托

如前所述，慈善信托的核心要义，是慈善信托财产的本金和收益要全部用于公益事业。因此，发展慈善信托，有利于分好"蛋糕"，能够缩小财富鸿沟、推进共同富裕：一是能够实现公益财产来源渠道创新，受托人特别是信托公司可以利用自身在客户资源上的优势，更好撬动社会资金以多种形式参与乡村振兴等共同富裕事业。二是利用信托财产具有独立性的安排，实现慈善信托财产账户的资产隔离与安全，更精准高效地支持推进共同富裕的各项事业。三是能够提供慈善信托财产专业化管理与服务，实现保值增值与透明化运作，切实扩大投入推进共同富裕的各项事业的财产规模。四是能够赋予委托方更多参与权和监督权，更好监督慈善信托财产的管理使用，提高社会各界对投身公益事业的热情。

我国《信托法》《慈善法》等法律法规为慈善信托的发展提供了基础性的制度保障。近年来，慈善信托通过不断探索与实践，逐步进入规范化运营、特色化发展阶段，努力服务人民美好生活，推动第三次分配，助力共同富裕，发挥了重要的社会价值。但是，慈善信托在我国刚刚起步，发展中仍然面临着许多问题和障碍，现状不尽如人意。为此，一是建议完善我国的信托财产登记制度。慈善信托财产的资产隔离依赖于信托财产的独立性，信托财产独立性的实现除了依赖《信托法》的相关原则规定外，还依赖于信托财产登记，通过信托财产登记把慈善信托财产打上"信托"的烙印。信托财产登记后，让人一眼就能分辨出某项财产是否是慈善信托财产，并使该财产受到《信托法》关于独立性规定的资产隔离保护。当前，我国实践中还未建立具体可操作的信托财产登记制度，以股权、房产等财产虽然可以设立慈善信托，但会有一些法律上的瑕疵。怎样把非现金资产装入信托，是目前慈善信托发展的一大难题，信托财产登记制度的缺失，对非现金类慈善信托的设立和管理，产生了明显的制约。二是建议出台合理的税收政策。当前我国慈善信托在税赋方面缺乏相关的规定，极大地降低了委托人设立慈善信托的积极性。例如，《信托法》第六十一条明确了"国家鼓励发展公益信托。"《慈善法》和《慈善信托管理办法》均提出了相应的促进措施，例如《慈善信托管理办法》第四十四条规定，"慈善信托的委托人、受托人和受益人按照国家有关规定享受税收优惠。"但是，目前"国家有关规定"并不存在，我国尚没有针对信托财产所有权和受益权相分离的特点，对慈善信托所涉及的税收优惠政策做出相应规定。笔者认为，慈善信托税收问题看似复杂，实际可以简单处理，因为法律规定慈善信托的本金和收益不能用于非公益目的，从实现慈善目的的实质来看，慈善信托与慈善捐赠本质上是一样的，因此对慈善信托的税收优惠政策，比照慈善捐赠执行即可。三是建议加强对慈善信托的宣传普及。慈善信托作为一个舶来品，人们对它的认识不足，很多人不理解慈善信托的功能，导致慈善信托在国内的实践难度很大，还需要不断加强宣传和普及，采取各种措施促进慈善信托在我国的健康规范发展。

（二）着力发展股权慈善信托

有关统计数据显示，我国居民的股票及股权资产，是仅次于住房资产的第二大居民资产类型。股权作为我国高净值客户的一大财富载体，在居民财富结构中将占据越来越重要的地位。如何在经济高质量发展的前提下，让企业家以股权类财产参与公益事业，既不影响经济的高质量发展，又有利于促进共同富裕呢？我们做一个假设，假如让企业家把股权捐出来，民营企业就会脱离企业家的有效管理与代际传承，就可能伤及民营经济的根本，进而让我国经济失去发展的动力和源泉。对此，笔者认为，发展股权慈善信托，是实现共同富裕的重要抓手和主要方式。

股权慈善信托是指委托人基于慈善目的，依法将其拥有的企业股权委托给受托人，由受托人按照委托人意愿以受托人名义进行管理和处分，并开展慈善活动的行为。

发展股权慈善信托，能够实现民营企业控制权、经营权和收益权的有效分离。股权慈善信托设立后，股权作为初始信托财产，其财产属性由私人财产转变为社会公共财产，处于受托人的实际控制之下。同时，作为慈善信托财产的股权不动用，交由委托人直接或间接继续经营管理，用每年产生的股权分红来开展公益事业，并由此让企业获得更多的税收优惠和政策扶持。这样既保证了企业家对民营企业的持续经营和实际控制，又可以发挥其助力公益慈善的功能。由于公司的经营权依旧掌握在委托人自己手中，不影响其对企业的经营管理决策，企业家不会因此失去努力经营的动力。居于慈善信托的公益属性，还能够激励下一代继续创造财富，有利于家族财富和精神的传承发展，有利于激发民营经济的活力，保持经济高质量发展。此外，股权慈善信托的期限没有限制，理论上可以永久存续。因此，股权慈善信托有利于民营企业的长期稳定的经营管理，使其作为一个活水源头，发挥先富帮后富的作用，积极参与和兴办社会公益事业，实现企业健康规范经营和公益慈善事业大力发展的双赢局面。

笔者建议，破除股权慈善信托发展的障碍，尽快出台股权慈善信托财产登记、股权慈善信托税收优惠政策等。同时，建议解决股权过户、股权上市等政策障碍。当前委托人以股权设立慈善信托，只能参照交易过户办理股权过户手续，交易手续繁琐，而且还需以股权交付时的公允价值确定转让收入并依此缴纳所得税。这对委托人以股权设立慈善信托带来沉重的纳税负担，打击了人们在境内以股权设立慈善信托的热情，甚至导致一些企业家不得不选择去境外设立股权慈善信托。此外，建议有关监管部门允许慈善信托持股的企业在申报 IPO 时，不作为"三类股东"之一，在企业上市前不必清退，以利于股权慈善信托的健康规范运行。

（三）探索发展家族慈善信托

境外，慈善信托和家族信托朝着融合的方向发展，既考虑私人和家族利益，同时又兼顾社会公共利益。其结果，一方面满足家族成员的生活需要，同时还满足更多的人对美好生活的向往。

目前，我国家族慈善信托还处于萌芽初期。对于未来家族慈善信托的发展模式，建议借鉴境外家族慈善信托的实践经验，充分了解委托人的需求与意愿，构建差异化的家族慈善信托业务模式，为客户提供集家族与企业、在岸与离岸、传承与配置一体化的家族慈善信托方案。对此，本书提出三种探索模式，以期对未来我国家族慈善信托的模式创新抛砖引玉。

探索模式 1：慈善信托与家族信托并联模式。这一模式为在家族慈善信托项下设立一个慈善信托、一个家族信托，两个信托并联排列，单独存在（见图 10-1）。其中，慈善信托可以解决家族信托中无法解决的慈善需求，慈善信托仍需作为一个独立的信托向相关民政部门进行备案。

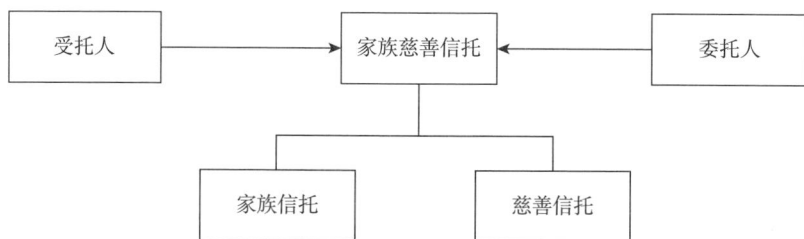

图 10-1　慈善信托与家族信托并联模式

探索模式2：以家族信托本金/收益成立慈善信托的模式。这一模式下，首先设立一个家族信托，同时将家族信托的一部分本金或收益用于家族成员，另一部分用于成立慈善信托（见图10-2）。例如，在我国上海的一单家族慈善信托实践中，将慈善信托与亲属设置为并列分配。委托人早年离开家乡创业打拼，事业有成后希望反哺家乡教育事业，鼓励乡村贫困地区的学子继续深造，也为在校中小学生提供一定的生活补助。与此同时，客户也希望通过设立信托，将关心社会、热心慈善的家族精神传承给自己的子女，在富足的物质生活之外，拥有宝贵的精神财富。结合该委托人的两大需求，受托人为客户定制了家族慈善信托，受益人名单涵盖委托人的亲属和专属慈善信托，由受托人将每年投资收益按合同约定分配给委托人家属和慈善信托，并按照委托人意愿进行永续管理和传承。

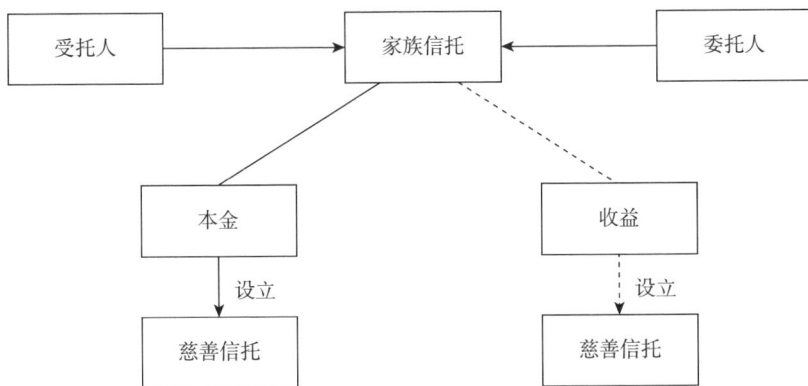

图10-2 以家族信托本金/收益成立慈善信托的模式

探索模式3：家族信托残值成立慈善信托的模式。这一模式下，首先设立一个家族信托，在家族信托到达一定的时间节点且基本完成家族财富传承意愿后，用家族信托剩余的残值成立一个慈善信托，在完成家族财富传承之后，延续慈善精神（见图10-3）。

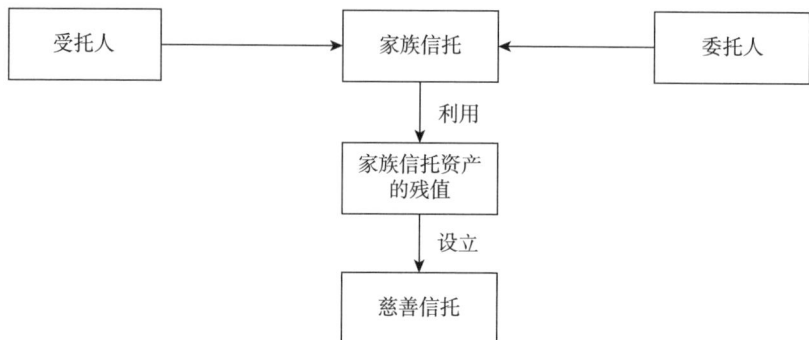

图 10 - 3　家族信托残值成立慈善信托的模式

此模式类似于境外的公益余额信托（Charitable Remainder Trust，CRT），是指委托人设立一个信托把财产交付公益法人，并由该公益法人作为受托人，对信托财产进行管理处分。公益法人在委托人生前或信托文件约定的时间内，把财产所产生的部分收益支付给特定的受益人。在委托人死亡或者信托期限届满后，剩余信托财产就捐赠给了公益法人。

慈善信托与家族信托相结合，是境外流行的家族财富传承与公益慈善方式。笔者认为，慈善信托与家族信托的结合是未来的发展趋势，家族慈善信托将成为我国未来财富管理的主流方向。为此，建议推动慈善信托与家族信托相结合，创新开展公益余额信托、慈善先行信托、利益分成信托等家族慈善信托业务，让家族成员享有小部分信托利益，而大部分信托利益用于公益目的由全社会共享，从而更好地分好蛋糕。

（四）应对大型疫情和灾情，建议建立公共受托人制度

面对全国性的大型疫情或灾情，我国在防疫抗灾过程中暴露出一些问题和不足，例如单个慈善组织或者公益/慈善信托的全局性、前瞻性、权威性、系统性、周密性等能力不够，难以用最直接、最简单、最高效的方法来抗击疫情或灾情等。为了专司抗击大型疫情和灾情，并做好相关善后受托工作，笔者建议国家建立公共受托人制度。

公共受托人制度兴起于新西兰，在英国得到发展。新西兰 1872 年制定了《公共信托办公室法》，当妇女儿童寻找受托人困难、受托人离职或死亡、遗嘱执行人难以指定受托人，以及委托人无法找到合适受托人等情形，可以请求政府帮助指定公共受托人。英国 1906 年颁布了《公共受托人法》，1908 年成立了公共受托人办公室，实行以法人身份依靠国家经费来受理特殊的信托业务，本质上属于政府机关。根据该法第 2 条第 1 款规定，英国公共受托人的业务范围包括：（a）在小额遗产的管理中行事；（b）作为保管受托人行事；（c）作为普通受托人行事；（d）被任命为司法受托人。

公共受托人的主要作用是：在重大疫情灾情面前，代表国家发挥统筹调配作用，统一受托管理捐助财产，并上传下达，制订统一方案，具体由慈善组织实施救助。在疫情、灾情结束后，可以代表国家继续受托管理尚未使用完毕的捐赠财产，或者将剩余捐赠财物移交慈善组织或者公益/慈善信托并监督其依法使用。同时，还可以受托管理因疫情、灾情失去亲人的未成年儿童、老年人、残疾人等特殊人群的财物，作为兜底性的受托财产管理机构。

综上，呼吁大力发展各种类型的慈善信托，特别是永续型慈善信托。假设我国的永续慈善信托逐年增加，由几百个发展到成千上万个，受益的社会公众就会越来越多，人们的生活就会越来越美好。

参考文献

［1］刘钟海，韩冰著．财富论［M］．北京：经济管理出版社，2017.

［2］段国圣．资产管理实务、方法与理论［M］．北京：社会科学文献出版社，2018.

［3］郭强．中国资产管理：法律和监管的路径［M］．北京：中国政法大学出版社，2015.

［4］［美］D．格林沃尔德，《现代经济词典》翻译组译．现代经济词典［M］．北京：商务印书馆，1983.

［5］杨征宇，卜祥瑞，郭香龙，王晓明．金融机构资管业务法律纠纷解析［M］．北京：法律出版社，2017.

［6］黄鉴晖．中国钱庄史［M］．太原：山西经济出版社，2005.

［7］李宇．商业信托法［M］．北京：法律出版社，2021.

［8］宋路霞．盛宣怀家族［M］．上海：上海科学技术文献出版社，2009.

［9］赵国栋，易欢欢，徐远重．元宇宙［M］．北京：中译出版社，2021.

［10］肖风．区块链：分布式商业与智数未来［M］．北京：中信出

版集团，2020．

　　［11］何旭艳．上海信托业研究（1921—1949 年）［M］．上海：上海世纪出版集团，2007．

　　［12］新井诚．信托法（第 4 版）［M］．刘华译，北京：中国政法大学出版社，2017．

　　［13］何宝玉．信托法原理研究（第二版）［M］．北京：中国法制出版社，2015．

　　［14］何宝玉．信托登记：现实困境与理想选择［M］／／中国资本市场法治评论第二卷，法律出版社，2009．

　　［15］姚朝兵．美国信托法中的谨慎投资人规则研究［M］．北京：法律出版社，2016．

　　［16］刘军稳，鄢圣鹏编译．1940 年美国投资公司立法［M］．北京：新华出版社，2007．

　　［17］张路译．美国 1933 年证券法［M］．北京：法律出版社，2006．

　　［18］张钧，韦凤巧．有限合伙制 PE 治理［M］．武汉：武汉大学出版社，2012．

　　［19］李飞．中华人民共和国合伙企业法释义［M］．北京：法律出版社，2006．

　　［20］马丁·山克曼（Martin M. Shenkman）．信托实务最佳指引［M］．柯柏成译．台北：台湾金融研训院.

　　［21］中国人民大学信托与基金研究所．中国基金业发展报（1991—2003）［M］．北京：中国经济出版社，2004．

　　［22］宁晨新，刘俊海．规范的证券市场———证券的法律分析［M］．贵阳：贵州人民出版社，1995．

　　［23］朱少平．证券投资基金法解读［M］．北京：中国金融出版社，2004．

　　［24］李安民．房地产投资基金［M］．北京：中国经济出版

社，2005．

［25］朱少平，葛毅．中国信托法———起草资料汇编［M］．北京：中国检察出版社，2002．

［26］李康，顾宇萍，恽铭庆．中国产业投资基金理论与实务［M］．北京：经济科学出版社，1999．

［27］赖源河，王志诚．现代信托法论［M］．台北：五南图书出版股份有限公司．

［28］李飞．中华人民共和国证券投资基金法释义［M］．北京：法律出版社，2013．

［29］李森．共同基金［M］．上海：复旦大学出版社，2003．

［30］曹建元．信托投资学［M］．上海：上海财经大学出版社，2004．

［31］虞政平．美国公司法规精选［M］．北京：商务印书馆，2004．

［32］王连洲，董春华．证券投资基金法条文释义与法理精析［M］．北京：中国方正出版社，2004．

［33］安虎森等．欧洲风险投资运作规程通览［M］．太原：山西人民出版社，2001．

［34］巴曙松，张利国．私募创投：有限合伙制促进美国创投基金发展［N］．国际金融报，2004 － 11 － 29．

［35］闵绥艳．信托与租赁［M］．北京：科学出版社，2005．

［36］李康，顾宇萍，恽铭庆等．中国产业投资基金理论与实务［M］．北京：经济科学出版社，1999．

［37］沈炳熙．资产证券化：中国的实践［M］．北京：北京大学出版社，2008．

［38］郎咸平．郎咸平说谁都逃不掉的金融危机［M］．北京：东方出版社，2008．

［39］姜建清．商业银行资产证券化———从货币市场走向资本市场［M］．北京：中国金融出版社，2004．

［40］［美］斯蒂文·L. 西瓦兹．结构金融———资产证券化原理指南［M］．李佳全，龚磊，杨明秋译．北京：清华大学大学出版社，2003．

［41］林华．中国资产证券化操作手册（上）［M］．北京：中信出版社，2015．

［42］刘向东．证券化的信托模式研究［M］．北京：中国财政经济出版社，2007．

［43］陈文达，李阿乙，廖咸兴．资产证券化———理论与实务［M］．北京：中国人民大学出版社，2004．

［44］董裕平，全先银，汤柳，姚云等译．多德—弗兰克华尔街改革与消费者保护法案［M］．北京：中国金融出版社，2010．

［45］刘鹤．两次全球大危机的比较研究［M］．北京：中国经济出版社，2013．

［46］周明、陈柳钦．信托模式———我国资产证券化发展模式的现实选择［J］．新金融，2004（10）．

［47］金李，袁慰．中国式财富管理［M］．北京：中信出版集团，2018．

［48］小詹姆斯·E. 休斯．家族信托———面向受益人、受托人、保护人及创立人的信托指南［M］．武良坤译．上海：上海财经大学出版社，2020．

［49］陈凌，郑敬普．鲁南制药与赵志全：非血缘传承［M］．杭州：浙江大学出版社，2022．

［50］王昊．家族财富保护攻略［M］．北京：中信出版社，2019．

［51］韩良．家族信托法理与案例精析［M］．北京：中国法制出版社，2015．

［52］中国信托业协会．信托法务（第二版）［M］．北京：中国金融出版社，2021．

［53］［美］比尔·邦纳（Bonner, B.），［美］威尔·邦纳（Bonner, W.）. 家族财富 [M]. 林凌, 徐长征译. 北京: 机械工业出版社, 2013.

[54] [英] D. J. 海顿. 信托法 [M]. 周翼, 王昊译. 北京: 法律出版社, 2004.

[55] 袁吉伟. 家业常青———信托制度在财富管理中的应用 [M]. 北京: 中国金融出版社, 2022.

[56] 李文. 中国家族财富管理发展报告（2020—2021）[M]. 北京: 社会科学文献出版社, 2021.

[57] [德] 乔基姆·施瓦茨（Joachim Schwass）. 全球杰出家族企业的成长智慧 [M]. 高皓, 马小然译. 北京: 东方出版社, 2012.

[58] [美] 安德鲁·卡内基. 财富的福音 [M]. 杨会军译. 北京: 京华出版社, 2006.

[59] 江平口述, 陈夏红整理. 沉浮与枯荣: 八十自述 [M]. 北京: 法律出版社, 2010.

[60] 姚朝兵. 美国信托法中的谨慎投资人规则研究 [M]. 北京: 法律出版社, 2016.

[61] 霍玉芬. 信托法要论 [M]. 北京: 中国政法大学出版社, 2003.

[62] 余卫明. 信托受托人研究 [M]. 北京: 法律出版社, 2007.

[63] 钟向春. 我国营业信托受托人谨慎义务研究 [M]. 北京: 中国政法大学出版社, 2015.

[64] 寿韶峰. 钱说话———在中国财富史中寻找中国式智慧 [M]. 北京: 中国市场出版社, 2008.

[65] [美] 杰弗瑞·J. 鲍威尔（Jeffrey J. Powell）. 美国受托机构在债务融资中的信托服务 [M]. 北方国际信托股份有限公司译. 北京: 中国金融出版社, 2021.

[66] 刘新立. 风险管理（第二版）[M]. 北京: 北京大学出版社, 2014.

［67］谷志威．私募股权投资基金实务操作指引［M］．北京：法律出版社，2015.

［68］李适时，李立国．中华人民共和国慈善法释义［M］．北京：中国民主法制出版社，2016.

［69］吴伟明，冯玉明．中外资产管理业务的比较与启示［J］．证券市场导报，2004（8）.

［70］赵宇霆．资产证券化 SPV 设立的法律思考［J］．当代法学，2004（5）.

［71］神作裕之．日本信托法及信托相关法律的最新发展与课题［J］．中国政法大学学报，2012（5）.

［72］Swiss Finance Institute. Swiss Asset Management Study, 2016.